法哲学名著译丛

自然化法学

美国法律现实主义和法哲学中的自然主义文集

[美] 布莱恩·莱特 著

赵英男 译

NATURALIZING JURISPRUDENCE

ESSAYS ON AMERICAN LEGAL REALISM AND NATURALISM IN LEGAL PHILOSOPHY

Brian Leiter

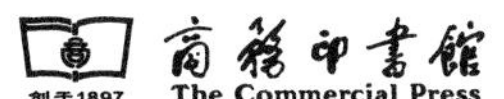

Brian Leiter

NATURALIZING JURISPRUDENCE

Essays on American Legal Realism and Naturalism in Legal Philosophy

本书根据牛津大学出版社 2007 年版译出

《法哲学名著译丛》编委会

献给莫里斯·莱特(Maurice Leiter)

目　录

第三部分 自然主义、道德与客观性

致　谢

多年来，在同许多哲学家和法学家的对话中，我获益良多。每 vii
篇论文脚注提及的名字都对特定的项目有所帮助，但在此我愿意从更一般的层面感谢他们在思想方面对我的帮助。我的哲学立场与发展在相当程度上要归功于我在研究生时期与之共度时光的许多出色的老师与同学。我特别应当提及的是约翰·多丽丝(John Doris)、艾伦·吉伯德(Allen Gibbard)、亚历克斯·米勒(Alex Miller)、托马斯·波格(Thomas Pogge)、彼得·雷尔顿(Peter Railton)、克里斯潘·赖特(Crispin Wright)和约瑟·萨拉瓦多(José Zalabardo)。莫德玛丽·克拉克(Maudemarie Clark)和肯·格美思(Ken Gemes)虽然对法理学不感兴趣，却是过去15年来我的哲学观点的重要来源与激励。有关法哲学及其问题，我从朱尔斯·科尔曼(Jules Coleman)、约翰·加德纳(John Gardner)、莱斯利·格林(Leslie Green)、斯蒂芬·佩里(Stephen Perry)、约瑟夫·拉兹(Joseph Raz)和斯科特·夏皮罗(Scott Shapiro)的著作以及与他们的对话中获益良多。迄今为止，我从格林那里受教尤多：他在法理学方面对我的教导他人无可比拟，而且他一直是位难能可贵的同事。近来，约翰·戴(John Deigh)和拉里·劳丹

(Larry Laudan)这两位新同事让我享受到哲学方面的激励。

德克萨斯大学法学院一直都是一个理想的工作场所,许多同事都在法学以及法理学方面给予我诸多教导,我应当特别提及的是汉斯·巴德(Hans Baade)、米奇·伯尔曼(Mitch Berman)、威利·福尔巴斯(Willy Forbarth)、马克·格根(Mark Gergen)、巴西尔·马克西尼斯(Basil Markesinis)、斯科特·鲍威(Scot Powe)、比尔·鲍尔斯(Bill Powers)和拉里·塞杰(Larry Sager)。在更为广阔的法学学者共同体中,我在同罗纳德·艾伦(Ronald Allen)和理查德·波斯纳(Richard Posner)当面以及特别是书面观点的交锋中最有收获;与米尔顿·汉德勒(Milton Handler)从1987年起直到其1998年去世的许多对话和书信往来亦复如是。

我尤为想要感谢德克萨斯大学法学院的诸多院长与副院长们,他们提供了慷慨大方的支持,并为我提供了数不清的机会去和过去11年来选修过我许多课程与研讨班并帮助我澄清和改进自己思考的优秀学生一起,提炼这些文章的许多观点与论证。我特别感谢前任院长,即如今的大学校长比尔·鲍尔斯对我们法律与哲学项目的投入。

感谢我优秀的行政助手乔琳·皮尔西(Jolyn Piercy)和我们一位杰出的法律博士/哲学博士生迈克尔·塞沃尔(Michael Sevel)在准备用以付梓的手稿方面给予的宝贵帮助。

我非常确信,希拉(Sheila)、塞缪尔(Samuel)、威廉(William)和西莉亚(Celia)对于法理学是否应当自然化持有怀疑态度,但正

因为这一点以及其他许多方面，我深爱着他们。本文集以由衷的 viii
感激之情献给我的父亲莫里斯·莱特(Maurice Leiteer)，他数十年来对我学术追求一以贯之的支持——无论在物质方面、道德方面，还是思想方面——使得这部著作成为可能。

布莱恩·莱特

德克萨斯州奥斯汀

2006年9月15日

文章来源

ix 重印于此的所有文章都已获得原出版方授权。

第一章："重新思考法律现实主义：迈向自然化法学"(Rethinking Legal Realism: Toward a Naturalized Jurisprudence)，重印于《德克萨斯法律评论》(*Texas Law Review*)第 76 卷(1997 年 12 月)，第 267—315 页。版权归《德克萨斯法律评论》编委会所有(1997 年)。

第二章："重思法律现实主义与法律实证主义"(Legal Realism and Legal Positivism Reconsidered)，重印于《伦理学》(*Ethics*)第 111 卷(2001 年 1 月)，第 278—301 页。由芝加哥大学出版社出版。本文也作为 2001 年"哲学领域十大佳作之一"重印于：P. 格里姆(P. Grim)等编，《哲学家年鉴》(*The Philoso-pher's Annual*, Stanford: CSLI Publications, 2003)第 24 卷。版权归芝加哥大学所有(2001 年)。

第三章："存在'美国'法理学吗?"(Is There an "American" Jurisprudence?)，重印于《牛津法学研究杂志》(*Oxford Journal of Legal Studies*)第 17 卷(1997 年夏)，第 367—387 页。

第四章："法律现实主义、刚性实证主义以及概念分析的局限"(Legal Realism, Hard Positivism, and the Limites of conceptual

Analysis)，重印于朱尔斯·科尔曼编，《哈特后记》(*Hart's Postscript*, Oxford University Press, 2001)，第 355—370 页。本文本身是"现实主义、刚性实证主义和概念分析"(Realism, Hard Posivitism, and Conceptual Analysis)一文稍经修正的版本，后者载于《法律理论》(*Legal Theory*)第 4 卷(1998 年 12 月)第 533—547 页，由剑桥大学出版社出版。

第五章："奎因为什么不是后现代主义者"(Why Quine is Not a Postmodernist)，重印于《南卫理公会大学法律评论》(*Southern Methodist University Law Review*)第 50 卷(1997 年 6—8 月)，第 1739—1754 页。本文是有关丹尼斯·帕特森(Dennis Patterson)的著作《法律与真理》(*Law and Truth*)的研讨会的一部分。由《南卫理公会大学法律评论》和南卫理公会大学戴德曼法学院出版。

第六章："超越哈特-德沃金之争：法理学中的方法论问题"(Beyond the Hart/Dworkin Debate: The Methodology Problem in Jurisprudence)，重印于《美国法理学杂志》(*American Journal of Jurisprudence*)第 48 卷(2003 年)，第 17—51 页。这一期是有关"法律的道德基础：存在吗？"这一主题的专题研讨。

第七章："道德事实与最佳解释"(Moral Facts and Best Expanations)，重印于《社会哲学与政策》(*Social Philosophy & Policy*)第 18 卷(2001 年夏)，第 79—101 页。它也收录于 E. F. 保罗(E. F. Paul)等编，《道德知识》(*Moral Knowledge*, Cambridge Univeristy Press, 2001)。

第八章："客观性、道德与司法裁判"(Objectivity, Morality, and Adjudication)，重印于布莱恩·莱特(Brian Leiter)编，《客观

性、道德与司法裁判》(*Objectivity*, *Morality*, *and Adjudication*, Cambridge University Press, 2001), 第 66—98 页。

第九章:"法律与客观性"(Law and Objectivity), 重印于朱尔斯·科尔曼和斯科特·夏皮罗编,《牛津法理学与法哲学手册》(*The Oxford Handbook of Jurisprudence and Philosophy of Law*, Oxford University Press, 2002), 第 969—989 页。

导论：从法律现实主义到自然化法学

美国法律现实主义(American Legal Realism)是20世纪美国 1
法律实践与法学研究中唯一重大的思想事件，这一点可谓无可非议。[①] 因此，身为哲学家，当我发觉现实主义即便不是被哲学家们抛诸脑后也是冷眼视之，且就连那些对法律有实质兴趣的哲学家亦复如是时，我感到有些沮丧。回顾过往，对此事态的解释已经足够清楚。一方面，现实主义者对哲学不感兴趣且容易在他们的一些主张中显得思想浅薄。另一方面，通常对实践中的法律所知甚少的哲学家(甚至是那些身为法理学家的人)系统性地误解了现实主义者所提出的问题的类型。[②] 试图介入(哲学)的法学家[③]由于对哲学的问题和困惑不够灵敏而在某种程度上让事情变得更糟。[④] 其他法学家满足于提供关于现实主义的有用的思想史，却

---

① 按照我在本书第三章的论证，法律的经济分析(20世纪70年代以来美国法学界最具影响力的思想事件)可以被合理地理解为现实主义方案的延续。

② H. L. A. 哈特(H. L. A. Hart)的情况很复杂，因为他曾是一名很有经验的英国律师。这里有一部分原因可能与美国和英国法律体系的差异有关，特别是各自法院的角色。

③ 我特别想到的是：Robert S. Summers, *Instrumentalism and American Legal Theory*, Ithaca: Cornell University Press, 1982。

④ 迈克尔·S. 摩尔(Michael S. Moore)(在讨论萨默斯时)很有帮助地提到了这一点，见："The Need for a Theory of Legal Theories: Assessing Pragmatic Instrumentalism", reprinted in Moore's *Educating Oneself in Public: Critical Essays in Jurisprudence*, Oxford: Oxford University Press, 2000。

不关心其在法理学方面的重要意义。[5] 需要解释的是，哲学家为什么应当关注现实主义者所关切的**现实**（actual）问题，以及现实主义的问题为什么实际上隶属于法哲学领域。

20 世纪 90 年代初的某个时刻，我想通了相关的连接性因素：使美国法律现实主义边缘化的法哲学传统，立足于一种以诉诸大众直觉的概念分析（比如，像在日常语言中所表明的那样）为方法
2 的哲学观念，这种方法在 20 世纪哲学的自然主义革命的语境中，本身就有成为古文物收藏对象的风险。将现实主义者视为“有先见之明的哲学自然主义者”，你现在就会明白为什么大部分法哲学家误解了他们，以及为什么现实主义者提出了这么多正确的观点。[6]

当 20 世纪的法理学巨擘 H. L. A. 哈特（H. L. A. Hart）在 50 年前以无与伦比的技术和洞见，利用当时有关法律性质和法律体系根本问题的主导性哲学工具，将法哲学的关切与论断引入英语世界哲学的主流时，法哲学无疑取得了宏伟的进步。约瑟夫·拉兹以及他的一些学生后续改进和修正了哈特的一些基本命题，但在世纪之交，对于大部分法哲学家来说相当明显的是，哈特式实证主义传统（与其凯尔森式变体不同）为关于“法律概念”的一些核心

---

⑤ 颇有帮助的例子是：William Twining, *Karl Llewellyn and the Realist Movement*, Norman: University Oklahoma Press, 1973；G. Edward White, *Patterns of American Legal Thought*, Indianapolis: Bobbs-Merrill, 1978。如我在本书第三章所述，不那么令人满意的则是近来一部思想史作品中对于现实主义范围的论述：Neil Duxbury, *Patterns of American Jurisprudence*, Oxford: Oxford Univeristy Press, 1995。

⑥ 本书第一章和第二章试图做到这一点。

法理学问题提供了强大且有说服力的答案。[7] [这个共识的例外一直就是罗纳德·德沃金(Ronald Dworkin)，但他在法哲学核心领域的影响力一直有限，且人们广泛认为他误解了法律实证主义。[8]]哈特创造的法哲学理论化传统中依旧存在重要的问题，[9]但法律实证主义如同第二次世界大战后哲学界的任何研究方案一样，成为了胜利者。

在英美法哲学这个小范围且与外界隔绝的——同时是相当于近亲繁殖的——环境中，后实证主义哲学的重大进步几乎完全没有得到过关注。[10] 影响哈特的日常语言哲学已经在20世纪60年代消逝，其原因就是有关如下这一点的恰如其分的怀疑论立场，即为什么应当认为大众——甚或生活在牛津剑桥的上等阶级同胞——的语言实践包含智慧的内核，更遑论包含有关现实世界的真理了。更为严肃的工作是，自20世纪40年代以来，美国哲学家奎因(Quine)对于如下这一点提出深刻质疑，即"哲学"是否包含

---

⑦ 如我在本书第六章所说，有关哈特尝试回答的理论问题，当代杰出的自然法理论家约翰·菲尼斯(John Finnis)很有影响力地承认了哈特式实证主义的胜利。

⑧ 相关概述，参见：Brian Leiter，"The End of Empire: Dworkin and Jurisprudence in the 21th Century"，*Rutgers Law Journal* 36(2006)：165-181。

⑨ 对于这些议题精彩扼要的概览，参见：Leslie Green，"General Jurisprudence: A 25th Anniversary Essay"，*Oxford Journal of Legal* Studies 25(2005)：565-580。

⑩ 当然，主要的例外就是在20世纪80年代和90年代对于索尔·克里普克(Saul Kripke)和希拉里·普特南(Hilary Putnam)的"新"或"因果性"指称理论如何可以为自然法或德沃金式法律理论提供所需的语义学的兴趣。比如，参见：Michael S. Moore，"A Natural Law Theory of Interpretation"，*Southern California Law Review* 58(1985)：277-398；N. Stavropoulos，*Objectivity in Law*，Oxford: Oxford University Press，1996；D. Blink，"Legal Interpretation，Objectivity，and Morality"，in *Objectivity in Law and Morals*，ed. B. Leiter，Cambridge: Cambridge University Press，2001。

某种实际上对于理解**存在什么**有**任何**贡献的方法,以至于哲学可以不同于经验科学或在其之“上”(正如此空间比喻义所示)。奎因
3 对于哲学的批判留下了双重遗产,一个是他有意为之,但另一个却是不期而至。[11] 一方面,自20世纪60年代以来,英语哲学界出现了“自然主义转向”,这指的是人们认同,若想阐明有关知识、心灵以及道德动机的哲学问题(此外还有许多其他议题),哲学有必要和科学联手,成为经验科学中具有抽象性、反思性和综合性的分支。另一方面——这是不期而至的遗产——奎因对于逻辑实证主义(它认为形而上学问题是没有意义的)基础的批判不经意间打开了通往形而上学理论化的新浪潮的大门,特别是有关诸如“必然性”和“可能性”等**模态**(modal)概念的理论化,可以被用于理解许多有关因果性的性质、自由意志、意义、指称等一系列问题。奎因和实证主义者都认同被(颇具偏见地)称为“科学主义”的立场,但有讽刺意味的是,他和其他人[12]对逻辑实证主义的批判,出乎意料地导向新一代的扶手椅式形而上学。

如前所述,“科学主义”是经常用于像奎因这样依旧认真对待启蒙运动的人的身上的绰号,而启蒙运动指的是认真对待科学在实践进而在理论方面的胜利所带来的认识论与形而上学后果,并

---

[11] 这是下文论述的缩略版:Brian Leiter,“American Philosophy Today”, in *The Oxford Companion to Philosophy*, 2nd ed., ed. T. Honderich, Oxford: Oxford University Press, 2005, pp. 27-28。也参见我的“Introduction”, to *The Future for Philosophy*, ed. B. Leiter, Oxford: Clarendon Press, 2004。

[12] 保罗·费耶阿本德(Paul Feyerabend)、诺伍德·拉塞尔·汉森(Norwood Russell Hanson)、托马斯·库恩(Thomas Kuhn)和威尔弗里德·塞拉斯(Wilfrid Sellars)对于实证主义科学哲学和认识论的批判也对实证主义大厦的解体发挥了决定性作用。

将之作为“我们能够知道什么”以及“存在什么”的最可靠的指引。按照奎因著名的表述，“科学是具有自我意识的常识”，[13]这说的是科学的认知标准仅仅是我们所有人一直使用的证据和证明标准在形式上的延展：我们都是**实践意义上的**自然主义者，唯一的问题就是我们是否准备好贯彻使得人类生活得以可能的认知规范的意涵。自然主义的反对者——从哲学家往往忽略的后现代主义者，到眷恋过往的宗教狂，再到他们不期而至的像罗纳德·德沃金这样的同盟[14]——大体上都处于“鱼和熊掌兼得”的状态：他们在理论和实践中都表明对作为科学革命遗产的自然主义认识论和形而上学的认同，但在遇到像上帝或道德这类他们偏爱的“现实”(reality)领域时，他们想要放宽这种立场的要求。

在某种意义上，本书中所有文章的写作目的都是理解在自然主义的世界图景中，我们可以将法律与道德置于何处。但值得强调的是，这里的自然主义并非奎因通常描述的那个，这种自然主义并不接受严格的物理主义和行为主义观点而直接背离了**在方法论立场上**对自然主义核心观点的认同（甚至奎因自己的自然主义都是如此!），即它遵从成功科学实践所得出的任何本体论与认识论。[15] 4

---

⑬ W. V. O. Quine, *Word and Object*, Cambridge, Mass.: MIT Press, 1960, p. 3.

⑭ 参见本书第八章的讨论。

⑮ 奎因甚至有句名言指出：“无论多么行将就木，心灵感应和千里眼都是科学的选项。需要极不寻常的证据来激活它们，但如果这种情况确实发生了，那么经验主义本身——自然化认识论的……至高规范——就会被抛在一旁。”*Pursuit of Truth*, Rev. ed., Cambridge, Mass.: Harvard University Press, 1992, pp. 20-21. 换言之，如果心灵感应确实**发挥作用**，那么我们的认识论（或许还有本体论）就需要相应地做出调整，物理主义和行为主义就可能被抛在一旁。不过，这当然是一位真正的方法论自然主义者会说的话。

这便是我所说的"宽泛的"(relaxed)自然主义——它"怀疑直觉推动下的哲学方法和概念分析;认为事实对于哲学来说至关重要;认为哲学与经验科学是连贯的;并且相较于奎因自己(这位知识渊博的行为主义者与物理主义者!),它对于本体论以及算作科学的事物拥有更具奎因色彩(即实用主义)的观点"——因为它允许一种充满成功的预测性与解释性活动中所包含的任何事物的本体论,[16]且无论它会被还原为心理状态还是规范。过去 50 年间特定科学领域的繁荣发展完全没有为奎因的本体论和证据性约束提供自然主义支持,奎因的观点是现在已经无效的 20 世纪中叶研究方案的产物。

不过,由于它是宽泛的自然主义,它也就并非简单地回到阿尔夫·罗斯(Alf Ross)和其他人的斯堪的纳维亚现实主义(Scandinavian Realism),这些哲学家也探讨我们在自然主义的世界图景中可以将法律和法律规范置于何处这个问题。但对于罗斯及其同盟来说,自然主义是通过逻辑实证主义的视角而得到理解的,因此斯堪的纳维亚派的本体论、认识论和语义学在很大程度上都具有物理主义与行为主义立场的局限,这些立场就和奎因自己的观点一样,现在似乎没什么坚持的理由。半个世纪之前,哈特驳倒了斯堪的纳维亚派在法理学中的研究方案,[17]并且没有理由认

---

⑯ 参见我的文章:"Against Convergent Moral Realism: The Respective Roles of Philosophical Argument and Empirical Evidence", in *Moral Psychology*, Vol. 2: *Intuition and Diversity*, ed. W. Sinnott-Armstrong, Cambridge, Mass,: MIT Press, 2008。

⑰ 参见: H. L. A. Hart, *The Concept of Law*, 2nd ed., Oxford: Clarendon Press, 1994, pp. 137-139。也参见哈特 1959 年的文章:"Scandinavian Realism", reprinted in his *Essays in Jurisprudence and Philosophy*, Oxford: Clarendon Press, 1983。在一份未发表的作品中,布莱恩·贝里(Brian Berry)主张,罗斯(Ross)对于这类担忧并非不敏感。这里我搁置这个问题。

为哈特有根本性错误。规范和“内在视角”（internal point of view）是社会世界因果结构不可消除的特征，但对自然主义者而言，因果性依旧是实在的衡量标准，所以没有任何负责任的自然主义法学会消除法律和法律体系的规范要素。可以肯定的是，自然主义者会要求，任何在理论建构中依赖“大众直觉”作为数据点（data points）的有关法律的这些规范性特征的论述，都应当符合经验上可靠的确定该数据的方法。按照我在本书第二部分后记中所说的，这种“实验哲学”（experimental philosophy）[18]可能在21世纪初为自然主义法哲学设定了大部分议程。

本书收录的文章体现了一个哲学家和法学学者理解在他看来 5
美国法律现实主义中最具说服力的观点的尝试，并试图在此过程中指出该种法理学与自然主义哲学的契合之处。第一部分（“美国法律现实主义及其批评者”）的文章致力于美国法律现实主义的哲学重构和复兴。[19] 第一章（“重新思考法律现实主义：迈向自然化法学”）为我修正式地考察现实主义设定了基本框架，提出我们可以将现实主义者重构为与奎因诉诸自然化认识论具有类似的动机，支持有关裁判理论的“经验性”方法。在第二章（“重思法律现实主义和法律实证主义”）中，我讨论了H. L. A. 哈特在《法律的概

---

[18] 这种风格的研究中，现有的“经典”是：Jonathan Weinberg, Shaun Nichols and Stephen Stich, “Normativity and Epistemic Intuitions”, *Philosophical Topics* 29 (2001): 429-460。

[19] 本书几乎对斯堪的纳维亚法律现实主义完全不置一词，除了（在第二章）指出哈特似乎将之与其在美国的相似立场搞混了。我会在将要在线发表的《斯坦福哲学百科》（*Stanford Encyclopedia of Philosophy*）中有关这一话题的文章里更详细地讨论美国现实主义与斯堪的纳维亚现实主义的深刻差异。

念》(*The Concept of Law*)第七章对现实主义的著名批判,指出哈特既误解了现实主义的立场,又未能对他与现实主义者有关不确定性与司法裁判的观点之间的真正分歧做出实质回应。在第三章("存在'美国'法理学吗?")中,论证焦点从对现实主义的哲学回应转向法学内部(第一章简要讨论了这一点)。我借助尼尔·达克斯伯里(Neil Duxbury)有时可能非常具有误导性但却有吸引力的著作《美国法理学的范式》(*Patterns of American Jurisprudence*)[20]来探索通常被称为法律形式主义(这是现实主义者拒绝的立场)的这种事物的性质,批判法学研究对现实主义的误解,法律的经济分析与现实主义之间的关系,以及法理学研究本身的性质。第一部分以一篇新"后记"结束,在其中我讨论了对我有关现实主义的解读或被我归属于现实主义者的自然化法学的立场的一些反对意见,这些反对意见的提出者包括马克·格林伯格(Mark Greenberg)[21]、迈克尔·S. 摩尔(Michael S. Moore)[22]以及艾伦·施瓦茨(Alan Schwartz)。[23]

第二部分("自然化法学的路径")中的文章逐渐超越美国法律现实主义而解决更广泛的问题:将法哲学带入现代哲学的"自然主

⑳ Oxford: Oxford University Press, 1995.

㉑ Mark Greenberg, "Unnatural Proposal: Indeterminacy as a Motivation for the Naturalization of Legal Philosophy"(未发表手稿,在 2001 年 4 月哥伦比亚法律与哲学中心关于"法哲学中的自然主义和其他现实主义"的会议上报告)。

㉒ Michael S. Moore, "Introduction" to his *Educating Oneself in Public*, (上注④), pp. 32-37.

㉓ Schwartz, "Karl Llewellyn and the Origins of Contract Theory", in *The Jurisprudential Foundations of Corporate and Commerical Law*, ed. J. Kraus & S. Walt, Cambridge: Cambridge University Press, 2000.

义转向”意味着什么？在第一部分，自然化法学意味着支持经验方法之于**司法裁判**的重要性。第四章“法律现实主义、刚性实证主义以及概念分析的局限”指出，现实主义者有关法律推理不确定性的论证，依赖一种有关法律效力的“刚性实证主义”（或拉兹式的）观念（根据这个观点，任何法律体系中效力的标准本身必然是基于渊源的）。我讨论了支持和反对拉兹式法律理论的传统的“概念性”论证，总体上为拉兹的立场提供了辩护。但我的结论却是对法理 6
学研究展开的整体方法提出疑问，我赞同奎因，认为甚至有关法律自身性质的问题都可以通过经验科学的结果而得到解决。第五章（“奎因为什么不是后现代主义者”）为入门读者提供了有关奎因批判概念分析的一个概览，并反对那些试图将奎因式自然主义对传统哲学事业的批判误解为实际上构成了后现代主义先声的学者。[24] 第六章（“超越哈特-德沃金之争：法理学中的方法论问题”）更为系统地回归第四章结尾提出的建议。我表明，所谓的哈特-德沃金之争的结局一直都是有关法哲学本身方法论的讨论。一方面是（本着哈特的精神）描述性概念分析的辩护者；另一方面是认为我们不确定**法律应当是什么**就无法确定**法律是什么**的学者。我分析并批判了罗纳德·德沃金、斯蒂芬·佩里、朱莉·迪克森（Julie Dickson）以及约翰·菲尼斯（John Finnis）提出的后一种立场的诸多版本，进而论证真正的问题在于**概念分析**究竟应当发挥何种作用。在第二部分的新后记中，我讨论了在此部分以更具雄心的方

---

[24] 在法理学中最值得关注的是丹尼斯·帕特森在他的《法律与真理》（*Law and Truth*，Oxford：Oxford University Press，1996）中的表述。

式提出的对于自然化法学的一些批评,并回应了其他法哲学家有关方法论问题对我的批评。我尤为关注朱尔斯·科尔曼[25]、朱莉·迪克森[26]、伊安·法雷尔(Ian Farrell)[27]、约翰·菲尼斯[28]和利亚姆·墨菲(Liam Murphy)[29]的观点。我也承认在此后记中观点发生了值得关注的改变。随着我更为深入地研究有关法律与法律制度的经验科学,不可避免的结论就是它在认知方面的真诚(*bona fides*)是很值得怀疑的。我认为,这意味着“自然化法学”的未来要么是第一部分提出的方案,要么就是通向一个不同的方向,即实验哲学家所提出的方向,此时虽然无法确定但有可能的是自然化法学成为一种复杂的概念民族志练习。

第三部分(“自然主义、道德与客观性”)的文章不太与法律理
7 论和司法裁判相关,而是更关注所谓的“定位问题”,[30]这指的是在一个本质属性由其因果力界定的世界中,我们如何理解道德和法

㉕ Jules L. Coleman, *The Practice of Principle*, Oxford: Oxford University Press, 2001, pp. 210-214; Jules L. Coleman, “Methodology”, in *The Oxford Handbook of Jurisprudence and Legal Philosophy*, ed. J. Coleman & S. Shapiro, Oxford: Oxford University Press, 2002, pp. 343-351.

㉖ Julie Dickson, “Methodology in Jurisprudence: A Critical Survey”, *Legal Theory* 10(2004): 117-156.

㉗ Ian Farrell, “H. L. A. Hart and the Methodology of Jurisprudence”, *Texas Law Review* 84(2006): 983-1011.

㉘ John Finnis, “Law and What I Truly Should Decide”, *American Journal of Jurisprudence* 48(2003): 107-129.

㉙ Liam Murphy, “Concepts of Law”, *Australian Journal of Legal Philosophy* 30(2005): 1-19.

㉚ 我认为这个标签源自:Frank Jackson, *From Ethics to Metaphysics: A Defence of Conceptual Analysis*, Oxford: Oxford University Press, 1998, pp. 1-5。我对“定位问题”的表述与杰克逊(Jackon)并不十分一致。

律这两类规范的地位。第七章("道德事实与最佳解释")讨论了接受定位问题的前提,但认为道德在我们所认识的世界中拥有一席之地的哲学家的观点[像戴维·布林克(David Brink)、杰弗里·塞尔-麦科德(Geoffrey Sayre-McCord)以及尼古拉斯·斯特金(Nicholas Sturgeon)]。与他们相反,我会论证没有理由认为道德事实构成了对于我们经验的最佳因果解释。第八章("客观性、道德与司法裁判")分析了罗纳德·德沃金和约翰·麦克道威尔(John McDowell)这两位哲学家的观点,他们批评了定位问题的前提——因果效力总是实在的标志。从法哲学的角度来看,德沃金的回应尤为重要,因为他的法律理论和司法裁判学说使得当事人的法律权利取决于有关道德问题的答案:如果这些答案并不"客观",那么德沃金的理论就会允许超出常态的司法裁量。我会表明德沃金没有好的论点反对认真对待定位问题,并且他的观点和麦克道威尔有关道德客观性的另一种论述都是空泛的且包含反直觉的结论。第九章("法律与客观性")探索了关于法律(以及与之相关的道德)客观性议题的整个领域,结论是反驳杰拉德·波斯特玛(Gerald Postema)辩护某种与德沃金类似的观点的有趣尝试。[31]我没有为第三部分撰写新的后记,因为二手文献一直不多而且通常带有赞同式的理解,并且最重要的批判性回应,即波斯特玛的观点,已在第九章加以讨论。

本书是对与前述话题相关的文章的真正**选集**,而非将我在过

[31] 参见:Gerald J. Postema,"Objectivity Fit for Law",in *Objectivity in Law and Morals*(上注⑩),esp. pp. 133-137。

去大概 15 年里有关这些话题所写的一切都不经选择地重印。[32]我希望自己的选择是智慧和有效的,并且期望这九篇文章基本上构成一个融贯的整体。我对一些文章进行了小幅度的修改或删减——删减的目的是减少重复(但可惜的是,还是留有一些重复的
8 内容)。不过,基于先前发表的版本已经成为讨论和评论的主题这个事实,并且本书的一部分目的就是使得其他想要理解这些论辩的、对其感兴趣的学生和学者能够更容易地获得这些观点和论证,我大体上原封不动地重印了这些文章。[33] 即便这些文章现在还有诸多不足,我希望将它们汇集起来,以便有助于将哲学兴趣聚焦于美国法律现实主义以及有关自然化法学前景的诸多维度的学术讨论。

㉜ 比如,没有文章涉及我试图理解自然主义认识论对规范性问题——特别是证据法——贡献的工作。比如,参见:Brian Leiter,"Naturalism and Naturalized Jurisprudence",in *Analyzing Law: New Essays in Legal Theory*, ed. B. Bix, Oxford: Clarendon Press, 1998, pp. 100-103;(原书标记年代有误,译本中加以改正。——译者);Brian Leiter,"The Epistemology of Admissibility: Why Even Good Philosophy of Scicence Would Not Make for Good Philosophy of Evidence", *Brigham Young University Law Review* 1997: 803-819;Ronald J. Allen and Brian Leiter,"Naturalized Epistemology and the Law of Evidence",*Virginia Law Review* 86(2001): 1491-1550;Brian Leiter,"Prospects and Problems for the Social Epistemology of Evidence Law", *Philosophical Topics* 29(2001): 219-232。所以一些早期有关法律不确定性和客观性的文章也不包含在内,比如:"Determinacy, Objectivity, and Authority",*University of Pennsylvania Law Review* 142(1993): 549-637(with Jules Coleman);"The Middle Way",*Legal Theory* 1(1995): 21-31;"Legal Indeterminacy",*Legal Theory* 1(1995): 481-492。但这些文章的一部分分析也特别体现在本书第一章、第八章和第九章。

㉝ 最值得一提的例外是本书第八章,我重写了一下反对如下主张的论证,即自然主义的客观性观念是不相关的,以便更清楚地呈现出其归谬结构。

有关法律不确定性的附释

本书的许多章节(特别是第一部分和第二部分中的)会提到法 9
律或法律推理的不确定性这个观点。为了便于参考,我想在这里设定本书之后的内容所预设或仅仅简要阐述的概念领域。[1]

认为法律是不确定的,就是认为法律理由的集合(下文称为"集合")是不确定的。大体来说,集合包含一个法庭在证成其裁判时可能恰当给出的那些理由。更准确地说,在某个法律体系中,该集合包含四个要素:(1)正当的法律**渊源**(比如,制定法、法庭判决、道德、宪法等);(2)解释法律渊源的正当方法(比如,意图主义、原旨主义、目的解释、结构解释、先例的"严格"或"宽松"解读);(3)描述案件事实的**法律**意义的正当方法;以及(4)依据法律规则和法律所表述的事实展开推理的正当方式(比如,演绎推理、类比推理)。不确定性可能会从这四个要素中的任何一个出现。比如,或许法律渊源太少,抑或有太多彼此冲突的法律渊源。杰罗姆·弗兰克(Jerome Frank)强调有关(3)的不确定性,但其他法律现实主义者强调有关(2)的不确定性。

---

① 这一讨论运用了我之前在如下文章中的素材:"Legal Indeterminacy",*Legal Theory* 1(1995):481-492。

如果集合（从某种观念来看）不足以**证成**特定案件只有一个结果，我们就可以在某种程度上认为法律是**理性不确定的**（rationally indeterminate）。[②] 如果这个集合未能从因果角度解释法官的裁判，我们就可以在某种程度上认为法律是**因果不确定的**（causally indeterminate）。更准确地说，因果不确定性指的是如下命题，即集合与相关背景条件（Background Conditions）无法在因果关系上充分决定唯一结果。相关背景条件包括两个假设：(1)法官是理性的、诚实的、胜任的以及没有出错的；(2)法律通过理由而施加其因果性影响。当然，如下这一点是真实的，即如果法官并不理性、诚实、胜任，抑或他们犯了错，那么集合就会具有因果不确定性，但这一点显然对法律来说不是那么具有吸引力。这里关键的命题是，即便背景条件得到满足，法律依旧在因果意义上是不确定的——这无外乎的是因为法律具有理性不确定性[当法律理由无法证成唯一结果时，其他心理学和社会学因素（比如，法官的人格或政治意识形态）就必然会介入，在因果意义上决定裁判]。

就理由不具有因果效力来说，法律可能是理性不确定的，也是因果不确定的——事实上，一些法律现实主义者[著名的是博学的

---

② 提出理性不确定性这个主张的优势在于，它在不确定性和不充分确定性（underdeterminacy）之间保持中立。就任何结果都可以基于集合得到证成而言，法律是不确定的；只要不止一个结果而非任何结果都可以基于集合得到证成，法律就是不充分确定的。但是，对于关心司法裁判正当性的那些人来说，这个区分并不重要：他们需要的就是正文中提出的理性不确定性这个主张。举一个例子，劳伦斯·索罗姆（Lawrence Solum）从这个区分中提出太多主张，因而很大程度上错失了大部分不确定性论证的要点。参见：Solum, "On the Indeterminacy Crisis: Critiquing Critical Dogma", *University of Chicago Law Review* 54(1987):462-503。

行为主义者昂德希尔·摩尔(Underhill Moore)[3]]持有这一命题。但假定背景条件得到满足时,这个命题反过来却似乎并不成立。实际上,如果我们通过理由承认下述有关因果性的命题,因果不确定性(或"原因的不确定性")必然源自理性不确定性(或"理由的不确定性")为真:

> (X)如果理由无法理性地证成一个事件,那么它们对于该事件而言在因果性上就不可能是充分的。[4]

因此,(X)假定理由若想具有因果确定性,它们就至少必须具有理性确定性:如果理由A和B无法构成唯一决定C的好理由,那么就难以看出A和B对于唯一决定C如何能够具有充分的因果性。如果理由构成一个决定的充分原因,那么根据命题(X)的假定,它们作为理由决定了C。但是如果法律是理性不确定的,那么集合就无法(作为理由)决定唯一结果,所以若(X)(以及背景条件)成立,因果不确定性随之而为真。法律由于如下两个因素而是理性不确定的:(1)集合拥有具体于或特定于法律的缺陷("独特的理由不确定性"),或(2)集合由于理性或语义学内容方面的一般性缺陷而具有缺陷("一般的理由不确定性")。卡尔·卢埃林(Karl

---

③ 参见本书第一章对摩尔的讨论。

④ 注意命题(X)与如下的休谟命题是相容的,该命题认为我们的根本信念——比如,在因果性方面的——并不允许理性证明。因为即便基于休谟的观点,我们也必须诉诸额外的因素(人性、人的情感、习惯)来解释,尽管缺乏完备的理性证成,我们也相信因果性这个事实。

Llewellyn)的如下著名主张，即法律由于存在彼此冲突但同样有效的制定法解释准则而是不确定的，就是论证独特的理由不确定性的一个例子。[5] 不存在有关意义的客观事实这个与对维特根斯
11 坦的怀疑论解读[6]以及德里达式解构[7]相关的主张，是论证一般的理由不确定性的一个例子：就语义学内容的一般特征（它缺乏客观确定性）来说，法律作为依赖语义学内容的一个领域，也缺乏确定性。[8] 哈特认为法律中的不确定性源自语言本身的不确定性（或"开放结构"）的观点，是一般的理由不确定性命题的更可信的版本。

两个更基本的区分：如果集合在任何案件中都不足以证成唯一结果，法律就遭受全局的理性不确定性。如果集合在某类特定案件中不足以证成唯一结果，法律就遭受局部的理性不确定性。

法律的理性不确定性命题的可信性，完全取决于其集合观念及其构成要素的可信性。比如，有人可能对于法律渊源持有太过狭隘的观点，以至于法律似乎是理性不确定的。"实证主义者"认

---

⑤ 参见：Karl Llewellyn，"Remarks on the Theory of Appellate Decision and the Rules and Canons About How Statutes are to be Construed"，*Vanderbilt Law Review* 3(1950)：395-406。

⑥ 参见：Saul Kripke，*Wittgenstein on Rules and Private Language*，Cambridge，Mass.：Harvard University Press，1982。有关怀疑论解读的缺陷，参见：Crispin Wright，"Kripke's Account of the Argument Against Private Language"，*Journal of Philosophy* 81(1984)：759-778。

⑦ 比如，参见：Clare Dalton，"An Essay in the Deconstruction of Contract Doctrine"，*Yale Law Journal* 94(1985)：997-1114；Gary Peller，"The Metaphysics of American Law"，*California Law Review* 73(1984)：1151-1290(see esp. 1160-1170)。

⑧ 对于这些论证的总体性批评，参见：Jules L. Coleman and Brian Leiter，"Determinacy，Objectivity，and Authority"，*University of Pennsylvania Law Review* 142(1993)：549-637，and esp. 571-572。

为法律具有某种局部的理由不确定性——它在“疑难”案件中是不确定的。罗纳德·德沃金可以被理解为提出如下回应,即这种不确定性之所以会出现,只是因为实证主义者对于法律渊源的看法太狭隘:如果我们拓展渊源去涵盖某些未被谱系化的道德原则,我们会发现就连推定的疑难案件都是理性确定的。反过来,有人可能对于作为集合的一部分的类比推理的确定性并不乐观,因为法律似乎是理性不确定的;其实,这种观点得到批判法学研究学者的支持,他们批评作为一种法律推理“方法”的类比推理。[9] 与这些人不同,凯斯·桑斯坦(Cass Sunstein)对于类比推理的确定性持有乐观主义的观点。[10]

令人惊讶的是,许多有关不确定性的法学文献一直关心的不是潜在的集合观念的优劣,而是被认为构成全面拒绝不确定性(更准确地说,是理性不确定性)主张的、与任何关于集合的特定论述无关的三个一般性论证。这三个最常见的论证就是源自简单案件、可预测性以及选择假设(selection hypothesis)的论证。每一个都指向被认为表明如下事实的(大体上)无争议的法律现象,即法律实际上并不是理性不确定的。这三个论证本身紧密相关:简 12
单案件同时是结果显然可预测的案件,简单案件的无所不在一直受到忽略,只是因为疑难案件典型地得到上诉审阶段的“选择”而

---

⑨ 比如,参见:Mark Tushnet,“Following the Rules Laid Down: A Critique of Interpretivism and Neutral Principles”,*Harvard Law Review* 96(1983):781-827,esp. at 818-819; Roberto Unger,*The Critical Legal Studies Movement*,Cambridge,Mass.:Harvard University Press,1986,pp. 8-11。

⑩ Cass Sunstein,“On Analogical Reasoning”,*Harvard Law Review* 106(1993):741-791.

出现在诉讼中。尽管这些论证被广泛视为对不确定性命题的拒绝,[11]但我在其他地方反驳了它们,[12]指出源自简单案件的论证基于对全局和局部不确定性的误导性混淆,并且源自可预测性和选择假设的论证,相应地完全寄生于源自简单案件的论证,因此缺乏独立的说服力。那些关心不确定性的人——无论支持还是反对——关注真正的问题会更好,即关注每个不确定性命题所基于的有关集合的潜在观念。特别是在第二章我会回到这个问题。

⑪ 比如,参见:Ken Kress,"Legal Indeterminacy",*California Law Review* 77(1989):283-337;Solum,"On the Indeterminacy Crisis"(上注②);Frederick Schauer,"Easy Cases",*Southern California Law Review* 58(1985):399-440。

⑫ 参见:Leiter,"Legal Indeterminacy"(上注①)。

第一部分

美国法律现实主义及其批评者

第一章 重新思考法律现实主义：迈向自然化法学[*]

一、导　　论 15

思考一下法律现实主义在过去60年间对美国法律与法学教育带来的巨大影响，也思考一下“我们现在都是现实主义者”这句

---

* 有关本文先前草稿的宝贵意见以及与现实主义相关的材料，我对以下诸位谨表谢忱：史蒂文·伯顿(Steven Burton)、罗伯特·克林顿(Robert Clinton)、朱尔斯·科尔曼(Jules Coleman)、肯特·格里纳沃尔特(Kent Greenawalt)、肯·克雷斯(Ken Kress)、道格拉斯·莱科克(Douglas Laycock)、艾伦·施瓦茨(Alan Schwartz)、斯科特·夏皮罗(Scott Shapiro)、查理·西尔弗(Charlie Silver)、杰伊·韦斯特布鲁克(Jay Westbrook)以及爱荷华大学法学院教师研讨会的参与者。有关现实主义各个方面的有用讨论，我也感谢汉斯·巴德(Hans Baade)和查尔斯·艾伦·赖特(Charles Alan Wright)。我从参与1995年7月在牛津大学的牛津-美国南加州大学法律理论研究所有关现实主义的一篇相关论文的研讨者身上受益良多；我能够回忆起的在那次研讨中非常有帮助的评论或提问，都来自约瑟夫·拉兹(Joseph Raz)、理查德·沃纳(Richard Warner)、约翰·菲尼斯、乔纳森·丹希(Jonathan Dancy)、乔纳森·沃尔夫(Jonathan Wolff)、马歇尔·柯恩(Marshall Cohen)、格兰特·拉蒙德(Grant Lamond)、马蒂·莱文(Marty Levine)、戴维·思劳森(David Slawson)和迈克尔·斯托克(Michael Stocker)。我在哲学界的同事丹尼尔·博内瓦克(Daniel Bonevac)、克里·居尔(Cory Juhl)和罗伯特·C. 孔斯(Robert C. Koons)帮助我思考自然主义。希拉·索科罗夫斯基(Sheila Sokolowski)为定稿前的一稿提出了有用的建议。感谢马特·赫夫纳(Matt Heffner)、索尔·劳尔勒斯(Saul Laureles)以及斯特凡·夏拉法(Stefan Sciaraffa)担任研究助理工作，感谢德克萨斯大学优秀的塔尔顿法学图书馆的乔纳森·普拉特(Jonathan Pratt)的研究支持。最后，我很乐意感谢弗雷德·肖尔(Fred Schauer)在十余年前将我引入现实主义的大门。

老生常谈，依旧让我们感到惊讶的是，大部分有关现实主义的描述是何等的不充分——其实也是何等的不准确。

比如，罗纳德·德沃金主张，根据现实主义的观点，“法官实际上根据他们自己的政治或道德立场裁判案件，进而选择一个合适的法律规则来合理化判决”。[①] 第二巡回上诉法院的法官乔恩·纽曼(Jon Newman)呼应着德沃金的观点，认为现实主义者相信“法官完全是在挑选最符合他们个人价值的结果，进而有时甚至是粗暴地列出可能支持这个结果的任何教义”。[②] 约翰·哈特·伊利(John Hart Ely)认为，现实主义者“‘发现’法官是人，并因此可能在诸多法律语境中有意或无意地让他们自己的个人价值渗透进他们的法律推理之中”。[③] 史蒂文·伯顿(Steven Burton)评论道，人们通常“主张，根据法律现实主义的立场，法官在法律不明确时(且法律通常或者总是会不明确)，会根据自己的喜好来做出裁
16 判”。[④] 弗雷德·肖尔(Fred Schauer)描述道，现实主义者认为“法律裁判的做出者基本上不受外在于他们自身决策偏好的力量的约束”。[⑤] 在近来一部流行的著作中，康涅狄格州初审法官罗伯特·斯塔特(Robert Statter)指出，“现实主义者……断言，法官在做出裁判

① *Taking Rights Seriously*, Cambridge, Mass.: Harvard University Press, 1977, p. 3.

② “Between Legal Realism and Neutral Principles: The Legitimacy of Institutional Values”, *California Law Review* 72(1984): 202-203.

③ *Democracy and Distrust*, Cambridge, Mass.: Harvard University Press, 1980, p. 44.

④ *Judging in Good Faith*, Cambridge: Cambridge University Press, 1992, p. 43. 也参见上注，第112页。

⑤ *Playing by the Rules*, Oxford: Oxford University Press, 1991, p. 191.

时会进行不受约束的裁量;他从结论逆推出原则,并将原则仅仅用作对自己结论的合理化。他们认为法官的价值是最重要的”。[6]

像上面这样对于现实主义的解释,当然对于每个了解文献的学生来说都耳熟能详。不过,以稍微更具体系性的方式将它们加以重构会有所帮助,以便我们准确地了解何种现实主义图景对我们的法律想象施加了如此有力的影响。根据我将之称为“广为接受的观点”,法律现实主义主要指的是:(1)有关司法裁判性质的一种**描述性理论**,据此(2)法官进行**不受约束的裁量**,以便(3)得到基于其**个人**偏好和价值的结果,进而(4)他们通过合适的法律规则和理由对之加以事后的**合理化**。

与诸多“传统智慧”一样,现实主义得到广为接受的观点也包含一定真理:现实主义的核心确实是某种有关法官如何裁判案件的**描述性**主张,据此,法官会在事后将根据其他理由得出的裁判加以合理化。但认为现实主义认同法官进行“不受约束的”裁量,[7]或基于“个人”价值和偏好做出选择则是非常具有误导性的,我将会论证这一点。现实主义一直被认为包含这两个主张——我会将之称为“司法决断论”(Judicial Volition)和“司法个性论”(Judicial Idiosyncrasy)——对于现实主义常常被简化为法律常识的代罪羔羊可以说厥功至伟。[8]

---

⑥ *Doing Justice: A Trial Judge at Work*, New York: Simon & Schuster, 1990, p. 64.

⑦ 在肖尔的意义上“不受外在于他们自己裁判偏好的力量的约束”。*Playing by the Rules*(上注⑤), p. 191.

⑧ 比如,参见:Richard Posner, *Overcoming Law*, Cambridge, Mass.: Harvard University Press, 1995, pp. 2-3, 20, 393。

不过，一个最基本的问题是，任何对于"现实主义"——甚或**绝对意义上**的"现实主义"——的谈论都会导致如下反驳，即完全没有这回事：除了学者各自的立场外，并不存在"现实主义"学说。[9]我认为这种常见的怀疑论大体上是错误的。因为**每一个**通常被视为现实主义者的学者——卡尔·卢埃林、杰罗姆·弗兰克、昂德希尔·摩尔、菲利克斯·柯恩（Felix Cohen）、利昂·格林（Leon Green）、赫尔曼·奥利芬特（Herman Oliphant）、沃尔特·惠乐·库克（Walter Wheeler Cook）以及马克斯·雷丁（Max Radin）——都支持有关司法裁判的下述描述性主张：在裁判案件时，法官主要回应事实的刺激。因此，广为接受的观点完全可以被视为对我所说的现实主义"核心主张"（下文会回到这一点）的某些方面的一种解释。

17 实际上，我会提出一些更进一步的主张：将广为接受的观点误导性地呈现为现实主义的本质，实际上体现了我们所说的现实主义的"弗兰克化"，也即如今将杰罗姆·弗兰克对于核心主张的特定解释等同于现实主义的主导倾向。[10] 当然，正如弗兰克自己所承认的那样，甚至在现实主义者中，弗兰克的观点也代表了某种特定的极端立场。[11] 尽管如此，现实主义的"弗兰克化"是长期以来人

---

⑨ 有关这种怀疑论立场的一个近来的版本，参见：Neil Duxbury, *Patterns of American Jurisprudence*, Oxford: Clarendon Press, 1995, p. 65。有关达克斯伯里（Duxbury）的"法理学"观念，特别是其现实主义观念的问题，参见本书第三章。

⑩ 一些学者甚至明确支持这种划分，对比：Anthony Kronman, *The Lost Lawyer*, Cambridge, Mass.: Harvard University Press, 1993, p. 186。有关现实主义缺乏自我意识的"弗兰克化"，参见：Laure Kalman, *Legal Realism at Yale 1927-1960*, Chapel Hill: University of North Carolina Press, 1986, pp. 3, 6。从弗兰克（Frank）与耶鲁现实主义无关这个角度来说，无疑充满反讽意味。

⑪ 比如，参见：Jerome Frank, "Are Judges Human?: Part One", *University of Pennsylvania Law Review* 90(1931): 30 n. 31。

们接受现实主义时的一个突出特征，证据就是本文开篇的许多引用。[12] 但弗兰克并不是卢埃林、摩尔与奥利芬特，并且尽管弗兰克认同核心主张，可这些学者没有一个人认同"弗兰克化"的广为接受的观点。在本文第二部分，我会提出现实主义的核心主张，并探索（同时也是辩护）其与广为接受的观点的差异。

在第三部分，我转向更为宽泛的法理学问题，以便在其中安置现实主义。尽管现实主义对于美国法学教育以及律师和法官如何思考自己的工作具有不可否认的重大影响，[13]但它却对英美法理学主流几乎没有任何影响——英美法理学源自 19 世纪的边沁和奥斯丁，并延续到今天的德沃金与拉兹。造成这种忽视的根源很明显：哈特在《法律的概念》第七章对于现实主义者颇具毁灭力的批判，使得现实主义在英语世界中成为了哲学上的笑话。根据哈特的解读，现实主义者为我们提供了一种法律的"预测理论"，基于这种理论，借助"法律"概念，我们只是想要预测法院将

---

⑫　这些引述可以和如下对于弗兰克观点的巧妙概括进行很有帮助的对比：法官**实际上**如何裁判案件？对于弗兰克来说，他们从所欲的结论出发，并寻找可以证实它的前提。以获得某些结果为目标，法官通过寻找证成所欲结论的事实、选择证成所欲结论的规则而合理化自己的判决。通过操作这些事实和规则，法官享有不受约束的裁量权。不过是什么说服法官得出这个而非那个结论？……在弗兰克看来，最重要的是源自法官"整个生命史"的……弗兰克在不受约束的司法裁量中展示的"独一无二的个体因素"……

Robert Jerome Glennon, *The Iconoclast as Reformer: Jerome Frank's Impact on American Law*, Ithaca: Cornell University Press, 1985, p. 45. 特别需要注意的是，在这个对于弗兰克观点的简洁概述中，司法决断论和司法个性论被置于尤为关键的地位。但正如我下文的论述所言，就连弗兰克是否认为法官"不受约束"都是不明确的。

⑬　简单的考察，参见：Leiter, "Legal Realism", in C. B. Gray (ed.), *The Philosophy of Law: An Encyclopedia*, New York: Garland, 1999。

会做什么。[14] 哈特不费吹灰之力地推翻了这种法律预测理论。比如，根据预测理论，一位想要为自己必须做出判决的某个议题发现
18 “法律”的法官，实际上不过是试图发现自己将要做什么，因为“法律”就等同于对她将要做什么的预测！这些论述，以及预测理论其他显然很愚蠢的意涵，使得大部分英美法哲学家相信，现实主义最好被抛诸脑后。

不过，哈特误认为现实主义者是在回答概念分析的哲学问题——这些问题是哈特自己很想去回答的（有关“知识”“道德正当”“法律”这些特定概念含义的问题）。可现实主义者并非“日常语言”哲学家，并不直接关心对于体现在日常用法中的法律“概念”的分析。[15] 然而，如果我们不从概念分析哲学角度理解现实主义者，我们如何能够认为他们参与了可被称为法理学研究的事务呢？一种可能性是将现实主义者理解为解构主义和后现代主义的先驱——这两种观点近来风靡人文学科，但哲学领域基本是个例外。这种观点得到许多与批判法学研究（Critical Legal Studies，“C. L. S.”）具有或多或少联系的学者的认同，[16]但基于下述两个理由，它却是缺乏吸引力的：首先，它无助于我们将现实主义置于法理学的问题与难题中；[17]其次，将现实主义者仅仅视为糟糕哲学的先驱，似乎违背了实现对现实主义者的同情式哲学理解的目的。不过更

---

⑭ 正文中凝练的讨论取材自：Leiter，“Legal Realsim”，in D. M. Patterson（ed.），*A Companion to Philosophy of Law and Legal Theory*，Oxford：Balckwell，1996，pp. 261-279。

⑮ 有关这些观点的详细讨论，参见本书第二章。

⑯ 特别参见：Gary Peller，“The Metaphysics of American Law”，*California Law Review* 73（1985）：1151-1215。

⑰ 有关这些讨论，参见本书第三章。

加重要的是,对于现实主义的"后现代"误读被证明是致命性的时空倒错。因为我们必须记住,现实主义者产生自美国 20 世纪 20 年代和 30 年代的思想文化,该文化深深植根于一种后现代主义者如今反对的世界观:在此世界观中,自然科学被视为一切真正知识的典范;科学因其方法(比如,观察、经验验证)而出众;社会科学旨在模仿自然科学的方法与成就。任何有关现实主义法学的可信论述都不能忽视这个思想背景。

不过,相较于将现实主义者视为原初的后现代主义者这种不可信的解读,批判法学研究对于现实主义者的再发明带来更多影响。实际上,文献中有另外两个主题一直都很醒目。[18] 首先,批判法学研究将现实主义运动中的一个边缘人物罗伯特·黑尔
(Robert Hale)[19]推入法律现实主义图景的中心。但无论黑尔就其 19
本身来说具有何种重要性或何种旨趣,他对现实主义有关司法裁

[18] 比如,参见:皮勒(上注[16]);J. William Singer,"Legal Realism Now", *California Law Review* 76(1988):465;Morton Horwitz, *The Transformation of American Law 1870-1960*, New York: Oxford University Press,1992;J. M. Balkin, "Some Realism About Pluralism: Legal Realist Approaches to the First Amendment, *Duke Law Journal*(1990): 375-430;在这方面也很有启发的是威廉·W. 费舍尔(William W. Fisher)等编的《美国法律现实主义》(*American Legal Realism*, New York: Oxford University Press,1993)中收录的导论性文章与编选的内容,这是一部通过批判法学研究的视角审视现实主义的著作。

[19] 米尔顿·汉德勒(Milton Handler)——他自己就是一位早期现实主义者,在 1927 年到 1972 年间担任哥伦比亚大学教授,并且是黑尔和卢埃林(Llewellyn)的朋友兼同事——对于黑尔评论道:"他对其同事影响甚微……我惊讶地发现他被视为重要的法律现实主义者之一。"写给布莱恩·莱特的未发表的回忆录,第 12 页(1995 年 4 月 27 日)。汉德勒在下述文章中被视为现实主义者之一:Karl Llewellyn,"A Realistic Jurisprudence—The Next Step", *Columbia Law Review* 30(1930):454,454 n. 22; "Some Realism About Realism—Responding to Dean Pound", *Harvard Law Review* 44 (1931):1237,1240 n. 42,1244 n. 55,1245。

判理论这一法理学的核心关切完全没有任何贡献。[20] 如批判法学研究所说,黑尔的主要成就反而被认为是对公-私区分的决定性反驳。[21] 按照如今的形式,[22]这个论证典型地以下述方式展开:

> 由于正是政府的决策创造并塑造了所谓的"私人领域"(比如,通过创造和实施一种财产权制度),就不应当推定在这个"私人"领域(比如,市场)中"不存在干涉",因为它本质上是一种公共领域的创造物。简言之,不存在政府可以越过但却没有成为"干涉主义者"与非中立者的自然基线,因为这个基线本身就是政府规制的产物。

不幸的是,这个很有影响力(且无疑非常为人熟知)的论证建立在一种不合理的推论之上。从"私人"领域是政府规制的一个产物这

---

⑳ 我认为无可争议的是,现实主义主要关心法官会做什么。比如,参见:Edwin W. Patterson, *Jurisprudence: Men & Ideas of the Law*, Brooklyn: The Foundation Press, 1953, p. 541。("杰出的现实主义者关注司法过程。")当然,现实主义者也对理解法律规则在现实世界中的影响感兴趣,但在我看来,现实主义的这一方面与任何可被视为法理学问题的事情无关。在某种意义上,现实主义者的关切被研究法律的经济学家继承下来,制度经济学家尤为明显。颇有帮助的概述,可参见:Oliver E. Williamson, "Revisiting Legal Realism: The Law, Economis, and Organization Perspective", Working Paper No. 95-12, Program in Law & Economics, University of California, Berkeley, 1996。

㉑ 这个观点被典型地归属于黑尔以及哲学家莫里斯·柯恩(Moris Cohen)——后者更为人知的身份是现实主义的一个批评者!相关论文,参见重印于《美国法律现实主义》(上注⑱)的节选。

㉒ 比如,参见:Cass Sunstein, "Lochner's Legacy", *Columbia Law Review* 87 (1987):917-919。批判法学研究对于现实主义的重构一直是如此成功,以至于连非批判法学研究的学者都推定这些观点是"现实主义"立场。

个事实出发，并不能得出该领域中的政府行动在规范意义上与“公共”领域中的政府行动不可区分：因为关键议题是对划定基线本身的规范性证成，而与这个基线是由公权力划定这个事实完全无关。如果划定这个基线背后的规范性理由是合理的（比如，是为了界定一个“私人”交易领域），那么**这些理由**就为**反对**干预提供了论据。“私人”领域是政府规制的一个产物就不相干。

其次，批判法学研究阵营的学者经常将现实主义者列为“法律是不确定的”这一批判法学研究主张的权威。[23] 但这样做会给现实主义法学带来两种重要的扭曲。其一，与批判法学研究阵营的学者不同，现实主义者整体来说并没有“在全局上”将法律视为不确定的，[24]即没有认为法律在**所有**案件中都是不确定的。相反，现实主义者主要想指出的是在实际上进入诉讼环节的案件中的不确 20
定性，特别是那些进入上诉审阶段的案件中的——这类案件在法律案件中比例就更小了，此时法律中的不确定性也就远没有那么令人惊讶。[25] 其二，现实主义者有关法律中不确定性的论证主要基于彼此冲突但同样正当的不同**解释方法**的存在：比如，解读制定

---

[23] 参见上注⑱引用的资料；也参见下注㉘引用的资料。

[24] 有关这里使用的术语和概念化方式的更多讨论，参见我的文章：“Legal Indeterminay”，*Legal Theory* 1(1995)：481-492。

[25] 比如，参见：Llewellyn，“Some Realism About Realism”（上注⑲），p. 1239（“在任何足够令人怀疑以至于使得诉讼有一定重要性的案件中，至少有两个可获知的权威性前提……且这两个前提在适用于手头案件时彼此矛盾”）；Max Radin，“In Defense of an Unsystematic Science of Law”，*Yale Law Journal* 51(1942)：1271（司法“判决因此主要在可以被称为边缘情形的案件中得到参照，此时案件结果难以预测且充满不确定性。正是这个事实，使得整个司法裁判显得比其实际样态更不稳定”）。

法或解释先例的彼此冲突的方法。[26] 因为制定法或案例可以从两种方式加以解读，一部制定法或一个案例就会产生至少两种不同的规则。因此，就连一位法律推理和解释"方法"的忠实适用者都无法为法律问题确定一个唯一的答案。相反，批判法学研究阵营的学者试图将法律不确定性的根源（通过宽泛地追随德里达和维特根斯坦）锚定在语言自身的一般性特征中，[27]抑或[通过宽泛地追随黑格尔、卢卡奇（Georg Lukács）直到昂格尔（Roberto Unger）]将之锚定在彼此冲突的道德和原则之中，这些原则据称存在于法律表面之下，具有某种程度的抽象性。[28] 现实主义者对于法律不确定性提出的是尤为具有法律意味的论证，但批判法学研究阵营的学者显然更倚重哲学思考——但值得指出的是，这些思考并不总是完成批判法学研究阵营的学者认为他们所完

㉖ 参见卡尔·卢埃林对于有关先例的"严格"和"宽松"立场的出色讨论：*The Bramble Bush: On Our Law and Its Study*, New York: Oceana Publications, Inc., 1951, pp. 72-75；以及他对于彼此冲突的"制定法阐释的准则"的出色讨论："Remarks on the Theory of Appellate Decision and the Rules and Canons About How Statutes Are to be Construed", *Vanderbilt Law Review* 3(1950):399-406。

㉗ 但并非像哈特那样认为存在于语言的"开放结构"之中。参见：H. L. A. Hart, *The Concept of Law*, Oxford: Clarendon Press, 1961, p. 124。由于这是哈特讨论不确定性根源的核心，这意味着哈特实际上从未关注对于现实主义者来说最重要的有关不确定性的论证。

㉘ 有关这些论证不确定性的例子，比如可参见：皮勒（上注⑯）；Clare Dalton, "An Essay in the Deconstruction of Contract Doctrine", *Yale Law Journal* 94(1985): 997-1114; Mark Tushnet, "Following the Rules Laid Down: A Critique of Interpretivism and Neutral Principles", *Harvard Law Review* 96(1983): 781-827; Robert Unger, *The Critical Legal Studies Movement*, Cambridge, Mass.: Harvard University Press, 1986; Duncan Kennedy, "Form and Substance in Private Law Adjudication", *Harvard Law Review* 89(1976): 1685-1778; Girardeau Spann, "Deconstructing the Legislative Veto", *Minnesota Law Review* 68(1984):473-544。

成的任务。[29]

因此，即使我们确实“现在都是现实主义者”，这里盛大隆重的“我们”显然并不包括法哲学家。在英美法理学中，现实主义依旧是个笑话，被简单地视为对在哲学方面肤浅无知的法律人有吸引力的一场运动，但缺乏对有关法律的哲学思考的实质贡献。同时，在英美法理学之外，法律理论家有选择地表述——抑或曲解——现实主义，而且其表述方式也不利于将现实主义者理解为提出了某种有关法律的哲学理论。

所以就有了我们今天的境遇：现实主义者在美国法学院和法 21
律文化中无所不在，但在严肃的法哲学中几乎完全缺席。本文的目标就是改变这一状况。我希望表明，现实主义者为一种因如下两个新颖的哲学立场而与众不同的法理学奠定了基础：**自然主义**和**实用主义**。自然主义在法理学界是一个不为人熟知的词汇（但如我所说，在哲学其他领域并非如此）。相反，实用主义则经常得到谈论，但我会指出它却鲜为人所理解，当它被运用于现实主义时尤为如此。一种以实用主义立场为基础的**自然化**法学——在我会讨论的确切意义上——会成为现实主义在法哲学中的真正遗产。

最后有一个值得强调的方法论警告。我将自己在这里的工作视为对法律现实主义的**哲学重构**。现实主义者自己常常对哲学议题非常混沌不明，这在一定程度上解释了他们在法哲学家中令人遗憾的声名。可是他们对于法律和司法裁判却不乏真知灼见——

---

[29] 代表性的批判，参见：Jules L. Coleman and Brian Leiter, “Determinacy, Objectivity and Authority”, *University of Pennsylvania Law Review* 142(1993): 549-637。

要强于大部分法哲学家——并且这些洞见体现出某种哲学上的敏锐。本文试图重构并辩护这种敏锐。这种论述一直以来在有关现实主义的文献中都极为缺乏。[30] 尽管我们现在拥有大量各种各样的有关现实主义的**历史**素材,[31]却没有来自哲学视角的对于现实主义的**同情式**解读。当然,对于现实主义的哲学解读会要求我们仔细筛选大量现实主义著述,以便提出一种值得哲学关注的法律理论。我希望表明这种理论,即我所说的"自然化法学",如果不是在其全部细节上,也是在其精神内核方面仍留有可识别出来的现实主义色彩。

二、真正的法律现实主义

(一) 核心主张

法律现实主义的核心主张由如下有关司法裁判的描述性命题

---

[30] 我认为罗伯特·萨默斯(Robert Summers)在他的《工具主义与美国法律理论》(*Instrumentalism and American Legal Theory*, Ithaca: Cornell University Press, 1982)中试图提出这样一种论述,但这本书对于英美法哲学影响甚微。其中有一部分理由被迈克尔·S. 摩尔在如下文章中很有说服力地提出:"The Need for a Theory of Legal Theories: Assessing Pragmatic Instrumentalism", *Cornell Law Review* 69 (1984):988-1013。简言之,萨默斯从未充分辩护现实主义向一种作为**法理学**事业的描述性与经验性理论的转变。

[31] 比如,参见:William Twining, *Karl Llewellyn and the Realist Movement*, London: Weidenfeld and Nicolson, 1973; G. Edward White, *Patterns of American Legal Thought*, Indianapolis: Bobbs-Merrill, 1978; Kalman, *Legal Realism at Yale 1927-1960*(上注⑩); Neil Duxbury, *Patterns of American Jurisprudence*(上注⑨); John Henry Schlegel, *American Legal Realism and Empirical Social Science*, Chapel Hill: The University of North Carolina Press, 1995。

构成:**法官主要回应事实的刺激**。[32] 用不那么形式化(但也不那么准确)的表述来说,现实主义的核心主张就是,法官基于对案件事实而言,用他们认为公平的方式做出裁判,而非基于可适用的法律 22
规则。[33]

在所有主要的现实主义者的著述中,可以发现这个核心主张的某种形态。比如,奥利芬特就给我们提出了一种令人赞叹的简洁的表述:他说法院"在他们面前的具体案件中回应事实的刺激,而非回应判决书和著述中过于一般化且陈旧的抽象概括的刺激"。[34] 奥利芬特的主张得到哈奇森(J. C. Hutcheson)法官的肯定,他认为"对于裁判充满活力且给人激励的推动力,就是有关该诉讼案件中什么是正确或错误的直觉"。[35] 与之类似,杰罗姆·弗

㉜ 必须适当强调"主要"这个词:没有现实主义者[或许昂德希尔·摩尔(Underhill Moore)除外]主张规则对于判决过程根本不重要。

㉝ 显然,一个可适用的法律规则使得特定事实相关,因此就连一位**遵循法律规则的**法官都必须考虑这些事实。(反之,一位法官必须先看事实以找出哪个法律规则相关。)但显然这种意义上的事实回应性是微不足道的。现实主义观点认为,法官回应案件的潜在事实,且这些事实的相关性并不源自任何法律规则。有关这一点的令人佩服的简洁论述,来自杰出的《统一商法典》学者詹姆斯·J. 怀特(James J. White)对于他正确地称为现实主义运动的"核心立场"的讨论:这个立场指的是"法官的判决不仅源自他们在判决书中表达的规则,也至少同样来自未明言的理由——来自他们眼前的事实、交易各方的期待以及法官自己对于公平的判断"。"The Influence of American Legal Realism on Article 2 of the Uniform Commercial Code", in Werner Krawietz et al. (eds.), *Prescriptive Formality and Normative Rationality in Modern Legal Systems*, Berlin: Duncker & Humblot, 1994, p. 401. 实际上,我在下文中会指出,现实主义者中的主导观点是,至少在商业纠纷中,法官对于事实中公平的看法取决于"交易中各方的期待"。

㉞ Herman Oliphant, "A Return to Stare Decisis", *American Bar Association Journal* 14(1928): 75.

㉟ Joseph Hutcheson, Jr., "The Judgment Intuitive: The Function of the 'Hunch' in Judicial Decision", *Cornell Law Quarterly* 14(1929): 285.

兰克引用了“一位伟大的美国法官”，即肯特(Kent)法官，后者承认，“他首先让自己‘掌握事实’。进而(他写道)‘我看正义站在哪一边，并且道德感常常命令着法院；之后我坐下来寻找权威依据……但我**几乎总是发现符合我对案件的看法的原则**’”。[36] 这与卢埃林给律师的建议中所预设的有关法官裁判案件时实际上如何做的观点恰好一致：尽管律师必须给法院提供证成结果的“技术性梯子”，但他们实际上必须做的却是“基于事实……说服法院你的案件是有道理的”。[37] 正如弗兰克所指出的那样，美国律师协会的一位前任主席一直也给出同样的建议。[38]

23 特别是在上诉阶段，卢埃林认为，我们必须理解“看起来如此抽象的命题，在何种程度上植根于就法庭面前的事实而言似乎是正当的事情”。[39] 后来，卢埃林会认为“案件的事实压力”[40]以及“法

㊱ Frank, *Law and the Modern Mind*, New York: Brentano's, 1930, p. 104 note.

㊲ Llewellyn, *The Bramble Bush*(上注㉖), p. 76。这一点当然为所有诉讼人所知。当我从法学院毕业后直接写第一份案例摘要时，年长的诉讼律师对于指派给我的案件(大体上)这么说道：“案件的输赢就取决于摘要的事实部分。当法官了解案件事实后，你要让他认为我们的客户受了委屈，且公平与正义命令他做出对我们有利的判决。摘要的法律部分就是给法官一个找到理由的地方。”现实主义的核心主张把握住了每个实务律师都知道的事情绝不简单。

㊳ Frank, *Law and the Modern Mind*, pp. 102-103 note. 更晚近的有关类似观点的表述，参见：Judge Sam Sparks, “Tribute to the Honorable Homer Thornberry”, *Texas Law Review* 74(1996): 949-950。(将美国第五巡回上诉法院的索恩伯里法官描述为“具有强烈的‘是非’感。当法律看起来成为做法官所认为的公平与正确的事情的阻碍时，法官就会与此困境展开斗争，并与其法官助理或同侪法官进行论辩，直到他满意地确定自己的判决既与法律相一致又是在此情境中最公平的判断”。)

㊴ Llewellyn, *The Bramble Bush*(上注㉖), p. 33.

㊵ Llewellyn, “Some Realism About Realism”(上注⑲), p. 1243. 比照：Karl Llewellyn, *The Common Law Tradition: Deciding Appeals*, Boston: Little, Brown and Company, p. 122。

庭所感受到的情境感"[41]决定了案件结果。尽管"情境感"这个概念被后来的卢埃林认为很模糊(将决定案件结果的因素定位在一种能够探测"内在法律"的新的认知"官能"中[42]),但它却作为一种可感知的、在自然主义意义上有价值的现象[43]而在现实主义思想中生根发芽。因此,马克斯·雷丁(在认同核心主张的同时)指出,法官的判决受到"以某种方式很早出现在他脑海中的一种典型情境"的决定。[44] 这类情境完全就是"法官由于其身为公民和法律人的经验而熟知的附带规制性措施的标准交易"。[45] 易言之,我们通过参照关于法官的职业与社会历史的心理-社会事实来解释该法官对于特定情境的"感觉":比如,通过他在之前作为公司律师时遇到过这类情境,通过在很大程度上由于他熟悉该交易或实践中特定的行为规则,相应地形成了某种关于在这类情境中什么是正确与公平的典型假设。法官回应事实,并且对于雷丁和卢埃林来说,事实以体现出我们可以称为法官的"社会学"履历的方式呈现

---

[41] Llewellyn,"Some Realism About Realism"(上注⑲),p. 1243. 比照:Karl Llewellyn,*The Common Law Tradition*: *Deciding Appeals*, Boston: Little, Brown and Company, p. 397。

[42] 参见上注,第122页[引用了莱文·戈德施米特(Levin Goldschmidt)]。相关讨论,参见:Leiter,"Legal Realism"(上注⑭)。对于卢埃林晚年更加同情的解读,参见:Kronman,*The Lost Lawyer*(上注⑩),pp. 209-225。

[43] 一种自然主义意义上值得推崇的官能或属性,在有关成功的自然科学与社会科学的解释性理论中具有一席之地。下文我会对自然主义有更多的讨论。

[44] Max Radin,"The Theory of Judicial Decision: or How Judges Think", *American Bar Association Journal* 11(1925):362.

[45] 同上注,第358页。类似的概念由昂德希尔·摩尔在20世纪20年代和20世纪30年代初的一系列论文中得到详细发展。特别参见:Theodore S. Hope Jr.,"An Institutional Approach to the Law of Commercial Banking", *Yale Law Journal* 38(1929):703-719。

自身。

因此，现实主义者共享对于如下立场的认同，即在判决案件时，**法官主要回应案件事实的刺激**。对于表述核心主张的这种方式，现在有两点需要注意。

第一点，这里的对立观点——通常被称为“形式主义”——认同下述描述性主张，即法官主要(实际上也可能是唯一)回应的事物，就是法律和法律推理模式中可适用的规则的理性要求。[46] 我们可以将形式主义者的描述性主张解释为：法官(主要)
24 是规则回应性的；但现实主义者主张法官(主要)是事实回应性的。[47]

这个解释在某方面可能具有误导性。描述性的形式主义者实际主张的是，法官(主要)回应**法律**理由，但现实主义者主张法官(主要)回应**非法律**理由。这一点在形式主义学说中足够清晰：制定法、先例和演绎推理都为法官以一种而非另一种方式裁判案件提供了**法律理由**。[48] 但当法官回应潜在的案件事实时，我们实际上表达的是该法官有非法律理由(比如，“我认为给本案被告判刑

---

[46] 如前所述(上注㉝)，可适用的法律规则也使得特定事实具有相关性，并因此要求法官对之做出回应；但这当然是没有人会否认的事实回应性的一种微不足道的意义。

[47] “形式主义”也可能指的是一种规范性立场，大意是法官**应当**主要是规则与法律理由回应性的。司法裁判理论当然既会提出描述性主张，也会提出规范性主张。参见：Leite，“Heidegger and the Theory of Adjudication”，*Yale Law Journal* 106(1996)：255-258。

[48] 有关“法律理由集合”更准确的描述，参见：Leiter，“Legal Indeterminacy”(上注㉔)。

是不公正的"）支持其做出裁判的方法。[49] 因此，形式主义者和现实主义者之间的真正争议在于，决定司法裁判的**理由**主要是法律理由还是非法律理由。[50] 当然，这意味着该争议预设了一种划分法律理由和非法律理由的方法。[51] 在讨论现实主义者的自然主义时，我们会重新考察这些问题。

不过，有关我所表述的核心主张，还有第二个需要说明的基本点。我的表述（当然是有意为之地）运用了行为主义的语言，行为主义是现实主义者著书立说时居于主导地位的心理学运动。根据行为主义者的看法，一切人类行为都可以通过特定回应与特定刺激的匹配来加以解释；无须诉诸心理状态（信念、欲望等）。行为主义的修辞（如果不是在一般意义上的行为主义本身的话），在现实主义者的著作中无所不在：在这个意义上，我通过事实回应性来表述核心主张。对于现实主义暨行为主义者而言，唯一的问题就是：

㊾ 唯一一位否认这一点的现实主义者会是昂德希尔·摩尔，他比其他现实主义者要更认真地对待心理学中的行为主义。当然，对于行为主义者来说，心灵是一个黑箱，不会被用来解释行为。因此，理由作为某种类型的刺激（听觉、视觉）是唯一相关的因素，但**在它们的理性内容或意义方面**则并不具有相关性！［摩尔指出，"法律命题不过就是可以引起一种强烈欲望且要求回应的一种可感知的对象"。Underhill Moore and Callahan, "Law and Learning Theory: A Study Legal Control", *Yale Law Journal* 53(1943): 3.］因此，对于行为主义者而言，对于理由的回应实际上不过意味着找出构成输入的刺激（比如，事实、法律、理由等）与认知输出（比如，司法判决）之间的法则性关系。这当然正是摩尔在制度性方法这个标题下所开展的研究项目。［进一步讨论，参见：Leiter, "Legal Realism"（上注⑭）。］所幸，大部分现实主义者并非正统的行为主义者，理由回应性这个概念——无论是回应法律理由还是非法律理由——都与他们的工作相容。

㊿ 我感谢约瑟夫·拉兹对此问题的澄清。

(51) 有关这些观点，参见：Leiter, "Legal Indeterminacy"（上注㉔）；也参见：Leiter, "Legal Realism"（上注⑭）。

何种刺激激发了司法回应？现实主义者认为主要是潜在的案件事实而非法律规则“激发”了该回应。

25 不过我对于核心主张的表述，在重要的意义上，依旧与像弗兰克这样坚定不移的反行为主义的现实主义者对于同样基本观点的表述是一致的。因此，当弗兰克赞同地引用美国律师协会一位前任主席——大致表达了如下观点，即“赢得一个案件的方法就是使得法官想要以你为受益人来做出裁判，所以唯一要做的，就是援引会证成这种判决的先例”[52]——时，我认为他支持核心主张为真。与此如出一辙的是弗兰克的下述观察：“法官数不胜数的独特特征、倾向与习惯”通过决定“他认为对于给定的事实集合而言什么是公平或公正的”……“而塑造了他的判决”。[53] 与此类似，弗兰克在表述他自己的描述性主张时，将“传统型理论”(Conventional Theory)这一对立立场描述为持有“**规则**加**事实**等于**判决**”这个观点，而将自己的立场描述为“影响法官的刺激”加“法官的人格等于判决”。[54] 当然，正是弗兰克将“法官的人格”插入这个等式，使得弗兰克对于核心主张的解读具有了独特的印记：拿掉它，就是核心主张本身。

(二) 核心主张和广为接受的观点

我们或许想知道，有关核心主张的何种解释不会导向广为接

---

[52] Frank, *Law and the Modern Mind*(上注㊱), p. 102.

[53] 同上注，第110—111页。

[54] “Are Judges Human? Part Two”, *University of Pennsylvania Law Review* 80 (1931): 242.

受的观点?回想这里讨论的有关现实主义的广为接受的观点的两个方面:首先是“司法决断论”主张,即法官在选取一个裁判结果时展开不受约束的选择;其次是“司法个性论”主张,即法官基于个人的或独特的偏好与价值做出该选择。在其弗兰克式的极端情形中,司法决断论和司法个性论这两个命题导向如下结论,即司法裁判是完全不可预测的,因为永远不可能将有关单个法官的具有重要独特特征的下述事实分离出来,而这些事实影响了法官在很大程度上算是不受约束的裁判结果的选择。[55]

不过,正是上述有关广泛接受的观点的概括使得它本身的充分性应当成为一个问题。因为不可否认的是,现实主义者的著作中最为人熟知的一个主题就是他们对于**预测**司法裁判(或如一些现实主义者所说,是**预言**司法裁判)的兴趣。[56] 但如果基于有关现实主义的广为接受的观点,预测司法裁判(正如弗兰克所认为的那样)是不可能的,所以广为接受的观点就不可能是对那些旨在提出司法裁判预测理论的所有现实主义者观点的充分论述。

同样需要注意的是,这个问题为什么会出现?当裁判基于不 26
受约束的选择时,对于裁判的预测就无从谈起:使得我们能够锚定

---

[55] 这自然是弗兰克(Frank)的《法律与现代心智》(上注㊱)的一个核心主题。当然,有可能的情况是,我们即使缺乏有关裁判原因的知识,也能够提出不错的预测理论。有关决定论因果关系的知识保证了预测,但反过来就完全不成立。不过弗兰克似乎假定——至少基于充分的认知理由——缺乏有关法官实际裁判原因的知识,我们就无法预测他如何裁判。

[56] 比如参见:O. W. Holmes,“The Path of the Law”,*Harvard Law Review* 10(1897):461;Llewellyn,*The Bramble Bush*(上注㉖),p. 4;Underhill Moore,“Rational Basis of Legal Institutions”,*Columbia Law Review* 23(1923):609-617。

预测的，正是约束的存在。[57] 比如，如果司法裁判的选择是一个有关种族、性别，抑或阶级的严格函数，那么这些对于裁判的约束——某种种族、性别抑或阶级偏见——就构成了预测裁判的基础。

不过，弗兰克式的广为接受的观点提供了何种"约束"？基于广为接受的观点，司法裁判的基础就是单个法官各种各样的特征，"法官数不胜数的独特特征、倾向与习惯……不仅通过决定他认为对于给定的事实集合而言什么是公平或公正的形塑了他的裁判，也恰恰通过他逐渐确信这些事实是什么的过程做到了这一点"。[58] 于是这里的问题就是认识论层面的：确实存在裁判的决定因素（当然，这就如弗兰克粗陋的扶手椅式弗洛伊德主义所指出的那样），但它们却无法为观察者即司法裁判的潜在预测者所获知。没有律师或学者有可能掌握所有进入裁判过程的人生历程特征与心理学特质进而能够预测法官将会做什么。当对于裁判的"约束"**具有独特性**时，预测的核心要素在认识论上就仍是晦涩不明的。[59]

我们现在可以来看看有必要区别于广为接受的观点的有关核

---

[57] 实际上有两种意义上的"约束"在此成为焦点。广为接受的观点主张，现实主义者相信如果约束**等于**（qua）法律理由，那么在此意义上并不存在对司法裁判的约束。从这个角度理解广为接受的观点，事实上所有现实主义者确实会接受该观点的一部分。但是他们拒绝如下主张，即不存在**作为**这些判决的因果决定因素的约束；因此，大部分现实主义者拒绝法官在裁判案件时拥有不受约束的意志这个理论——这正是许多学者从广为接受的观点中推导得出的学说。（我感谢史蒂文·伯顿对这些议题的澄清。）

[58] Frank, *Law and the Modern Mind*（上注㊱），pp. 110-111.

[59] 注意，这意味着即使在弗兰克这里，强调司法意志论这个主题实际上都是错误的：在弗兰克看来，司法裁判是**受到决定的**，以至于实际上没有司法选择的空间。只是法官自己和作为法官行为的观察者的我们，认为发现这些决定因素即便不是不可能，也是很困难的。正因如此，弗洛伊德式精神分析的努力工作是有必要的。

心主张的解释的轮廓。首先,对于裁判结果的选择实际上必须受到充分约束以至于预测是可能的。其次,这些对于选择的约束一定不能是有关单个法官的独特事实,而是必然具有充分的一般性或共性,以便它们既可获知又会允许使得预测得以可能的那类合法[60]概括。我将前一个主张称为决定论命题(Determinism Thesis),将后一个主张称为一般性命题(Generality Thesis)。给核心主张补充这两个命题,你就不会得出弗兰克式广为接受的观点,而是一种我将之称为现实主义者中主导观点的立场。

(三)决定论和一般性

哪些有关法官的事实既约束着裁判又在法官当中足够普遍,以至于会构成有关裁判模式的合法的(或至少是法则式的)预测性概括的基础?不幸的是,相较于这些约束,现实主义者对于这些模 27
式更清楚。不过,很自然的是会认为他们提出了某种类似于最佳解释推断的事物:基于规律性裁判模式的存在(我们现实主义者识别出了这一点),对于这些规律性的最佳解释一定就是法官共享着某些将他们的裁判导入这些模式的特征。我们可以通过考察现实主义文献中的一些实际例子来更具体地理解这一点。

现实主义者倾向于从商业法(而非比如说宪法——这一点很重要,我之后会再讨论)领域中提取核心主张的最佳例证。现实主义者指出,典型的情况是在这些情形中法官基于事实的裁判会被归为两种模式:(1)法官实施通行商业文化的规范;或(2)他们尝试

---

[60] “合法”是科学意义上的,而非法律意义上的。

得出在该情境中社会经济意义上的最佳判决。

奥利芬特举出了这个例子:看一看有关合同中不竞争承诺的有效性的一系列彼此冲突的判决,他观察发现这些判决实际上是基于潜在的案件事实的:

> 所有认为这种承诺无效的案例,被发现都是有关雇员在结束一段雇佣关系后承诺不与其雇主竞争的案例。判决意见中未得到关注的当时同业行会(即工会)的规制措施使得判决理由极为合理。所有认为这种承诺有效的案例,都是那些出售一种业务并承诺不与购买者竞争的市场主体所做出的承诺的案例。当时的经济情况使得这些判决理由极为合理。[61]

因此,在前一种事实场景中,法庭实施(体现在同业行会不赞成这种承诺的规制措施中的)通行规范;在后一种情形中,法庭裁判结果有所不同,是因为在**这类**事实情境中这样做的经济效果最好。卢埃林给出了类似的阐释。[62] 有适用如下规则的一系列纽约州案例:通过正式提出自己的反对意见而拒绝卖方发货的买方,因此就放弃了提出其他所有反对意见的权利。卢埃林指出,在买方提出拒绝但可能完全不知道货物有其他瑕疵或有卖方无法修复的缺陷这一系列的情形中,该规则似乎一直都是以相当严苛的方式得到适用的。但对于这类案例事实的仔细研究发现,在该规则似乎得到严苛适用的每个案例中,实际上发生的是市场萎缩,买方正试图

---

[61] Oliphant,"A Return to Stare Decisis"(上注㉞),pp. 159-160.

[62] Llewellyn,*The Common Law Tradition*(上注㊵),pp. 122-124.

不履行合同。在每个案件中，法庭都“敏感于商业或体面”，[63]适用与拒绝发货不相关的规则以挫败买方不履行合同的企图。因此，商业规范——买方即使在市场状况改变时也应信守承诺——就通过法庭**看似**严苛地适用在拒绝发货方面不相关的规则而得到了贯彻。正是这些“背景事实、商人实践的事实、情境类型的事实”[64] 28
决定了裁判过程。

昂德希尔·摩尔试图通过他所说的“制度化方法”将上述方式加以体系化。[65] 摩尔的观点如下：识别出任何“制度”（比如，商业银行）的常态行为；接着从数量上识别并界定对于该规范的偏离，并识别出这样一个时刻，此时对于规范的偏离会**引起**修正该偏离规范行为的司法裁判（比如，法庭在顾客提起的诉讼中对银行做出判决前，一个银行必须在何种程度上偏离通常的支票兑现活动？）。目标是提出预测性公式：对于“制度性行为（即经常地、重复地和一般性地出现的行为）”[66]，程度 X 的偏离会引起法庭的行动。因此，摩尔认为：“未来判决与过去判决表面呈现出的因果关系，是这两者与第三个变量之间关系的结果，这个变量就是法院所处地域的相关制度。”[67]易言之，法官回应的是事实呈现出的对于商业文化通行规范的偏离程度。

---

[63] Llewellyn，*The Common Law Tradition*（上注[40]），p. 124.

[64] 同上注，第 126 页。

[65] Moore and Hope，“An Institutional Approach to the Law of Commercial Banking”（上注[45]）.

[66] 同上注，第 707 页。

[67] Underhill Moore and Gilbert Sussman，“Legal and Institutional Methods Applied to the Debiting of Direct Discounts—Ⅵ. The Decisions，the Institutions，and the Degree of Deviation”，*Yale Law Journal* 40（1931）：1219-1272.

我们将上述方法——为了将之区别于弗兰克的现实主义“个性特征阵营”[在这个阵营中的还有哈奇森法官和耶鲁心理学家爱德华·罗宾森(Edward Robinson)]——称为现实主义的“社会学阵营”(理由如果还不明确的话,马上就会清晰起来)。首先要注意的是,社会学阵营的理论——法官实施商业文化的规范,抑或试图做出对于案件事实而言在社会经济方面最好的判决——不应与比如说法官基于他们对于特定当事人或律师的感觉而做出裁判这种观点相混淆。这些“非正式资产”(fireside equities)[68]可能有时会影响法官;但更典型地决定判决过程的是“情境类型”,即所争议的交易中特定事实所代表的行为的一般模式,[69]抑或在相关商业语
29 境中构成通常的或社会经济意义上可欲行为的事物。这里的要点在于,法官通常绝非依据对于法庭中个体的独特喜好或厌恶而做出裁判。[70]

---

[68] Llewellyn, *The Common Law Tradition*(上注㊵), p. 121.

[69] 这在现实主义者准备的指引性材料中体现得很明显,这些材料**不是**基于教义范畴而是基于事实场景——比如“情境类型”——加以组织的。因此,比如利昂·格林(Leon Green)的案例书最初不是根据典型的**教义**范畴组织的(比如,过失、故意侵权、严格责任),而是基于损害发生的事实场景:比如“外科手术”(第二章)、“饲养动物”(第三章)、“生产商、商人”(第五章)、“建筑商、承包商、工人”(第六章)、“交通与运输”(第九章)。Leon Green, *The Judicial Process in Torts Casses*, St. Paul: West Publishing Co., 1931, pp. ix-x. 对于格林这位现实主义者来说,并不存在侵权法**本身**,存在的只是有关“外科手术”的一套侵权规则,以及有关“生产商”的另一套侵权规则,诸如此类。有关类似方法在另一个不同法律领域的运用,参见:Charles A. Wright, *Cases on Remedies*, St. Paul: West Publishing Co., 1955(不是按照救济类型,而是按照伤害类型划分这一主题)。与之相关的对于法律(特别是合同法)的看法一直在更晚近的交易成本经济学中有所体现。比如参见:Williamson, “Revisiting Legal Realism: The Law, Economics, and Organization Perspective”(上注⑳), pp. 13-16。

[70] 对比:Radin, “The Theroy of Judicial Decision: or How Judges Think”(上注㊹), p. 357。

但是法官为什么会以某种可预测的一致性去实施适用于案件潜在事实的商业文化规范呢？这里我们必须对此现象的最佳解释做出推断：这意味着法官的“社会学”（与独特的心理学特质不同）履历中必定存在着一些特征能够解释他们判决中可预测的一致性。[71] 不过现实主义者仅仅指向了一种适切的心理-社会解释。卢埃林指出，“专业的司法机关（构成了）使得判决具有可估算性的所有因素中最重要的一个”[72]“**职位**侍奉并紧随重要的权力，以此塑造着人”。[73] 对于弗兰克，卢埃林呼应但有所修正地继续说道：“起点就是如下事实，即我们上诉法院的法官是人……有关人类的更为明显且难以掌控的事实之一就是，他们在传统中活动并对之做出回应……传统渗透着他们，塑造着他们，约束着他们，指引着他们……对于了解社会学或心理学的人来说……这无须论证。”[74] 雷丁指出，“附带规制性措施的标准交易是他（即法官）熟知的事物，因为他具有身为公民和法律人的经验。”[75]相反，菲利克斯·柯恩只是慨叹“现在没有任何出版物（存在）展现政治、经济和专业背景以及我们法官的活动了”，[76]这可能是因为这种出版物会识别出

---

[71] 通过将这个履历称为“社会学的”，我想更具包容性而非排他性：我的观点是法官例示了一般性特征，而非独特特征。这些一般特征可以通过社会学、社会心理学或人类学得到阐述。

[72] Llewellyn, *The Common Law Tradition*（上注㊵）, p. 45.

[73] 同上注，第46页。

[74] 同上注，第53页。

[75] Radin, “The Theory of Judicial Decision: or How Judges Think”（上注㊹）, p. 358.

[76] Felix Cohen, “Transcendental Nonsense and the Functionial Approach”, *Columbia Law Review* 35(1935): 846.

判决的相关“社会”决定因素。[77]

因此，如果现实主义的社会学阵营——特别是卢埃林、摩尔、奥利芬特、柯恩、雷丁——是正确的，那么司法裁判就在因果意义上被（关于法官的相关心理-社会事实）决定，与此同时，司法判决也服从于可预测的模式，因为这些有关法官的心理-社会事实（比如，职业化的经历、他们的背景）并不是独一无二的，而是很大程度上在司法系统中具有典型性。现实主义者的核心主张，在其为真的范围内，并没有认为司法裁判是神秘的，而是表明律师如何以及为何能够预测法庭会怎么做。

30 同样要注意的是，对于社会学阵营来说，它也应当能够构建真正会“指引”裁判，或至少准确**描述**法庭实际上实现的裁判过程的法律规则。这正是奥利芬特为什么会，比如，讨论**遵循先例原则**（*stare decisis*）的“回归”：与大部分社会学阵营的现实主义者一样，奥利芬特关注的问题并不是规则没有意义，而是现有的规则是在一种与法庭实际上裁判案件时所依据的具体事实方法无关的一般性层面制定的。[78] 当无法提出具体于情境的规则时，现实主义者倡导运用一般性规范（norms），这至少体现出法官实际上运用的规范。这构成了卢埃林起草《统一商法典》（*Uniform Commercial Code*）——这对于在大众想象中是规则怀疑论者的现实主义者来

[77] 柯恩指出，“一个真正的现实主义司法裁判理论必须认为每个裁判不仅是个人性格的体现，更重要的还是社会决定因素的产物”。同上注，第 843 页。这个观点在有关司法裁判的大量政治科学文献中得到详细讨论。

[78] 身为美国法学会主席和自称的现实主义者，查尔斯·艾伦·赖特向我指出，美国法“重述”正逐渐向着这个方向发展，体现出了现实主义的洞见。

说似乎是一项不可能的任务——第2条时所使用的方法的核心部分。由于社会学阵营主张法官在任何情况下都实施商业文化中的规范,第2条通过对合同交易施加"善意"的义务,恰恰告诉法官们要这么做(Sec. 1-203)。除了诚实之外,"善意"要求"遵循贸易中公平交易的合理商业标准"(Sec. 2-103)。因此,对于一位法官来说,实施一个要求"善意"的规则就是实施商业文化的规范——这正是现实主义者主张法官所做的啊!

三、法律理论中的自然主义和实用主义

(一)导论

目前,我们已经看到,法律现实主义者中的主导观点并不是在二手文献中如此常见的弗兰克式的广泛接受的立场,而是从决定论和一般性命题角度理解的核心主张。基于这一论述,现实主义者主张:(1)一种有关司法裁判性质的**描述性**理论,据此(2)司法裁判服从于(社会学意义上)受到决定的模式,在其中(3)法官基于一种对于案件潜在事实的(总体上共享的)回应而得出结论,(4)他们进而通过合适的法律规则和理由对该结论进行事后的合理化。如果这种做出司法裁判的理论不同于弗兰克对于核心主张的心理学解释,那么它就更加不同于构成传统法理学理论的研究。本文接下来的部分就要讨论现实主义与主流法理学传统之间的这些深刻差异。

作为一种法理学理论,现实主义的突出特征是两个独特的哲学立场:我会将之称为"自然主义"和"实用主义"。从自然主义出

31 发，一种令人满意的司法裁判理论必须与自然科学和社会科学中的经验研究相一致。[79] 从实用主义出发，一种**对于律师而言**令人满意的司法裁判理论必须能够使得律师预测法庭将要做什么。[80] 自然主义与实用主义以下述方式彼此相连：为了可靠且有效地预测法庭将要做什么，我们就应当知道是什么**导致**法庭这样做出裁判的；反过来，司法裁判的**原因**只能通过以现实主义倡导的那类以自然科学和社会科学为范本的经验研究获得。[81] 因此，一种**自然主义**司法裁判理论就是提出一种对于律师而言具有**实用价值**的(即能够使得他们预测法庭将要做什么的)理论的前提。

在以下各部分中，我会阐明自然主义和实用主义的观念，以及它们与法律理论的关系——不过我会为之提出不同的理由。对于自然主义来说，它对法理学的重要性需要得到承认；对于实用主义来说，它的重要意义一直总体上受到误解或被粗糙地理解。在我看来，将现实主义者理解为在法理学中引入了自然主义和实用主义，就是对现实主义者的准确解读。

(二) 自然主义

自然主义是近来哲学界为人熟知的发展：实际上，认为它是过

[79] 有关哲学中"自然主义"立场的一些代表性论述，参见：Daniel Dennett, "Foreword", in Ruth Garrett Millikan, *Language, Thought and Other Biological Categories: New Foundations for Realism*, Cambridge, Mass.: MIT Press, 1984, p. ix; Peter Railton, "Naturalism and Prescriptivity", in Ellen Frankel Paul et al. (eds.), *Foundations of Moral and Political Philosophy*, Oxford: Blackwell, 1990, pp. 156-157。雷尔顿将这个观点称为"方法论"自然主义。同上注。

[80] 我会追随现实主义者，主要从诉讼人而非从交易律师的角度分析这些问题。

[81] 当然，这假定了现实主义者是正确的，即法律具有理性不确定性。

去 30 年来哲学界**唯一**令人瞩目的发展也不为过。20 世纪前半叶的语言学转向（在这次转向中，传统哲学问题被表述为有关我们语言使用的问题）为自然主义转向开辟了道路抑或受其补充，而在自然主义转向中，人们认为传统哲学问题无法通过哲学家先天的、扶手椅式的方法加以解决，而是需要合适的经验理论介入（或替代）。[82]

---

[82] 在某种程度上，对于那些将近来的哲学与"后现代主义"联系在一起的人来说，这可能听起来令人感到震惊——后现代主义在这里被理解为一种**哲学**立场，大致说的是不存在客观真理，有关世界的客观知识是不可能的，不存在"本质"，且"元叙事"[以利奥塔尔（Lyotard）著名的概念来说]的时代已经过去了。不过，后现代主义在这种**哲学**意义上，有两个突出的特征：首先，几乎没有哲学家相信它；其次，支持它的论证很糟。这两个特征显然彼此相关。

糟糕的论证有两种形态：我们可以称为"失望的绝对主义者"的论证[借用哈特在《法律的概念》（上注㉗）第 135 页中对于类似观点的合适称谓]和"血与肉"（Flesh & Blood）论证。失望的绝对主义者论证是这样的：对"证成""客观性"或"语义确定性"这类事物假定某种不可能实现的高标准，结果就是没有信念得到证成，没有任何关于世界的主张是客观的，并且没有任何文本具有确定的意义。这个论证包含的使得几乎所有哲学家都弃之而去的问题，就是它从未探究过证成、客观性或语义确定性背后包含的标准是否是合理的、可靠的，抑或当我们讨论证成、客观性或语义确定性时我们实际上指的是什么。（一些哲学家基于稍有不同的理由而提出反对意见：他们认为很高的证成标准或客观性标准**可以**得到满足。但后现代主义文献从未令人信服地论证这一点，就连对这些论证的意识都没有。）

血与肉的论证是这样的：由于作为认知者我们无法脱离自己身为人类的处境——可以说我们无法超越自己的血与肉（更别提自己的种族、性别、阶级等）——我们就永远无法获得有关世界的客观知识。某种程度上，这个论证是基于失望的绝对主义者的论证的。但它也引入了一个新的因素，就是对于我们为何无法满足失望的绝对主义者论证所预设的高标准的解释：因为我们总是"身陷其中"。这个论证的谬误在于，它从我们"身陷其中"这个事实（这是一个客观事实吗？）推导出了一个错误的结论，即我们无法超越自己的处境。当然，今天在世的哲学家没有人会否认，作为认知者，我们有关世界的信念受到我们"情境"的塑造：我们的特定文化与历史时刻、影响我们情感与判断的特定传统、决定世界如何向我们显现的理论范式，以及使得我们成为自己之所是的自然与生理天赋。几乎所有这一切在后康德哲学世界中都是老生常谈；并且即便在前康德哲学世界中，它也有诸如休谟这样的追随者[比如，与史蒂文·温特（Steven Winter）的如下非常错误的主张形成**对立**，即休谟错在"强调理性是一种先验的官能……""Bull Durham and the Use of Theory"，*Stanford Law Review* 42(1990)：658]。即使我们身陷其中——没有人否认这一点——仍有可能获得有关强立场意义 （续下页注）

（续上页注） 上客观世界的客观知识。这正是像理查德·博伊德（Richard Boyd）、哈特里·菲尔德（Hartry Filed）、菲利普·基切尔（Philip Kitcher）和彼得·雷尔顿等后库恩与后奎因式哲学家在过去20年来一直论证的。或许他们错了。但如果他们错了，这不是因为他们并不承认我们“身陷其中”这个平平无奇的事实；而是因为他们有关我们如何克服自己所处情境的局限的论证错了。但同样，后现代主义文献兴高采烈地没有意识到甚至可能会存在这种论证。

在“索卡尔事件”（Sokal Affair）的影响下，近来“后现代”学术普遍低下的思想水准成为诸多讨论的主题。艾伦·索卡尔（Alan Sokal）是一位物理学家，他写了一篇戏仿后现代学术的文章，该文充满了后现代口号与胡言乱语的科学。结果这篇文章被很流行的文化研究杂志《社会文本》（*Social Text*）接收并发表了。简单的概述，参见：Alan Sokal，“A Physicist Experient with Cultural Studies”，*Lingua Franca* 6（May/June 1996）：62-64。两位杰出的哲学家出色地论述了这个骗局的意义：“艾伦·索卡尔骗局所提出的核心议题……就是进行[文化]研究……所需的能力……许多年来，诸多领域的学者一直都在……抱怨这个领域中作品所体现出的令人震惊的低水平论证与证明……身为哲学家……我们常常对假冒成哲学论证的那些草率和幼稚的东西……以及这种论证一直发挥的重要作用感到震惊。”在举出索卡尔的例子后，他们正确地评论道：“只有在科学、数学以及哲学方面彻底一无所知的《社会文本》的编辑们才能够解释，他们如何能够接受这样一篇显然是胡言乱语的文章的发表……接受索卡尔戏仿之作的发表，这些[后现代]学者表明，他们……无法区分一个头脑糊涂和头脑清楚的人所提出的论述。” Paul Boghossian and Thomas Nagel，“Letter to the Editor”，*Lingua Franca* 6（July/August 1996）：58-60.[正如威廉·福巴尔斯（William Forbath）向我指出的那样，可以推定“左翼”法学学者完全被后现代主义俘获了。但依据索卡尔观察，“一种科学的世界观，即基于对逻辑和证明标准的认同以及对于理论和实在的不断碰撞的认同，是任何进步主义政治学的关键构成要素。”“Alan Sokal Replies”（同上注），第57页。]

不管怎样，如下观点是没有争议的，即在人文领域、社会科学和法学的部分学术文化之外，后现代主义（在上述所说的**哲学**意义上）一直几乎完全没有影响力。事实上，近年来有关人类和其他自然主义“元叙事者”的本质主义理论大量涌现。彼得·克雷默（Peter Kramer）的畅销作就典型地体现了真实的**时代精神**（*Zeitgeist*）。克雷默观察发现，“我们的文化陷入一种狂热的生物学唯物论中”。“对于生物学有关出乎意料广泛的人类行为光谱的解释力[比如，百忧解这样心理药理学的药物所提供的]，令人印象深刻的全景式考察……已经在很大程度上动摇了我关于人们如何在当今时代精神的指引下得以形成的假设。”Peter Kramer，*Listening to Prozac*，New York：Viking，1993，pp. xiii，xv. 后现代主义者了解尼采的方法论宣言会更好，即“自然人（*homo natura*）的基本文本必须得到重新认识”：“将人转变回自然状态……使人因此像今日一样站立在人面前，就好像他在科学的训练中变得冷酷……我们为什么要选择这样错乱的工作？换言之，我们究竟为何要拥有知识？” *Beyond Good and Evil*，Section 230.（有关尼采的自然主义，参见：Leiter，*Nietzsche on Morality*，London：Routledge，2002，Ch. 1。）

列举过去的四分之一个世纪中的哲学，就是列举非常认同（各种） 32
自然主义立场的哲学家：特别是 W. V. O. 奎因、杰瑞·福多（Jerry
Fodor）、戴维·阿姆斯特朗（David Armstrong）、金在权（Jaegwon
Kim）、斯蒂芬·斯蒂克（Stephen Stich），以及阿尔文·戈德曼
（Alvin Goldman）等。当然，强有力的哲学立场形成反对自然主
义的阵营，这也不假，比如理查德·罗蒂（Richard Rorty）[83]或近来 33
的希拉里·普特南（Hilary Putnam）[84]、约翰·麦克道威尔的观
点。[85] 全面分析这些哲学家错在哪里，会超出这篇文章的范围，但
我会在下文中做出一些回应。[86] 只要说他们的立场在当今哲学中
处于少数派的位置便足矣。[87]

---

[83] *Philosophy and the Mirror of Nature*, Princeton, NJ: Princeton University Press, 1979.

[84] *Realism with a Human Face*, Cambridge, Mass.: Harvard University Press, 1990. 也参见普特南对我的回应——其中的反自然主义立场非常明显："Replies", *Legal Theory* 1(1995):70-72。

[85] *Mind and World*, Cambridge, Mass.: Harvard University Press, 1994. 麦克道威尔认为自己是一个"自然主义者"，而非他所说的"狂野的自然主义者"。许多哲学家，包括我自己在内，都倾向认为麦克道威尔的"自然主义"仅仅代表着这个范畴的无序扩张，以至于正好包含了那些似乎在自然主义世界观中地位可疑的现象。特别是参见：*Mind and World*, pp. 66-86。

[86] 对于麦克道威尔含义模糊的反自然主义的出色批判，参见：Jerry Fodor, "Encounters with Trees", *London Review of Books* ((April 20, 1995): 10-11（评论 Mcdowell, *Mind and World*）。在对于罗蒂的诸多批判中，最好且最有针对性的批判之一依旧是：Jaegwon Kim, "Rorty on the Possibility of Philosophy", *Journal of Philosophy* 77(1980):588-597。

[87] 如托马斯·内格尔（Thomas Nagel，在纽约大学）近来的观察，自然主义方法"认为哲学与科学具有一致性，只是更加抽象和更具一般性……这种观点如今在分析哲学家中非常普遍，包括这个领域中许多最优秀的人物……卡尔纳普-奎因（自然主义）传统逐渐主导着这个专业……"：Thomas Nagel, *Other Minds*, New York: Oxford Univeristy Press, 1995), p. 6。

这里真正值得关注的是，每个哲学领域——元伦理学、语言哲学、认识论等——在过去的四分之一个世纪中经历了自然主义转向，英美法哲学却依旧未受这些思想发展的影响。当然，这个观察并不算一种论证；接下来我想要表明的是，英美法理学在这方面的隔绝是一种错误，并且正是在现实主义者身上我们发现了自然化法学的第一种范式。

1. 自然主义变奏

什么是自然主义，它与法律理论如何相关？这是个大哉问，这里只是提供一部分答案。(88) 接下来我准备聚焦“自然主义”中与理解法律现实主义者最相关的部分。

34 哲学中的自然主义通常**首先是一种方法论**立场，大意是哲学理论工作应当与科学中的经验研究保持一致。(89) 自然主义者追随奎因并拒绝如下观点，即可能有一种“第一哲学”，以**先天的**(*a priori*)方式，* 即先于任何经验的方式，为问题提供哲学解决方

(88) 更实质的讨论，参见：Leiter，“Naturalism and Naturalized Jurispruden”，in *Analyzing Law：New Essays in Legal Theory*，ed. B. Bix，Oxford：Oxford University Press，1998。

(89) 就我所知，哲学家未能解决这个所谓的“划界问题”（demarcation problem）——即究竟是什么使得真正的科学区别于伪科学这个问题——并没有摧毁自然主义的定义；正如“谷堆悖论”(paradox of the heap)并没有摧毁我们区分谷堆和单个谷子的能力一样——即使在这两种清醒中，都存在含糊不清的边缘情形。

* *a priori* 有“先天”和“先验”两种不同译法。译者采纳“先天”这一译法，主要考虑如下。*a priori* 和 *posteriori* 的区分由于康德的论述而闻名，它们表达的是事物/命题的意义与经验之间的先后次序关系。*a priori* 指的是一个事物的先于经验存在或一个命题的意义无需诉诸经验而获得；*posteriori* 则是指一个事物后于经验存在或一个命题的意义需要诉诸经验而获得。在康德哲学中，与 *a priori* 相关的另一个概念是 transcendental，后者指的是经验现象得以呈现的条件。简言之，依据康德的用法，人类知识是先天的(*a priori*)，阐明这一状态如何可能的理论也即康德自己的学说是先验的(transcendental)。不过在概率论中，*a priori* 常被译为先验，指的是根据以往经验和分析得到的概率。——译者

案。[90] 哲学自然主义者要求与自然科学和社会科学以如下方式之一或全部保持一致：我将这些方法称为"结果一致性"和"方法一致性"。

结果一致性要求哲学理论的主张应当得到成功科学（successful sciences）的结果的支持。像阿尔文·戈德曼这样的认识论学者诉诸心理学和认知科学的结果以探究人类认知器官实际上是如何工作的；戈德曼指出，只有获得这类信息，认识论学者才能够为人类**应当**如何形成信念构建规范。[91] 相反，方法一致性仅仅要求哲学理论仿效成功科学典型的研究"方法"与解释模式。[92] 从历史角度来看，这一直是哲学领域中最重要的自然主义形态，有从休谟到尼采的各位思想家为证。[93] 比如，休谟和尼采都构建了有关人性的"思辨"理论——以他们当时最具影响力的科学范式为蓝本（休谟这里是牛顿力学；尼采这里是19世纪的生理学）——以便"解决"各式各样的哲学问题。[94] 他们的思辨理论都以科学为"蓝本"的最

---

[90] 这里值得强调的是，当代大部分自然主义者并**没有**像奎因在否定"第一哲学"观点（或支持其朴素的物理主义；有关后一个议题，参见：Christopher Hookway，*Quine*：*Language*，*Experience*，*and Reality*，Stanford：Stanford University Press，1988，p. 124）时那么激进。尽管所有人都会赞同奎因，认为哲学不可能只是一门先天的学科，但大部分自然主义者依旧认为，概念分析有重要的工作要做。经典的例子就是：Alvin I. Goldman，*Epistemology and Cognition*，Cambridge，Mass.：Harvard University Press，1986。

[91] 参见Goldman，同上注。

[92] 这种观点并没有预设各种科学在方法论方面的**统一性**；为了避免空泛，它的确要求科学的方法不应如此多样以至于涵盖各种可能的方法论立场。

[93] 有关休谟，参见下述讨论：Barry Stroud，*Hume*，London：Routledge，1977，pp. 1-16，219-250。有关尼采，参见：Leiter，*Nietzsche on Morality*，London：Routledge，2002，pp. 6-10。

[94] 这两位思想家的相似之处甚至更为深刻。他们都可以被解读成认为考虑到我们未能**在理性上**证明自己的信念——道德信念抑或其他方面的信念——我们必须寻求一种有关它们的**自然主义**解释。如果休谟和尼采之间有重要的不同，这就是尼采的思辨性理论大体上要比休谟的更可靠。参见：Leiter，*Nietzsche on Morality*，同上注。

重要的原因在于，他们接受了源自科学的如下观点，即我们可以通
35 过决定论的因果关系理解一切现象。[95] 正如我们通过识别决定无
生命界中事件的原因来理解它们一样，我们通过将人类的信念、价值以及行动的因果决定因素定位于人性的不同特征来理解它们。

因此，方法论自然主义者构建了在下述意义上与科学保持一致的哲学理论，这些理论要么依赖于不同领域科学方法的实际结果，要么运用并仿效了看待并解释事物的独特科学方法。[96] 不过

[95] "理解休谟哲学的关键，就是认为他正好以比如弗洛伊德或马克思的方式提出了一种有关人性的一般理论……他们倡导的理论，大体来说，都是决定论的。" Stroud, *Hume*,（上注[93]），p. 4. 在弗洛伊德看来，决定论式的原因是各种各样无意识的驱动力和欲望；在尼采看来，这类原因包含驱动力和生理性的原因。

在哲学领域一直也很有影响力的其他科学"方法"，还包括认同为理论主张寻找经验确证，并与此同时认同实验性方法。

[96] 不过，许多自然主义者超越了方法论自然主义，支持一种实质性学说。哲学中的"实质自然主义"（Substantive Naturalism）要么指的是如下（本体论）观点，即唯一存在的事物就是**自然**或**物理**事物；抑或指的是下述（语义学）立场，即有关任何概念的合适的哲学分析，都必须要表明它是可根据经验研究加以修正的。在本体论意义上，实质自然主义通常被认为包含了物理主义，后者指的是只有被物理科学的法则挑选出来的那些属性才是真实的。在语义学意义上，实质自然主义只是认为，像"道德上是好的"这类谓述，可以通过容许经验研究（比如，通过心理学和生理学，假定福祉是心理和生理状况的一个函数）的特征（比如，"最大化人类福祉"）的方式加以分析。

许多哲学家由于其方法论自然主义而接受某种类型的实质自然主义：成为一个方法论意义上的哲学自然主义者，有时使得哲学家认为对于某个概念或领域的最佳哲学论述，就是通过实质自然主义完成的。但重要的是注意到，认同方法论自然主义并不包含如下结论：从方法论角度来看，有关道德、心灵或法律的最佳哲学论述是否必然是通过实质自然主义完成的，是一个开放的问题。

在我看来，非常常见的情形是哲学家混淆了"自然主义"和"实质自然主义"。比如，参见：Philip Pettie, "Naturalism", in Jonathan Dancy and Ernest Sosa (eds.), *A Companion to Epistemology*, Oxford: Balckwell, 1992, pp. 296-297; Stephen J. Wagner and Richard Warner, "Introduction", in Stephen Wagner and Richard Warner (eds.), *Naturalism: A Critical Appraisal*, Notre Dame, Ind.: University of Notre Dame Press, 1993, pp. 1-3。但从方法论自然主义者的立场来看，这正是以方法论自然主义想要排除的先天方式对太多议题心存成见。

我们依旧必须在两种不同的方法论自然主义分支——奎因式的与戈德曼式的——之间做出区分。前者被我称为“替代性自然主义”(Replacement Naturalism)；后者被我称为“规范性自然主义”(Normative Naturalism)。戈德曼的规范性自然主义一直主导着这个领域的哲学研究，[97]不过却是奎因的替代性自然主义与法律现实主义最直接相关。由于替代性自然主义者和规范性自然主义者都共享自然主义独具的**方法论**立场——使得哲学理论工作依赖科学理论工作，并与之保持一致——两者的差异就必定体现在别的方面：不是在方法论，而是在目标。在替代性自然主义者看来，理论工作的目标就是描述或解释；但在规范性自然主义者看来，目标是通过规范或标准的公布来规制实践。[98] 在此，我打算关注替
代性自然主义；我会在其他地方讨论现实主义和规范性自然主义 36
的关系。[99]

替代性自然主义的**经典文献**(*locus classicus*)当然就是奎因发表于1968年的文章《自然化的认识论》(Epistemology Naturalized)。[100] 在

[97] 比如，参见对于近期文献的研究：Philip Kitcher，“The Naturalists Return”，*Philosophical Review* 101(1992)：53。

[98] 注意，**这个**目标并非规范自然主义所独有——它同样是从笛卡尔到早期卡尔纳普(Carnap)的传统认识论的目标。规范自然主义者和传统认识论学者之间的差别在于他们实现这个目标所运用的方法。参见：Goldman，*Epitemology and Cognition*(上注[90])，pp. 6-9。

[99] 参见：“Naturalism and Naturalized Jurisprudence”(上注[88])。

[100] W. V. O. Quine，“Epistemology Naturalized”，in *Ontological Relativity and Other Essays*，New York：Columbia University Press，1969. 也参见：W. V. O. Quine，“Grades of Theoriticity”，in Lawrence Foster and Joe Swanson(eds.)，*Experience and Theory*，Amherst：University of Massachusetts Press，1970。下文进一步的引用只是限于前一篇文章，而非后者。

奎因看来，认识论的核心任务就是理解我们有关世界的理论以及这些理论所基于的证据（感觉输入）之间的关系。奎因的靶子是这一任务中颇具影响力的一种观点：笛卡尔式的基础主义（foundationalism），特别是在 20 世纪由鲁道夫·卡尔纳普（Rudolf Carnap）在《世界的逻辑构造》（*Der Logische Aufbau der Welt*）中提出的这一观点的精致形态。[101] 基础主义者想要一种至少能够证明我们理论中某些子集的优先认知地位的理论-证据学说：我们的理论（特别是我们有关自然科学的最佳理论）是“奠基于”不可置疑的证据之上的（比如，直接的感觉印象）。[102] 众所周知的是，对奎因来说，基础主义是失败的，这一方面是由于奎因式的意义整体论（理论词语从它们在整个理论框架的位置中获得其意义，而不是通过与感觉输入的点对点联系），另一方面则是由于迪昂-奎因命题（Duhem-Quine Thesis），即证据无法充分决定理论（总会有不止一种理论与证据一致，一部分原因是在面对难以解释的证据时，理论假设总可以通过放弃为该假设检验赋予特征的辅助性假设而得到保留）。[103]

那么认识论会变成什么样？希拉里·科恩布利斯（Hilary

---

[101] Berlin: Weltkreis, 1928；英文通常翻译为 *The Logical Structure of the World*，不过德语 *Aufbau* 的字面翻译是英文“building-up”（建构），准确地传达出这个方案的基础主义旨趣。

[102] 为了表述的简洁，我在这里模糊处理了两个议题。基础主义方案，至少在早期卡尔纳普（他后来批判了这一立场）那里包含两部分：语义部分和认知部分。语义方案是将指称物理对象的所有语句翻译为感觉材料语言（比如，“我现在看起来很不熟练”）。认知方案的目的是表明有关物理世界的科学理论只是基于感官经验而得到证成。语义整体论摧毁了第一个方案。休谟有关归纳的分析以及有关不充分决定性的迪昂-奎因命题摧毁了第二个。

[103] 参见如下敏锐的概述：Jaegwon Kim，“What is ‘Naturalized Epitemology’?”，*Philosophical Perspectives* 2（1988）：385-386。

Kornblith)将奎因的观点总结如下：

> 一旦我们意识到基础主义方案的贫乏，我们就明白有关理论与证据之间关系以及信念获得的唯一真正问题，就是心理学问题。[104]

这个观点被科恩布利斯合适地称为奎因的“替代性命题”：“认识论 37
问题会被心理学问题替代。”[105]奎因是这样说的：

> 感觉感受器(接受)的刺激是任何人最终获得自己有关世界的图景时所持有的全部证据。为什么不了解一下这种建构实际上是如何形成的？为什么不接受心理学呢？这种将认识论的负担推给心理学的做法在之前被认为是循环论证而没有得到承认。如果认识论学者的目标是证明经验科学的基础，他就会因在证明中运用心理学或其他经验科学而挫败了自己的目标。但是一旦我们不再梦想着从观察结果中演绎出科学，这种有关循环论证的顾虑就没什么意义了。[106]

几页之后，奎因继续讨论自己的方案：

---

[104] “Introduction: What Is Naturalistic Epstemology”, in Hilary Kornblith(ed.), *Naturalizing Epistemology*, Second Edition, Cambridge, Mass.: MIT Press, 1994, p. 4.

[105] 同上注，第 3 页。

[106] Quine, “Epitemology Naturalized”(上注[100]), pp. 75-76.

> 认识论,或某种与之类似的事物,完全属于心理学的一部分,并因此进入自然科学的领地。它研究的是一种自然现象,即一种符合自然法则的实体(physical subject)。人类这种实体被赋予某种在经验上受到控制的输入——比如,某些以各种频率进行照射的模式——经过适当的时间,这个实体就会输出对三维外部世界及其历史的描述。贫乏的输入与澎湃的输出之间的关系正是我们要加以研究的关系,而其理由则在一定程度上与一直推动认识论的理由相同,这就是想要表明证据如何与理论相关,并且一个人有关自然的理论以何种方式超越了任何可获得的证据。[107]

因此,奎因认为,认识论的核心关切就是理论-证据关系;如果关于这一关系的基础主义论述失败了,那么只留有一种有关这一关系的理论值得讲述,这就是“纯粹描述性的、因果法则性的人类认知科学”的论述。[108] 人类认知科学**替代了**扶手椅式认识论:我们通过把认识论的核心问题——理论与证据之间的关系——转交给相关的经验科学而将之自然化了。

现在我们将奎因的观点概括如下。我们可以认为,哲学任何分支中的替代性自然主义者认为:

> 对于一组证成性关系中可能存在的任何一对关联物而言——比如,证据和理论,理由和信念,因果关系史与语义学

[107] Quine,“Epitemology Naturalized”(上注[100]),pp. 82-83.

[108] Kim,“What is ‘Naturalized Epistemology’?”(上注[103]),p. 388.

> 或意向性内容，法律理由和司法裁判——如果任何有关这一关系的规范性论述都是不可能的，那么唯一具有理论价值的论述，就是有关该领域的相关科学所提出的描述性/解释性学说。[109]

这概括了奎因立场中很重要的一方面：由于奎因只是从**基础主义** 38
的失败中推导出替代性自然主义——但基础主义只是有关证据-理论关系的一种可能的规范性论述，而非唯一的论述。奎因的论述完全没有表明其他有关证据-理论关系的规范性论述是不可能的。正是由于这一点，奎因广受批评。[110] 在我看来，成功辩护替代

[109] 当然，有人可能会认为，描述性论述为我们提供的就是证成：因此，比如，描述一个信念的因果历史，可能就是**证成**该信念。相关讨论参见：Fodor，“Encounters with Trees”。不过这种可能性与这里的方案没有关系。

[110] 比如，参见：Barry Stroud，*The Significance of Philosophical Scepticism*，Oxford：Clarendon Press，1984，pp. 211-254；Stephn P. Stich，“Naturalizing Epitemology：Quine，Simon and the Prospects for Pragmatism”，in Christopher Hookway and Donald Peterson（eds.），*Philosophy and Cognitive Science*，Royal Institute of Philosophy，Supplement no. 34，Cambridge：Cambridge University Press，1993，pp. 3-5。也参见：Kim，“What is ‘Naturalized Epistemology’?”（上注[103]）；Goldman，*Epistemology and Cognition*（上注[90]），pp. 2-3。有关非常不同的看法，参见：Richard Foley，“Quine and Naturalized Epistemology”，in *Midwest Studies in Philosophy* 19（1994）：243-260。福利（Foley）拒绝“对于奎因观点的标准解读”（同上注，第246页）——大体上是我在正文中的解读——反而呼吁人们关注奎因甚至为其自然化认识论承认**规范性**角色的地方。同上注，第248—250页。尽管福利正确地承认，对于奎因来说，这些规范并不允许先天的证成（同上注，第258页），但他似乎认为这是微不足道的，因为（1）奎因所偏好的规范是我们几乎无法放弃的；并且（2）在福利看来，奎因通过“扶手椅”而非经验性方法识别出这些规范（同上注，第253—259页）。我认为福利引人思考的文章低估了奎因的观点实际上在何种程度上与传统决裂，同时又高估了奎因实际上在何种程度上提出了规范性的认识论。不过这些问题会让我偏离当前的关切太远。

性自然主义的核心在于理论研究的**成效**(fruitfulness)这个潜在概念。奎因式的反驳肯定会有如下形式:“一旦我们放弃基础主义的证成方案,我们有关证成的观点就没有什么是具有理论意义的了;可以说,有关证成的理论表述就坍缩为有关我们证成实践的贫乏的描述性社会学。”[111]更简单地说,如果我们无法实现规范性基础主义方案,那么我们也可以做一些有用和有趣的事情,即经验性理论。

没有基础主义的规范性理论为什么是贫乏的?让我用一个简短的例子来阐明这一点。如今认知心理学的一个为人熟知的成果是,人类在逻辑推理中通常会犯错。[112] 所以一种有关信念形成的
39 单纯的描述性理论,一种奎因似乎推崇的理论,完全可以揭示这些错误。但认识论难道不应该告诉我们信念的形成不**应当**违背逻辑吗?我们很难想象奎因为何会不同意这一点:我们不**应当**违背逻

---

[111] 奎因的这个观点隐含在罗蒂引人思考的解读中:Rorty,*Philosophy and the Mirror of Nature*(上注[83]),pp. 165-212。按照罗蒂的看法(他对威尔弗雷德·塞拉斯和奎因的解读),“他们的整体论是他们认同如下命题的产物,即证成并不是观念(或语词)与对象之间的独特关系,而是一种对话,一种社会实践……当我们理解了对于信念的社会证成时,我们就理解了知识……”同上注,第170页。但这在很重要的一个方面误读了奎因,因为它听起来好像是奎因对于证成持有某种**积极的**看法,即它体现为“社会实践”。但根据我的理解,奎因的观点是,如果“理解知识”意味着理解证成,那么根本不存在“理解知识”。如果我们能够讲述有关证成的基础主义学说,证成就是有价值的;但奎因认为,我们无法提出这种学说,因此证成就不再是富有成效的理论研究的一个主题。有人可能研究描述性社会学,并将“信念的社会证成”描述为仿佛是我们发现了它一样;但这不会更深入地阐明**证成**。奎因所青睐的替代选项,是研究作为一种经验心理学的证据-理论关系——同样,并不是一种分析“证成”的方式,而是一种理解“知识”的方式——即我们基于少量证据所建构的“理论”——而无需理解证成。

[112] 相关结果的概述,参见:Stephen Stich,“Could Man Be an Irrational Animal”, reprinted in *Naturalizing Epistemology*(上注[104])。

辑地形成信念。但问题在于，这个贫乏的建议是否有助于一个有成效的研究方案？我认为奎因并不这么想。替代性自然主义的描述性方案在研究证据-理论关系时可能会体现某些非理性的认知过程，但基于证据对理论的不充分决定性，甚至当我们犯逻辑错误时，我们依旧无法解释自己的理论信念中哪些是有保证的而哪些并没有。奎因式的直觉认为，相较于体系化我们有关非理性的普通规范性直觉，我们会从经验研究中学到更多。此外，体系化直觉的方案会坍缩为有关知识的描述社会学，**除非**我们在自己的认知实践外拥有某个基础性的立场，以此能够评价认知议题，否则我们所能做的不过就是报道我们实际上做了什么。但这种外部立场的可获得性正是奎因所否认的。

2. 自然主义和法律理论

我们看到奎因对替代性自然主义的论证分为两个步骤。第一步是**反基础主义**：基于证据性输入，没有任何特定理论得到证成。第二步是**替代**：由于输入（证据）和输出（理论）之间的关系无法通过基础主义论述加以解释，为什么不以一种纯粹描述性研究——比如有关何种输入会引起何种输出的心理学研究——替代规范性方案呢？我会论证，在现实主义者有关司法裁判的理论中，我们可以发现与这两个步骤的类比。

裁判理论所关心的**并不是**“证据”与“科学理论”之间的关系，而是“法律理论”（可以被称为输入）与司法裁判（输出）之间的证成性关系：司法裁判理论试图告诉法官他们**应当**如何证成自己的判决，即该理论试图将司法裁判“奠基于”要求特定结果的理由之上。[113] 现实主义者在否定法律理由证成了一个独特的判决的意义上，是有关司法裁判的“反基础主义者”：法律理由无法充分决定判决（至少在大部分实际起诉的案件中是如此）。更准确地说，现实主义者主张法律在下述意义上是**理性**不确定的，即法律理由的集合——法官可能为一个判决提供的正当理由的集合——并没有为一个独特的结果提供**证成**。[114] 正如感觉输入无法**证成**独特的科学理论一样，现实主义者认为法律理由也无法**证成**一个独特的判决。

40 现实主义者也采取了奎因所采取的第二步：替代。根据现实主义者的不确定性命题，法律理由无法充分决定司法判决，这意味着司法裁判理论的基础主义方案是不可行的。那么为什么不以一种有关何种输入（即法律与事实的何种结合）会产生何种输出（即何种司法裁判）的描述性/解释性理论，替代有关基于可适用的法律理由来证成某种单一法律结果的“贫乏的”基础主义方案呢？[115] 提出这样一种描述性/解释性理论，就是在证明现实主义的核心主张。如昂德希尔·摩尔在他一篇文章的开头说：“这种研究隶属法

---

[113] 我认为有关司法裁判理论抱负的后一个假定是有争议的：Burton，*Judging in Good Faith*（上注④）；Kenneth Kress，“Legal Indeterminacy”，in *California Law Review* 77(1989)：285-337。下文中我会讨论这个一般性的担忧。

[114] 现实主义者认为法律是“不确定的”，这当然广为人知。有关如何表述现实主义关于不确定性的观点的一些问题，参见：Leiter，“Legal Indeterminacy”（上注㉔）。

[115] 这种自然化法学会与大部分现代法哲学处于紧张关系，后者源自 H. L. A. 哈特对理解社会世界的解释学理论的接受。根据这种理论，我们并不探究社会行动者外在行为的法则性规律，而是为了理解社会行动者，我们必须采纳他们的“内在”视角，并理解比如他们的理由对于他们自身而言意味着什么。我们可以将现实主义者理解为在争论这种方法是否真的要比他们自己有关社会世界的非解释性进路更有解释力和更具预测成效。

理学范畴。它也隶属行为主义心理学领域。它将此范畴统摄入该领域。"[116]注意，这多么紧密地呼应了奎因的观点，即"认识论……完全是心理学的一部分……"。[117]在现实主义者看来，法理学——或更准确地说，是司法裁判理论——之所以得到"自然化"，是因为它成为了心理学（或人类学、社会学）的一部分。此外，这主要是出于奎因式的理由：因为有关司法裁判的基础主义论述失败了——这是接受现实主义者认为法律是不确定的这一著名主张的结果。[118]

不过，我们必须马上注意到以上论述的四个潜在问题。其一，就现实主义者**没有**主张法律在**所有**案件中都是不确定的而言，上述与奎因的类比是失败的。其二，就司法裁判理论本质上并非**基础主义**方案而言，上述与奎因的类比是失败的。其三，即使**法律**理由无法充分决定判决，仍存在确实证成一个独特判决的非法律理由（比如，道德或政策理由）——在这种情形中，我们为什么一定认为司法裁判要以严格的自然主义或"因果"概念加以描述？其四，即使上述每个问题都得到了克服，依旧存在的情况似乎是并非**所**

---

⑯ Moore and Callahan,"Law and Learning Theory: A Study in Legal Control"（上注㊾）,p. 1.

⑰ Quine,"Epistemology Naturalized"（上注⑽）,p. 82.

⑱ 如果这一论述为现实主义中的某个分支提供了哲学谱系，那这么做当然是以时间错乱为代价的：比如，摩尔的论述早于奎因四分之一个世纪！不过奎因和现实主义者都是在类似的思想氛围中成长起来的——这个氛围以"自然主义"为主导，且更具体地受到心理学中的行为主义的主导。不管怎样，这里引入奎因的目的，**只是**为我们在现实主义者身上发现的论证风格确立**思想方面的**依据。无需多言的是，现实主义者与奎因在许多方面观点有别——正如许多接受自然主义并拒绝分析-综合区分的哲学家一样。特别参见：Hookway,*Quine: Language, Experience, and Reality*（上注⑨）,p. 124。

有法理学都被自然化：比如，现实主义有关法律不确定性的论证是依附于有关合法性标准的概念性论述的(即有关法律正当渊源的论述)。我会依次讨论这些问题。

41 (1) 如前所述，现实主义者与后来的批判法学研究学者不同，并不主张法律“在整体上”是不确定的：他们并没有认为法律理由集合未能在**所有**案件中证成独特结果；而是说它未能在“局部”，即一系列特定案件中如此(比如，进入上诉审阶段的案件)。但是，承认在**另外**一系列案件中法律**是**确定的，就是承认“基础主义”方案在这些案件中是妥当的：这意味着我们可以解释受到可适用的法律理由证成的独特判决。但是基础主义的可能性消除了用纯粹描述性研究替代规范性研究的动机。因此，与奎因式替代性自然主义的类比似乎不成立。

现实主义者差不多也会承认这一点，并且实际上没有理由不这么做。因为现实主义者并没有要求将法律理由**构成**法律结果满意预测的那些案件(即正是基础主义方案可行的那类案件)中的司法裁判理论加以“自然化”。[119] 有人可能会再次担心是否存在**有意义**抑或**有成效**的规范性理论(而非仅仅是一个贫乏的理论)，但对同奎因的类比来说，仍有基础主义方案并不成立的大量案件以至于替代的情形依旧不受影响，便已足够。

(2) 不过，或许司法裁判理论——甚至对于“疑难”案件来说——并不是**基础主义**理论：它想要限定决定某个法律问题时**应**

---

[119] 我在本书第六章辩护了一种稍有不同的观点；也请参见第二部分后记。

当诉诸的法律理由的范围，但它并不试图将理由限定到**证成**一个独特结果的程度。此时，理由**并未充分**决定结果这个事实，并没有威胁到司法裁判理论真正的**规范性**企图。

这个反对意见不过是一种为人熟知的反驳奎因式自然主义的变奏，即它认为奎因式自然主义错误地从规范性理论工作的贫乏中推导出只有**一种规范性方案**，即基础主义的失败。[120] 如前所述，自然主义合适的回应是，质疑非基础主义的规范性理论工作是否是一种富有成效的事业。在司法裁判理论中，这个担忧尤为明显。如果我们所考察的反对意见是正确的，那么明确表述反基础主义者所承认的立场的一种规范性理论——即基于法律理由的结合，有不止一种（虽然绝非任何）司法裁判可以得到证成——必然在某种意义上是值得拥有的理论。这样一种理论或许有可能足以避开基于法律不确定性的对于司法裁判政治**正当性**的挑战，[121]但它为法官提供了我们想从一种理论中得到的**规范性**指引了吗？[122] 一个 42
告诉法官基于理论 X 判定原告获胜会（基于法律理由的集合）得到证成抑或基于理论 Y 判定被告获胜会得到证成（但基于理论 Z 判定原告或被告获胜都无法得到证成！）的理论，真的为法官提供

[120] 对照：Kim，“What is ‘Naturalized Epistemology’?”（上注[103]）。

[121] 比如参见：Burton，*Judging in Good Faith*（上注④）；Kress，“Legal Indeterminacy”（上注[113]）。我在下文中持有类似立场：Coleman and Leiter，“Determinacy，Objectvity and Authority”（上注㉙），但我现在认为这部分论证是错误的。

[122] 考虑一下奎因主义者会向非基础主义认识论学者提出的如下类似问题：当我们告诉科学家他们基于证据有理由接受不止一个（尽管并非任何）理论时，我们为其提供有用的**规范性**指引了吗？

了值得拥有的规范性指引了吗？我的法律人直觉告诉我，像这样的规范性指引（它无法充分决定最终结果）对于法官或**律师**来说没有太多价值。事实上，如果我们认真对待现实主义者的实用性企图——使得律师能够预测法庭将要做什么——那么提出一种非基础主义的规范性司法裁判理论就是不够的，原因恰恰在于它无法为律师提供充分的工具来预测手头案件的实际判决。[123]

（3）不过即便现实主义者承认法官基于**理由**做出裁判，但法官（在法律不确定时）有可能不是基于**法律**理由进行裁判的。比如，在商业纠纷的语境中，一些现实主义者主张法官试图去做的就是实施商业实践规范：商业实践规范为以这种而非另一种方式裁判案件提供了理由。[124] 我们为什么认为应当将这些理论替换为“自然主义”理论，即有关什么“输入”导致什么“输出”的描述性理论？此外，如果我们确实认为这种自然主义解释在涉及非法律理由的考量中是有必要的，为什么**只是**将自然主义解释限定在如下情形：换言之，为什么不要求对受到具有理性确定性的法律理由控制的“简单”案件提出一种自然主义解释？更简单地说，挑战体现在这里：为什么要“自然化”（在寻求决定论原因的意义上）理由（法律或非法律意义上的）足以解释的情形？

现实主义者至少有四种可能的回应：[125]

---

[123] 像伯顿这样并不接受实用主义（在我的意义上）是理论工作的一种约束的学者，应该不会受到这个反对意见的触动。

[124] 如前所述，这个描述性主张启发了卢埃林起草《统一商法典》的第2条。详细的讨论，参见：White, *Patterns of American Legal Thought*（上注㉛）。

[125] 接下来的讨论，归功于和朱尔斯·科尔曼、约瑟夫·拉兹以及斯科特·夏皮罗就这些问题的丰富论辩。

其一：承认（非法律）理由的相关性并不明显挫败自然主义方案。通过理由提出一种有关司法判决的**因果性**解释，并不要求认真对待理由**之为**理由所具有的规范力。[126] 因此可以认为，若想提出有关司法裁判的因果解释（正如自然主义者想要做的那样），我们必须关注理由的**合理性**（rationality）。但这只是限制**自然化**的领域，而不是反对自然主义方案。

认同这种回应思路的困难在于，它进而指出我们也可以“自
然化”法律理由具有确定性的简单案件的判决。规则规定，“任何 43
人驾驶速度超过 55 英里/小时，就被处以 50 美元罚金”。测速表明，纽特（Newt）驾驶的速度超过了 55 英里/小时。因此，法官判决纽特必须支付罚金。我们无疑可以从“自然主义”角度描述这个判决——比如，关于使得演绎推理得以可能的心理学机制，以及对于像我们这样的生物的“直觉”——但这种活动一定看起来意义不大。当理由确定地**合理化**了一个判决的时候，即使我们能够对之提出一种自然主义解释，但我们为什么认为这种解释是**有必要**的呢？这表明我们需要第二种更合理的回应。

其二：如果我们诉诸有关**自然主义**解释（它并不诉诸作为原因的理由）是否比合理化解释更有效或**无效**（抑或**有成效**或“**必须**”）的直觉，那么我们应当偏好何种解释自然是一个具有开放性的经验问题。大量试图在司法判决与法官背景之间建立相关性的政治

[126] 出色的讨论，参见：Donald Davidson，“Actions，Reasons，and Causes”，reprinted in *Essays on Actions and Events*，Oxford：Clarendon Press，1980，pp. 3-19。

科学文献[127]以如下假设为基础，即自然主义解释要比合理化解释更有意思且更具启发性。这些文献试图在**不诉诸**理由的前提下“解释”司法裁判，这不是因为这些理由无法获得（无疑，共和党法官正如他们所做的那样具有“共和党”理由），而是因为人们认为这里的“自然主义”解释——以裁判和有关法官的心理-社会事实之间的相关性加以论述——要比通过理由论述的解释更有用、更有成效且更具信息含量。因此，现实主义者可能会承认我们可以通过对非法律理由的回应性来理解司法裁判，但却争辩说不诉诸理由的自然主义解释——不过仅仅是诉诸法官的相关心理-社会事实的那种——代表着更富成效的研究方式。

但再次重申，上述观点是否正确是一个开放的经验问题，因此现实主义者补充额外的回应会更好。

其三：现实主义者可能的最优回应——实际上也是最可靠的回应——就是主张甚至非法律理由（比如，“政策”或“道德”理由）都是具有理性不确定性的：因此正如法律理由无法充分决定判决，非法律理由亦复如是。道德考量并不“客观”这个事实使得道德理

[127] 比如，参见：Jilda M. Aliotta，“Combining Judges' Attributes and Case Characteristics: An Alternative Approach to Explaining Supreme Court Decisionmaking”，*Judicature* 71（Feb.-Mar. 1988），277-280；Sheldon Goldman，“Voting Behavior on the United States Court of Appeals Revisited”，*American Political Science Review* 69（1975）：491-506；Joel Grossman，“Social Backgrounds and Judicial Decisionmaking”，*Harvard Law Review* 79（1966）：1551-1564；Stuart Nagel，“Political Party Affiliation and Judges' Decisions”，*American Political Science Review* 55（1961）：843-850；C. Neal Tate，“Personal Attribute Models of the Voting Behavior of U. S. Supreme Court Justices: Liberalism in Civil Liberties and Economics Decisions，1946-1975”，*American Political Science Review* 75（1981）：355-367。

由有可能会是不确定的。[128] 我们也可以把批判法学研究的观点理
解为支持道德和政策理由具有不确定性这个相同观点。[129] 如果这 44
些考虑是正确的，那么任何仅仅从理由角度（无论是法律理由还是
非法律理由）对于判决的解释，都必然是不完整的。现实主义的目
标是确定并阐明判决的真正原因，这就要求超越理由的论域。[130]

其四：即使当理由具有理性确定性时，自然主义叙事依旧有用武之地。因为，理解人们为什么会回应他们所回应的理由，通常是有价值且有信息含量的，这项研究并不琐碎。一些法学教授认为有关效率的考量是最有说服力的；但另一些则更关注回应同情性介入实际个体经验后产生的理由。这些差异，正如我们肯定熟知的那样，通常被归结为性格、为人处世的方式或气质。当然，如果我们假定对于理由的回应性仅仅由理性的考量决定，那么我们就会满足于理性本身解释了一切有关人们为什么会回应他们所回应的理由的问题（答案就是他们是理性的或非理性的）。知识社会学中被称为“强纲领”（Strong Programme）[131]的立场拒绝这一点：被称为“理性”的事物本身，就如非理性一样，需要通过社会和心理学

---

[128] 有关这一议题，请特别参见罗纳德·德沃金有关这一主题的有趣论述，参见本书第八章。

[129] 富有启发的概述，参见：Andrew Altman，“Legal Realism，Critical Legal Studies，and Dworkin”，*Philosophy & Public Affair* 15(1986)：205-235。

[130] 这里的假设是，假定法官是理性的，当理由无法在理性上证成判决时，它们就不足以因致判决。更详细的讨论，参见：Leiter，“Legal Indeterminacy”（上注㉔）。

[131] 比如，参见：Barry Barnes，*Scientific Knowledge and Sociological Theory* London：Routledge，1974；David Bloor，*Knowledge and Social Imagery*，London：Routledge，1974；Barry Barnes and David Bloor，“Relativism，Rationalism and the Sociology of Knowledge”，in Martin Hollis and Steven Lukes（eds.）*Rationality and Relativism*，Oxford：Basil Blackwell，1982，pp. 21-47。

因素加以解释。不过我们无需走这么远，而是提出如下观点足矣：如果我们假定存在不可通约的理性系统，以至于在任何系统内部都存在对于判决的纯粹理性解释，但一个行动者已经采纳了该理性系统这个事实本身需要非理性的、自然主义的解释，那么自然主义解释就是富有启发的。尼采指出，哲学家们，

> ……都在装腔作势，好像他们通过一种冷静、纯粹、圣洁冷漠的辩证法的自我发展，已经发现并得出了自己的真实观点……；但其实这是一种假设、一种预感、一种实际上的“灵感”——最常见的是内心的一种经过过滤且变得抽象的欲望——哲学家以探究事实而获得的理由来为之辩护。[132]

基于此，尼采总结说，对于一位哲学家的观点，我们需要分成两步的自然主义解释：我们通过该哲学家所“指向”的“道德”来解释其哲学观点；但我们通过“他的自然属性中最深层的驱动力”来解释他所指向的“道德”。[133] 用有关法官判决的讨论代替有关哲学家观点的分析，我们很快就会看到弗兰克/哈奇森有关司法裁判的“预
45 感”(hunch)理论：我们通过“预感”来解释判决；我们通过精神分析来解释“预感”（至少对弗兰克来说是如此）。但就连现实主义的社会学阵营都会认为，对于理由的回应性本身需要得到解释，而相关的解释在性质上正是**社会学**的，而非心理学的。

（4）即使现实主义者成功地辩护了他（依据奎因式理论）将司

---

[132] Nietzsche, *Beyond Good and Evil*, 1886, Section 5.

[133] 同上，第 6 节。

法裁判理论“自然化”的理据，这也很难表明法理学已经得到了自然化。比如，回想一下，我们要论证替代性自然主义，就需要论证反基础主义，后者在法学语境中指的就是法律理由集合并没有证成一个特定判决（比如，法律的“理性”不确定性主张）。但在不预设某种有关法律有效性标准的概念立场时，是无法提出有关法律理性不确定性的论证的。[134] 比如，当霍姆斯认为司法判决并不取决于法律而是取决于半有意识的对于政策的判断时，[135]他显然预设了政策理由并**非**“法律”（即正当的法律理由集合）的一部分。像卢埃林和雷丁这样的现实主义者，通过关注有关**制定法与先例**的解释的不确定性来证明**法律**的不确定性时，[136]似乎预设了制定法和先例穷尽了法律的权威性渊源。[137] 当然，这意味着现实主义者以一种潜在的法律**概念**理论展开研究，有关不确定性的论证就建立在该理论之上。（实际上，在许多方面，现实主义者似乎持有一种相当粗糙的作为概念理论的法律实证主义立场。[138]）但是这个潜在的概念理论显然并非**自然化**的理论：法律的“概念”并不是通过

---

[134] 有关这一议题，参见我的“Legal Indeterminacy”（上注㉔）和本书第二章。

[135] 参见：Holmes，“The Path of the Law”（上注56），p. 464。

[136] 比如，参见：Llewellyn，*The Bramble Bush*（上注㉖），pp. 70-76；Max Radin，“Statutory Interpretation”，*Harvard Law Review* 43（1930）：863；Karl Llewellyn，“Remarks on the Theory of Appellate Decision and the Rules and Canons About How Statutes are to be Construed”，*Vanderbilt Law Review* 3（1950）：395-406。参见下文的讨论：Leiter，“Legal Realism”（上注⑭）。

[137] 卢埃林有一次甚至评论说，法官“主要从权威性渊源”（在法律的语境中，这主要是制定法和法院判决）中寻找规则。Llewellyn，*The Bramble Bush*（上注㉖），p. 13.

[138] 参见本书第二章。我说“粗糙的”实证主义，是因为实证主义者历来承认习惯性实践是正当的法律渊源，但现实主义者**通常**似乎假定法律被立法和法院判决穷尽。当然，即便这个假定也可以在实证主义理论框架内得到相较于任何类型的“自然法”学说更好的辩护。

在自然科学与社会科学中的经验研究而得以阐明或确定的。因此,归根结底似乎仍有非自然化法学的空间。

的确存在这样的空间!但我没有看到现实主义者应当否定这一点的理由。现实主义者呼吁**裁判理论**的“自然化”;但这么论证的时候,他们可能在提出分析法学家典型地已经提出的法律“概念”理论时,需要传统哲学的帮助。法理学**本身并没有**自然化——
46 只是法理学中有关司法裁判的部分如此而已。当然,对于奎因来说,将哲学自然化就是把哲学家剔除出局并把整个工作转变为经验研究。[139] 不过奎因的自然化观念在这个方面太过激进。大部分“自然主义”哲学家认为,依旧存在某些典型具有哲学意味的工作要做(比如,概念分析[140]),即使哲学问题最终要求的是自然主义答案。[141] 现实主义者**自然化**了裁判理论,但仍保留了法理学更广泛领域中传统的哲学工作。[142]

(三)实用主义

1. 什么是实用主义?

与自然主义不同,“实用主义”当然是律师熟知的词汇。但不

---

[139] 抑或它指的是,哲学家需要采纳“扶手椅式[经验性]学习理论”,奎因逐渐在这么做。参见:Hookway, *Quine*: *Language*, *Experience*, *and Reality*(上注[90]),p. 55。

[140] 奎因对于分析-综合区分以及“意义”的事实性的著名批判,使得许许多多的哲学家尴尬到无法公开说出这正是自己所做的(比如,概念分析或意义分析)。但一旦我们承认被分析的概念具有时间相对性抑或文化相对性特征——正如当下大部分哲学家所做的那样[比照金在权对罗蒂(Rorty)的回应:“Rorty on the Possibility of Philosophy”(上注[86])]——那么就没有理由担心奎因的批判了。

[141] 对于阿尔文·戈德曼(Alvin Goldman)的方案来说无疑如此,如前所述,这个方案是该领域中大部分哲学研究的典范。

[142] 本书第二部分的文章对此结论提出了质疑。

幸的是,近些年来它得到了如此粗疏的滥用,以至于现在被认为完全是老生常谈或言之无物。[143] 这种老生常谈尤为明显地体现在对于现实主义的"实用主义"的讨论中。因此,约瑟夫·辛格(Joseph Singer)写道:

> 法律现实主义者试图以一般意义上有关法律的实用主义态度来替代形式主义。这种态度认为法律是建构的而非发现的。因此,法律基于且必定基于人类经验、政策和伦理学,而非形式逻辑。法律原则并不内在于某种普遍的、永恒的逻辑体系;它们是人们在特定的历史与社会语境中,出于实现特定目标的特定目的而设计的社会构造物。法律和法律推理是我们创造自己社会生活形态的一种方式。[144]

尽管对于这种令人愉悦的无害的"实用主义"态度没什么可反对 47

[143] 相关讨论,比如参见:Steven D. Smith,"The Pursuit of Pragmatism",*Yale Law Journal* 100(1990):409-449;Steven Walt,"Some Problems of Pragmatic Jurisprudence",*Texas Law Review* 70(1991):317-364(评论 Richard Posner,*The Problems of Jurisprudence*,Cambridge,Mass.:Harvard University Press,1990)。有关其他人对于实用主义"老生常谈"这一点的承认,参见:Richard Rorty,"The Banality of Pragmatism and the Poetry of Justice",*Southern California Law Review* 63(1990):1811-1813;Thomas Grey,"Holmes and Legal Pragmatism",*Stanford Law Review* 41(1989):814。有关实用主义更坚定和更实质性的讨论(与我自己的观点类似),参见:Richard Warner,"Why Pramatism? The Puzzling Place of Pragmatism in Critical Theory",*University of Illinois Law Review*(1993):539-545;Susan Haack,"Pragmatism",in *A Companion to Epistemology*,pp. 351-356。

[144] J. William Singer,"Legal Realism Now",*California Law Review* 76(1988):474. 有关辛格对于老生常谈的倾向,再次参见:Warner,"Why Pramatism? The Puzzling Place of Pragmatism in Critical Theory",同上注,pp. 539-540。

的，但我们应当感到担忧的是，这可能是因为几乎没有人会反对这些观点。[145] 如果现实主义者是实用主义者，他们最好在更有价值的意义上如此。

但实用主义更有价值的意义是什么呢？与近来诸多“法理学”著述留下的印象不同，[146]成为哲学意义上的“实用主义者”不仅是成为一个拒绝做出区分、拒绝进行抽象论证、拒绝提出融贯视角以

---

(145) 通常的嫌疑人——比勒（Beale）和兰代尔（Langdell）——一直被不公正地诽谤为“法律柏拉图主义者”。参见有帮助的修正式讨论：Anthony J. Sebok，“Misunderstanding Positivism”，*Michigan Law Review* 93（1995）：2078-2090。尽管我完全支持塞伯克（Sebok）对这一点的历史研究，但我却拒绝他最终的法理学结论，这个结论错得离谱：比如，现实主义与法律实证主义不相容（同上注，第 2094 页）；法律过程学派隐含实证主义意味（同上注，第 2110 页）。塞伯克的错误是混淆了历史事实——将“形式主义”和“实证主义”粗疏地用作可以互换的标签——与哲学主张，即实证主义认同一种特定的司法裁判理论，即形式主义。（这个主张尤为被实证主义者拒绝，参见：H. L. A. Hart，“Analytic Jurisprudence in Mid-Twentieth Century：A Reply to Professor Bodenheimer”，*University of Pennsylvania Law Review* 105（1957）：955-956。）但实证主义主要是一种有关法律性质的概念理论，而形式主义是有关法官如何——以及应当如何——裁判案件的主张。现实主义者拒绝形式主义是一种对于司法裁判的充分描述性理论，与他们是否是实证主义者无关！相关讨论参见：Leiter，“Legal Realism”（上注⑭）。此外，文森特·韦尔曼（Vincent Wellman）决定性地表明了法律过程学派与德沃金而非实证主义之间的紧密关联。参见：Vincent A. Wellman，“Dworkin and the Legal Process Tradition：The Legacy of Hart & Sacks”，in *Arizona Law Review* 29（1987）：413-474。不过作为历史，塞伯克的讨论是极富启发的。参见我对他的批判：“Positivism，Formalism，Realism”，*Columbia Law Review* 99（1999）：1138-1164。

(146) 比如，参见：Margaret Jane Radin，“The Pragmatist and the Feminist”，*Southern California Law Review* 63（1990）：1699-1726；Margaret Jane Radin and Frank Michelman，“Pragmatist and Poststructuralist Critical Legal Practrice”，*University of Pennsylvania Law Review* 139（1991）：1019-1058；Pierre Schlag，“Missing Pieces：A Cognitive Approach to Law”，*Texas Law Review* 67（1989）：1195-1250；Stanley Fish，“Almost Pragmatism：Richard Posner's Jurisprudence”，*University of Chicago Law Review* 57（1990）：1447-1475。

及拒绝构建理论的思想家。[147] 相反，“实用主义”[148]是由两个立场加 48
以界定的，一个与理论表述这个事业本身相关，另一个则与认识论相关。实用主义的理论建构立场主要是由马克思在《关于费尔巴哈的提纲》(*Theses on Feuerbach*)中最著名地表述出来的：“人应该在实践中证明自己思维的真理性，即自己思维的现实和力量，自己思维的此岸性。关于思维——离开实践的思维——的现实性或非现实性的争论，是一个**纯粹经院哲学的**问题”(提纲二，强调为引

---

[147] 比如，参见：Margaret Jane Radin，“The Pragmatist and the Feminist”，同上注，p. 1706；(实用主义者对概念——像“实用主义”或“女性主义”等——从必要或充分标准角度进行定义不感兴趣)，同上注，第1718页；(实用主义者并不寻求任何“能够调和彼此冲突概念的超越一切的普遍观念或原则集合”)，同上注，第1719页；(实用主义者既不是“意志坚强”也不是“意志薄弱”——在威廉·詹姆斯(William James)的意义上——而是承认和接受这两者)，同上注，第1720页；(“实用性区分”并不是“不可违逆的”)。雷丁确实断言，“认为实用主义将每一个理性主义概念都斥责为胡言乱语和多此一举”，认为它喜欢思想无政府状态本身并青睐一种完全狂野不羁的狼的世界，且对哲学课堂中的任何内容没有丝毫了解，是对实用主义的“误解”(同上注，第1715页)。但不幸的是，这个“误解”正是雷丁的讨论在很大程度上导致的。理查德·波斯纳(Richard Posner)——他对实用主义的论述存在其他不足(参见我的讨论，载于：Walt，“Some Problems of Pragmatic Jurisprudence”)——至少尝试减弱近来诸多法律实用主义的反智声音。比如，参见：Posner，*The Problems of Jurisprudence*(上注[143])，p. 19。

[148] 接下来的“定义”只是在一定程度上是思辨的。在描述“实用主义”时，我们需要符合两个标准。一个是像查尔斯·皮尔斯(Charles Peirce)、威廉·詹姆斯和约翰·杜威(John Dewey)这些自称为“实用主义者”的哲学家所持有的一系列观点——不幸的是，他们之间的分歧要比共识还多(不过相较他们与罗蒂的共同之处，他们之间的共同点更多)。另一个就是“实用主义者”这个词在日常语言中的意义及其所指。这两个标准所幸在一定程度上重叠。但正如任何享有广泛且多种用途的概念一样，这个概念的定义的最终标准一定是其对于有成效的理论建构的贡献(这本身就是一个实用主义标准！)。相关讨论，再次参见：Warner，“Why Pragmatism? The Puzzling Place of Pragmatism in Critical Theory”(上注[143])；Haack，“Pragmatism”(上注[143])。

者所加)。[149] 换言之,理论活动应该对实践(或经验)产生影响。需要注意的是,这主要是一个**规范性**准则,关心的是何种理论活动**值得去做**。它并不是一个具有如下大致内容的实质的形而上学抑或语义学教义:比如,对于实践或经验没有影响的理论主张是无意义的,且不具备认知内容。马克·约翰斯顿(Mark Johnston)认为,在这个实用性准则中包含的"建议,并非源自有关意义和真理概念的正确论述,而是来自运用于认知活动的常识"。[150] 如约翰斯顿所言,实用主义包含一种"反思辨性规范",它的大意是"以无法获得的真理为目标是没有意义的"。[151]

实用主义的认识论立场具有更重要的哲学价值:这就是反基础主义。反基础主义是一种关于信念**证成**的主张,大意是说一切证成都是推论性的。换言之,一切证成都具有"我们得到证成地相信 X,是因为我们能够从自己的信念 Y 中推导出它来"。由于我们的所有信念只有在可以推导自其他信念时才是得到证成的,结

---

[149] 简言之,这也是马克·约翰斯顿近来一篇重要文章的核心观点:"Objectivity Refigured: Pragmatism Without Verificationism",in John Haldane and Crispin Wright (eds.),*Reality,Representation and Projection*,New York: Oxford University Press,1993。约翰斯顿有力地反驳了如下倾向,即现代所谓的"实用主义者"[比如,希拉里·普特南、尼尔森·古德曼(Nelson Goodman)、理查德·罗蒂]将"实用主义"视为一种有关真谓述的实质立场。(不过,有关约翰斯顿的论证的一些困难,参见:Alexander Miller,"Objectivity Disfigured: Mark Johnston's Missing Explanation Argument",*Philosophy and Phenomenological Research* 55(1995):857-868。)

[150] 约翰斯顿,同上注,第 97 页。也参见同上注,第 112 页:"尽管约翰·杜威和威廉·詹姆斯的实用主义是典型地反形而上学的,但没有什么地方需要主张形而上学陈述,由于既不可证实也不可证伪,是没有真值的。对这种没有限定的主张感兴趣不过是一种无聊,仅此而已。"

[151] 同上注,第 117 页。

论就是我们的信念最终并不依赖于一个纯粹得到证成的信念的“基础”，这个基础在某种意义上是自我证成的，不依赖于其他任何信念。那么我们如何开始认知活动？我们应当以何种信念开始并持有何种证成规范？实用主义的独特观点是，至少有一些信念和规范仅仅由于**对人类特定目的的有用性**这个**后天**标准而必须得到接受。实用主义者没有认为**一切**可接受的信念都必须满足特定**认知**要求——比如，“符合实在”“在理想的认知条件下得到担保”“存在于我们对于世界的最佳科学论述”，抑或“可以从某种基础信念 49
集合中推导得出”——而是认为某些信念仅仅因为它们对于各种各样的人类目的而言是“可行的”就应当得到接受。

当然，根据这种理解，实用主义显然并不反对各种区分、定义、融贯、抽象论证，抑或理论建构：这些思想工具对于人类目的有没有益处，充其量是一个开放的问题。但在某些领域——比如科学研究中——这其实显然是一个封闭的问题：这些思想工具对于人类目的来说明显有用（航空工程没有定义和理论就无法开展，没有这类工程设计飞机就无法按照人类设想的方位起飞和降落）。但即便是在伦理和社会事务中，这些思想工具构成实用主义意义上的缺点也是难以理解的。相反，逃避具有自我意识的理论视角、放弃“总体性”批判（比如，喜好“个别地面对每种困境，并选择在最小程度上阻碍赋权且能在最大程度上推动赋权的替代方案”[152]），可能的确是一种**政治性的**而非**哲学性的**举动——是隐秘地支持“渐进主义”而反对激进主义。毕竟，揭示渐进主义的有害特征需要一

[152] Margaret Jane Radin，“The Pragmatist and the Feminist”（上注[146]），p. 1704.

种抽象理论,[153]以至于放弃"理论"转而支持在特定背景下处理"具体问题"不过是那些投身于现状之人自私自利的姑息性闲聊。[154]最终,这构成对许多无关紧要的当下学术左派的讽刺性评论,这些人谈到要认真对待"受压迫者的视角",[155]可他们应该是未能注意到受压迫者的视角**绝非**实用主义的,受压迫者并没有逃避"先验……和永恒的普遍性",[156]而是支持并肯定绝对且普遍的人权以反对他们的压迫者——后者的典型状况是对政治活动中实用主义的意义理解得太过到位了。[157]

50 我发现某种实用主义很有吸引力(事实上也是不可避免的),

---

[153] 这样的理论可以有两种形态。首先,我们可能会对**没有**实践后果的社会与历史因果关系持有一种理论立场,因为它揭示了人类行动是无能为力的。像布罗代尔(Braudel)的唯物论历史观(根据这种观点,人类事务的因果决定因素是地理、气候和人口分布)可能就为我们提供了这样一幅图景。(马克思的唯物主义通常被认为包含了类似的结论,但马克思并没有持有这样的观点。)与此不同,我们可能对社会与历史因果关系持有这样一种理论立场,即为了某种善好(比如,通过废除种族、性别和阶级歧视而实现人类解放)而展开的**渐进式的**改变(雷丁所推荐的那种),最终可能会使得这种善好更不可能实现。这种观点也与马克思主义传统中诸多学者相关。基于后一种有关历史和社会演进的观点,雷丁的"实用主义"实际上会阻碍她的道德与政治议程的实现。

[154] 有关自称的"实用主义者"中这种渐进主义倾向十分令人惊讶的例子,参见:Putnam,"Replies"(上注[84]),p. 73。

[155] Margaret Jane Radin,"The Pragmatist and the Feminist"(上注[146]),p. 1723.

[156] 同上注,第 1707 页。

[157] 这一点玛莎·努斯鲍姆(Martha Nussbaum)巧妙地在下文中提出:"Valuing Values: A Case for Reasoned Commiment",*Yale Journal Law & the Humanities* 6 (1994):214 [回应皮埃尔·施拉格(Pierre Schlag)和史蒂文·温特]。当然,人们易于认为,按照尼采的观点,受压迫者运用普遍人权的词汇完全是一种**审慎**(或实用主义)。但即便如此,这依旧表明基于**实用主义**理由,没有理由排除抽象、先验和普遍的理论。这一点在下文中很有帮助地得到了讨论:Eric Blumenson,"Mapping the Limits of Skepticism in Law and Morals",*Texas Law Review* 74(1996):523-576。

但相较于对法学期刊中伪装成实用主义的混乱无序的辩护,它更温和但也更激进。这种实用主义与我们在像卡尔纳普和奎因这样的哲学家中找到的那种实用主义属于同类,(158)并且后一种实用主义在“纽拉特之船”(Neurath's boat)的比喻中进入了哲学词典。(159)这种实用主义的激进性体现为,它承认接受**认知规范**——有关我们相信什么的规范——的唯一可能标准是实用主义的:我们必须完全接受对于我们有用的认知规范(这些规范有助于我们预测感官经验,允许我们成功地操控和掌控环境,使得我们能够“应对”)。实用主义标准以“接受认知规范的唯一可能标准”作为限定的理由,正是因为我们无法在**无限回溯**的**认知**基础上辩护我们对于任何特定认知规范的选择。在某一时刻,我们必须获得一个认知规范,我们对之所能说的最多就是:它有效。

---

(158) 特别参见:Rudolf Carnap,“Empiricism,Semantics and Ontology”,in Leonard Linsky(ed.),*Semantics and the Philosophy of Language*,Urbana:University of Illinois Press,1952,pp. 208-228;W. V. O. Quine,“Two Dogmas of Empiricism”,in *From a Logical Point of View*,Cambridge,Mass.:Harvard University Press,1953,pp. 20-46。当然,奎因会拒绝卡尔纳普的观点,即在“外部”问题(它们会接受实用主义答案)和“内部”问题(并不接受这种答案)之间存在一个永恒、不变的界线。

(159) Otto Neurath,“Protokollsätze”,*Erkenntni* 3(1932):204-214.纽拉特将我们的认知情境类比为在海上试图修理自己船只的水手。由于他们无法整体修理这艘船——可以说他们无法走出船外,从头开始修理——他们必须选择站在船中某些坚实的船板上修理其他的部分。当然,他们会选择牢牢站在功能状况最好的船板上——这是一个实用角度的选择——同时去修理那些不那么可靠的、有用的或必要的。当然,之后的某个时刻,水手可能选择修理他们先前站立过的船板,这么做的时候,他们会再次站在服务于他们实践需求的其他某些船板上。在纽拉特看来,我们的认知情景与此一样:我们必然牢牢站在我们有关这个世界的理论观念的某些船板上——假设、认知规范和诸如此类的事物——同时评价其他有关世界的主张。我们选择安置自己认知大厦的船板只是那些过往对我们来说最有效的;但并没有排除如下可能性,即在未来的某个时刻,我们也会修理这些船板,同时依赖一系列新的假设和认知规范等。

但何种规范实际上对我们是有效的？举个例子："别相信有关经验的非符合解释中的假设"是一个有关信念的规范——可被称为"符合性"规范。非符合解释指的是一种解释所设定的解释项（做出解释的事物）似乎太过局限于被解释项（得到解释的事件）。[160] 这种符合性规范是这样在我们生活中发挥作用的。假定我们坐在家中，屋子里的所有灯恰恰在同一时刻熄灭了。有关世界的何种事实可以解释这一点？解释性假设＃1：

> 密谋的矮精灵们[*]同时关上了屋子里的电灯开关。

51 相反，解释性假设＃2认为：

> 一直都有广泛的停电，比如电流停止进入这个屋子。

这两个解释性假设都设定了一种本体论：一个是淘气的矮精灵；另一个是电力、电线和电流。但诉诸矮精灵的解释是非符合的：它之所以看起来是一种没有理由的本体论设定，正是因为它设定矮精灵的存在无助于解释其他任何事物。矮精灵的存在并没有解释我们的观察——我们没有看到过任何矮精灵——也没有解释电力的修复（我们既无须"消灭"矮精灵以便恢复电力，甚至也无须打开假

---

[160] 有关符合性，参见：Paul Thagard，"The Best Explanation：Criteria for the Theory Choice"，*Journal of Philosophy* 75（1978）：79-85。

[*] 矮精灵（leprechaun）源自爱尔兰神话，又译为列布拉康，本书原文误作leprauchuan。——译者

定被矮精灵关上的电灯开关)。相反,假定电流的存在被证明是非常有成效的本体论设定:它不仅提示我们采取合适的方法恢复屋子里的电力,还有助于解释一系列日常现象(诸如为什么拔下插座后电视机就关闭了)。由于符合性规范相较于矮精灵本体论更偏好电力本体论,且由于电力本体论要比矮精灵本体论更有效,似乎就有充分理由因为符合性规范的实践现金值(practical cash-value)而接受它。

实际上,符合性规范——及其在科学认识论中的其他近亲——对于我们人类来说都非常有效:它们有助于减少我们的矮精灵、诸神以及以太本体论,并构成了科学实践的根本规范,这种实践将飞机送入天空,让食物在冰箱中保鲜,并通过现代医学减轻人的痛苦。从哲学立场来看,尤为值得关注的是,常识的认知规范与科学的认知规范完全处于同一个连续统中。如奎因所说:"除了更细致之外,科学家与普通人在证据感方面别无二致。"[161]成功预测经验过程这个实用主义必然性,对于日常生活**以及**科学研究都至关重要。但相应地,这也意味着,有关我们最基本的认知规范的实用主义理据,可以在人类境况的普遍特征中找到:解释我们的经验并指出未来会发生什么的需要。科学在这方面要比其他任何实践都更为成功,这正是奎因为什么与其他反基础主义的后现代主

---

[161] W. V. O. Quine, "The Scope and Language of Science", in *The Ways of Paradox and Other Essays*, Cambridge, Mass.: Harvard University Press, 1976, p. 233. 关于这些议题更详细的讨论,参见:Peter Hylton, "Quine's Naturalism", *Midwest Studies in Philosophy* 19(1994):261-282,我并不完全赞同这篇文章对于奎因"自然主义"的解读,但我从中受益良多。

义者不同，依旧认同实证主义者认为科学是真正知识的典范的原因。[162]

52 不过这种实用主义的温和性也应当是显而易见的。因为，一旦我们接受了一种认知规范的框架，除了我们——基于**实用性**理由——所接受的认知规范本身体现着实用主义标准之外，接受信念的标准就**无须**再是实用主义的。同时在这里所讨论的意义上，实用主义哲学家明确区分，比如，事实与价值并不是自相矛盾的，[163]其原因恰恰在于他基于实用性理由接受了引入该区分的认知规范。[164] 这便是为什么比如像奎因这样的伟大的实用主义哲学家是詹姆斯意义上非常坚强的哲学家，而非雷丁那种既接受"坚强

[162] 有关这一点，特别参见：Hookway, *Quine: Language, Experience, and Reality*(上注[90])，pp. 2-3。正是特别出于这个理由，像丹尼斯·帕特森一样将奎因等同于后现代主义者，似乎是一个错误。参见：Dennis Patterson, "Postmodernism/Feminism/Law", *Cornell Law Review* 77(1992): 270-279; Dennis Patterson, *Law & Truth*, New York: Oxford University Press, pp. 158-161。有关这一点的更多讨论，参见本书第三章。

[163] 比如，对比：Richard Thompson Ford, "Facts and Values in Pragmatism and Personhood", *Stanford Law Review* 48(1995): 225("实用主义的一个典型特征就是模糊事实与价值的区分")。

[164] 比如，参见：Allan Gibbard, *Wise Choices, Apt Feelings: A Theory of Normative Judgment*, Cambridge, Mass.: Harvard University Press, 1990, p. 106。这一点也有助于打消普特南的抱怨，即我是一位"科学帝国主义者"。Putnam, "Replies"(前注[84])，p. 70. "科学帝国主义"意味着科学的认知规范(比如，只相信体现在对于经验的最佳解释中的事实)未经证成且无法证成地拓展至别的它们并不隶属的领域(比如，价值领域)。但从奎因的视角看，这是颠倒了次序：科学的认知规范是**有效的**——它们已经证明了一种应对实在的有效方式——所以论证负担就在放弃这些规范的哲学家身上，他们要为我们提供为什么如此的理由(而非公然回避问题的理由，即他所青睐的属性会因此在其本体论中获得一席之地)。

的"又接受"软弱的"哲学美德的空泛实用主义者。[165] 在奎因看来,以他所说的"自然主义"世界观为特征的(坚强的)认知规范无疑最有效。[166] 根据实用性标准,这个理由足以拒绝"软弱"——至少,在经验迫使我们持有另一种观点前是如此。

2. 实用主义与法律理论

尽管现实主义者并未提出认识论观点,但我们在他们著作中发现的实用主义**类似于**认识论意义上的实用主义立场,且与此同时也体现出使得理论活动与实践相关的实用主义观点。简单来说,这个类似之处就是:正如哲学实用主义者认为,特定认知规范的可接受性标准是这些规范对我们人类有用,比如有助于我们预测感官经验。在现实主义者看来,司法裁判理论的可接受性标准同样如此,即该理论**对于律师有用**。在现实主义者看来,对于律师有用意味着它使得律师能够预测法庭将会做什么。

只有在这个非常特定的意义上,我想将现实主义者视为实用 53
主义者。对于现实主义者来说,法理学中理论架构的一个约束就是这些理论要有实践现金值,即使得这些理论能够预测法庭将会做什么。此外,需要注意的是,这对实用主义来说并非平平无奇。事实上,与现实主义的核心主张结合后,实用主义包含着一个令人

---

[165] 詹姆斯的"坚强的"哲学家特别指的是一位经验主义者和唯物论者;詹姆斯的"软弱的"哲学家对理性主义、观念论和宗教抱持同情态度。参见玛格丽特·简·雷丁的概述:"The Pragmatist and the Feminist"(前注[146]),第 1713 页。

[166] 当奎因说,如果心灵感应最终被证明真的有效,那么我们就需要相应地修正自己的自然主义世界观时,他的自然主义标准是实用主义的这一点表现得最明显。不过他补充说,"让定义免受不可靠的偶然的侵扰是徒劳的。"参见:W. V. O. Quine, *Pursuit of Truth*, Cambridge, Mass.: Harvard University Press, 1990, pp. 20-21。

震惊的结论:在英美世界中居主导地位的司法裁判理论方法是建立在谬误之上的。在德沃金著作的影响下,分析性的司法裁判理论以如下假定为前提,即理论必须解释法官在其判决意见中给出的理由。这其实是德沃金一贯批评哈特的实证主义未能充分描述法官如何裁判疑难案件中的一部分。但如果现实主义的核心主张是正确的,那么在德沃金意义上能够做出充分描述的理论建构就是一种琐碎无聊的活动:法官基于其他理由——他们对事实的回应——做出裁判,而不是根据他们的意见所包含的法律理由做出裁判。除了对于卖弄学问的狂热之外,还有什么促使一个人围绕后一种(不重要的)理由而非前一种(有效的)理由构建理论?现实主义者的实用主义,以及核心主张的正确性(如果它为真!),意味着放弃司法裁判领域中大部分法理学工作。这个结论尽管不是源自对德沃金方案提出最杰出的批判之一的约翰·麦基(John Mackie),但却隐隐指向了他。[167] 麦基指出,

> 在法官说他们做了什么、他们认为自己做了什么与对于他们实际上做了什么的最准确的客观描述之间,存在着不同,甚至可能是一种背离。他们可能会说甚至相信自己是在发现和适用既定的法律,他们可能遵循着将此作为他们目标的程序,但他们实际上却可能在制定新法。这种背离甚至不是不可能的,因为即使在制定新法的时候,制定新法的事实被掩盖

[167] John Mackie,"The Thrid Theory of Law",reprinted in Marshall Cohen(ed.), *Ronald Dworkin and Contemporary Jurisporudence*, Totowa, NJ: Rowman & Allanheld,1983,pp. 161-170.

起来、判决被认为仅仅在实施当下既定的权利，似乎会更好……[168]

麦基和一位优秀的现实主义者一样，会反对德沃金有关法官**实际上**在做什么的描述性主张：换言之，麦基会与德沃金争论其理论所要捕捉的资料。在德沃金看来，这个资料就是"法官说他们在做什么，以及他们认为自己在做什么"，[169]但对麦基和现实主义者来说，正是"他们实际上在做什么"需要理论澄清。现实主义者认为，选择这种资料是很好解释的：关于其他任何事物的理论对于律师来说**没有用处**。此外，基于前述理由，这样一种理论必然是一种**自然主义**理论。

（四）现实主义者提出了一种自然主义法学吗？ 54

讨论使得法理学理论与自然科学和社会科学中的经验研究保持一致固然不错，但现实主义者真的在这方面有助于我们吗？许多读者可能会赞同理查德·波斯纳近来的观察，"法律现实主义者的经验研究不仅失败了，而且由于这种失败而使得经验研究背负了恶名，这体现出与理论框架割裂的经验研究是贫乏的"。[170] 当

---

[168] John Mackie,"The Thrid Theory of Law",reprinted in Marshall Cohen(ed.), *Ronald Dworkin and Contemporary Jurisporudence*, Totowa, NJ: Rowman & Allanheld,1983,p.163.

[169] 有关这是德沃金观点的证据，尤其参见：Dworkin, *Taking Rights Seriously*（上注①），pp.22,112。

[170] Posner, *The Problems of Jurisprudence*（上注[143]），p.19. 波斯纳继续说道："现代经济学可以提供法律极为需要的经验研究所不可或缺的理论框架。"同上。

然，稍微有些讽刺的是听到一位**经济学**的倡导者批评各个立场的理论家的经验研究方案失败了。[171] 并且波斯纳认为现实主义的失败是源自**缺乏**理论框架这一点也显然是错误的：[172]更常见的情况是，这个问题源自坚持一种糟糕的理论框架——沃森式的行为主义。但波斯纳认为现实主义留给我们的是"一事无成的经验

[171] "经济学理论是科学史中较为糟糕的经验性失败之一。" John Dupré, Book Review, *Philosophical Review* 104(1995): 151(Philip Kitcher, *The Advancement of Science*, New York: Oxford University Press, 1993). 比如，让我们回想一下，就连源自科斯定理的预测都在经验上得到证否。参见：Robert Ellickson, *Order Without Law: How Neighbors Settle Disputes*, Cambridge, Mass.: Harvard University Press, 1991。尽管经济学的支持者有各种各样"经验主义的"修辞，但在不同法律领域中的实际经验研究者已经发现，经济学分析对现实尤为淡漠。那些我们可以称为"德克萨斯经验主义者"(Texas Empiricists)的学者的作品，在这方面尤有启发。比如，参见：Elizabeth Warren and Jay Larence Westbrook, "Searching for Reorganization Realities", *Washington University Law Quarterly* 72(1994): 1257-1289; Ronald J. Mann, "Explaining the Pattern of Secured Credit", *Harvard Law Review* 110(1997): 625-683; Julius Getman and Thomas Kohler, "The Common Law, Labor Law, and Reality: A Response to Professor Epstein", *Yale Law Journal* 92(1983): 1415-1434; Julius Getman and Jay Marshall, "Industrial Relations in Transition: The Paper Industry Example", *Yale Law Journal* 102(1993): 1803-1895; Thomas O. McGarity, "The Expanded Debate Over the Future of the Regulatory State", *University of Chicago Law Review* 63(1996): 1463-1532。有关经济学**作为**科学的失败，相对公允的讨论以及对于其为何应当如此的有趣(如果是有争议的话)的哲学论述，参见：Alexander Rosenberg, *Economics: Mathematical Politics or Science of Diminishing Returns?*, Chicago: University of Chicago Press, 1992。有关将经济学理解为经验科学的问题，更实质的讨论参见：Leiter, "Holmes, Economis, and Classical Realism", in Steven Burton (ed.), *The Path of the Law and Its Inflluence: The Legacy of Oliver Wendall Holmes, Jr.* Cambrdige: Cambridge University Press, 2000, pp. 285-325。

[172] 波斯纳之外，其他人也提出了同样具有误导性的抱怨。比如，参见：Williamson, "Revisiting Legal Realism: The Law, Economics, and Organization Perspective"(前注⑳), p. 1["(法律现实主义)的失败而(法律与经济学)的繁荣，在很大程度上是通过法律现实主义缺乏思想框架以及法律和经济学运用了新古典经济学有力的框架而得到解释的"]。

研究”，[173]这无疑是正确的。[174] 在这种情况下，为什么认为现实主义是自然化法学的根源？

答案在一定程度上取决于我们希望从自然化法学的哲学支持 55
者身上得到什么。从哲学自然主义的角度来看，现实主义者为我们提供了**反对**诸多传统司法裁判理论、支持经验研究的论点。他们可能没有给我们提供**优秀的**经验研究的典范；但或许我们不应在他们那里寻求。现实主义者即使自己没有完成其计划，但却给予我们如何展开研究的哲学动力与提示。

但这个观点可能有太多让步。因为与弗兰克对预测法官行为的怀疑论立场不同，律师似乎常常能够预测法庭的行为：不然他们还有什么方法能够在业界立足？但如果现实主义者认为法官根据核心主张做出裁判的观点是正确的，却未能（如波斯纳批评的那样）提出一种有关司法裁判的成功的科学理论，那么律师是如何预测法庭行为的？对于任何参与过诉讼的人，答案似乎足够简单：律师根据有关法官和法庭的某种程度的非正式的心理学、政治以及文化知识开展工作，这些知识构成了我们可以称为有关司法裁判的“大众”社会科学理论。这种大众理论的成功——别忘了该理论大体上与律师的天赋共存（比如，他们建议客户做什么、何时走上法庭、何时解决纠纷等）——构成了自然化法学的核心。

---

[173] Posner，*The Problmes of Jurisprudence*（前注[143]），pp. 393-394.

[174] 最恶名昭彰的——我应当补充的是，也最不为人所接受的——是声名狼藉的“停车研究”：Moore and Callahan，“Law and Learning Theory：A Study in Legal Control”（上注[49]）。有关休谟自然主义的类似抱怨与回应，参见：Stroud，*Hume*（上注[93]），pp. 223-224。

我们在此不应受到如下事实的误导，即在某些领域中，“自然化”被认为会取代大众理论，即依赖我们有关信念和欲望的常识范畴来解释行为的理论。[175] 不同立场的哲学家已经指出，基本的“大众”范畴与自然主义方案是相容的。[176] 在任何情形中，这种反对意见对于像波斯纳这样倡导经济解释的人来说都是不可能的，因为这种解释当然只是系统化大众心理学解释的一种类型（虽然建立在一种非常幼稚的大众心理学之上）。[177]

56 也回想一下，一种“自然化”法学需要什么：我们寻求与自然科学和社会科学在方法论层面的一致。大众理论显然满足这个要

---

[175] 比如，参见：Paul M. Churchland，“Eliminative Materialism and the Propositional Attitudes”，*Journal of Philosoph* 78（1981）：67-90；Stephen P. Stich，*From Folk Psychology to Cognitive Science：The Case Against Belief*，Cambridge，Mass.：MIT Press，1983。

[176] 比如，参见：Jerry A. Fodor，*The Language of Thought*，Cambridge，Mass.：Harvard University Press，1979；Terence Horgan and James P. Woodward，“Folk Psychology is Here to Stay”，*Philosophical Review* 94（1985）：197-226；Jaegwon Kim，“Multiple Realization and the Metaphycis of Reduction”，in *Supervenience and Mind*，New York：Cambrdige University Press，1993，pp. 309-335。注意，对于金在权来说，“比如，人类心理学的科学可能性是一个偶然事实（假定这是一种事实的话）；它取决于如下幸运事实，即人类个体并没有展现出具有心理学相关性的巨大的心理学-生物学的差异。”同上注，第 329 页。

[177] 参见：Alexander Rosenberg，“If Economics Isn't Science，What Is It?”，reprinted in Daniel Hausman（ed.），*The Philosophy of Economics：An Anthology*，2nd edition，Cambridge：Cambridge University Press，1994，pp. 381-382。罗森博格对于经济学**作为**科学的失败的**哲学**解释基于戴维森式的论证，即心理学无法提出真正的因果解释，因为法则必然是**严格的**。但是与罗森博格不同，戴维森式的前提一直都广受争议。比如，参见：Tyler Burge，“Philosophy of Language and Mind：1950-1990”，*Philosophical Review* 101（1992）：35（“我认为以下观点并不是先天为真，甚至不是明确的科学或理性的启发式原则：因果关系必须得到任何特定类型法则的支持”）。对比：Brian Leiter and Alexander Miller，“Closet Dualism and Mental Causation”，*Canadian Journal of Philosphy* 28（1998）：161-181。

求:它们基于对司法判决的**经验**观察;它们寻求对于这些判决的**因果性**解释(即它们将"理由理解为原因");它们寻找判决的规律性、类似法则的(理想状态下:法则式的)模式。实际上,在有关司法行为的大量政治科学文献中,常见的情形恰恰就是(正确地)将现实主义等同于这样一种自然主义研究方案。[178] 律师具有关于司法裁判的可行的(如果是非正式的)大众理论,这一点足以证实并例示现实主义的自然主义方案。

当然,律师一直运用的大众司法裁判理论似乎缺乏真正**科学性**理论的体系性特征:特别是,它们未能提出司法行为的**法则**。[179] 政治科学文献——它们不采纳大众心理学,而是偏好寻找法官的人口统计档案与其判决之间的"法则"意义上的相关性——一直也没有更加成功。

但是,如果有关司法决策的政治科学文献没有取得巨大成功,[180]

---

[178] 比如,参见:Tracey E. George and Lee Epstein,"On the Nature of Supreme Court Decisionmaking",*American Political Science Review* 86(1992):324-325;Orley Ashenfelter,Theodore Eisenberg and Stewart Schwab,"Politics and the Judiciary: The Influence of Judicial Background on Case Outcomes",*Journal of Legal Studies* 24(1995):257("由于法律现实主义的兴起,法官的背景和世界观会影响案件就成为了一个公理")。不过,乔治(George)和爱泼斯坦(Epstein)错误地认为,现实主义者急切地否定法律规则和理由的相关性——无疑,这是因为他们预设了一种弗兰克式的现实主义。参见乔治和爱泼斯坦,同上注,第 324 页。

[179] 什么构成了一个"法则",在科学哲学家中是个有争议的话题。通常的观点是,"法则"表述了有关自然的某种**必然**真理。但这并没有太多帮助,因为"必然性"这个概念同样难以理解。近来的讨论和批判,参见:Bas C. Van Fraassen,*Laws and Symmetry*,Oxford: Clarendon Press,1989,pp. 15-128。

[180] 近来相关的一个讨论,参见:Ashenfelter et al.,"Politics and the Judiciary: The Influence of Judicial Backfround on Case Outcomes"(上注[178])。尽管这些作者"令人惊讶地几乎没有找到证据表明,法官的身份影响案件结果"(同上注,第 260 页),但这可能是因为他们以粗糙的社会学/人口统计学术语描述法官的身份:"政治党派、性别、种族、宗教、法学院校和年龄。"同上注,第 266 页。或许真正需要的是更精致(但当然更难获得)的有关法官身份的论述。

原因或许在于它轻易地放弃了弗兰克的如下洞见，即“法官的人格是司法的核心因素”。[181] 当然，承认这一点会让我们背离现实主义主流所持有的一般性命题——此外，这个命题似乎对于现实主义者所关注的商业法律纠纷来说并不合适。但或许在诸如宪法这样的领域中——此时所争论的议题以特定方式和法官的人格相关——我们需要重新考虑弗兰克方法的价值。当然，弗兰克在他有关人格的重要性这一洞见中，关联了对于我们从认知角度获得在因果意义上得到决定的人格特征的能力的过多怀疑论。基于正
57 统的精神分析方法，我们仅仅作为观察者肯定无法指望获得有关决定裁判过程的人格的深刻事实。但重要的是，精神分析解释与普通大众心理学解释在同一个连续统中，[182]就大众解释来说，生活在后弗洛伊德世界中的人们已经拥有通过广义的弗洛伊德视角观察和解释行为的类似能力。因此，弗兰克的怀疑论或许是没有道理的。事实上，司法判决对于扶手椅上的“大众”精神分析学家来说是内容丰富的素材宝库。当然，比如斯卡利亚大法官（Justice Scalia）宪法判决（constitutional jurisprudence）令人惊讶的严苛，特别是他对“不受约束的”判决的恐惧；[183]抑或托马斯大法官（Justice Thomas）几乎算得上是病态的缺乏共情力——抑或不愿

---

[181] Frank, *Law and the Modern Mind*（上注㊱），p. 111.

[182] 对于这一点的简洁阐述，参见：Thomas Nagel, “Freud's Permanent Revolution”, in *Other Minds*, pp. 26-44。有关对弗洛伊德的心灵“科学”的坚决捍卫，参见：David Sachs, “In Fairness to Freud”, reprinted in Jerome Neu（ed.）, *The Cambridge Companion to Freud*, Cambridge: Cambridge University Press, 1992, pp. 309-338。

[183] 参见：*Employment Division v. Smith*, 494 U. S. 872（1990）。

如此，[184]都亟需进行精神分析的解释。如果现实主义的社会学阵营为理解商法领域提出了恰当的研究方案，就有理由认为其个性特征阵营——剔除弗兰克的怀疑论——为其他领域中司法裁判的自然化论述指明了正确的方向。我希望有机会表明这个方法其实很有成效。

四、结　论

对法律现实主义的接受，就如同对任何杰出且富有争议的运动的接受一样，一直都满是误解：20 世纪 40 年代时，现实主义被辱骂为原始法西斯主义；[185]20 世纪 50 年代和 60 年代，现实主义饱受"弗兰克化"之痛；[186]20 世纪 70 年代和 80 年代，现实主义"批判法学研究化"了。由于我们正迈向一个新的世纪，我希望我们可以看到现实主义的再次重生，这便是法学的自然化方法。我们一定要记住，现实主义者在很大程度上是其思想语境的产物，而这种语境绝非后现代主义。20 世纪 20 年代和 30 年代的突出特征就是

---

[184] 特别参见他在此案中的反对意见：*Hudson v. McMillian*, 503 U. S. 1, 18 (1992)。

[185] 比如，参见：Francis E. Lucey, "Natural Law and American Legal Realism: Their Respective Contributions to Theory of Law in A Democratic Society", *Georgetown Law Journal* 30(1942): 494-531; Ben W. Palmer, "Hobbes, Holmes, and Hitler", *American Bar Association Journal* 31(1945): 569-573。

[186] 比如，参见：Grant Gilmore: "Legal Realism: Its Causes and Cure", *Yale Law Journal* 70(1961): 1038("法官在一个案件中的判决理由是对特定事实的一种**特设性**回应，是事后的合理化，是多少有意识的伪装，是七拼八凑地适合于得到认可的教义的普罗克拉斯提斯之床。这种司法回应的动机被深深埋藏起来、晦涩不明、意识不到而且——甚至对法官来说——无法获知")。

“实证主义”在哲学和社会科学领域中处于全盛时期：自然科学被视为所有真正知识的典范，并且任何学科——从哲学到社会学——若想在认知层面获得尊重，都需要仿效其方法，即不得不
58 “自然化”。（甚至那个时代的杜威式实用主义，都强烈具有杜威自然主义的色彩。[187]）尽管哲学“实证主义”在20世纪50年代和60年代一直都处于守势，但它的基本理念——特别是将自然科学视为客观知识的典范——一直都得到了成功的辩护且在近年来出现了复兴。[188] 现实主义者是在实证主义和自然主义文化的思想时代出现的，他们研究法学问题的方法带有这一起源的印记。基于哲学在过去30年来的进步所带来的利益，我们最终处于承认被大部分法学家忽略的如下观点的位置：现实主义者不是糟糕的法哲学家，而是颇具先见之明，是领先于他们时代的哲学自然主义者。

---

[187] 比如，参见：John Dewey，Sidney Hook and Ernest Nagel，“Are Naturalists Materialists?”，reprinted in John Ryder(ed.)，*American Philosophic Naturalism in the Twentieth Century*，Amherst，NY：Prometheus Books，1994，pp. 102-120；John Dewey，“Antinaturalism in Extremis”，in Yervant Krikoria(ed.)，*Naturalism and the Human Spirit*，New York：Columbia University Press，1944，pp. 1-16。不过，人们看杜威在近来法律实用主义中的影响力是不会了解他的自然主义的。

[188] 只是自20世纪60年代库恩和费耶阿本德之后的科学哲学在近来的发展受到明显忽视，使得大量学术工作给人留下相反的印象。相关讨论参见：Larry Laudan，*Science and Relativism*，Chicago：University of Chicago Press，1990；Philip Kitcher，*The Advancement of Science*，Oxford：Oxford University Press，1993。值得一提的是，奎因作为实证主义可能最重要的哲学批判者，却“对实证主义的潜在精神保持信念”。Hookway，*Quine：Language，Experience，and Reality*（上注[90]），p. 2.

第二章　重思法律现实主义与法律实证主义*

本章对被称为“法律现实主义”和“法律实证主义”的法理学理 59
论之间的关系的两个广为接受的观点提出了挑战。第一个观点是这两种学说在哲学或概念层面基本上是不相容或对立的。① 第二

---

* 感谢西北大学、耶鲁大学、加州大学（伯克利）、芝加哥大学和弗吉尼亚大学研讨班听众对于早期手稿的有用讨论，以及道格拉斯·莱科克、斯科特·夏皮罗和查尔斯·西尔弗（Charles Silver）的有用评论。我也感谢《伦理学》（*Ethics*）的编辑和匿名评审对定稿前一稿的有用建议。

① 罗纳德·德沃金（Ronald Dworkin）指出，“人们教给学生，实证主义的第二个竞争对手（排在自然法理论之后）就是法律现实主义学派”。*Law's Empire*，Cambridge，Mass.：Harvard University Press，1986，p. 36. 德沃金继续发展出一种理论，根据该理论，现实主义、实证主义和德沃金自己的理论（分别有不同的名称）处于对立状态。也参见：Theodore Benditt，*Law as Rule and Principle*，Stanford：Stanford University Press，1978，p. 61（“法律现实主义与实证主义的对比”）；Harold J. Berman，“Toward an Ingtegrative Jurisprudence：Politics，Morality，History”，*California Law Review* 76（1988）：779-810，781（现实主义“位于实证主义法理学的对立一端”）；Edgar Bodenheimer，“Analytical Positivism，Legal Realism，and the Future of Legal Method”，*Virginia Law Review* 44（1958）：365-378，365（实证主义和现实主义“通常都被视为代表着尖锐对立的两种有关法律性质的立场”）；Alan Mabe，“An Appraisal of Dworkin's Systematic Legal Theory”，*Florida State Law Review* 15（1987）：587-606，588（哈特的“实证主义是对某些现实主义更极端主张的直接回应”）；Jeffrie G. Murphy and Jules L. Coleman，*Philosophy of Law：An Introduction to Jurisprudence*，rev. ed.，Boulder：Westview，1990，p. 33（将现实主义介绍为如下运动之一，即“认为法律实证主义的整个样貌与视角……研究扭曲了法律的性质和法律体系”）；Anthony Sebok，“Misunderstanding Positivism”，*Michigan Law Review* 93（1995），pp. 2054-2132，2094（“法律现实主义和法律实证主义实际上是存在深刻对立的理论”）。

个观点是法律现实主义是法理学中的笑话，是一系列哲学上的混乱[2]——这些混乱由20世纪杰出的实证主义者H. L. A. 哈特在三十多年前于《法律的概念》（下称"CL"）第七章（"形式主义与规则怀疑论"）阐述。[3] 这两种观点以如下方式结合在一起：根据这种立场，哈特盖棺论定地指出现实主义并非严肃的法律理论，同时
60 这么做使得如下观点具有了说服力，即现实主义和实证主义是相互对立的学说。

我试图通过重新仔细考察哈特有影响力的批判来挑战这两个观点。[4] 反对第一个主张，我会提出尽管实证主义本质上是一种**法律理论**——在一定程度上是有关任何社会中**法律**规范独特性（比如，对立于其道德、审美和社会规范）的理论——现实主义主要是一种描述性司法裁判理论，是一种关于法官在裁判案件时实际

---

② 比如，参见：Michael S. Moore，"The Need for a Theory of Legal Theories"，*Cornell Law Review* 69（1984）：988-1013，1013［"我相信（现实主义者）缺乏必要的细节和哲学复杂度以便使得他们观点的大杂烩能够成为一种独特的司法裁判理论"］；Leslie Green，"The Concept of Law Revisited，" *Michigan Law Review* 94（1996）：1687-1717，esp. 1694（反对现实主义者，"哈特的论证是决定性的"）。比照：Benditt，*Law as Rule and Principle*，pp. 46-47。

③ H. L. A. Hart，*The Concept of Law*，Oxford：Clarendon Press，1961（下文正文中引作CL）。

④ 一些早期的学者已经留意到哈特批判的局限，但是如注①中所引的许多文献表明的那样，这些警告大体上都没有得到关注。比如，墨菲（Murphy）和科尔曼在《法哲学》（*Philosophy of Law*）第35页（上注②）中简单提过哈特的一些批评是不公正的。有关哈特对法律现实主义的解读，之前最系统性的批判可参考：Andrew Altman，"Legal Realism，Critical Legal Studies，and Dworkin"，*Philosophy & Public Affairs* 15（1986）：205-235，esp. at pp. 207-212。尽管我支持奥特曼（Altman）对于哈特的一些批判（下文会讨论），但他的辩护受到了误读现实主义的损害，这主要源自他将现实主义与批判法学研究（C. L. S.）扭曲地配成一对。相关讨论，特别参见下文注释⑬、55和63；有关批判法学研究误解现实主义的一般性讨论，参见本书第三章。

上在做什么的理论。可是在辩护他们的描述性司法裁判理论时，现实主义者最终必须**预设**一种法律理论，这实际上就是一种实证主义学说。[5] 只有通过（错误地）认为现实主义的司法裁判理论是一种有关法律的概念理论，哈特才能够使得实证主义和现实主义成为貌似彼此对立的学说。

正是对于理论目标和方法的同一种混淆，维系了第二个广为接受的观点：现实主义——如哈特有意表明的那样——在哲学上是一团糟。尽管哈特成功地否定了我们可以称为"概念性规则怀疑论"的学说——主要是在法律理论层面的怀疑论——但尚不明确绝大多数现实主义者是否支持这类怀疑论。实际上，现实主义和实证主义之间的真正争议存在于**经验**层面，即法律规则是否**在因果意义上决定了**司法裁判这个层面。[6] 尽管哈特承认这两种规则怀疑论（但却没有使用这些标签），结果却是他（令人惊讶地）从未提出反驳经验性规则怀疑论的论证。

因此，在**哲学**或**概念**层面，现实主义和实证主义者都是深度相容的，并且事实上前者其实需要后者。在**经验**层面，结果是尽管在两种理论之间存在真正的分歧，但哈特或其他任何法哲学家实际上尚未提出反对现实主义立场的真正论点。我的结论是，是时候重新思考法律现实主义在法理学万神殿中的地位了。

---

⑤　这一主题是本文的核心，但在奥特曼的文章中并没有得到强调："Legal Realism, Critical Legal Studies, and Dworkin"（同上注）。这在一定程度上是因为他更对法律不确定性的论辩感兴趣，因为该论辩在德沃金和批判法学研究学者之间展开。

⑥　实际上，现实主义和哈特之间有关法律不确定性的根源存在着分歧，但如我将会论证的那样，这个争议在概念上可以与有关经验性规则怀疑论的争议分离。

不过，我们必须从讨论被贴上“现实主义”和“实证主义”标签的观点和作者开始。

61

一、法律现实主义

众所周知的一点是——这一点常常得到重复以至于如今成为了一个信条——法律现实主义无法被“定义”，这个运动所涉及的主题太过分散，难以被融贯地加以描述。[7] 但是如果我们实际上读过现实主义者——而非**有关他们**的作品——相反的情况才是实情。因为这些从任何角度看都主要在法律现实主义阵营中的学者[8]——比如，卡尔·卢埃林、杰罗姆·弗兰克、马克斯·雷丁、昂德希尔·摩尔、赫塞尔·安特玛（Hessel Yntema）、菲利克斯·柯恩、赫尔曼·奥利芬特、利昂·格林、约瑟夫·哈奇森——都共享

---

⑦ 这种怀疑论近来的一个版本，参见：Neil Duxbury, *Patterns of American Jurisprudenc*, Oxford: Clarendon Press, 1995, p. 65。

⑧ 由于批判法学研究学者对现实主义的“重新发明”，获得一幅有关现实主义的清晰图景在近年来变得很复杂。批判法学研究学者典型地将在现实主义同时代人那里——比如经济学家罗伯特·黑尔（Robert Hale）和哲学家莫里斯·柯恩——发现的对于公-私区分的批判视为现实主义的核心。但黑尔实际上被与其同时代的现实主义者视为边缘人物（并且他对现实主义的核心关切——司法裁判——未置一词），同时柯恩实际上最知名的是作为现实主义的一个**批评者**。有关批判法学研究对现实主义的再发明，参见：Gary Peller, “The Metaphysics of American Law”, *California Law Review* 73(1985): 1151-1290; J. William Singer, “Legal Realism Now”, *California Law Review* 76(1988): 465-544; Morton Horwitz, *The Transformation of American Law: 1870-1960*, Oxford: Oxford University Press, 1992。威廉·W. 费舍尔等人编《美国法律现实主义》(*American Legal Realism*, New York: Oxford University Press, 1993)中的导论性文章和编选也体现出批判法学研究对于现实主义的看法。

着对司法决策的兴趣，[⑨]特别是都对司法裁判**实际上**如何进行持有某种实质立场。这一点对工作实际上受到现实主义启发的律师而言是显而易见的。如一位杰出的《第一修正案》学者写道："法律现实主义的必要条件是如下信念，即有关一个法庭为何会如此裁判，教义所遮蔽的比其所解释要更多。**此后**，法律现实主义者分化为看待法律的不同方式。"[⑩]

更准确地说，现实主义者都支持下述有关司法裁判的**描述性**命题：[⑪]在裁判案件时，法官主要回应案件的潜在事实，而非可适用的法律规则和理由（后者主要是给基于其他根据做出的判决提供事后理据的一种方式）。[⑫] 现实主义者之间的差异在于对法官

⑨ 这是早先一代评论者中同样司空见惯的一个观点。比如，参见：Edwin W. Patterson，*Jurisprudence*：*Men and Ideas of the Law*，Brooklyn：Foundation Press，1953，p. 541："杰出的现实主义者关注法律过程"。

⑩ L. A. Powe Jr.，"Justice Douglas After Fifty Years：The First Amendment，McCarthyism and Rights"，*Constitutional Commentary* 6(1989)：267-287，271（强调为引者所加）.

⑪ 对于这一解读的详细辩护，参见本书第一章。

⑫ 比如，参见：Herman Oliphant，"A Return to Stare Decisis"，*American Bar Association Journal* 14(1928)：71-76，107，159-162，175：法官"主要回应他们面前具体案件的事实的刺激，而非在判决书和著作中过于一般化和非常抽象的事物的刺激"。进一步文献与讨论，参见本书第一章。

但奥特曼在他充满同情的讨论中，错失了现实主义有关司法裁判的积极主张这个核心，因为他混淆了现实主义和批判法学研究。他主张"法律现实主义最重要的主题"就是"消解法律（司法裁判）与政治之间任何尖锐的对立"。"Legal Realism，Critical Legal Studies，and Dworkin"（上注④），p. 206 n. 4. 尽管这是批判法学研究的"最重要的主题"，但可以肯定的是，这并不是卢埃林、奥利芬特（Oliphant）、弗兰克、摩尔这些杰出的现实主义者著述中的主题。这里的错误在于，认为现实主义者将"政治学"视为法律规则和法律理论无法决定司法裁判时的决定因素。但实际上，现实主义者强调心理学因素（与政治学无关）或未法典化的商业规范的作用，而非政治偏好。有关进一步讨论，参见下文的正文。

62 **如何**回应案件事实有不同看法。少部分现实主义者——像弗兰克和哈奇森——认为法官人格的独特特征决定了判决(不过他们都没有像通常的观点所以为的那样,认为“法官吃了什么早餐”决定了案件结果)。结果就是,预测法庭如何裁判案件对于这些现实主义者来说是不可能的。

大部分现实主义者——理智地承认律师能够且确实一直预测司法裁判结果——持有不同的观点。这些现实主义者认为,司法判决被归属于可识别的模式(这些模式使得预测得以可能),但这些模式并不是我们期待的源自现有法律规则的模式。更准确地说,判决被归属于和所讨论的纠纷的潜在事实情境相关的模式:正是对于“情境类型”的司法回应——比如,独特的事实模式——决定了案件的结果。

赫尔曼·奥利芬特对这一点的阐述很有帮助。⑬ 奥利芬特考察了有关合同中不竞争承诺的效力的一系列彼此冲突的法院判决,这些案例通过诉诸当时存在的合同法规则是完全无法解释的。那么为什么法庭会支持一些承诺而不支持另一些承诺呢?奥利芬特发现,答案在于案件的潜在“情境类型”:在涉及销售方承诺不与购买方竞争的案例中,这个承诺得到支持;在涉及雇员承诺不与其雇主竞争的案例中,这个承诺一般不会被执行。在每个案件中,当时盛行但却是非正式的“商业规范”左右了这些不同的结果。但法庭没有明确说自己是在执行盛行的“商业”文化规范,而是诉诸

⑬ “A Return to Stare Decisis”,同上注,pp. 159-160.

合同法的一般规则，这些规则无法解释实际判决。[14]

这个现实主义洞见——特别是在私法中，法庭实际上的行为 63
是实施盛行的、未法典化的规范，因为它们会适用于潜在的事实情境——体现在现实主义者准备的教学材料中。比如，对于现实主义者来说，并不存在侵权法**本身**，而是存在特定于不同情境类型的数不胜数的侵权法律。因此，现实主义的案例集并不是由教义范畴——比如，过失、故意侵权等——而是由“情境类型”组织的，比如，“外科手术”“动物饲养”“交通与运输”等。[15] 救济法也不是从可获得的一般性法律救济角度加以理解，而是从可以诉诸何种救济的伤害情境**类型**角度加以理解的。[16]

---

⑭ 有意思的是，《合同法重述》(*Restatement of Contracts*)第2版(St. Paul, Minn.: American Law Institute Publishers，1981)实际上涵盖了奥利芬特的区分，现在以更特定于事实的方式在重述规则。[我感谢马克·格根(Mark Gergen)向我指出这个事实。]

不过奥利芬特的观点几乎不只属于过去。救济法领域的杰出学者所做的一项优秀研究近来表明，在1400件涉及“不可挽回的伤害规则”的案件中——这个规则认为，当金钱能够补偿损失时，法庭就不会阻止伤害——“法庭在它们能够阻止伤害时，就会阻止伤害。司法意见一直在引用该规则，但却并没有适用它……当法庭拒绝原告的救济选择时，总会有某个其他的理由，且该理由与不可挽回的伤害规则无关。我们识别出判决的真正理由，并用这些理由来解释老案件、裁判新案件。” Douglas Laycock，*The Death of the Irreparable Injury Rule*，New York: Oxford University Press，1991，p. vii. 与现实主义者类似，莱科克也将现有的裁判模式归属于“一种正义的直觉，它引领法官得出合理的结论”。同上注，第ix页。有关联邦法院法律的类似论证，参见：Michael Wells，“Nakes Politics，Federal Courts Law，and the Canon of Acceptable Arguments”，*Emory Law Journal* 47(1998)：89-162。

⑮ 参见：Leon Green，*The Judicial Process in Tort Cases* St. Paul: West Publishing，1931。

⑯ 参见：Charles Alan Wright，*Cases on Remedies* St. Paul: West Publishing，1955。

像奥利芬特这样的现实主义者——重复一遍，他们是绝大多数[17]——认为法律理论的任务就是识别与描述——**而非**证成——判决模式；社会科学是开展这一非规范性工作的工具。尽管现实主义者诉诸行为主义心理学和社会学，但很容易就可以将当代的法律与经济学（至少在其描述性或“实证性”的方面）理解为通过依靠经济学对裁判模式的解释而追求着同样的目标。[18]

这种现实主义取向的一个结果就是，在某种意义上我们可以认为这些现实主义者倡导的那类法理学是**自然化的**法理学，即避开扶手椅式概念分析转而支持与经验科学中后天研究相一致的法理学。[19] 正如**自然化的**认识论——按照奎因著名的表述——“完全属于心理学的一部分”，[20]属于“纯粹描述性的因果法则式的人类认知科学”，[21]对于现实主义者来说，自然化法学本质上也就是有关潜在情境类型与实际司法判决之间因果关联的描述性理论。

---

⑰ 我所说的现实主义在过去60年间的“弗兰克化”——将杰罗姆·弗兰克的极端立场视为现实主义典型观点的倾向——模糊了奥利芬特方法在大部分现实主义文献中的核心地位。有关这一点，大体上参见本书第一章。

⑱ 这是在理查德·波斯纳早期著作中最明显的抱负。比如，参见：*Economic Analysis of Law*，Boston：Little，Brown，1973，p. 6。可以肯定的是，许多现实主义者的著述中都有**规范性**维度：值得强调的一点是，在研究司法决策时，他们并不希望产生一种对于实际判决模式的理论**证成**。对于法官的行为，大部分现实主义者持有一种“规范性寂静主义”：法官照常行事，尽管澄清裁判模式**可能**有助于未来的裁判，但距离现有实践太过遥远的一个一般性的规范性裁判理论是没有价值的。相关文献和讨论，参见：Leiter，“Legal Realism”，in D. M. Patterson（ed.），*A Companion to Philosophy of Law and Legal Theory*，Oxford：Blackwell，1996，p. 277。

⑲ 有关这一类比的详细发展，参见本书第一章。

⑳ W. V. O. Quine，“Epistemology Naturalized”，in *Ontological Relativity and Other Essays*，New York：Columbia University Press，1969，p. 82.

㉑ Jaegwon Kim，“What is ‘Naturalized Epistemology’?”，*Philosophical Perspectives* 2（1988）：381-405，388.

(实际上,一位重要的现实主义者昂德希尔·摩尔甚至预料到了奎因的口号:“该研究身处法理学范畴。它也存在于行为主义心理学领域。它将该范畴置于该领域之中。”㉒)当然,有关**自然化**某个哲 64
学领域意味着什么,存在彼此竞争的观念,这里我不想介入有关它们优劣的论辩。㉓ 我想做的是指出,现实主义者引入法律理论的**方法**,可以被富有成效地视为一种**自然主义**方法,类似于奎因自然化认识论的提议。㉔

特别需要注意的是,奎因和现实主义者都可以被视为基于类似理由倡导自然化。依据一种常见的解读,奎因倡导自然主义作为对认识论中从笛卡尔到卡尔纳普的传统基础主义方案失败的回应。如一位评论者所说:“一旦我们看到基础主义方案的贫乏,我们就看到,有关理论和证据之间的关系以及有关信念的获得的唯一真正问题,就是心理学问题。”㉕这意味着一旦我们承认无法就

㉒ Underhill Moore and Charles Callahan,“Law and Learning Theory: A Study in Legal Control”,*Yale Law Journal* 53(1943): 1-136.

㉓ 有关彼此竞争的观点,参见:Brian Leiter,“Natrualism and Naturalized Jurisprudence”,in *Analyzing Law: New Essays in Legal Theory*,ed. B. Bix,Oxford: Oxford University Press,1998。我在这里特别不想介入有关“规范性”在奎因自然化认识论观念中地位的争论。有关不同的观点,比如参见:Richard Foley,“Quine and Naturalized Epistemology”,*Midwest Studies in Philosophy* 19(1994),pp. 243-260; Kim,“What is ‘Naturalized’ Epistemology”(上注㉑); Quine,*Pursuit of Truth*,Cambridge,Mass.: Harvard University Press,1990,pp. 19-21。

㉔ 如果现实主义者实际上是**自然主义者**,那也只是就司法裁判理论而言的。在现实主义中没有什么会构成一种妥当的法律理论的自然化,比如,有关法律**概念**的自然化论述。参见正文中本节结尾的进一步讨论。

㉕ Hilary Kornblith,“Introduction: What is Naturalistic Epistemology”,in *Naturalizing Epistemology*,2nd edition,ed. H. Kornblith,Cambridge,Mass.: MIT Press,1994,p. 4.

证据和理论之间的关系提出一种**规范性**学说——一种有关何种理论基于证据得到**证成**的学说——奎因就会让我们放弃规范性方案："为什么就不看看（基于证据的理论的）建构实际上是如何进行的？"[26]

因此，现实主义者也可以被理解为倡导一种有关司法裁判的经验性理论，这恰恰是因为他们认为传统的试图表明判决基于法律规则和理由得到**证成**的法理学方案失败了。对于现实主义者来说，法律是**理性不确定的**：[27]这意味着法庭可能用来证成判决的正当法律理由实际上在许多案件中都无法证成**独特的**结果。[28] 如果法律是确定的，那么我们可以期待——除了不称职或腐败的情况——法律规则和理由是司法结果可靠的预测因素。但法律在许多案件中是不确定的，因此在这些案件中就不存在有关法庭特定
65 判决的"基础主义"学说：法律理由也会证成一个对立的结果。但如果法律规则和理由无法**合理化**判决，那么它们当然也无法**解释**判决：相应地，我们必须寻找其他因素来解释为什么法庭会实际上这样做出裁判。因此，现实主义者实际上是说："为什么不看看判决的建构实际上是如何进行的？"所以现实主义者呼吁一种主要是**自然化的**并因此是**描述性的**裁判理论，一种关于何种事物因致法庭像那样做出裁判的理论。

不过，我不想夸大类比的作用。指出如下这一点是有帮助的，

---

[26] Quine，"Epistemology Naturalized"（上注[20]），p. 75.

[27] 有关不确定性的不同主张，参见：Leiter，"Legal Indeterminacy"，*Legal Theory* 1（1995）：481-492。

[28] 严格来说，该主张是法律理由集合**不能充分决定**结果：集合尽管不是证成了**任何**结果，但却证成了不止一个结果。我遵循文献中的惯例，仅仅使用"不确定性"。

即哈特将现实主义等同于以概念分析为方法的哲学范式可能是错误的;但如果我们认为这意味着现实主义全盘支持一种原始的奎因学说,也是具有误导性的。我们可以从两方面来理解这一点。首先,如我下文将要论证的那样,现实主义者在提出他们的法律不确定性论证时,最后预设了一种有关合法性概念的理论;因此,尽管他们可能相信,有关**司法裁判**唯一有成效的论述就是描述性的和经验性的而非规范性的和概念性的,但他们需要一种本身并不是经验性或未被自然化的**法律**概念。换言之,与自然化认识论的类比必须被安置在司法裁判理论中,而非整个法理学领域。

其次,现实主义立场的核心(至少对于大部分现实主义者来说)是非法律理由(比如,基于公平的判断,抑或对商业规范的考量)能够**解释**判决。当然,他们是通过**证成**判决来对之加以解释的,不过未必是通过证成一个独特的结果(即非法律理由可能本身也会合理化其他判决)。此时显而易见的是,有关非法律理由的描述性理论并不构成司法裁判理论的非心灵主义(non-mentalistic)* 自然化的一部分:从理由(甚至非法律理由)角度对判决进行的因果解释确实需要认真对待理由**作为理由**所具有的规范力。这里设想的并不是奎因或昂德希尔·摩尔的行为主义,但肯定会青睐他们的理论:行为主义未能成为经验性社会科学的基础,但运用心灵主义范畴的社会科学理论发展繁荣。此外,如果非法律理由本身就是不确定的——即如果它们无法证成一个**独特的**结果——那么

* 心灵主义近似于我们通常所说的"唯心主义",指的是心灵是最根本的实在,知识的对象(比如,客观世界)只是作为认知主体的意识的一个部分而存在。这种观点与通常所说的"唯物主义"或"物理主义"对立。——译者

有关判决的任何因果解释就都需要超越理由而去识别因致判决的心理–社会事实(比如,有关人格、阶级、性别、社会化等事实)。这样一种司法裁判理论的"自然化"可能从奎因式考量来看在本体论方面不够朴素,但它依旧是一种可承认的将法官行为涵摄入(社会)科学框架的努力。

二、法律实证主义

与现实主义不同,实证主义是一种**法律理论**或有关**法律性质**(nature of law)的理论。这种理论旨在解释法律所存在的社会的
66 某些为人熟知的特征,其方式就是试图分析法律的"概念"。当然,概念分析不仅仅是一种词典编纂活动。[29] 如哈特所说:"研究语词的意义仅仅阐明了语词这种观点是错误的。"(《法律的概念》,第 v 页)更准确地说,哈特支持 J. L. 奥斯汀(J. L. Austin)的观点,即"对语词的敏锐感知……使得我们对现象的感知变得敏锐"(转引自《法律的概念》,第 14 页)。因此,尽管哈特运用了概念分析的**方法**,他将自己的方案称为"描述性社会学"(《法律的概念》,第 v 页)。如约瑟夫·拉兹所说:"我们不想成为语词的奴隶。我们的目标是理解社会及其制度。"[30]概念分析完全就是哈特式实证主义者为了这一目标而使用的基本工具。

---

[29] 不过,像莱斯利·格林(Leslie Green)这样认为哈特的"著作不是语言哲学的实践"似乎非常具有误导性。"The Concept of Law Revisited"(上注②),p. 1688 n. 1.

[30] Joseph Raz,"Legal Positivism and the Sources of Law",in *The Authority of Law*,Oxford: Clarendon Press,1979,p. 41.

对于实证主义者来说，法律概念的何种特征需要解释？两个特征尤为重要。首先，**法律**规范典型地与社会中的其他规范彼此区分：一个人由于在高速路上时速超过65英里而违反了**法律**规范，但一个人在餐桌吃了满嘴食物又和人讲话则违反了**礼仪**规范。一个法律理论试图阐明**合法性的标准**(criteria of legality)，即一个规范为了成为与其他某种类型的规范不同的**法律**规范所必须满足的标准。其次，**法律**规范在公民的实践推理——即有关一个人**应当**做什么的推理——中发挥着独特作用。比如，如果我说"在高速公路上时速不要超过65英里"，这取决于，比如，你是否认为我是一个好司机、是否认为我了解道路情况、是否认为我对你的时间表敏感等类似信息，这可能就给你提供了行动理由。但当立法颁布了同样的规定时——"在高速公路上时速不要超过65英里"——就增加了在我提出同样规范时并不存在的某种行动理由。因此，一种令人满意的法律理论必须也要解释这种独特的**规范性**(normativity)。

我所说的实证主义指的是以认同如下两个广泛命题为特征的有关法律性质的观点家族：[31]

---

[31] 参见：Brian Leiter，"Realism，Hard Positivism，and Conceptual Analysis"，*Legal Theory* 4(1998)：533-547。这里的描述与下文中的稍有不同：Jules L. Coleman and Brian Leiter，"Legal Positivism"，*A Companion to Philosophy of Law and Legal Theory*，p. 241。本文中的观点我现在认为太过狭窄。正文中的标签源自：Jule L. Coleman，"Negative and Positive Positivism"，reprinted in M. Cohen(ed.)，*Ronald Dworkin and Contemporary Jurisprudence*，London：Duckworth，1983，p. 29；Raz，"Legal Positivism and the Sources of Law"(上注㉚)，p. 37。不过两位学者对这些标签的使用都要比如下文章的用法更窄，参见：Leiter，同上注；Coleman and Leiter，同上注。

社会命题(Social Thesis)：在任何特定社会，法律是什么主要事关社会事实。

分离命题(Separability Thesis)：法律是什么与法律应当是什么，是彼此分离的问题。

当然，实证主义者会对这两个命题的正确解读有不同看法。近来
67 最重要的争论是，社会命题是否应当被理解为仅仅在表述承认规则(Rule of Recognition，设定一个社会的合法性标准的规则)的存在条件，还是说社会命题也为任何承认规则能够设定的有关法律有效性的检验的**内容**提出了约束。如果社会命题仅仅表述了存在条件，那么承认规则完全就是有关官员实际上如何解决纠纷的社会事实构成的任何规则；结果就是，这种规则可以容纳诉诸道德和其他实质合法性标准的法律有效性检验，如果这些标准被官员实际用来解决纠纷的话。可是，如果社会命题也表述了对于承认规则内容的约束，那么一个承认规则设定的合法性标准必须本身就由社会事实**构成**，比如，有关谱系或渊源的事实。前一种"包容性"(inclusive)或"柔性"(soft)实证主义得到许多学者的辩护——重要的是，还包括哈特自己近来出版的《法律的概念》第2版的"后记"。[32]

[32] Edited by P. Bulloch and J. Raz，Oxford: Clarendon Press，1994. 有关包容性实证主义和排他性实证主义的进一步讨论，参见：Coleman and Leiter，"Legal Positivism"(同上注)；W. J. Waluchow，*Inclusive Legal Positivism*，Oxford: Clarendon Press，1994。对比：Stephen R. Perry，"The Varieties of Legal Positivism"，*Canadian Journal of Law & Jurisprudence* 9(1996)：361-381。

这种观点受到支持"刚性"实证主义的约瑟夫·拉兹的拒绝，[33]并且实际上也受到罗纳德·德沃金的拒绝，后者认为柔性实证主义(Soft Positivism)根本不是实证主义学说。[34] 尽管我赞同拉兹，支持刚性实证主义而非柔性实证主义，但讨论这个问题需要单独的一篇文章。这里指出法律现实主义所预设的那类实证主义最终表明是**刚性**实证主义便足矣。[35]

哈特式实证主义的核心在于如下观点，即在**法律**存在的任何社会中，必然有某种复杂的社会事实(按照社会命题)构成了一个"承认规则"，该规则决定了任何规范若要成为**法律**规范所必须满足的标准。这样一种承认规则只是哈特所说的"社会规则"这种更一般性现象的一个特定例示。满足如下条件时，一个社会规则会在社会中存在：当我们发现符合该规则的一致性行为模式出现，并且发现该实践的参与者将该规则视为行动的标准，他们会诉诸该标准来证成自己服从规则的行为并批判那些偏离规则的人(《法律概念》，第55—56，90页)。就承认规则而言，我们感兴趣的是由相关官员所引起的一致性行为模式：比如，法官如何裁判有关什么是有约束力的法律标准的问题？举个例子，在美国我们会发现诸如"这个制定法无效，因为它与'第一修正案'冲突"，或"这份遗嘱是可执行的，因为它以符合可适用的州制定法的妥当方式制定"这类论证明确地表述了合法性原则，但"这个制定法无效，因为它与柏拉图

---

[33] 特别参见：Joseph Raz，"Authority，Law and Morality"，*The Monist* 68(1985)：295-324。

[34] *Law's Empire*(上注①)，p. 127.

[35] 参见本书第四章。

的《理想国》第四卷中提出的原则不一致"这种论证却没有如此。换言之，通过考察官员的实践，我们了解到的是我们法律体系的承认
68 规则将联邦宪法以及州制定法视为有效的法律渊源(之一)，但却没有将这种重要性赋予柏拉图的《理想国》。[36] 于是，对于"什么是法律"这个概念问题，实证主义的答案基本上就是：当承认规则是如上所述的社会规则时，"满足一个社会的承认规则标准的任何事物"。[37]

三、规则怀疑论的变奏

哈特认为法律现实主义者是规则怀疑论者，但他认为他们的规则怀疑论是站不住脚的。如本章开篇所言，正是这个著名的批判，可能要为实证主义和现实主义是彼此不相容的立场、现实主义作为一种法理学理论最好被抛诸脑后这种观点负最大的责任。依据上文提出的有关现实主义和实证主义的基本学说，我们现在来看看哈特哪里出错了。

㊱ 当然，对于像美国法律体系这样复杂的法律体系，其承认规则也相应地必然是复杂的。比如："一个法律规则如果经过联邦或州立法程序正当制定，且与联邦宪法没有不一致，同时如果(对于州立法来说)也没有与联邦法律或州宪法不一致，它就是在美国有效的法律规则；**抑或**一个法律规则存在于法庭判决理由中，并且没有被上级法院推翻，抑或(在非宪法议题中)它没有被后续立法法案推翻，它就是在美国有效的法律规则。"不过这远非实际情况的全貌。比如，在现代行政国家中，行政机构也是有约束力的法律规范的渊源。

㊲ 当然，"什么是法律"是模糊的，它处于"基于某个社会中的法律体系，在该社会中哪些规范是法律规范?"与"对于任何社会来说，我们如何知道法律或法律体系是否在该社会中存在?"之间。正文只是将哈特的答案赋予前一个问题而非后者。我这里也不讨论实证主义对于法律"规范性"的论述，这与论证不那么直接相关。相关讨论，参见：Coleman and Leiter，"Legal Positivism"(上注㉛)。

什么是规则怀疑论？一开始哈特将它描述为“这样一种主张，即认为有关规则的话语是一种掩盖了如下真理的神话：法律完全是由法庭判决和对于它们的预测构成的”（《法律的概念》，第 133 页）。实际上，许多讨论都致力于批判这种形态的规则怀疑论。但哈特还识别出第二类规则怀疑论：“规则怀疑论提出了引起我们注意的严肃主张，但它只是作为规则在司法裁判中功能的一种理论”（《法律的概念》，第 135 页）。这个第二类规则怀疑论特别主张，“认为法官自己服从规则或‘受到约束’地裁判案件，如果不是没意义，也是错误的”（《法律的概念》，第 135 页）。我尝试将前一种观点称为“概念性规则怀疑论”，而将后者称为“经验性规则怀疑论”。[38]

概念性规则怀疑论提出了一种有关法律概念的怀疑论论 69
述。[39] 这个论述之所以是怀疑论的，是因为它涉及否定我们为了简便起见可以称为“简单立场”的观点。这个立场指的是某些先在的官员行动（比如立法法案和司法裁判）构成了“法律”（即便它们并没有穷尽法律）。（这个观点肯定简单，但并不是错误！）概念性规则怀疑论提出了一种否定这个简单立场的法律概念学说：根据这种规则怀疑论，先前由立法机关或法院阐明的规则并不是法律。

㊳ 有第三种规则怀疑论——与我所说的“概念性规则怀疑论”相关——哈特也讨论了它，但这对理解哈特和现实主义的争论来说不那么重要。这种规则怀疑论否认“存在任何规则”。哈特认为，这种怀疑论“无法一致地与存在法庭判决这个断言联系在一起”，因为“法庭的存在意味着存在次级规则，该规则对不断变化的前后相继的个体施加裁判权，并使得法庭的裁判具有权威性”[H. L. A. Hart, *The Concept of Law*（上注③），p. 133]。不过，即使哈特也承认，规则怀疑论或许“从未意图以这种方式否认”一切规则（同上注，第 134 页）。

㊴ 我应当强调，我的“概念性规则怀疑论”冲击了哈特讨论的不同方面，但方式则是既对哈特公正又对集中于哈特和现实主义者之间的争议具有启发性价值的。

这源自怀疑论者自己有关法律概念的论述，根据该论述，“法律只是法庭将要做什么的一种预测”，或者“法律只是法庭在当下场合中所认为的任何事物”。相反，实证主义是一种非怀疑论学说，因为实证主义的承认规则概念与简单立场所把握的洞见是完全相容的。

与此相对，经验性规则怀疑论无须对法律的**概念**提出主张；[40]毋宁说它是对规则在司法决策中的因果作用提出经验性主张。根据这种怀疑论，法律的规则对于法庭如何裁判案件并没有太多（因果性）影响。在哈特式的这类怀疑论中，怀疑论者据说相信这一观点，因为他认为法律规则总体上是不确定的（《法律的概念》，第135页）。我们会在下文更加详细地重构哈特的论证。

接下来我会论证，首先，哈特拥有充分的论据反驳概念性规则怀疑论，但这种怀疑论实际上并不是法律现实主义的核心；其次，哈特从未提出任何反驳经验性规则怀疑论的主张。于是，结果就是基于这里讨论的唯一一种规则怀疑论，哈特没有提出让我们拒绝法律现实主义的理由。

四、概念性规则怀疑论

哈特讨论规则怀疑论中最著名的部分当然就是他对概念性规则怀疑论的否定：他明确表明，怀疑论者对于法律概念的分析显然

---

[40] 经验性规则怀疑论可以建立在有关法律不确定性的哲学论证之上。实际上，现实主义者有这类论证，但如下文所述，他们与哈特的论证不同。不过经验性规则怀疑论也可以被视为一种**纯粹的**经验性问题：法律规则在司法裁判中是否发挥着（重要的？决定性的？）因果作用。我在下文讨论这些问题。

愚不可及。基于我们的最终结论(现实主义者**并非**概念性规则怀疑论者),这里通过参考两个熟悉的现象来简短地表明哈特的批判足矣:司法错误的现象,以及试图裁判案件的法官的现象。

任何令人满意的对于法律概念的分析必须解释如下为人熟知 70
的事实,即有时我们想说法庭在法律方面犯了错。有时我们作为法庭的观察者或批评者这么说;有时上级法院在推翻下级法院判决时会这么说。但是,概念性规则怀疑论者无法解释法律概念的这个方面;实际上,对于概念性规则怀疑论者来说,抱怨法庭在法律方面犯错简直是不可理喻的!因此按照这种怀疑论者的看法,通过"法律"概念我们指的要么是"对于法庭判决的预测",要么是"法庭所认为的任何事物"。如果这是正确的,那么认为"下级法院的判决犯了法律错误"的人实际上就是在说"下级法院的判决在下级法院判决方面犯了错误",这是没意义的。怀疑论立场使得我们无法阐明如下简单观点,即法律是一回事,特定法庭的判决则是另一回事。怀疑论者甚至消除了**质疑**法庭是否误解法律时所需的概念空间。

如下是对怀疑论者分析法律概念的缺陷的另一种阐述。假定一个法官必须裁定如下问题,即特许经营权所有人是否能够在不到 60 天的通知期限内终止位于美国康涅狄格州的特许经营者的权利。法官会推定性地问自己与如下问题类似的问题:"在该州中管理特许经营终止的法律是什么?"但按照概念性规则怀疑论者的看法,询问有关终止与通知的"法律"就是去问"法官会如何裁判这个案件"。所以,基于怀疑论者的解读,一个问自己法律是什么的法官,最后实际上就是在问她自己"我认为我会怎么做?"但这显然

不是法官所问的内容，所以怀疑论学说又一次导致愚蠢的解释。如哈特所说："(法律)规则有效这个陈述是一种内在陈述，承认该规则满足了识别在(此)法庭中法律是什么的检验，构成的不是对于(该)判决的预测，而是其理由的一部分。"(《法律的概念》，第102页；对比第143页)

既然概念性规则怀疑论显然是荒谬的，我们可能想要知道为什么哈特从未考虑过他完全误读了现实主义者这种可能性。公平地对待哈特，至少一位现实主义者可以说是概念性规则怀疑论者：菲利克斯·柯恩。[41] 但哈特在任何地方都没引用过柯恩；哈特的现实主义大体上是弗兰克、霍姆斯和卢埃林观点的杂糅。不可否认的是，这些学者如同大部分现实主义者一样，在谈论"预测"法庭行为的重要性。问题在于，在如此谈论时，他们是否可以被公正地解读为提出一种有关法律概念的分析。只有哈特粗糙的时间错乱的解读指向肯定性答案。

哲学涉及以分析语言为方法的"概念分析"这个观点是20世纪英美分析哲学的产物。实际上，如哈特所示，它其实体现出20世纪40年代和50年代在牛津大学的语言哲学思潮中盛行一时的
71 观点。现实主义者并非哲学家，也不是分析哲学家以及G. E. 摩尔(G. E. Moore)、罗素和早期维特根斯坦的学生，更不是J. L. 奥斯汀的同事。有关法律，需要理解的是在日常语言中呈现出来的

---

[41] 特别是参见：Felix Cohen，"Transcendental Nonsense and the Functional Approach"，*Columbia Law Review* 35(1935)：809-849。奥特曼也将这个观点错误地归属于霍姆斯。"Legal Realism，Critical Legal Studies，and Dworkin"(上注④)，p. 212 n. 18. 参见正文中下文的进一步讨论。

法律"概念"这个观点，在他们看来非常荒谬。尽管现实主义者对于司法裁判和法律规则如何在实践中发挥作用有诸多观点，但他们对于法律的**概念**没有**明确的**立场。[42]

那么我们如何理解他们有关法庭行为的"预测"的观点呢？在《法律与现代心智》(*Law and the Modern Mind*)中，杰罗姆·弗兰克很早就提醒读者，他"主要关切'法律'，是因为它影响着律师的实务工作以及聘请律师的客户的需求"。[43] 在《法律的道路》(*The Path of the Law*)的开篇，霍姆斯强调他在与律师讨论法律的意义，而律师将"出现在法官面前，或……以保持人们远离法庭的方式向人们提出建议"。[44] 基于这一背景，像卢埃林恶名远扬的表述——"这些官员对纠纷所做的一切，在我看来，就是法律本

㊷ 他们认为这是非常荒谬的工作，并不意味着他们这么认为是正确的。实际上，如我们稍后会看到的那样，现实主义者在论证法律不确定性时预设了一种有关法律概念的论述。

㊸ Jerome Frank, *Law and the Modern Mind*, New York: Brentano's, 1930, p. 47 note.

㊹ O. W. Holmes, Jr., "The Path of the Law", *Harvard Law Review* 10(1897): 457-478, 457. 迈克尔·S. 摩尔在他近来的论文集"导论"中与我争论我对这些观点和相关文献的解读：*Educating Oneself in Public: Critical Essays in Jurisprudence*, New York: Oxford University Press, 2000, esp. at note 74 and accompanying text。当然，摩尔无法否认如下显而易见的一点：法律现实主义者并非哲学家，对于概念分析问题没有兴趣。相反，摩尔强调如下事实，即出现在法官面前——如霍姆斯承认律师所做的——我们"必须提出不错的证成性理由来支持按照客户的利益做出裁判"，而这与预测理论不相容。同上注，注释⑭。但这种观点错失了焦点：它与**被理解为有关法律性质的概念性主张**的预测理论不相容，却与被理解为一种实务建议的预测理论完美相容——出现在法官面前的律师，为了**有效地**提出自己的证成性理由、有效地咨询客户在法院起诉后能够期待何种结果，必须对这位法官可能做什么以及他可能认为何种考量具有说服力拥有某种预测性观点。对于将现实主义者无意为之的哲学论证负担归属于现实主义者有关预测主张这一点，摩尔没有为之提出理由。

身”[45]——就变得非常合理。这不是关于法律“概念”的主张，而是有关如下议题的主张，即思考对于必须给客户行为提出建议的辩护律师来说，法律在何种程度上是有用的。因为你的客户，康涅狄格州的特许经营人，并不仅仅想要知道康涅狄格州的制定法规则是什么；他想要知道当他向法庭起诉特许经营权所有人时会发生什么。所以从特许经营人的实务视角出发，有关“法律”人们想要知道的实际上是，当特许经营人遇到不公时法庭会怎么做。这就是对于客户来说息息相关的所有法律，就是对给客户提供咨询的律师来说息息相关的所有法律。我认为这就是现实主义者想要强调的所有内容。

实际上，现实主义者为什么不会是概念性规则怀疑论者还有一个更深层的理论原因。因为现实主义者对于法律不确定性的论
72 证——如同对于法律不确定性的**所有**论证一样[46]——实际上预设了一种对于法律概念的非怀疑论论述。事实上，他们预设的论述与法律实证主义者提出的学说具有独特的亲和性！[47] 法律不确定性的核心主张是**理性**不确定性主张：“法律理由集合”在一切或所有案件中都未能证成独特的结果。“法律理由集合”是可能妥当地证成一个法律结论的理由所构成的集合（因此，就法律行动者对有效的法律理由具有回应性来说，这个集合“迫使”结论产生）。所

㊺ Karl Llewellyn, *The Bramble Bush*, New York: Oceana, 1930, p. 3.

㊻ 有关这一点，参见：Leiter，“Legal Indeterminacy”（上注㉗）。

㊼ 回想一下，也正是对不确定性的论证推动了现实主义者呼吁**自然化**，即提出一种有关何种因素因致法庭如此裁判案件的描述性学说。更准确地说，现实主义具有构建对律师**有用**的司法裁判理论的**实用主义**目标。这种理论由于法律的理性不确定性而必然是**自然化的**理论。参见本书第一章。

以，比如诉诸制定法条款或有效的先例，就是法律理由集合的一部分，但诉诸柏拉图的《理想国》的权威就不是：一个法官不会因为柏拉图如此认为，就有义务以这种而非另一种方式做出裁判。于是，任何支持不确定性的论证都预设了某种有关法律理由集合的**边界**的观点。比如，当奥利芬特指出，承诺不竞争的案件不是根据法律而是根据盛行于纠纷所产生的商业文化中未被法典化的规范做出裁判时，这只是表明基于如下假设——法庭实际上依赖的规范性理由本身并非**法律**理由——法律是不确定的。当霍姆斯认为司法裁判并非法律推理而是“隐秘的、半清醒的有关立法政策(背景)问题的斗争”时同样如此，[48]他显然预设了这些政策考量本身并非**法律**理由。现实主义者有关不确定性的著名论证——关注律师解释制定法和先例的彼此冲突但同样正当的方式[49]——只是表明，基于如下假设，即制定法和先例大体上穷尽了法律的权威渊源，抑或任何不源自这些渊源的额外的权威性规范都会与已有规范冲突，法律是不确定的。正是前一个假设似乎推动了现实主义者的论证。因此，卢埃林指出，法官认为规则“主要源自权威性渊源(在法律的情形中，主要是制定法和法院判决)。”[50]

在以上支持法律不确定性的论证中预设了何种法律概念，使得制定法和先例构成法律的一部分，但未法典化的规范和政策论

---

[48] “The Path of the Law”(上注[44])，p. 467.

[49] 经典的讨论是：Llewellyn，*The Bramble Bush*（上注[45]），pp. 72-75；Max Radin，“Statutory Interpretation”，*Harvard Law Review* 43(1930)：863-885；Karl Llewellyn，“Remarks on the Theory of Appellate Decision and the Rules and Canons About How Statutes are to be Construed”，*Vanderbilt Law Review* 3(1950)：395-406。

[50] *The Bramble Bush*(上注[45])，p. 13.

证就不是法律？这显然不是罗纳德·德沃金的理论，更不是更强立场的自然法替代方案。准确地说，现实主义者预设的是某种类似于实证主义承认规则的观点，其合法性标准由谱系排他性地构成：一个规则（或解释的准则）由于在立法法案或先前法院判决中
73 拥有渊源而是法律的一部分。[51] 简言之，现实主义者不可能是概念性规则怀疑论者，因为他们对法律不确定性的论证预设了一种有关合法性标准的非怀疑论论述，该论述与哈特或排他性实证主义者发展的学说具有最明显的亲和性。

五、经验性规则怀疑论

我们已经看到，正是因为概念性规则怀疑论是一种不可靠的立场，就没有理由拒绝现实主义。实际上，大部分现实主义者都不是概念性规则怀疑论者；此外，他们的其他理论承诺阻止他们认同概念性规则怀疑论。但现实主义者肯定是某种怀疑论者，而最有可能的选项就是我一直所说的经验性规则怀疑论。如下是哈特对这种观点的描述：

---

[51] 一个差异是，大部分现实主义者承认习惯性实践是有效法律的渊源，但不清楚现实主义者是否同样如此认为。允许我也强调正文中的主张只是对于现实主义者的一个**解释性**观点：**他们的实际论证和主张预设了**一种刚性实证主义的合法性观念。但或许如果建立在非实证主义基础上，比如允许基于内容的合法性标准（诸如“商业公平”这类的标准），现实主义法律理论或许会更好？实际上，我认为现实主义的一个美德就是它（隐秘地）认同刚性实证主义，但这种立场的理由与认为自然法和柔性实证主义并非可能的选项有关。这个讨论会让我们偏离主题，但一些相关的讨论，参见本书第四章和第八章。

> 它等同于如下观点，即就法庭来说，没有什么事物限制（表述规则的语言的）开放结构：以至于认为法官本身在裁判案件时服从规则或“受到约束”，如果不是没意义，也是错误的。他们的行动可能在长时段内具有足够可预测的规律性与一致性，使得他人能够依据作为规则的法庭判决而生活。法官在裁判案件时甚至可能会体验到强迫感，这些感觉可能也具有可预测性；但除此之外，没有什么可以被描述为他们所遵循的规则了。（《法律的概念》，第 135 页）

因此，基于这一表述，经验性规则怀疑论包含两个主张：(1)法律规则是不确定的；结果就是(2)法律规则无法决定或约束判决。

需要注意的是，哈特表述怀疑论观点的方式使得该观点依赖一种有关法律的哲学主张，即法律是不确定的。但即使(1)是错误的，(2)也可能为真（我们可以说，这就是**纯粹的**经验性规则怀疑论）。不过哈特认为大部分现实主义者既支持(1)也支持(2)无疑是正确的。[52] 但他搞错了现实主义者支持(1)的论证，因此低估了法律中不确定性的数量。

《法律的概念》第七章的核心论证策略就是从一开始直接向怀 74
疑论者让步，认为法律规则是不确定的，但论证这种不确定性是边缘现象，不足以支持影响广泛的怀疑论。相应地，怀疑论者被描述为对规则的确定性持有不切实际的高度期待，是“满怀失望的绝对主义者”（《法律的概念》，第 135 页）。不过，这种策略取决于哈特

[52] 昂德希尔·摩尔可能是个例外，相关讨论参见：Leiter，“Legal Realism”（上注⑱），p. 268。

对于不确定性根源的论述,我们会看到这个论述与现实主义非常的不同。

在哈特看来,法律规则之所以是不确定的,是因为“内在于语言性质中,存在着对于一般性语言所能提供的指引的一种限制”(《法律的概念》,第 123 页)。用哈特著名的表述来说,语言是一种“开放结构”:

> 确实存在不断发生于类似语境中的简单案件,一般性表达可以明确地适用其中(“摩托车是机动车辆”),但也会存在不知道这些一般性表达是否可以运用的案件。(“这里适用的‘机动车辆’包含自行车、飞机或轮滑吗?”)。后一种事实情境,一直都源自自然或人类的创造,它们仅拥有简单案件的一些特征,却不具备其他特征。(《法律的概念》,第 123 页)

语言之所以是“开放结构”,是因为语言尽管具有“核心”情形——明确落入语词意义外延的世界中的对象——但它们也具有“边缘”情形,此时不知道语词的外延是否包含所讨论的世界中的对象。在案件事实落入可适用的法律规则的核心语词的边缘情形时,法庭“必须展开裁量,(因为)无法认为出现的这个问题……仿佛只有一个独一无二的正确答案有待发现,仿佛这个答案不同于许多彼此冲突的利益经过合理妥协后得到的答案”(《法律的概念》,第 128 页)。

尽管近来一些学者挑战了启发语言(**更不用说**法律)不确定性

论证的潜在语义学,(53)我认为我们可以赞同哈特(并且我会冒险地说,赞同常识),认为法律规则由于语言本身的不确定性在某些方面必然是不确定的,同时这种不确定性位于“规则的边缘”(《法律的概念》,第 132 页)。这里值得注意的是,现实主义对于不确定性的论证根本**不**依赖上述论断。

现实主义者认为,法律的不确定性不是源自语言本身的一般的特征,而是源自同样正当但彼此冲突的**解释准则**的存在,法庭通过它们可以从同样的制定法文本或同样的先例中提取出不同的规则。(54) 简言之,在现实主义者看来,不确定性并不在于规则本身,而在于我们用来描述规则、制定法以及先例内容的方法。比 75
如,卢埃林指出,任何先例都可以“严格”或“宽泛”地解释,并且每一种解释都“得到承认,是正当的、可敬的”。(55) 严格的解释将案例规则描述为具体于案件事实的规范;宽松的解释(以不同程度)从具体事实中加以抽象,以便将案例视为某种一般性规范的代表。但如果“每个先例拥有的不是一个价值(即它代表的不只是一个规则),而是两个,而且……这两个价值相去甚远……无论后来的法庭将哪个价值指派给先例,这种指派都是令人尊敬的、在传统上

---

(53) 参见:David O. Brink, “Legal Theory, Legal Interpretation, and Judicial Review”, *Philosophy & Public Affairs* 17(1988): 105-148。有关布林克(Brink)观点更晚近的版本,参见他的论文:“Legal Interpretation, Objectivity, and Morality”, in Leiter(ed.), *Objectivity in Law and Morals*, New York: Cambridge University Press, 2001。

(54) 奥特曼在下文中提出了类似的观点:“Legal Realism, Critical Legal Studies, and Dworkin”(上注④), p. 209。但他并没有像现实主义者这样强调彼此冲突的解释**准则**是不确定性的根源。他也未能留意到在不确定性论证背后现实主义者隐秘的“正当”解释准则概念所面临的困难。我在下文的正文中讨论了这些问题。

(55) *The Bramble Bush*(上注㊺), p. 74.

合理的、在教义上正确的”，[56]因此，先例作为法律的一个渊源，无法为独特的结果提供理由，因为从同一个先例中可以提取出不止一个规则。

卢埃林认为这对制定法解释来说也一样，此时我们可以找到“‘如何解释制定法’的‘正确的’不可变更的规则，但它们却饶有意味地指向各种各样的方向”。[57] 通过挖掘案例，卢埃林表明法庭支持彼此对立的解释准则，诸如“一部制定法不能超越其文本”，但也有“若要实现其目的，一部制定法的实施必须超越其文本”。[58] 但如果一部制定法可以通过彼此对立的方式得到妥当解释而代表不同的规则，那么源自制定法的推理就无法在手头的案件中证成独特的结果。[59]

上述现实主义论证的一个困难在于它们依赖一种隐秘的有关**正当**法律论证的观念。它们的假设是，如果律师和法庭运用某种形式的论证——“严格”解释先例、制定法解释的特定准则——那么该种论证就在任何案例中都是**正当的**。以这种强立场进行表述，这个假设不可能是正确的：不是**每一种**对先例的严格解释在每个案件中都在法律上是合适的。甚至卢埃林都必须承认这一点，正如他有关严格解释的著名——但显然是滑稽的——例证所述，

---

[56] *The Bramble Bush*（上注㊺），p. 76.

[57] “Remarks on the Theory of Appellate Decision”（上注㊾），p. 399.

[58] 同上注，第 401 页；对比：*The Bramble Bush*（上注㊺），p. 90。大体上参见：Radin，“Statutory Interpretation”（上注㊾），esp. pp. 881-882。

[59] 一些现实主义者也认为，不确定性源自法官以具有法律意义的方式描述给定案件的事实时所拥有的广泛余地。有关这种不确定性来源的讨论，参见：Frank，*Law and the Modern Mind*（上注㊸），pp. 108-110；Llewellyn，*The Bramble Bush*（上注㊺），p. 80。

"这条规则只适用于在淡红色别克汽车中红色头发的沃波尔家"。[60] 但这**永远不会**成为对于先例的正当解释(除非不包含某些奇怪场景,在其中所有这些事实最终都具有法律关联),卢埃林当然也知道这一点。于是,我们就无法主张,**任何**对于先例严格或宽松的解释**总是**有效的。情况必然只能是律师和法官拥有通常足以将相当程度的不确定性插入法律的解释空间。

需要注意的是,即使我们同意哈特,认为语言的开放结构只是"在边缘情形中"影响了规则,但现实主义者现在给予了我们**额外**理由(哈特之外的理由)期待法律中的不确定性。如果现实 76
主义者是正确的,那么不仅法律规则会遭受哈特所描述的开放结构,制定法和先例也会常常允许"操纵"——当然是在法律上妥当的操纵——并因此在这个额外的意义上也是不确定的。这些不确定来源的**联合**(语言的开放结构以及彼此冲突的解释准则)似乎足以推动不确定性从实际起诉的案件的边缘走入中心。

当然,哈特并不是完全不了解现实主义论证,但他对这些论证的处理极为草率。比如,在回应卢埃林的观点,即法庭可以既"宽松"又"严格"地解释一个先例并因此可以从同一个先前判决中提取两个不同规则时,哈特仅仅这样说:"在绝大多数已决案件中,(该案例的规则)几乎无可置疑。案例摘要通常足够正确。"(《法律的概念》,第 131 页)但每位第一年的诉讼助理都知道,这种处理先例的方式会带来灾难。不看案件事实就提取"判决理由"——案例

[60] *The Bramble Bush*(上注㊺),p. 72.

摘要典型地提供了这一切——是很平庸的律师技能。[61] 有能力的律师准确地知晓卢埃林描述的是什么：先前案例的“规则”可以在不同的具体程度上得到表述，所以取决于手头案件的需要，它可以被用来完成不同的修辞工作。

值得强调的是，现实主义者对于经验性规则怀疑论的论证实际上可以从概念上与法律是不确定的这个主张分离。因为这个论证从核心来说，基于如下**观察**，即法庭做出的判决并没有落入与他们所诉诸的规则相关的模式之中；毋宁说判决体现出法官对案件潜在事实的回应。[62] 这是前面讨论过的奥利芬特的承诺不竞争案例这个例子的核心观点；也是卢埃林在讨论纽约销售案例时的核心观
77 点。[63] 在现实主义者看来，因致法官做出裁判的，不是法律规则，[64]

---

[61] 同样的观点，参见：Altman，“Legal Realism，Critical Legal Studies，and Dworkin”（上注④），p. 210。

[62] 这是奥特曼所忽略的现实主义的一个侧面，但却对推动现实主义的司法裁判理论至关重要。对比上注⑬。

[63] *The Comon Law Tradition*，Boston：Little，Brown，1960，pp. 122-124. 一系列纽约的案例适用如下规则，即买方通过正式声明反对意见而拒绝卖方货物时，就放弃了所有其他反对意见。卢埃林观察发现，在买方拒绝时可能完全不知道货物的其他缺陷抑或卖方在任何情况下都无法弥补货物缺陷的一些案件中，这条规则似乎一直得到严苛地适用。不过通过观察案件的潜在事实，卢埃林发现，在该规则似乎得到严苛适用的每个案件中，实际上发生的却是市场编造，买方试图逃避履行合同。法院“敏感于商业情况或体面”（同上注，第 124 页）适用了不相关的拒绝规则，以挫败卖方违背商业行为基本规范的企图：这个规范就是交易双方即便在市场情况发生改变的条件下，也应当履行他们的承诺。简言之，正是“背景事实、商业实践事实以及情境类型事实”（同上注，第 126 页）决定了法院的判决。

[64] 当然，一些法律规则塑造了事实向法庭的呈现，因此“手头案件的事实”如果**没有**法律规则就是不可理解的。不过，承认这一点并没有改变如下事实，即（如现实主义者所主张的那样）在法官判决时所诉诸的实质法律规则与他们判决的**真正**基础之间，可能存在某种分离。

而是一种对于手头案件事实的公正感。**所有**现实主义者都同意这一点。法官哈奇森指出，“对于裁判充满活力且给人激励的推动力，就是有关该诉讼案件中什么是正确或错误的直觉”。[65] 弗兰克援引了“一位伟大的美国法官”，即肯特法官；后者承认，“他首先让自己‘掌握事实’。进而（他写道）‘我看正义站在哪一边，并且道德感常常命令着法院；之后我坐下来寻找权威依据……但我几乎总是发现原则符合我对案件的看法’”。[66] 卢埃林指出，要理解上诉法院实际上在做什么，我们必须理解“看起来如此抽象的命题在何种程度上似乎植根于有关（法庭面前）事实的合适事物之中”。[67] 结果就是，卢埃林对于律师的建议是“基于事实……说服法院你的案件是有道理的”，即使律师也必须为“合理的”结果提供“技术性梯子”。[68] 弗兰克指出，美国律师协会一位前任主席给出了同样的建议。[69] 实际上，我几乎没有见过上诉诉讼律师不同意现实主义的观点。[70] 简言之，现实主义对于经验性规则怀疑论的辩护的核心，实际上是**经验性的**：他们观察法庭实际上做了什么，发现法律

---

[65] Joseph Hutcheson, Jr., “The Judgment Intuitive: The Function of the ‘Hunch’ in Judicial Decision”, *Cornell Law Quarterly* 14(1929): 274-288, 285.

[66] *Law and the Modern Mind*（上注㊸），p. 104 note.

[67] *The Bramble Bush*（上注㊺），p. 29.（原书为上注㊼，疑有误。——译者）

[68] 同上注，第 76 页。

[69] *Law and the Modern Mind*（上注㊸），p. 102 note.

[70] 近来我有机会问本地律所的一位诉讼合伙人——他是非常有能力的律师，但是没有任何法理学天赋或训练——他认为上诉法院裁判案件是基于法律，还是基于他们认为对于给定案件的潜在事实而言正确的结果。他认为显而易见是后者，而非前者。对于这一点的系统性经验研究会很有意思，但迄今我的所有见闻性证据——结合我自己的诉讼经验——使得我有信心认为现实主义者是正确的。

规则显然并非大量案件的决定因素。[71]

与此同时，现实主义者——与许多后来的批判法学研究学者不同——并没有夸大规则的不相关性。比如，现实主义者（总体上）明确指出，他们的关注点是上诉阶段的不确定性，此时我们应当期待法律中存在更高程度的不确定性。毕竟，具有确定法律答案的案件不太可能被起诉到上诉阶段。大部分时间中，现实主义者似乎理解这一点。因此，卢埃林以如下方式明确限定了自己的不确定性主张，“在任何案件中都足够不确定而使得诉讼令人尊敬的可获得的权威性前提……至少有两个，且……这两个前提会彼此矛盾地适用于手头的案件”[72]。马克斯·雷丁指出，“最后会在被称为边缘情形的情况下需要司法判决，此时做出预见是充满困难和不确定的。正是这个事实，使得整个法律判决似乎比它实际
78 上看上去更不稳定”。[73] 当经验性规则怀疑论不被提升为有关司法裁判和法律的**全局性**主张时，它当然是更可信的。

此外，现实主义者并没有完全忽略规则在司法裁判中的作用。卢埃林在提出如下问题时就很有代表性，“我指的是……‘得到接受的规则’，即法官说他们所适用的规则，在他们的实际行为中没有影响力吗”？答案是“并非如此”。[74] 卢埃林指出，现实主义方法

---

[71] 当然，进入上诉审阶段的案例只是整个法律案例中很小的一部分。在这个意义上，“法律”在整体上是确定的，即使在诉讼案件中通常并非如此。

[72] Karl Llewellyn，“Some Realism about Realism—Responding to Dean Pound”，*Harvard Law Review* 44（1931）：1222-1264，1239.

[73] Max Radin，“In Defense of an Unsystematic Science of Law”，*Yale Law Journal* 51（1942）：1269-1279，1271.

[74] Karl Llewellyn，“A Realistic Jurisprudence—The Next Step”，*Columbia Law Review* 30（1930）：431-465，444.

“承认……在**任何**得到接受的规则和司法行为之间存在**某种**关联”，但认为这种关联**是什么**则需要经验研究，因为它并不总是规则的“逻辑”（或内容）所指出的联系。[75] 按照卢埃林在其他地方对这一点的表述：现实主义者否认“传统的……规则表述是产生法院判决时**唯一**重要的操作性因素”。[76] 但仅仅否定**这一**主张，就是承认规则在判决中发挥**某种**因果性作用。

即使已有上述这些限定，哈特和现实主义者之间仍有一个真正的争议点。他们虽然都承认法律中的不确定性，并因此都承认规则在某些案件中无法决定判决，但他们却对这些主张为真的那类案件的**范围**确实存在分歧。简言之，他们的分歧关乎**程度**，但无疑是一个真正的分歧。尽管哈特将不确定性，因而是规则的因果非相关性，定位在“边缘”，但现实主义的怀疑论却包围了上诉审的“核心”。

所以，哈特最终如何回应现实主义的观点，即至少在上诉审中，规则在因致法庭做出裁判时发挥着相对较小的作用？我认为如下是哈特回应的核心：

> 当然显而易见的是，大部分判决……要么都是通过真正地服从被有意识地视为裁判指引标准的规则而做出的，要么如果是依据直觉做出的，就会得到法官先前倾向于遵循且与其手头的案件的相关性得到普遍承认的规则的证成。（《法律的概念》，第137页）

---

[75] Karl Llewellyn, “A Realistic Jurisprudence—The Next Step”, *Columbia Law Review* 30(1930): 431-465, 444.

[76] “Some Realism about Realism”（上注[72]），p. 1237（强调为引者所加）.

这里的论证究竟是什么？在我看来，它包含六个字：“当然显而易见”*。但这根本不是论证。哈特只是否定了现实主义的观点，但除了对于自己观点的正确性拥有扶手椅中的自信外，没有为这种否定提供任何理由。

当然，哈特**可能**是正确的。[77] 但鉴于哈特这一章对现实主义
79 毁灭性的影响，有关与现实主义的重要争议点——规则在何种程度上在上诉审中发挥作用——哈特却从未提出任何论证这一点就不只具有讽刺意味了。

六、对于现实主义和实证主义的最后担忧

即使哈特本人从未向我们提出反对法律现实主义的真正论证，但可能依旧会有来自不同渊源的理由让我们担忧现实主义和实证主义的相容性：这就是对于哈特来说，承认规则是一个**社会**规则。[78] 这个问题可以这样表述：如果被一个社会的承认规则赋予效力的初级规则是不确定的，那么它们就无法在裁判案件时真正指引法官。但是在此情形中，承认规则仅仅是“纸面的”承认规则：

---

* 原书按照英语单词数目是“四个词”：it is surely evident。中译本调整为符合中文习惯的表述。——译者

[77] 不过大量政治科学文献指出，哈特是错误的。比如，参见：Jeffrey A. Segal and Harold J. Spaeth, *The Supreme Court and the Attitudinal Model*, New York: Cambridge Universtiy Press, 1993。对于相关文献比较公允的观点，参见：Frank B. Cross, “Political Science and the New Legal Realism: A Case of Unfortunate Interdisciplinary Ignorance,” *Northwestern University Law Review* 92 (1997): 251-326。

[78] 感谢斯科特·夏皮罗提出这个论证。

它设定了法官**说**他们正在运用的标准，但它没有反映**真正的**标准，因为它赋予效力的初级规则并没有决定裁判。可是对于哈特来说，承认规则是一个**社会**规则，即由官员在解决纠纷时的实际实践所构成的规则，因此不可能是这种方式的"纸面"规则。因此，实证主义和现实主义似乎是不相容的。

情况是这样吗？首先回想一下，现实主义的观点不是说**一切**初级规则都是不确定的。因为现实主义者关注上诉审，并且因为这类诉讼仅仅构成全部法律案件和法律问题中很小的一部分，现实主义者能够允许**大部分**初级规则（它们由于承认规则而有效）在适用于大部分情境时实际上是确定的。因此，初级规则确实**指引**了大部分判决（因此，使得它们有效地承认规则是一个**社会**规则），即使在上诉案件中初级规则并没有决定案件结果。

然而，即使承认上诉案件中初级规则没有决定案件结果，也依旧让步了太多。因为有许多不同方式证明初级规则可能是不确定的。对于一个给定的问题，如果法律理由集合可以证成**任何**结果，法律就是**不**确定的（indeterminate）。法律理由集合如果对于一个给定的问题可以证成不只一个结果但绝非任何结果，它就是**不充分**确定的（underdeterminate）。严格来说，任何有关法律不确定性的可靠命题都是有关法律**不充分**确定的命题。[79] 特定法律体系中法律理由的集合至少在一定程度上是由该体系中赋予初级规则（它们在法律推理中发挥作用）效力的承认规则构成的。如果法律理由集合不够确定，这意味着即使当初级规则不确定时，该集合依

---

[79] 参见：Leiter，"Legal Indeterminacy"（上注㉗），pp. 481-482 and n. 1。

旧约束着官员的裁判：因为规则仅仅未能证成**独特的**结果，但它们的确依旧决定了**可能**结果的范围。因此，即使按照现实主义的观点，就这些初级规则约束着可能裁判的范围而言，效力源自承认规则的初级规则也在一定程度上指引着上诉法官（以及体系中其他
80 官员）的裁判。所以现实主义的不确定性命题依旧与实证主义认为承认规则是一种社会规则的观点相容。

七、结　　论

就连哈特都承认，现实主义者“使得人们睁开眼睛去看法庭裁判案件时实际上发生了什么”。[80] 这对律师来说再熟悉不过，但大部分法哲学家基本上对此还一无所知。因为法哲学家从哈特这里继承来的就是有关现实主义者只是稀里糊涂的法理学家、是站不住脚的概念性规则怀疑论的辩护者的论证。但我们已经看到，尽管哈特对于概念性规则怀疑论的看法是正确的，但他却错误地将之归属现实主义：他误解了现实主义者，时间错乱地认为后者是他自己这种以概念分析为方法的哲学的先驱。抛开这种误解，现实主义和实证主义之间的关系呈现非常不同的样貌。明确地来看，它们之间的关系具有三个主要特征。

首先，现实主义者和实证主义者都认为法律是不确定的，但他们对于这种不确定性的来源**以及**范围有不同的看法。其次，现实主义者对于不确定性的论证似乎预设了一种主要是实证主义式的

[80] H. L. A. Hart, “Positivism and the Separation of Law and Morals”, *Harvard Law Review* 71(1958): 593-629, 606.

合法性标准，根据该标准适当的谱系是真正**法律**规范的典型特征。最后，现实主义者和实证主义者**确实**对法律规则在司法决策中的作用有分歧。在某种意义上，这个分歧与不确定性的**范围**有关，因此依旧是一个哲学争议。但归根结底这是一个**经验性**分歧，而非概念性的：书本中的规则在法庭大部分（全部、一些、一半）时间内做出的判决中发挥着抑或不发挥着因果性作用。有关这一真正分歧，哈特至少从未给我们提供过任何反对现实主义立场的真正论证。因此，法哲学家或许是时候停止将现实主义视为被抛弃的历史遗物，并开始以现实主义运动所应得的同情的眼光来看待它了。

第三章　存在“美国”法理学吗？*

81 一、法理学

通过国别或地域来界定思想运动，可能既常见又充满误导性。比如，想一想“英美”分析哲学与所谓的“欧陆”哲学之间常常得到引述的对比。尽管大部分研究者会立刻明白，这些标签实际上是对哲学风格与关切之间差异的代称，但仍然让人感到好奇的是，黑格尔与海德格尔的传统应当被命名为“欧陆”，而与之“对立”的分析传统中基础性人物（比如，维特根斯坦和卡尔纳普）的诞生地同样在此。近年来，这些地域标签变得越发具有误导性——比如像约翰·麦克道威尔这样杰出的“英美学者”现在常常引用黑格尔与伽达默尔，而其冗长乏味的引用风格通常与这两位思想家的晦涩不明不相上下；[①]比如像雅克·布弗雷斯（Jacques Bouverresse）和丹·斯波伯（Dan Sperber）这样的巴黎人士对分析传统中的语言

---

* 感谢希拉·索科罗夫斯基对早期草稿的有用建议，以及我的同事道格拉斯·莱科克、桑福德·莱文森（Sanford Levinson）、比尔·鲍尔斯（Bill Powers）和戴维·拉班（David Rabban）对于定稿前最后一稿的有益评论。

① 对比：John McDowell, *Mind and World*, Cambridge, Mass.: Harvard University Press, 1994。

哲学和心灵哲学有所贡献；[2]并且几乎毫无例外的是，对于“欧陆”人物最具启发的评注都是由经受分析训练的英美哲学家完成的。[3] 当然，在黑格尔、马克思、尼采和海德格尔的传统与维特根斯坦、卡尔纳普、奎因与克里普克(Kripke)的传统之间依然存在着哲学取向与方法上的深刻差异，[4]但这个差异并不是通过地域或国别而得以阐明的。

尼尔·达克斯伯里的著作《美国法理学的范式》[5]的一个有趣 82
特征就是，它对其主题——即“美国法理学”——是否真正存在，竟然呈现如此的无忧无虑；简言之，它不担心“美国法理学”这个标签是否合理。比如，想一想各种各样如今活跃在“法理学”的主要美国人物——像朱尔斯·科尔曼(耶鲁大学)、戴维·莱昂斯(David Lyons，波士顿大学)、杰拉尔德·波斯特玛(北卡罗来纳大学)以及弗里德里克·肖尔(Frederick Schauer，哈佛大学)这些学者，这里只是列举几位读者可能熟知的——没有一位在这部500页的研

② 比如，参见：Dan Sperber and Deirdre Wilson, *Relevance: Communication and Cognition*, Oxford: Blackwell, 1986; Jacques Bouveresse, *Wittgenstein Reads Freud: The Myth of the Unconscious*, trans. C. Cosman, Princeton: Princeton University Press, 1995。

③ 比如，参见：G. A. Cohen, *Karl Marx's Theory of History: A Defence*, Princeton: Princeton University Press, 1978; Michael Forster, *Hegel and Skepticism*, Cambridge, Mass.: Harvard University Press, 1989; Maudemarie Clark, *Nietzsche on Truth and Philosophy*, Cambridge: Cambridge University Press, 1990; Hubert Dreyfus, *Being-in-the-World: A Commentary on Heidegger's "Being and Time", Division I*, Cambridge, Mass.: MIT Press, 1991。

④ 相关讨论，参见：Leiter, "Nietzsche and the Morality Critics", *Ethics* 107 (1997): 250-285。

⑤ Neil Duxbury, *Patterns of American Jurisprudence*, Oxford: Clarendon Press, 1995. 所有对该书的引用都以页码形式置于正文之中。

究中被提及。这种忽略既值得一提,又充满启发。既然根据达克斯伯里的观点,成为一名美国人或是具有影响力的法哲学家都不足以进入美国法理学史,我们想要知道这种涵盖与排除的标准是什么?

前述各位美国法理学家的一个共同之处在于,他们都以各种方式对有关法律性质和法律权威的性质的理论工作做出了贡献,并且他们是以具有分析哲学特征的论证标准为之的。大体来说,他们都属于“分析”法理学,该传统在 20 世纪的杰出著作是哈特的《法律的概念》。[⑥] 但是,达克斯伯里执着于观念史的“地域方法”,使得他甚至将哈特的巨作——一部已经享有世界影响力的作品——视为“英国法理学”的例证(第 67 页)!当然,实证主义可能在英国法理学格局中具有突出地位,但将之限定为大西洋东北部特定岛屿上的现象,似乎有些愚蠢。毕竟,哈特的著述在很大程度上与一位德国人[汉斯·凯尔森(Hans Kelsen)]的实证主义相关,同时法律实证主义近来的许多重要工作都是由一位以色列人(约瑟夫·拉兹)和一些美国人(比如,特别是科尔曼、莱昂斯、波斯特玛、肖尔等)完成的。[⑦] 同样值得一提的是,实证主义的对立主张“自然法”理论在当代的杰出支持者都是英国人(约翰·菲尼斯)或在英国任教(罗纳德·德沃金)。

---

⑥ Oxford: Clarendon Press, 1961.

⑦ 相关概述,参见:Wil Waluchow, *Inclusive Legal Positivism*, Oxford: Clarendon Press, 1994; Jules L. Coleman and Brian Leiter, “Legal Positivism”, in D. M. Patterson (ed.), *A Companion to Philosophy of Law and Legal Theory*, Oxford: Blackwell, 1996。

所以，或许不在人世是达克斯伯里的“美国法理学”万神殿中成员的独特身份？但实际上他的著作反复提及在世的美国法学学者，诸如理查德·德尔加多（Richard Delgado）、约瑟夫·辛格和弗朗西斯·奥尔森（Frances Olsen，加州大学洛杉矶分校）——他们相应地是“批判种族理论”“批判法学研究”以及“女性主义法理学”的代表人物。事实上，该书六章内容的每一章都讨论在达克斯伯里看来构成“美国法理学”的一个“学派”或“运动”：“形式主义”，特别是哈佛的克里斯托弗·哥伦布·兰代尔（Christopher Columbus Langdell）和约瑟夫·比勒（Joseph Beale），以及世纪之交许多法官所辩护的那种立场（第一章）；在卡尔·卢埃林、杰罗姆·弗兰克以及 20 世纪 20 年代和 30 年代耶鲁大学与哥伦比亚大学的其他学者的著述中的“法律现实主义”（第二章）；第二次世 83
界大战期间耶鲁的迈尔斯·麦克杜格尔（Myres McDougal）与哈罗德·拉斯韦尔（Harold Lasswell）的“政策科学”（第三章）；20 世纪 50 年代与哈佛的亨利·哈特（Henry Hart）和阿尔伯特·萨克斯（Albert Sacks）关联最密切的“法律过程”学派（第四章）；20 世纪 60 年代和 70 年代兴起于芝加哥大学的法律与经济学运动（第五章）；20 世纪 70 年代、80 年代和 90 年代的批判法学研究、批判种族理论和女性主义法学和诸多“运动”（第六章）。[8] 美国的罗纳

---

[8] 这些运动拥有一些机构方面的归属。斯坦福大学、乔治城大学和威斯康星大学一直都是批判法学研究和批判种族理论学者的中心；哈佛大学是批判法学研究的早期“温床”；哥伦比亚大学有几位杰出的批判种族理论学者。有趣的是，许多杰出的美国法学院——耶鲁大学、芝加哥大学、密歇根大学、纽约大学、德克萨斯大学、弗吉尼亚大学——都没有受到批判法学研究的影响，而且基本上不受批判种族理论的影响。

德·德沃金——英语世界在世的法哲学家中引用量最高的人——主要以完成法律过程学派的讨论的面目出现(且只是短暂露面)(第293—297页)。

作为在美国一所杰出法学院中开设"法理学"这门课程的老师,我对"形式主义"和批判法学研究略有关注,并对法律现实主义抱有更浓厚的兴趣;但我没有时间留意达克斯伯里著作中第三章、第四章、第五章中的学者和主题,也没有时间关注第六章的批判种族理论或女性主义法律理论。当然,在所有这些运动中,至少稍微有些意义存在。比如,如果不了解经济分析就无法认真思考美国的私法教义。如果不了解法律过程学派,我们就对20世纪50年代和60年代的宪法理论所知甚少。如果缺乏"政策科学"的背景,我们就几乎无法参与现代国际法研究。女性主义者永远改变了社会与政治理论家必须用来思考收益与负担在人类社会中进行分配的不平等方式的词汇。但在我看来,这些都与法理学,即有关法律的哲学思考,没有什么直接关系。这些理论家都没有推进法理学的如下核心问题:比如,什么是法律?法律规范和社会中其他规范之间的关系是什么?法官实际上如何裁判案件以及他们应当如何裁判?法律规范具有权威吗(它们带来了行动的特定义务或理由吗)?法律的正当渊源是什么?诸如此类。事实上,从法理学角度来看,几乎达克斯伯里笔下的所有学者和运动都有一个共同点,那就是在法律理论议题方面缺乏哲学深度或成熟度。如果"美国法理学"的独特特征最终是哲学上的无能,这相当令人感到耻辱——也非常不公平!

不幸的是,一直以来都很少有作品讨论这一问题,即法理学的独特主题与关切。[9] 但达克斯伯里通过强调法理学这个词以不同方式得到使用且“有关是什么使得一个理念具有‘法理学属性’,不 84
可能存在普遍共识”而将这个问题抛在一旁(第1页)。但“普遍共识”在其他任何地方都绝非分析或界定一个概念的必要条件,所以为什么要让“法理学”这个词独自背负满足这一不可能的标准的重担呢？尽管我们对于“法理学”领域的论述应当照顾到普遍的理解——毕竟,“法理学”最后不应当与物理学共外延——但从探索和研究的立场出发,最终更为重要的问题是,认为该领域拥有某种边界是否在思想层面具有(或被证明具有)成效。

从这个角度来说,我认为最有帮助的是基于科学哲学模型来思考法理学,即有关法律的哲学问题的研究。[10] 科学哲学家的典型情况是,至少不批判科学理论或不介入科学工作本身。[11] 他典型的工作反而是考察两类宽泛的议题:**认识论**问题与**本体论**问题。首先,他试图(通过认知词汇)描述并评价科学家用来发现有关世界的真理的“方法”。因此,比如科学哲学家经常会问如下这类问题:“证实”一个理论包含着什么？什么构成了对于一种现象的“解释”？其次,科学哲学家试图确定科学理论实际或应当拥有的**本体论**承诺。比如,科学理论在字面意义上为真,还是说我们应当将他

⑨　值得一提的例外是:Michael S. Moore,“The Need for a Theory of Legal Theories: Assessing Pragmatic Instrumentalism”,*Cornell Law Review* 69(1984):988-1013。

⑩　这个类比的观点最初是我的同事威廉·C. 鲍尔斯(William C. Powers,Jr.)向我提出的。

⑪　一个例外是,物理学哲学的一些工作难以同理论物理学家本身的工作区分开。加州大学尔湾分校的哲学家戴维·马拉门特(David Malament)的工作就是这方面的一个不错的例子。

们设定的不可观测的实体仅仅理解为“有用的拟制”？

如果我们认为法理学与法律存在类似的关系，那么我们就可以认为法理学并不批判实质法律教义，也不介入法律工作本身（比如，论证或裁判案件），而是：(1)研究、阐明，抑或批判、修正律师和法官用来“发现”法律结论的**方法**（比如，法律推理的“方法”、法律解释的“方法”等）；(2)考察在法律中实际体现出来的抑或在我们法律观念中应当包含的**本体论**承诺（比如，诸如“莱特对其在本案中的过失承担责任”等主张的地位是什么？抑或更具一般性的，认为法律在某个时刻“存在”是什么意思？）。[12] 将这些问题视为法理学的核心，就是将司法裁判理论的丰富传统以及与诸如奥斯丁、凯尔森、哈特、拉兹和德沃金等人名相关的法律传统视为法理学的核
85 心。幸运的是，这种对于法理学的理解的确为法律现实主义者及其一些继承者保留了位置，这些学者可以被理解为，比如，对律师和法官工作的“方法”主张提出了怀疑论批判。与此同时，“政策科学”、法律与经济学、法律过程学派、女性主义或批判种族理论的诸多文献——无论其内在价值是什么——结果就根本不是法理学。这些工作更常见的是对政治或宪法理论、法学教育抑或实体法的实际发展有所贡献。但它们却通常没有推进法律推理的**方法**抑或律师与法官的**本体论**承诺。

任何真正的法理学问题都没有在达克斯伯里的著作中得到详

[12] 重要的是要注意到我们关于法律的几乎一切讨论都蕴含着有关这两个系列问题的看法。比如，批评一个法庭的推理，就是预设了一种有关司法**方法**的观点；指责一位法官（就像在美国常常发生的那样）施加她的“个人价值”而非适用法律，就预设了一种有关法律是什么、在某一问题上“存在”何种法律的观点。

细讨论或阐发。这毫不奇怪。该书导论的章节题为"作为思想史的法理学"（第1页），它告诉我们，"观念拥有历史，当法理学关注这些历史的时候，它就是一个更有启发、更加迷人的事业"（第7页）。但这肯定不对：法理学不会是思想史，因为没有现实中的法理学——没有现实中关于法律的哲学理论工作——对于"作为思想史的法理学"而言，首先就不会有可供研究的观念。在哈特表达了如下教育希望——他的著作"能够打消如下信念，即有关法律理论的著作主要是一部我们可以了解其他著作包含什么内容的作品"[13]——之后经过一代人多的时间，恰恰在一部题为"法理学"的重要著作的核心观点中看到这种错误观念，实在令人感到沮丧。

简言之，达克斯伯里的著作并没有为想要对法律展开哲学思考的读者提供太多内容——这些读者在我看来，恰恰是对法理学感兴趣的人。如果达克斯伯里的这本书题为"美国有关法律的非哲学思考的范式"，会更加合适（如果没有更具吸引力的话）。依据这种理解，毫无疑问达克斯伯里为我们提供了有关美国法学学者——也包括非学者——从20世纪70年代到20世纪90年代早期如何理解法律和司法裁判的极为迷人且有用的论述。不过下述问题依旧存在：从地域角度界定本书主题是否富有成效？

二、范式、反抗以及观念史

达克斯伯里并非涉足这一领域的首位学者。比如，法律现实

---

⑬　H. L. A. Hart, *The Concept of Law*（上注⑥），p. vi.

86 主义的思想史之前就有学者有效地讨论过，[14]达克斯伯里妥当地运用了他的前辈们的著作。他的前辈们没有但达克斯伯里却提供给我们的是更为完整的有关美国法律思想“范式”的图景，这个图景超越了我们熟知的现实主义对世纪之交的法律形式主义的回应（下文会更详细地讨论这一点）这个叙事。就此而言，他有更为明确的史学目的，该目的与“美国”在法律思想史中是否是一个富有成效的理论范畴这个问题有关。达克斯伯里想要争辩的是他所说的美国法律思想的“钟摆”（pendulum swing）模式，根据这种模式，过去的一百年是以法律的“形式主义”立场（比如、兰代尔主义、法律过程学派）和“现实主义”立场（比如，法律现实主义、批判法学研究）之间的循环往复为特征的（第 2 页）。当然，“钟摆”模式的优点在于，它解释了为什么这些学者应当被放在一起加以思考。但与此不同，达克斯伯里主张美国法律思想“一直都不是以历史的“钟摆”模式为特征的，而是以复杂的观念模式为特征”（第 2 页）。达克斯伯里解释说，观念“易于兴起和衰落”（第 3 页）；“但我们很少看到它们诞生或消亡”（第 3 页）。这些主张在我看来太过平庸，以至于无法支持达克斯伯里赋予它们的突出地位。事实上，达克斯伯里没有发现美国法律思想“钟摆”模式的支持者，表明这可能

[14] 比如，参见：W. E. Rumble, *American Legal Realism: Skepticism, Reform, and the Judicial Process*, Ithaca: Cornell University Press, 1968; William Twining, *Karl Llewellyn and the Realist Movement*, Norman: University of Oklahoma Press, 1973; G. Edward White, *Patterns of American Legal Thought*, Indianapolis: Bobbs-Merrill, 1978; Laura Kalman, *Legal Realism at Yale: 1927-1960*, Chapel Hill: University of North Carolina Press, 1986; John Henry Schlegel, *American Legal Realism and Empirical Social Science*, Chapel Hill: University of North Carolina Press, 1995。

是一个稻草人靶子。

不幸的是，这个印象在达克斯伯里的如下论证中只是得到了强化，他认为在美国思想中从不存在——就如默顿·怀特(Morton White)的名著的标题一样——对现实主义的“反抗”。[15]相反，达克斯伯里认为，“背离形式主义法律思想的运动非常缓慢和犹豫”(第3页)，而非“几乎马上就带来新法理学的诞生”(第64页)。但可以说这似乎是一个相当薄弱的论证，将一种有关时间的愚蠢观点归属给研究“反抗”的历史学家。即便是政治“反抗”，像1917年的俄国革命——我们可以说是“反抗沙皇俄国”——都有漫长的、缓慢发展的史前史，即使实际的武装冲突是在相当短的时间内发生的。在观念领域甚至更是如此，因为每个人肯定都必然承认：与政治革命不同，观念史中很少有这样一个时刻，即国王人头掉落，我们知晓革命已经发生。达克斯伯里自己承认存在“背离形式主义法律思想的运动”；他只是在争辩对于时间的合适描述。但同样，我们不知道谁持有站不住脚的与他对立的立场。达克斯伯里的观点依然是一种有关美国法律思想的“钟摆”模式，只不过他的是摆动得更为缓慢的钟摆。不过幸运的是，“钟摆”模式由于被达克斯伯里变得更加微妙，恰恰为他的这类著作提供了理据。因为无法否认的是，观念的基本范式——现实主义和形式主义观念——确实一直都在美国法学教育和实践中深具影响力。

---

⑮ Morton White, *Social Thought in America: The Revolt Against Formalism*, Oxford: Oxford University Press, 1976.

87

三、从形式主义到现实主义

任何有关“美国法理学”叙事的核心都是两个源自19世纪末和20世纪前30年的运动。第一个是“法律形式主义”，其既弥漫于1900年前后美国最高法院的判决之中，又以19世纪末哈佛大学法学院首任院长克里斯托弗·哥伦布·兰代尔作为其杰出的学术支持者。第二个是对形式主义的“法律现实主义”回应，其在20世纪20年代和30年代初处于鼎盛时期，主要以一群在哥伦比亚大学和耶鲁大学的法学学者为核心，但却尤为从奥利弗·温德尔·霍姆斯在19世纪末的著作中获得启发。

根据达克斯伯里有些过于宽泛的定义，[16]形式主义是“这样一种努力，它认为特定知识领域仿佛受到彼此相关的、根本的、逻辑上可证明的科学原则的支配”(第10页)。达克斯伯里说，在法律中这种基本的形式主义动力呈现为两种形态：在法学院中的“兰代尔式法律科学”，以及在法院中“对于**自由放任**的根深蒂固的信念”(第11页)。根据前者，通过研究先前判决意见就可以确定任何领域的根本法律原则；一旦这些原则得到稳固确立，所有其他规则都可以相应地得到推演。安东尼·克罗曼(Anthony Kronman)精彩地描述了兰代尔形式主义的核心：

> 要想以科学的方式理解特定部门的法律教义，我们必须

[16] 参见下文中有关达克斯伯里错误地将现实主义者描述为隐秘的形式主义者的讨论。

> 首先……从识别这个法律领域所立足的基础原则开始（比如，在合同法中，就是双方必须达成订立合同的意思，并且每一方必须向另一方给予或承诺给予某种有价值的事物作为回报这个原则）。这些基础原则是通过考察该领域的判例法发现的。一旦它们被识别出来，学者的任务就是以分析层面严格的方式找出它们所包含的次级原则。当这些次级原则都以命题形式得到表述，且它们之间的蕴含关系都得到澄清，它们就……共同构成了秩序良好的规则体系，是对特定法律分支最佳的可能描述——是该领域中法律是什么这个问题的最佳答案……无法符合这个体系的单个案件必须作为错误而受到拒绝。[17]

相反，法院中的形式主义伪装为"对于作为道德和经济理想的个人主义的根本信念"（第 26 页），特别要求保护经济交换——无论是商品还是劳动——免于国家规制。这种司法形式主义最恶名远扬的表现就是美国最高法院在 1905 年洛克纳诉纽约州案（*Lochner*
v. New York）[18]中的判决。该判决以违反了美国《宪法》第十四修 88
正案保护的"合同自由"为理由，认为纽约州规制面包师工作条件的法律无效（第 30—31 页）。这个判决与那个时期的许多判决一样，对于雇主和雇员在谈判能力方面的巨大不平等置若罔闻。

---

⑰ Anthony Kronman, *The Lost Lawyer*, Cambridge, Mass.: Harvard University Press, 1993, p. 171. 对比达克斯伯里（上注⑤，第 15—23 页）以不那么简练的方式表达了相同的意思。

⑱ 198 U. S. 45(1905).

这种有关形式主义论述的一个困难在于，达克斯伯里从未详细解释这两种思潮如何交织在一起。特别是，我们不清楚法院对于**自由放任**的认同如何体现出使得法律具有科学性的“形式主义”动力。一种猜测是，在将这种观点称为形式主义时，达克斯伯里受到如下欲望的推动，即表明现实主义“是现代批判法学研究的思想基石之一”（第 25 页）。因为他之后（第 105—111 页；对比第 471 页）追随批判法学研究学者，[19]认为经济学家罗伯特·黑尔和哲学家莫里斯·柯恩对自由市场经济的批判构成了“现实主义”回应形式主义的核心要素。但困难在于，黑尔最多是现实主义的边缘人物，[20]对于发展司法裁判理论这一核心现实主义方案未置一词；同时柯恩是现实主义知名的**批判者**！批判法学研究再发明现实主义的核心特征之一，且达克斯伯里现在不幸地将之重塑为历史事实的，就是将这两位人物以及他们对于**自由放任**的批判，视为现实主

---

⑲　比如，参见：Joseph William Singer，“Legal Realism Now”，*California Law Review* 76（1988）：465-544；Morton Horwitz，*The Transformation of American Law 1870—1960*，Oxford：Oxford University Press，1992。也参见如下文集中的选文以及导论性材料：W. W. Fisher et al.，*American Legal Realism*，New York：Oxford University Press，1993，该文集通过批判法学研究的视角理解现实主义。

⑳　米尔顿·汉德勒——一位早期现实主义者，自 1927 年到 1972 年担任哥伦比亚大学法学教授，是黑尔与卡尔·卢埃林的朋友——评论说黑尔“对其同事的影响微乎其微……我现在惊讶地发现他被视为伟大的法律现实主义者之一”（未发表的回忆录，1995 年 4 月 27 日，第 12 页）。尽管汉德勒更知名的是在 20 世纪 50 年代和 60 年代作为美国杰出的反垄断法学者和诉讼律师，但他对于现实主义的早期贡献在卢埃林的两篇著名论文中得到了讨论：“A Realistic Jurisprudence—The Next Step”，*Columbia Law Review* 30（1930）：454 and n. 22；“Some Realism About Realism—Responding to Dean Pound”，*Harvard Law Review* 44（1931）：1237，1240 and n. 42，1244 and n. 55，and 1245。

义的核心（而非仅仅与其处于同一时代）。[21]

达克斯伯里的两种形式主义——学术的和司法的——其实是一种，即兰代尔的形式主义，克罗曼在前文引述的段落中简练地对其做出了描述。当运用到法庭，这个观点完全变成如下立场，即司法判决应当服从发现一个可适用的法律规则或原则的整齐演绎模式（如兰代尔方法所确定的那样），将事实涵摄入规则并推断出结果。与兰代尔学术性法律科学类似，司法形式主义的独特特征就是完全对社会和经济考量漠不关心：法律与法律决策应当被理解为发生在一个由清晰明确的法律规则和演绎式推断构成的密闭逻辑宇宙之中。因此，在美国诉 E. C. 奈特公司案（*United States*
v. E. C. Knight Co.）的形式主义意见中，[22]美国最高法院认为，规 89
制一家食糖制造商（它占有美国 90%的食糖产量！）并不属于国会规制“州际商业”的权限，因为**根据定义**，“州际商业”并不包括**制造业**，后者完全发生在一个州内。E. C. 奈特公司的决策实际上会影响全国食糖市场这一点，并不在适用“简单意义”与清晰规则的形式主义心智的法庭的考虑之内。于是，尽管世纪之交的美国形式主义法院支持**自由放任**，但这只是它们形式主义的一个偶然而非必然真理。形式主义是一种裁判**风格**，而非实质政治纲领。

尽管达克斯伯里确实尝试界定“形式主义”，但他处理现实主

[21] 在该书结尾，达克斯伯里甚至开始提及“法律是政治性的这一现实主义与批判法学基本洞见”（第 502 页）。但如我在下文的讨论中所示，不清楚现实主义的观点是否可以通过“法律是政治性的”这一短语准确描述，甚至批判法学研究的观点可否如此都不明确。

[22] 156 U. S. 1(1895).

义的方法令人相当不满意。他说，“相较于一种运动，这更是一种心境(mood)”。在几行之后他补充说，“将之描述为一种思想倾向更合适”(第69页)。这种“心境”的核心就是在前一章中详细讨论的在两个维度上对立于形式主义的观点。达克斯伯里指出，即便如此，我们最后必须“承认现实主义思想本身包含的形式主义要素”(第130页)！所有这些都让我觉得非常含混甚至充满误导，我稍后会解释理由。但是，无论在他有关现实主义的论述中有什么错误，达克斯伯里通过将“现实主义”文献(广义上)中的主题定位在更广泛的思想语境中而对思想史做出了有益贡献：他将这些主题定位在具有经验气质的政治科学中(第95—97页)、制度经济学中(第97—111页)、行为主义心理学中(第126—127页)、进步主义政治思想中(第114—119页)、与查尔斯·比尔德(Charles Beard)相关的唯物论历史类型中(第113—114页)，以及凡勃伦式社会学中(第99页前后)。尽管其他人强调过其中一些思潮对现实主义的影响，但达克斯伯里是首位将他们归拢在一起并指出现实主义诞生的整个观念地图完整图景的学者。

达克斯伯里方法的困难在于，对现实主义的“消极”界定未能公正对待现实主义者之间有关法庭**实际**行为的大量共识。其实，达克斯伯里自己后来正确地强调现实主义者共享着如下“假定……即法官——主要受到他们面前的事实而非这些事实可能符合的规则的刺激——是回溯性工作的，‘从一个可欲的结论导向一系列或另一系列逻辑前提’”(第123页)(引自马克斯·雷丁)。但这个有关法官裁判案件时他们实际上在做什么的描述性命题，当然构成了有关司法裁判的积极命题(与仅仅是消极的命题相对)：

这就是我在其他地方说过的现实主义“核心主张”。[23] 现实主义者接下来的分歧在于，是什么决定了法官如何回应事实：是有关每位法官人格的独特事实（如杰罗姆·弗兰克所认为的那样），还是有关法官更为常见的“社会学”事实（比如，他们的背景、他们的职业社会化经历等）（如卡尔·卢埃林、菲利克斯·柯恩、昂德希尔·摩尔，以及大部分现实主义者所认为的那样）。慢慢地，我们有关法 90
律现实主义的看法遭受“弗兰克化”，导致了被达克斯伯里正确地称为现实主义的“大众滑稽戏”，根据这种看法，司法裁判受到“特定法官的心情与突发奇想”的决定（第 67—68 页）。但不幸的是，达克斯伯里从未清晰地将弗兰克化的现实主义滑稽戏与法律现实主义主流区分开，而后者是更具影响力的。

如果达克斯伯里围绕积极学说——各位主要现实主义者所共享的“核心主张”——组织其讨论，他就能够讲述一个更有条理的有关现实主义对社会科学兴趣的故事。但与此相反，他最后主张“任何所谓的现实主义者几乎都没有努力解释，将法律与更广泛的社会科学整合起来究竟为什么应当被证明是这样一个如此具有启发的倡议”（第 130 页）。不过，这个评论显示出他对推动现实主义者的动力严重缺乏理解。

总体来说，我们可以这样重构现实主义的思路。从产生对律师有用的法律理论这一实用主义观点出发，现实主义者承认兰代尔式的法律科学未能满足这一点：案例并不是基于纯粹的“法律”规则与理由得到裁判，而是基于法庭对于案件事实的“回应”。一

[23] 参见本书第一章。

个按照兰代尔的指示去做的律师，不会充分理解法庭为什么会这样做；若想指出法庭**实际上**在做什么，我们必须关注他们回应特定的、一再出现的事实场景（“情境类型”）的方式。幸运的是，这些回应似乎被归属特定模式（如前所述，至少根据现实主义的“社会学”阵营是如此）。有时体现出一个纠纷最初产生的商业文化的“规范”，[24]有时体现出特定语境中有关“公平”或“社会经济”效用的具体于事实的判断。[25] 因此，一个有用的法律理论应当识别并描述这些模式，可以说就是表述情境类型与司法裁判之间的相互关系。社会科学——从“实证主义的角度”理解（即以自然科学为

---

[24] 现实主义的这一方面，得到美国杰出的《统一商法典》学者詹姆斯·J. 怀特的出色讨论："The Influence of American Legal Realism on Article 2 of the Uniform Commercial Code", in W. Krawietz et al. (eds.), *Prescriptive Formality and Normative Rationality in Modern Legal Systems*, Berlin: Duncker & Humblot, 1994, esp. at p. 401。

[25] 因此，现实主义者的文本典型地拒绝存在统一的法律体这种观点；他们反而认为，存在具体于特定事实情境的许多次法律体。比如，参见：Leon Green, *The Judicial Process in Tort Cases*, St. Paul: West Publishing, 1931（不是按照教义范畴组织侵权法——比如，过失、故意侵权等——而是按照情境类型，比如“外科手术”“饲养动物”以及“交通和运输”）；Charles Alan Wright, *Cases on Remedies*, St. Paul: West Publishing, 1955（不是根据法律救济类型，而是根据伤害类型组织的）。

现实主义这种对待法律教义的方法在美国依旧具有影响力。比如，救济法方面杰出的美国权威道格拉斯·莱科克对于不可挽回的伤害规则（该规则认为，当金钱损失能够弥补伤害时，法院就不会阻止伤害）展开出色批判的方法，就是指出有关1400个案例的调查表明，“法院在能够阻止伤害时，确实会阻止伤害。司法意见一直引述这个规则，但它们却没有适用它……当法庭拒绝了原告对于救济的选择时，总会有某种其他理由，且这个理由与不可挽回的伤害规则没有任何关系。我们可以识别裁判的真正理由，并用这些理由来解释老案件、裁判新案件。”*The Death of the Irreparable Injury Rule*), New York: Oxford Univeristy Press, 1991, p. vii. 换言之，莱科克的方案是使得“教义反映……实在”，即法庭实际上如何裁判这些案例的实在。同上注，第281页。对比：Herman Oliphant, "A Return to Stare Decisis", *American Bar Association Journal* 14(1928): 71-76, 107, 159-162。

范本)——于是就成为完成这个重要任务的工具。通过像一位行为主义心理学家、人类学家或经验性社会学家一样理解法律，现实主义者希望发现司法决策的真实模型，进而为律师提供具有实践价值的信息。

上述理论的要素确实在达克斯伯里的论述中零星出现了(特别是在第 96 页和 128 页**前后**)，但宏观图景从未成为其焦点。正是缺乏对于现实主义更为精致的法理学勾勒，也使得达克斯伯里之后认为，“法律现实主义……对法律形式主义的批评相当三心二意且总体上并不成功”(第 206 页)。但这错失了卢埃林、摩尔以及 91
赫尔曼·奥利芬特所组成的社会学阵营对于美国法极为深刻的影响，即使现实主义者本身从未展开许多严肃的社会科学工作。我的同事查尔斯·艾伦·赖特(Charles Alan Wright)——民事程序与联邦法院方面杰出的美国权威——将自己描述为一位法律现实主义者，但他现在也是担任美国法学研究所(American Law Institute)主席的首位法学教授，该研究所监督“法律重述”。按照达克斯伯里的论断(第 147—148 页)，重述是早期现实主义者进行尖锐批评的对象，现实主义者认为重述仅仅是以兰代尔式方式展开的荒唐活动！但是正如现实主义者赖特向我指出的那样，重述已经内化了奥利芬特和其他现实主义者的重要经验：不存在“合同法”**本身**，而是在合同纠纷产生的许多具体但重复出现的语境中存在许多有关合同的法律。因此，重述逐渐地不是以宽泛的、普遍可适用的规则而是以具体于事实和语境的法律规则来“重述”法律。[26] 换言

㉖ 实际上，奥利芬特自己有关合同中不竞争承诺的彼此冲突的法院判决的有趣例证(在“回归遵循先例”中，同上注)，现在已经被收录于《合同法重述》中。特别参见：*Restatement of Contracts*, 2nd edition, St. Paul: American Law Institute Publishers, 1981, especially § 188 and “Comment”。(感谢马克·格根让我注意这一点。)

之，重述现在想要完成的恰恰是现实主义者认为我们需要实证主义社会科学去完成的任务：描述法庭所遵循的具体于事实的裁判模式。达克斯伯里——似乎不适当地受到批判法学研究版的现实主义的影响的一位英国法学家——忽略了现实主义的这个特定遗产，并不令人感到奇怪。

不过，达克斯伯里确实承认，现实主义者共享着兰代尔式有关法律确定性的理念——尽管他对于这一点的表述是很有误导性的。他[引用格兰特·吉尔摩(Grant Gilmore)]认为，现实主义者“**就是**(*malgré eux*)兰代尔主义者”，并补充说我们必须“承认现实主义思想中的形式主义要素”(第 130 页)。达克斯伯里解释说，对于现实主义者而言，

> ……司法裁判“能够且应当变得更具可预测性”(省略引用)……预测主义启发下的现实主义认为一个形式上确定、“方便预测”的法律体系的引入在概念上是可欲的……因此，
> 92 现实主义……似乎试图抛弃一种形式主义的法律概念而代之以另一种……能够以相当程度的准确性(如果不是非常准确的话)预测未来法律判决的假设，相较于兰代尔式的基本信念，即法律教义可以被还原为无争议地适用未来法律纠纷的一系列普通法原则，其所具有的形式主义色彩几乎丝毫未减。(第 131 页)

这个充满混乱的分析的问题在于，就它所说为真而言，它微不足道

且为人所知；就它所说不为人知而言，它是错误的。让我来解释这一点。

众所周知，现实主义者与兰代尔一样，都想发展一种法律科学；但他们与兰代尔争论的焦点是这意味着什么。[27] 如下这一点对于任何人来说应当都不惊讶：19世纪中叶到20世纪中叶大体上标志着哲学“实证主义”的鼎盛时期，我说的这种立场指的是自然科学构成一切真正知识的典范这一观点。根据实证主义的看法，任何学科要想成为“知识”，就必须效仿自然科学。兰代尔受到这一模式的启发（如达克斯伯里在第15页正确指出的那样），法律现实主义者亦复如是。我们别忘了，20世纪20年代显然**不是**后现代主义和解构的时代！[28] 现实主义者不应共享着走向“科学化”的动力才是真正令人感到惊讶的。

但只有将“形式主义”等同于科学化动力，达克斯伯里对于形式主义的批判才会有意义。但这个等式所遮蔽的要比其揭示的内容还多。总是构成法律中“形式主义”独特特征的不是如下简单的观点，即司法裁判结果可能具有因果方面的决定因素并因而是可预测的（这是现实主义者和兰代尔所共有的），而是它们由于法律具有**理性**确定性所以是可预测的：司法裁判结果由于在每个案例中证成一个独特判决的正当法律理由集合而是可预测的。[29] 正是后者使得兰代尔的法律科学和严格意义上的法律形式主义与法律

㉗ 近来提出这一观点的学者的例证，参见：Kronman（上注⑰）。

㉘ **对比**，比如有关现实主义的非常颠倒时间的解读：Gary Peller，“The Metaphysics of American Law”，*California Law Review* 73（1985）：1151-1290。

㉙ 有关“理性”与“因果”不确定性之间的重要区分，参见：Leiter，“Legal Indeterminacy”，*Legal Theory* 1（1995）：481-492。

现实主义区分开。在形式主义者看来，判决之所以是可预测的，是因为法律具有理性确定性：如果你知道相关法律规则，并且了解法律推理的独特方法，你就知道法院将会做什么。在现实主义者看来，这纯粹是一种神话：先前的案例和制定法可以不同方式加以正当地操纵，以至于法律问题很少有确定的答案，至少在进入更高一级法院审理阶段的案件中法律是不确定的。现实主义者认为，案例之所以是可预测的，不是因为法律理由是确定的，而是因为社会科学研究能够识别出那些真正决定判决过程的非法律因素。如达克斯伯里这样认为，“更普遍的现实主义观点”是“法律过程中包含
93 着潜在的合理性，使得以相当准确的方式预测未来判决成为可能”（第133—134页），是不合理的推论：判决结果是确定的，并不意味着它们应当是**理性**确定的。（想一想弗洛伊德的灵魂决定论。）因为现实主义对于预测结果的兴趣而将现实主义拆解为形式主义，就是消除了法律现实主义与兰代尔的形式主义法学之间的一个重要理论区分。

四、现实主义之后

我一直关注达克斯伯里有关现实主义的问题颇多的讨论，这是因为正是在法律现实主义中，最重要的法理学议题被提了出来。不过达克斯伯里著作将近三分之二的篇幅都在讨论现实主义之后的美国法学院中的运动。

达克斯伯里敏锐地注意到（第157—158页），现实主义易于不成比例地关注私法；与此相反，后现实主义最初发展中的两位人物

关注的许多重要法律领域都主要与市场中的关系无关。在 20 世纪 40 年代及之后，耶鲁的哈罗德·拉斯韦尔和迈尔斯·麦克杜格尔聚焦国际法，提出了他们的"政策科学"，"旨在相较于所谓的法律现实主义者的工作，要赋予政策形成问题更为重要的地位"（第 164 页）。特别是拉斯韦尔和麦克杜格尔想要超越现实主义者，他们不仅运用社会科学**描述**法庭的行为，还将之作为"规范性指引的宝贵资源"（第 172 页）。在政策科学看来，"社会科学的目的""就是证明自由民主价值是本质上正确的价值"（第 175 页）。

"政策科学"究竟如何完成后一项任务稍微有些不明确。实际上回过头来看，政策"科学"看起来相当愚蠢，只是一种名义上的"科学"。尽管它对国际法研究最有影响力——在麦克杜格尔和他的许多追随者手中[最值得一提的是，并不是通过激进的国际法学者理查德·福尔克（Richard Falk）]，这门学问很快发展成对美国帝国主义的拙劣辩护——但它试图通过对价值展开系统性思考的方式使得政策形成具有科学性的努力没有任何结果。在达克斯伯里看来，政策科学的意义在于，它"标志着美国人第一次试图将……律师实务……视为公开的政治活动"（第 164 页）。

与之相反，20 世纪 50 年代的法律过程"学派"被证明是更具持久性的——如达克斯伯里所说，这在一定程度上是因为，它更少"学派"色彩而更像是对待律师实务的某种长久态度，"这一态度在每种情形中基于如下信念而被设定为前提，即尊重和运用理性官能的人，就会获得发现赋予其法律活动意义和正当性的先天标准的回报"（第 208 页）。这种"对于理性的信念"（第 205 页）以更精致的方式，重新加工了具有理性确定性的法律秩序这一形式主义

94 理念，不过此时的法律秩序之中，不是简单的“演绎逻辑”而是“体现在法律构造本身之中的理性”以及表现为“原则、目的、整全性和审慎”这些主题的事物在发挥作用（第 205 页）。

在或许是该书最有价值的一章中，达克斯伯里通过 20 世纪 30 年代的约翰·狄金森（John Dickinson）、20 世纪 40 年代的朗·富勒（Lon Fuller）、20 世纪 50 年代的亨利·哈特与阿尔伯特·萨克斯［他们的经典文本《法律过程》（*The Legal Process*）[30]命名了该运动］、20 世纪 50 年代末和 60 年代诸如赫伯特·韦克斯勒（Herbert Wechsler）和亚历山大·比克尔（Alexander Bickel）这样的宪法理论家的著作，以及 20 世纪 60 年代和 70 年代的罗纳德·德沃金的司法裁判理论，[31]考察了他所说的“过程法学”的核心主题，这种立场认为，理性的、原则化的决策构成了司法功能的核心；司法与立法发挥不同的作用；主张司法谦抑以及对裁量的约束。尽管他重述这一漫长历史的一部分目的是表明“过程法学的兴起并非对法律现实主义的回应”（第 298 页），但达克斯伯里自己承认如下明显的事实，即“过程视角在第二次世界大战之后的几年间最为重要”（第 298 页）。易言之，即使在 20 世纪 50 年代之前存在

---

[30] 自 20 世纪 50 年代末开始，这些材料以油印的方式广为流传，40 年后它们最终得到出版：Henry Hart and Albert Sacks, *The Legal Process*, ed. W. Eskridge & P. Frickey, Mineola: Foundation Press, 1994。

[31] 不太可靠的论证是，达克斯伯里试图将“过程”思考追溯至兰代尔、约翰·奇普曼·格雷（John Chipman Gray）和本杰明·卡多佐（Benjamin Cardozo）。不过，这里他对赫伯特·霍温坎普（Herbert Hovenkamp）试图在世纪之交识别出“首次”法律与经济学运动的批判性评论似乎是非常合适的：“尽管在该世纪初的一段时间内，某些主题被视为逐渐在（过程法学）的发展中发挥重要作用，但这些主题相较于得到研究，只是得到勾勒或提及。”（第 322 页）

“过程”类的主题，只有当现实主义者被贬损为由于摧毁了对“法治”的信念而成为极权主义的安慰时，“过程法学”才主导了美国的法律思想。

达克斯伯里更可信地指出，“过程”思考并非法学院所独有，从罗伯特·达尔(Robert Dahl)的政治科学到约翰·罗尔斯(John Rawls)的政治哲学，都共享着“一种有关民主中理性的重要性的态度”(第 297 页)。不过，当达克斯伯里指出“对于理性的信念构成了美国法理学文化的核心”，而这种文化就是“维护司法裁判具有非政治性活动样态的努力”(第 298 页)时，我认为言过其实了。实际情况其实相反，这只是美国“法理学”文化的一端；另一端恰恰是现实主义视角，从法律现实主义到批判法学研究，都不共享着这种浪漫的“对于理性的信念”。尽管“过程法学”——至少直到德沃金——在一切关键的哲学问题上(实践理性的性质、好的推理与坏的推理的区分、法律或政治体系的目标、法律的正当渊源)都非常含混模糊，有时甚至很肤浅，但达克斯伯里的如下观点无疑是正确的：“对于理性的信念”，即我们认为司法判决在法律理由空间内受到决定的信念，在美国法律思想中一再出现。不过我们可以称之为“对于理性的怀疑论”的观点——有关法庭实际上做什么的不是没有道理的现实主义理解——可以同样主张构成了“美国法理学文化”的对立一端。因此，尽管达克斯伯里在其著作的开篇试图 95
拒绝美国法律思想的“钟摆”立场，但他自己的工作支持了这种立场的一个变体。

不过这就使我们面临如下棘手问题，即如何定位达克斯伯里

第五章的主题：法律与经济学。[32] 达克斯伯里很有帮助地提出不同论证，将经济分析视为美国法律思想中“形式主义”(包括过程学派)和“现实主义”思潮的延续(第301—309页，第312—313页)，并得出如下结论，即若想理解它在美国法学院的影响力，“我们必须理解法律与经济学和现实主义思想在何种程度上彼此有别，而非它们如何具有表面的亲和性”(第309页)。但是达克斯伯里在这方面呼吁我们关注的三点使得情况并非真的如他所说：他提到有法律与经济学的著作先于现实主义存在(第310页)；与现实主义者不同，法律的经济分析对于社会科学**本身**不感兴趣，而只是对经济学感兴趣(第310页)；经济学分析与现实主义不同，不关心法官裁判案件所借助的“推理过程”(第311页)。

有关第一点，达克斯伯里本人同样承认如下明显的事实：世纪之交的法律领域的经济学著作是理查德·波斯纳及其同伴的经济分析的远亲(第310页；对比第405—406页)。第二点预设了现实主义的核心是对一切社会科学都无差别地感兴趣，如我们所见，这个观点很肤浅。现实主义者对社会科学感兴趣，是因为他们认为传统的法律论证和分析无法阐明司法裁判的真正模

---

[32] 我应当指出，达克斯伯里对于法律与经济学的核心主题的回顾工作，清晰明确得令人敬佩，从法律与经济学对政府规则的批判的逻辑[即“缺乏规制推动了自由市场定价，自由市场定价威胁到了竞争，而竞争威胁到了配置效率”(第376—377页)]，到对罗纳德·科斯(Ronald Coase)观点的精炼描述[“市场力量……内化了成本，无论施加责任的规则是什么”(第387页)]，到推动新古典经济学的核心假定，即人类是理性的效用最大化者(对比第378页)。我非常喜欢达克斯伯里将理查德·波斯纳把经济学运用于非市场的生活领域的这种广为接受的观点描述为“不带讽刺的斯威夫特(Swift)”(第416页)。

式。就此而言，现实主义与那些将经济学视为描述普通法真实和深层逻辑的经济分析的分支有许多共同之处（对比第410—414页）。最后，不清楚的是究竟在何种意义上，现实主义者对于“司法推理的过程”感兴趣：考虑到他们认为这些过程是不确定的，他们就和经济学家一样，有动力在别的地方寻求对司法裁判的解释。

其实，达克斯伯里解释了将经济分析视为钟摆的“现实主义”一方的主要理由：因为与法律过程学者不同且与法律现实主义者非常类似，法学中的经济学家“并不认为存在着能够为司法裁判纠纷提供客观上正确的解决方案的原则”（第312页）。经济分析与现实主义一样，似乎建立在对于现有的法律范畴的彻底怀疑论的立场之上，建立在对于实际裁判过程的替代性解释的需求之上。
达克斯伯里引用理查德·波斯纳指出，“（经济学的）积极一端—— 96
解释法律体系中规则与结果的分支——甚至要比提出规范性建议……更重要”（第410页）。但这肯定也恰恰是现实主义者的立场，即使他们并不认为经济学会提供最佳解释。在详细阐发波斯纳的观点时，达克斯伯里写道：“由于司法意见常常充满修辞这个事实，一直以来非常难以指出何种类型的关切使得法官得出他们所得到的结论”。（第410页）但是这里与现实主义观点的呼应是非常明显的。因此，卢埃林写道：

如果我是正确的，那么发现法官说了什么正是你的任务，但却只是个开始。你需要了解他们说了什么并与他们做了什

> 么加以对照。你需要看看他们所说的是否符合他们所做的。你需要质疑他们自己是否(比其他任何人更)了解他们做事的方式,即使他们了解这一点,也要质疑他们是否做出了准确描述。[33]

当然,如达克斯伯里自己所澄清的那样,卢埃林识别出来的任务恰恰也是波斯纳式法学家-经济学家要完成的任务。

使得达克斯伯里不愿将经济分析视为美国法律思想钟摆的"现实主义"一端的独特理由是——尽管两种运动在纲领方面(如果不是细节的话)的相似是显而易见的——如果不这样理解法律与经济学,他最终就不得不承认,"法律的经济分析大体上是独立于现代美国法理学关切而演进的"(第 416 页)! 但如果是这样,那么在一部有关"美国法理学范式"的著作中,对法律的经济分析进行如此详尽和有用的概述究竟是在做什么? 答案就是——这是达克斯伯里不愿承认的——尽管法学家-经济学家可能没有从现实主义获得思想启发,但他们基本的描述性和解释性方案却与现实主义者所倡导的极为类似。

在最后一章中,达克斯伯里带领我们在美国法学院从 20 世纪 70 年代穿梭到 20 世纪 90 年代,主要考察批判法学研究以及更晚近的分支,诸如女性主义法律理论、批判种族理论、实用主义、解构主义和后现代主义。他认为关键的问题是:"(批判法学研究)如何

---

[33] Karl Llewellyn, *The Bramble Bush*, New York: Oceana, 1930, p. 5.

触及了美国法学院的核心？”（第 423 页）这指向了批判法学研究在 20 世纪 80 年代催生的一个重要争论。达克斯伯里的答案是，批判法学研究威胁到了第二次世界大战之后一直“主导”美国“法理学”的“对于共识的需求”：“在过程法学和法律与经济学的核心，不仅有对共识的信念，还有对于个体自由是法律理论应当承认和推进的某种事物的信念”。（第 424 页）

在达克斯伯里看来，批判法学研究动摇了这种“共识”，不过它却没有试图以一种新的、积极的纲领取代它。他写道：

> 批判法学研究一直由于未能给现实主义仅仅提出的问题提供答案而遭到摒弃：司法裁判仍然是一项政治事务；经济自
> 由依旧在掩盖强制。然而，如果批判法学研究有什么根本性 97
> 教训的话，那就是对于现实主义提出的问题不存在正确答案。批判法学研究的基本结论是，律师必须被不断提醒这些问题……（第 427—428 页；对比第 470 页）

如果这一论断正确，就会使得批判法学研究成为美国法律现实主义相当乏味的脚注。但它几乎肯定是错的，并且达克斯伯里自己后续的讨论打破了这一图景。批判法学研究超越现实主义的一些方面很快就映入眼帘：

（1）现实主义者认为“法律”是不确定的，其论证方法主要是诉诸我们熟悉的法律推理和司法推理方法，并表明这些方法如何常常彼此冲突，导致了比如对于先例的“严格”与“宽松”的解释，抑或解读同一个制定法条款的彼此对立的方式。[34] 相反，批判法学研究学者的策略与此截然不同且更具哲学方面的抱负。他们认为法律“不确定性”源自如下两个渊源之一：要么是语言本身的一般特征（这里依赖的是与维特根斯坦和德里达相关的语义学怀疑论——尽管并不总是很准确[35]）；要么是“彼此对立的”道德和政治原则的存在，他们主张从合适的抽象程度来看，这些原则构成了实体法的基础。[36] 达克斯伯里自己承认批判法学研究的这一思潮，他妥当地将之描述为在主张，

> ……自由主义意识是某种错误或堕落的意识，在自由主义思想中——包括自由主义的法律思想——存在着一种非常根本性的紧张，它是如此难以解决，以至于自由主义最终必然会崩溃，并给激烈的社会转型让路。（第 455 页）

（2）这种论证策略体现出批判法学研究非常有趣的思想谱

---

[34] 相关讨论，参见本书第一章。值得指出的是，在该书最糟糕的错误中，达克斯伯里断言，现实主义者“忽略了仔细分析法律中为什么会存在不确定性这个问题”（第 460 页）！这使得他认为，批判法学研究首次“指出法律不确定性源自何处”（第 460 页）。

[35] 有关批判法学研究这一方面的批判性讨论，参见：Jules L. Coleman and Brian Leiter，“Determinacy，Objectivity，and Authority”，*University of Pennsylvania Law Review* 14 2(1993)：568-572。

[36] 批判法学研究这种论证策略最著名的代表，就是：Duncan Kennedy，“Form and Substance in Private Law Adjudication”，*Harvard Law Review* 89(1976)：1685-1778。这种论证策略另一个影响略微更广泛的例子，可以参见：Mark Kelman，*A Guide to Critical Legal Studies*，Cambridge，Mass.：Harvard University Press，1987。不过凯尔曼(Kelman)的论证在我看来在哲学上是不合理的。

系，但达克斯伯里似乎没有承认该谱系。[37] 因为批判法学研究在美国法律思想中的所作所为就是复兴了某种回溯至德国 19 世纪 30 98
年代青年黑格尔左派的左翼批判的某种策略。牢牢抓住**观念**是历史变革的引擎这一黑格尔观念，黑格尔左派试图引起变革，其方法则是证明通行的保守主义观念由于包含内在矛盾而是站不住脚的。为了解决这些矛盾，就有必要改变我们的观念，因此就改变了世界。

黑格尔主义的这一分支到了 19 世纪 50 年代就变得不再重要——一部分原因是叔本华具有毁灭性的反黑格尔论辩，一部分原因是马克思的批判（下文会更详细地解释这一点），还有一部分原因是德国思想生活中与费尔巴哈和所谓的“德国唯物论者”相关的更加一般的“唯物论”与“实证主义”的转向。[38] 直到 1922 年格奥尔格·卢卡奇在《历史与阶级意识》（*History and Class Consciousness*），特别是在其有关“资产阶级思想的二律背反”的核心章节中，重新将

---

[37] 达克斯伯里**确实**指出了黑格尔对批判法学研究如下观点的影响，即在社会中我们对于其他人的需求与我们恐惧被他们支配之间，存在着一种“根本冲突”（第 460—461 页）。参见：Duncan Kennedy，“The Structure of Blackstone's Commentaries”，*Buffalo Law Review* 28（1979）：205-382。这个主题隐晦地唤起了黑格尔的观点，即自我只能通过对他人的承认而得以构成。[更准确地说，黑格尔的观点是，在想要具有“自我意识”和想要“独立”之间存在着对立：具有自我意识就是依赖于其他自我意识的承认。参见：G. W. F. Hegel，*Phenomenology of Spirit*，trans. A. V. Miller，Oxford：Oxford University Press，1977，pp. 104-119。]但是达克斯伯里并没有指出，黑格尔会拒绝肯尼迪（Kennedy）认为“对立”是不可克服的观点（对照第 461 页）：就此而言，肯尼迪仍旧是哲学上的自由主义者，他认为个体与社会的“对立”是人类境况的一个常态特征。与此相反，黑格尔认为“对立”会在承认中得到消解，因为具有自主性就必然要与他人发生关联：他人并不是对自主性的威胁，而是其前提条件。当然，这一切都取决于黑格尔独特的“自主”和“自由”观；不过值得强调的是，肯尼迪和其他批判法学研究学者一样，在这个问题上从未真正远离“自由主义者”的哲学阵营。

[38] 比如，参见：Frederick Gregory，*Scientific Materialism in 19th Century Germany*，Dordrecht：D. Reidel，1977。

黑格尔左派的主题引入马克思主义社会批判的传统,黑格尔主义才得以复兴。但是,批判法学研究所获得的论证风格更少来自卢卡奇——尽管他是批判法学研究文章脚注中很受欢迎的人物——而是更多来自哈佛法学院教授与批判法学研究的"创始人"罗伯托·昂格尔,他 1975 年的著作《知识与政治》(*Knowledge and Politics*)显然是对《历史与阶级意识》的核心论点与主题的重演。

在这个思想谱系中——大部分批判法学研究学者似乎仅仅模糊地意识到该谱系——稍有反讽的是,批判法学研究本不应该如实地复兴马克思在 150 年前辛辣讽刺过的左翼思想传统![39] 实际上,经过某些明显的修改,我们会发现马克思和恩格斯提出过这样一种出于某种原因我们经常会从批评批判法学研究那里听到的一种批判:

> 由于(批判法学研究学者)认为观念、思想、理念以及事实上一切意识的产物……都是人的真正枷锁……显而易见的是(批判法学研究学者)不得不只与这些意识的幻觉做斗争。根据他们的奇思妙想,由于人与人之间的关系、他们的一切行为、他们的锁链以及他们的局限都是他们意识的产物,(批判法学研究学者)就合乎逻辑地向人们提出这样一个道德假设:将他们现在的意识改换为人类的、批判的或利己主义的意识,从而消除他们的局限性。这种改变意识的要求,等同于以另一种

---

[39] 特别参见对于像布鲁诺·鲍尔(Bruno Bauer)这样黑格尔左派的批评,参见:Karl Marx and Friedrich Engels, *The German Ideology*: *Part I*, reprinted in Robert Tucker(ed.), *The Marx-Engels Reader*, 2nd edition, New York: Norton, 1978。

> 方式解释现实的要求，即通过另一种解释来承认现实……可是
> 他们忘了，对于这些（构成旧有解释的）表述而言，他们只是在
> 反对其他表述，并且当他们仅仅是在与这个世界的表述进行 99
> 战斗时，他们绝非在与现有的现实世界进行战斗。[40]

对于马克思来说，向右翼教授表明他们的观念是不融贯的并且要求他们改变自己的观念，在政治上是无关痛痒的：当然，正是生活的物质条件中的“对立”构成了历史变革的真正引擎。[41] 批判法学研究的成就是在法律领域如实复兴了批判理论中这个已经被抛弃的分支——对于观念或“意识”的批判。[42] 但不知道这些批判现在是否要比它们在1840年更可靠或更相关。

（3）不过达克斯伯里和其他许多人提出，批判法学研究还有更有趣的一个方面与批判相关，这就是批判法学研究完全没有积极的纲领。[43] 批判法学研究的这一分支不大关注（被推定为）处于

---

[40] 特别参见对于像布鲁诺·鲍尔这样黑格尔左派的批评，参见：Karl Marx and Friedrich Engels, *The German Ideology*: *Part I*, reprinted in Robert Tucker (ed.), *The Marx-Engels Reader*, 2nd edition, New York: Norton, 1978，第149页。

[41] 有关当代对此立场的经典阐述，参见：Cohen, *Karl Marx's Theory of History*（上注③）。有关一直以来对于柯恩解读的批判性讨论，参见：Peter Railton, "Explanatory Asymmetry in Historical Materialism", *Ethics* 97(1986): 233-238。

[42] 除了肯尼迪和凯尔曼（上注㊱），也参见：Peter Gabel, "Intention and Structure in Contractual Conditions: Outline of a Method for Critical Legal Theory", *Minnesota Law Review* 61(1977): 601-643; Clare Dalton, "An Essay in the Deconstruction of Contract Doctrine", *Yale Law Journal* 94(1985): 997-1114。对比达克斯伯里对于马克·图施耐特(Mark Tushnet)和其他人作品的讨论，第443—449页。

[43] 这两个分支在戴维·楚贝克(David Trubek)很有帮助的文章中得到有效讨论和对比："Where the Action Is: Critical Legal Studies and Empiricism", *Stanford Law Review* 36(1984): 575-622。

法律表面之下的(被推定为)彼此对立的道德与政治原则,反而描述法律所表述的“理念”与资本主义美国实际生活现实之间的差距。[44] 这些批判通常敏锐且有力,通常伴随着非常具体的改变建议,以便弥合“理念”与现实之间的差距。其中一些建议非常激进(考虑到美国政治版图总体的保守主义特征),但却是积极的主张。需要强调的是,批判法学研究学者并不和法律现实主义者一样,是新政时期的自由主义者。最能够解释他们所引发的争议的,就是在美国法学院中首次出现一大批并不支持资本主义体制的法学学者——既不支持其自由放任的形态,也不支持其总体福利国家的形态。尽管在批判法学研究的名义下出现大量肤浅和外行的作品,但这几乎无法使其与许多其他被法学研究更平和地吸收的流行运动区分开(比如,“政策科学”、后现代主义、实用主义、批判种族理论、“女性主义法学”等)。正是许多批判法学研究的反资本主义政治立场使得它与众不同。

100　达克斯伯里涉及了许多这些议题,但就如现实主义一样,这些议题从未以正确的方式得到关注。他对于批判法学研究的概述,就如对经济分析的概述一样,很有帮助,但有时被达克斯伯里对于八卦和“肥皂剧”的倾向——就如他对 20 世纪 80 年代哈佛法学院人事任命政治的重述一样(第 494—498 页)——破坏了(我们想知道,谁真正关心这些事?)。

---

[44] 特别参见理查德·阿贝尔(Richard Abel)(讨论侵权法)、卡尔·克拉雷(Karl Klare)(讨论劳动法),以及已故的阿兰·弗里曼(Alan Freeman)(讨论行政法)在此书中的文章:David Kaiyrs(ed.),*The Politics of Law*: *A Progressive Critique*, Rev. edition, New York: Pantheon, 1990。对比达克斯伯里的引用和讨论,第 443 页。

五、总结性观察

有关达克斯伯里对于过去100年间美国法学教授说了什么的生动研究，如果还有更严肃的担忧，那就是许多"观念"——达克斯伯里记录了它们的历史，概述了它们的内容——可能并不真正值得他所给予的那种详细讨论。达克斯伯里自己在其他地方曾正确地指出，"美国法律思想家（即与法哲学家相对的达克斯伯里的'法理学家'）如果不是时尚的奴隶，那就什么也不是"。[45] 在此语境中，他提到法律与经济学、批判法学研究、实用主义、女性主义、后现代主义、批判种族理论、公民共和主义是横扫美国法学界的"时尚"观念。[46] 但许多这些"时尚"——其中一些仅仅只有10年之久，并且有一些已经从美国法学院的思想图景中消失不见了——构成了达克斯伯里著作的主要内容！我们真的需要一种有关安迪·沃霍尔（Andy Warhol）称为"十五分钟名气"的事物的"历史"吗？每一种被法学教授从其他某个学科拿出来运用到法律并称之为"理论"的时尚观点，都真的值得辩证性考察与描述——而非比如简单的说明吗？

不幸的是，达克斯伯里似乎不在意这些关切。他的这部著作充斥着对需要得到批判性评论但却没有抑或仅仅得到冷淡评论的

㊺ Neil Duxbury，"History as Hyperbole"，*Oxford Journal of Legal Studies* 15 (1995)：487. 对比达克斯伯里（上注⑤），第468页类似的评论。

㊻ Duxbury，"History as Hyperbole"，同上注，n. 12.

“论点”与“理论”的和颜悦色的概述；[47]菲利克斯·柯恩可笑的法律“功能主义”（对于科学哲学中现在已经不再运用的“操作主义”方案的可怜模仿）（第132页）；霍姆斯和其他现实主义者的“预测主义”，他们都将“法律”仅仅视为对法院行为的预测（这个观点被H. L. A. 哈特在《法律的概念》第七章有力地摧毁了）（第125—128页）；[48]朗·富勒对法律实证主义令人困惑的批评以及他提出的相
101 反主张，即“法律的内在道德”（第224—227页）（被德沃金恰如其分地驳倒，达克斯伯里在很后面的第295页的评论中有所引述）；经济学家——从米尔顿·弗里德曼到理查德·波斯纳——为人熟知的践行“经验科学”的自负，达克斯伯里将这种自负仅仅呈现为充满争议，而非异想天开（第371—379页，第409—414页）；[49]批判法学研究对于“法律自由主义”的批判，对此甚至达克斯伯里都最终承认“一直被谴责为对自由主义法理学方案的夸张歪曲”（第

---

[47] 这个问题当然并非达克斯伯里所独有。近来类似的非批判性研究是：Gary Minda，*Postmodern Legal Movements：Law and Juriusprudence at Century's End*，New York：New York University Press，1995。

[48] 如我在其他地方的论证，哈特将现实主义预测法庭行为的兴趣误解为一种有关法律的概念主张。参见本书第二章。但是达克斯伯里留给读者的印象是，这种兴趣的确是一种概念主张，甚至没有讨论如下事实，即按照哈特的论证，这种主张很愚蠢。

[49] 相关讨论，参见：Alexander Rosenberg，*Economics：Mathematical Politics or Science of Diminishing Returns?*，Chicago：University of Chicago Press，1992。有关核心议题的简单概述，参见：Alexander Rosenberg，“If Economics Isn't Science，What Is It?”，reprinted in D. Hausman（ed.），*The Philosophy of Economics：An Anthology*，2nd edition，Cambridge：Cambridge University Press，1994。值得注意的是，问题不在于经济学家是否进行预测——我们所有人都在运用常识心理学，都一直对行为做出可验证的预测——而在于经济学家提出的预测从其精度与可靠性来说，是否具有科学品质。众所周知但经济学家似乎并不知晓的是，经济学并非如此。因此，经济学预测中边界条件无所不在（即“其他条件不变”条款），并且过去100年间在具体化边界条件的因果相关变量方面也没有取得任何实质进展。

489 页)。

在"法理学"史这一阶段,仅仅总结这么多半生不熟的观念而未对之展开更严格的批判性评论,是没有正当性的;没有对于早先观点的缺陷的共同认识,哲学或"法律思想"就不会有进步。实际上,本书中分析的许多理论似乎很缺乏支持性理由这个事实,表明需要一种非常不同于达克斯伯里所提供的"观念史"。因为达克斯伯里的观念史主要是一种"唯心论",追求大体上隔绝于社会世界和经济世界的观念的逻辑。但许多这些观念的"逻辑"的失败实际上表明,我们需要从别处寻找有关这些观念为什么吸引了法学家(以及其他人)注意的真正解释。

比如,一种与之相对的有关第二次世界大战后美国法律思想的"唯物论"历史,可能会考察在战争已经破坏了欧洲殖民帝国与欧洲经济后,统治精英意图最大化美国支配和剥削世界的机会时,对于"政策科学"的运用。[50] 推动"民主价值"的修辞——如"政策科学"所说——如何在美国征服第三世界民族并剥削其自然资源的实际政策中发挥作用?[51]

---

[50] 有关第二次世界大战后美国的立场,参见:Eric Hobsbawm, *The Age of Extremes*, New York: Vintage Books, 1994, Chs. 5 & 8。也参见:Gabriel Kolko, *The Politics of War: The World and U. S. Foreign Policy 1943-1945*, New York: Random House, 1969。

[51] 有关美国在战后时期直到 20 世纪 70 年代的外交政策与行动,参见:Noam Chomsky, *American Power and the New Mandarins*, New York: Pantheon, 1969; Noam Chomsky and Edward Herman, *The Political Economy of Human Rights*, 2 volumes, Boston: South End Press, 1979; Gabriel and Joyce Kolko, *The Limits of Power: The World and United States Foreign Policy, 1945-1954*, New York: Harper & Row, 1972; Gabriel Kolko, *Confronting the Third World: United States Foreign Policy, 1945-1980*, New York: Pantheon, 1988。

这种历史可能也会探讨法律中经济学伪科学的兴起与财富从
102 穷人向富人再分配的关系，而该关系自1980年以来一直是美国经济政策的突出特征。唯物论历史学家可能会好奇，批判种族理论和女性主义的兴起——这两个运动都放弃了如下左翼核心议题，即经济正义和系统性彻底修正——作为美国法学院"左翼"法学研究的主导形态，与"学术界之外左翼运动的实际衰落……（还有）20世纪80年代以滑稽、浮夸的方式与艺术和娱乐界、职业主义水乳交融的学术名人体系的发展……"之间有何关联？[52]

这种唯物论历史无疑会忽略许多内容，但显然不见得多于达克斯伯里对如此多的思考不周的理论一丝不苟的重述所忽略的内容。这些有关达克斯伯里的法律思想史的极端唯物论替代方案有助于强调，在思想本身没有多少知识内容的地方，超越期刊和专著的最新时尚，去询问这些思想扎根的社会和物质世界，可能是值得的。当然，这并非达克斯伯里的方案，但这或许应当成为他的选择。确实**存在**一种美国"法理学"（按照达克斯伯里对于这个词的理解）——它以钟摆的现实主义和形式主义摆荡为特征——但它的大部分内容似乎更值得按照上述勾勒的思路从唯物论角度加以解释。不过，这并不是说所有"法理学"观念都应当以这种方式被"消解掉"。其实，一种封闭的观念史可能非常有助于真正的法哲学思考——这是我所理解的"法理学"。但对于真正的法理学来说，界定"美国"（或"英国"）是没有意义的。

[52] Katha Pollitt, "Pomolotov Cocktail", *The Nation* (June 10, 1996), p. 9.

第一部分后记：解释法律现实主义

在过去的10年间，有关我对美国法律现实主义的哲学重构出现了一系列的解释性问题与挑战。我想借此机会对其中一些具有代表性的而非全部观点做出回应。 103

法哲学家迈克尔·S.摩尔并非唯一质疑我对美国法律现实主义解读的解释的充分性的学者，[1]不过我至少应当简单地提及，大部分对现实主义者感兴趣的法学学者对我重构他们的方式总体上感到满意。[2] 摩尔写道：

> 莱特复仇式地将一种理论引入法律现实主义。通过运用其出众的哲学素养，莱特从被称为自然主义和实用主义的当

---

① 比如，唐纳德·R.戴维斯(Donald R. Davis, Jr.)在一篇博学的文章中提出了相关问题："A Realist View of Hindu Law", *Ratio Juris* 19(2006):287-313，但这篇文章很大程度上依赖于我的解读。我将矛头对准摩尔，是因为他对我的解读提出了最系统的挑战。

② 比如，赫伯特·霍温坎普——杰出的美国反垄断学者与优秀的法律史学家——认为我的论述"是对法律现实主义基本分析方法特别出色的分析，相较于他人来说，不那么受到我们所熟悉的意识形态的影响"。"Knowledge About Welfare: Legal Realism and the Separation of Law and Ecnonomics", *Minnesota Law Review* 84(2000):845 n.162.霍温坎普无疑想的是批判法学研究对于现实主义的再发明所具有的有害影响，这种影响正是我在本书第一章和第三章所批判的。我已故的同事查尔斯·艾伦·赖特——20世纪后半叶杰出的美国程序学者——在影响和肯定我的解读方面有诸多贡献。

> 下哲学运动的视角重构了现实主义纲领。基于莱特的重构，法律现实主义者有充分的自然主义和实用主义理由将法理学转变为一种有关司法行为的社会科学。[3]

摩尔承认我的重构会使现实主义成为法理学中一个正当的竞争性立场，但他反驳说：

> 我对莱特方案的疑虑是历史层面的：我不认为法律现实主义者有任何像莱特这样在哲学方面的深刻理由以一种提供解释的社会科学取代概念性与规范性的法理学。我认为他们会完全感到困惑。当然，他们的一些观点符合莱特所描述的在哲学方面深刻的立场；但如俗语所说，一个坏了的钟表每24小时都能准确报时两次……[4]

104 当然，这里我们需要避免混淆现实主义者转向描述性司法裁判理论的**理由**，与我自己对这些理由的哲学动机的**重构**。这里没有什么是取决于卡尔·卢埃林或杰罗姆·弗兰克有关哲学问题的看法的生平事实的：重要的是他们所持有的立场以及为之提供的理由，进而是否有任何哲学动机来支持这些理由并持有这类立场。别忘了，我的解释是一种**重构**：它以哲学视角将美国法律现实主义者的非哲学观点与立场“组合在一起”。这个哲学是我的，但基本立场

---

③ Michael S. Moore, *Educating Oneself in Public: Critical Essays in Jurisprudence*, Oxford: Oxford University Press, 2000, pp. 32-33.

④ 同上注，第33页。

和观点是他们的。

不过,摩尔对于我的重构有一些具体意见。他承认该重构遇到了一些对现实主义立场司空见惯的反驳,[⑤]但他对下述两个观点是否是现实主义者的立场心存疑虑。[⑥]

1. 摩尔反对如下观点,即"现实主义者持有的唯一**明确的**法律概念,就是霍姆斯的预测性定义",[⑦]并补充说,

> 以如下方式将信念归属个人是一种非比寻常的历史编年方法:(a)不管他们明确说了什么,而青睐(b)一种据说隐含在他们对其他某种事物的讨论中的(法律)概念。莱特试图打消(a)的特异性,其方法是将他们有关"法律是预测"的主张限定在律师向客户提出实践建议的语境中。可是莱特所引用的文本恰恰无法支持这种限定;他们认为这种(将法律视为得到预测的司法判决的)等同是富有启发的,是令人耳目一新的坦诚,是可同样适用于法官和普通人的一般法律理论。[⑧]

对于思想史学家来说,这一段可以被视为有关时间错乱的危害的

---

⑤ Michael S. Moore, *Educating Oneself in Public: Critical Essays in Jurisprudence*, Oxford: Oxford University Press, 2000, pp. 35.

⑥ 在我看来,摩尔最后的抱怨(同上注,第 37 页)与对那些本身缺乏哲学动机的作者的观点展开哲学重构的整个事业相关,且并没有提出特定于我对现实主义者进行重构的问题。

⑦ 这个立场说的是,借助"法律"的概念,我们指的仅仅是"对法庭将要做什么的预测"。这是我在本书第一章简单讨论过,在第二章又详细讨论的观点,它被错误地归属于现实主义。

⑧ *Educating Oneself in Public*(上注③), p. 35.

详细论述。与摩尔的观点相反，霍姆斯——如同其他每个现实主义者——**从未**清晰阐述过“法律的概念”，因为这个话题（即“概念”）并不被霍姆斯或其他任何法学学者承认为真正的问题。（甚至直到20世纪中叶这才成为哲学中的核心议题！）存在法律，存在有关法律的问题，存在法庭的判决，但“法律的概念”作为从所有这些实践中推导得出的一种抽象对象，对于霍姆斯或任何后来的现实主义者来说，完全不构成思想研究的一个主题。我在本书第一章、第二章和第三章对于现实主义者“法律是一种预测”的话语加以解释时所依赖的文本，完全与我对他们想法的可靠描述是一致的，他们的想法是，这些观点（按照摩尔自己恰如其分的表述）构成了“律师对客户的实践建议”。霍姆斯像其他每个现实主义者一样，提出下述如今看来乏味且显然是正确的观点，即当你的客
105 户——她正为你的服务而付费——问“什么是法律？”时，她真正想要知道的是“如果我们去法院，法官会怎么做？”，抑或“如果我们继续做这件事，律政官员会怎么做？”。客户不想知道令人尊敬的法律权威对于这个问题有何看法，也不想知道“纸面上的规则”说将会发生什么：客户想要知道的是**实际上**将会发生什么（比如，她能够要求归还她的财产抑或因损失而获得金钱赔偿吗？或者她会被告知可以回家吗？）。

摩尔呼吁我们注意如下事实，[9]即在《法律的道路》第二句话中，[10]霍姆斯认为“出现在法官面前”是律师诸多事务之一，摩尔主张，这表明霍姆斯其实混淆了法律的**预测性**和**证成性**作用。不过

⑨ *Educating Oneself in Public*，p. 35 n. 74.

⑩ *Harvard Law Review* 10(1897)：457.

简单的宽容解释会要求将对法官的简短提及放到语境之中；如下是整个段落：

> （在研究法律时），我们在研究为了出现在法官面前，抑或为了让人们远离法院而为之提供建议时，我们需要什么。这之所以会成为一个职业，人们之所以会向为他们辩论或提供建议的律师支付报酬，是因为在像我们这样的社会中，公共暴力的掌控权（command）在特定案件中被委托给法官，并且如果必要的话，整个国家的权力都会被用来执行他们的判决和命令。人们想要知道在何种条件下以及何种程度上，他们会有风险与比自身强大如此之多的力量相遇，因此，找出这种危险何时令人恐惧就成为了一门生意。于是我们的研究对象就是预测，就是通过法庭的工具属性来预测公共暴力的发生。[11]

霍姆斯非常明确地（以“抑或”这个词）区分了律师发挥的两种作用，但整个讨论的主体内容显然是有关第二种作用，即为客户提供咨询。**就后一种作用来说**——即就帮助那些“想要知道在何种条件下以及何种程度上，他们会有风险与比自身强大如此之多的力量相遇”的人而言——霍姆斯指出，我们所研究的是“通过法庭的工具属性来预测公共暴力的发生”。摩尔需要但却无法（在没有颠倒时空的条件下）举出的证据是，霍姆斯或其他现实主义者拥有任何有关法律**概念**的一般性看法，更遑论一个混淆了**证成**与**预测**的

---

⑪ *Harvard Law Review* 10(1897):457.

看法。

实际上，如果我们稍微深入研究一下《法律的道路》，我们会发现下述著名的段落与摩尔对于霍姆斯令人不敢恭维的解读非常不协调：

> 律师的训练是对逻辑的训练。类比、区分和演绎的过程是他们最拿手的。司法裁判的语言主要是逻辑的语言。逻辑方法与形式满足了每个人类心灵中对于确定性与安定性的渴求。但确定性总体来说是一种幻觉，安定性也并非人类的命运。在逻辑形式背后是对彼此竞争的立法根据的相对价值与
> 106 重要性的判断，这通常是未明言且无意识的判断，这不假，但却是整个过程的根源与关键。你可以将逻辑形式赋予任何结论。你总是能够在一个合同中隐含一个条件。但你为什么要隐含这个条件？这是因为某种有关共同体或阶级的实践的信念，抑或因为某种有关政策的意见，抑或简言之，是因为你对一个无法精确量化分析因而无法确定准确逻辑结论的问题的某种态度。[12]

显然，霍姆斯这里非常宽泛地用“逻辑”来指代传统的“法律推理”（“类比、区分和演绎”的过程），这是律师以及更重要的法庭所使用的方法：“司法裁判的语言主要是逻辑的语言。”当然，如霍姆斯和其他每个人都意识到的那样，所有**这些语言**都是证成性的而非

---

[12] *Harvard Law Review* 10(1897):465-466.

预测性的。霍姆斯认为,困难在于"你可以将逻辑形式赋予任何结论",[13]这意味着他认为证成并没有真正**解释**判决。所以律师不得不说服法庭,比如"在合同中隐含着一个条件",但若想这个论点能够对法官行为产生**因果性作用**,优秀的律师就需要直接或间接地诉诸如下规范性考量,这些考量会激发人们所欲的"对彼此竞争的立法根据的相对价值与重要性的判断",因为正是这些判断是实际**有效**和解释性的。[14] 可以肯定,霍姆斯认为如果法官开诚布公地讨论立法考量会更好,[15]但这个建议必然建立在对于如下事实的全盘认识之上,即法官现在并没有展开如此讨论。[16] 换言之,霍 107

⑬ 可以说,这是对法律推理不确定性主张很粗略的表述,因为它意味着法律推理根本无法约束结果,这显然是错误的,而且与霍姆斯和之后所有现实主义者对其他问题的评论不一致。

⑭ 需要注意的是,霍姆斯预见了卢埃林和更一般意义上的现实主义"社会学阵营"的立场,认为"共同体的实践"可能也是法官判决的相关解释性因素。

⑮ 杰罗姆·弗兰克身为美国第二巡回上诉法院法官,在里基茨诉宾夕法尼亚R公司案[*Ricketts v. Pennsylvania R. Co.*,153 F. 2nd,757,768-769(1946)]的协同意见中明确支持了霍姆斯的建议。他指出,"正如霍姆斯大法官阁下常常敦促的那样,当一个重要的社会政策议题出现时,应当开诚布公地进行阐述,而非闪烁其词"。因此,弗兰克法官认为,对雇主(铁路)工伤索赔豁免是否有效的问题,不应当通过分析包含豁免的合同的有效性来确定,而应考虑以最有效的方式分配事故成本,这些成本必须由某人来承担。

⑯ 摩尔混淆了霍姆斯认为法官**应当**开诚布公地讨论社会政策议题的建议,与霍姆斯在《法律的道路》中有关"坏人"如何理解诸如履行合同的义务等这类**法律**义务话语的早期讨论。*Educating Oneself in Pulic*(上注③),p. 35 n. 74. 在先前的讨论中,霍姆斯提出的是一种**认识论**观点,即你可以在不知道道德意义上的对与错的前提下知道法律是什么;"坏人"这种论证策略就是用来提出这一点的(即使是一个"坏人",即不知道何为对错抑或不关心这一问题的人,都能够理解法律是什么)。在此特殊语境中,霍姆斯主张我们应当将**履行合同这个法律义务**等同于如果我们未能履行合同,对法院将要做什么的预测。但当他后来谈到["The Path of the Law",*Harvard Law Review* 10(1897):467]法官权衡政策问题的职责时,他所说的显然不是**法律**义务,而是他认为法官**应当**做什么,与法官正式的法律义务可能是什么相去甚远。

姆斯承认当下的司法实践所具有的**证成**作用，但认为现在有关证成的修辞并不是霍姆斯所认为的它们**应当**展现的样态，因为这种修辞实际上没有反映出法官判决的**实际**（规范性的**以及**因果性的）根据。

2. 有关我的下述主张，即认为现实主义关于法律不确定性的命题，最好被理解为在进入上诉审阶段的案件中，法律理由集合未能充分决定案件结果这一立场，摩尔的回应避开了对于我所提出的任何实际文本证据的参照，[⑰]反而选择具有"这么多人怎么会犯错？"这一形式的古怪论证：

> 莱特使得现实主义者成为如此合乎情理的同伴，以至于你需要思考这一切争论都是为了什么。传统的智慧总会认为，如果存在疑难案件，即法律素材无法提出独特的答案，就会存在这些素材可以提出独特答案的简单案件……除非 20 世纪 20 年代和 30 年代的现实主义者的同时代人是偏执狂，不然莱特对于现实主义者的温和解读就不可能是对的。主流观点几乎不可能导致现实主义者在更为传统的法学界所导致的那种震怒。[⑱]

两处时空颠倒损害了上述抱怨：一个和"传统智慧"有关，另一个与对现实主义的接受有关。今天在 H. L. A. 哈特之后的"传统智慧"可能和摩尔所描述的一样，但 20 世纪 20 年代和 30 年代的法学家

---

⑰　参见本书第一章，特别是第 22—30 页。

⑱　*Educating Oneself in Public*（上注③），p. 36.

毫无争议地认为上诉案件主要基于非法律考量做出裁判的证据是什么?摩尔没有引述任何人,理由是显而易见的。当然,如我在本书第二章中的论述,哈特和现实主义者之间的真正纠纷恰恰在于不确定性的**范围**,但即便关于这个问题,我认为现实主义者巧胜哈特式“传统智慧”的方式,如果不在律师中,也是在法哲学家中有争议。

后一点蕴含在描述摩尔反对意见的第二点时空颠倒中。“这一切争论都是为什么”在一定程度上与我所说的现实主义的“弗兰克化”(第一章)现象有关,这指的是即使在当年都将杰罗姆·弗兰克最激进的主张视为现实主义核心的倾向;同时这也在一定程度上与如下事实有关,即法律在进入上诉审阶段的案件中总体上是不确定的这一主张,在当时已经是一个充满争议的命题。不过,关注保护自己地盘的愤怒的哈佛法学教授[19]以及制定了教会抵制现代性的诸多常见条款之一的天主教律师,[20]也很容易夸大这一争议。无可置疑的是,在那些自认是法律现实主义者的人当中,就有人是《统一商法典》的主要起草者,[21]是华盛顿特区名列前茅的以其名字冠名的律所的合伙人,[22]是美国20世纪杰出的侵权法改革学者,[23]是第二次世界大战后几十年间美国优秀的反垄断律师与 108

⑲ 比如,参见:Roscoe Pound,“The Call for a Realist Jurisprudence”, *Harvard Law Review* 44(1931):697-711。

⑳ Ben W. Palmer,“Hobbes, Holmes and Hitler”, *American Bar Association Journal* 31(1945):569-573.

㉑ 卡尔·卢埃林。

㉒ 瑟曼·阿诺德(Thurman Arnold),他创立了阿诺德与波特(Arnold & Porter)律所。

㉓ 利昂·格林,他在耶鲁大学、德克萨斯大学和西北大学(在此他担任院长)任教,甚至在第二次世界大战刚一结束就被任命为美国副检察长(但他拒绝了)。

学者，[24]是法庭程序方面杰出的美国权威。[25] 或许现实主义支持者上述非常杰出且“主流”的特征，可以由如下事实加以解释，即当你确实去阅读他们时，现实主义者实际上是“合乎情理的同伴”。[26]

实际上，在第二类我想考察的提出批评意见（虽然不那么具有攻击性）的作品中，一个主题正好就是卡尔·卢埃林尤为不是人们所说的“规则怀疑论者”。[27] 艾伦·施瓦茨在他有关卢埃林在20世纪20年代和30年代写就的有关合同与货物买卖法的现存论文的研究中指出，[28]卢埃林“认为规则可以严肃地约束裁判者的裁量”，[29]并将我视为据说否认这一立场的学者之一。[30] 因此，施瓦茨

---

[24] 米尔顿·汉德勒，自20世纪20年代到70年代在哥伦比亚大学法学院任教，是纽约市一所以他名字命名的顶尖律所的合伙人。

[25] 我已故的同事查尔斯·艾伦·赖特，美国法律研究所前任主席，程序方面最有影响力的著作的第一作者。

[26] 摩尔也主张，“现实主义者认为，如果司法裁判的心理学确实是他们所描述的那样，那么他们就已经表明法律材料的理性不确定性”。*Educating Oneself in Public*（上注③），p. 37. 不幸的是，摩尔没有引用文本来支持这一有关“现实主义者认为”的主张，并且这种观点归属似乎显然与现实主义者支持法律推理具有不确定性时实际提出的大量非心理学论证不一致。比如，参见：Karl Llewellyn, *The Bramble Bush*, New York: Oceana, 1930, pp. 74-76; Karl Llewellyn, “Remarks on the Theory of Appellate Decision and the Rules and Canons about How Statutes are to be Construed”, *Vanderbilt Law Review* 3(1950): 395-406; Max Radin, “Statutory Interpretation”, *Harvard Law Review* 43(1930): 863-885。

[27] Alan Schwartz, “Karl Llewellyn and the Origins of Contract Theory”, in *The Jurisprudential Foundations of Corporate and Commerical Law*, ed. J. Kraus & S. Walt, Cambridge: Cambridge University Press, 2000, pp. 40-41.

[28] 施瓦茨强调卢埃林相信合同规则在效率方面的重要性的解读，补充了我在本书第一章中对于卢埃林的理解，因为卢埃林（按照施瓦茨的表述）“将商业实践视为有效交易的最佳证明”（同上注，第16页），而从经济学视角来看，商业行动者比大部分行动者更有可能对有效率的结果感兴趣，商业实践就是一种合理的认知实践。

[29] 同上注，第41页。

[30] 同上注，第53页注释147。

的卢埃林不仅是摩尔意义上的“合乎情理的同伴”，而且似乎甚至要比我对他的解读更“合乎情理”！

但是施瓦茨的解读利用了卢埃林的讨论中有关规则怀疑论命题的范围以及“规则”含义的模糊性。现实主义者对于法律推理不确定性的兴趣——卢埃林尤为如此——关心的是上诉审阶段的不确定性；这自然与法律体系中其他每个层次的法律推理至关重要的确定性是不矛盾的。当然，如果有人认为“规则怀疑论”意味着有关规则在约束行为时的效果的**全局**怀疑论，那么人们可能会合理地强调卢埃林**并非**这种规则怀疑论者。但在我对现实主义的解读中，这从来不是问题的关键。

施瓦茨利用的第二个模糊之处甚至更重要。卢埃林和所有现实主义者一样，[31]认为法官的裁判在很大程度上受到非法律的规范性考量的约束（这些考量我们可以称为“规则”，现实主义者自己 109
有时会称之为“真正的规则”，言下之意，与仅仅是“纸面的规则”形成对比），但即便在施瓦茨所讨论的材料中他都会否认，最基本的约束由于**法律上有效的**规范或规则（通常被卢埃林称为“教义”或“公布的规则”）而生效。不幸的是，施瓦茨将这些不同类型的规范性考量混合在一起，所以忽略了如下事实，即卢埃林在有关合同与货物买卖的详细著述中，与他更加理论性的著作一样，实际上认同现实主义的核心主张：法官主要回应事实性的情境类型而非法律上有效的规范或教义。

施瓦茨引述了一系列令人印象深刻的表述，[32]在其中卢埃林

---

[31] 参见本书第一章，特别是第26—30页。

[32] “Karl Llewellyn and the Origins of Contract Theory”（上注㉗），p. 24.

似乎承认规则和教义在约束裁判时的作用，施瓦茨认为这些论述与“规则怀疑论”是不一致的。因此，比如，施瓦茨对卢埃林的引用涵盖了从“导论”到他的《货物买卖法的案例与材料》(*Cases and Materials on the Law of Sales*)，[33]认为“教义是‘对过往判决和明显趋势的便捷且相当准确的总结，它使得基于案件与教义和生活的关联而对一个新案件做出明智的判决成为可能’”。[34] 但是比这个有关教义“便捷且相当准确”的主张更重要的，是如下典型的有关教义缺陷的现实主义立场——我们在卢埃林与奥利芬特[35]的著作中都可以看到——这指的是教义存在“学术抽象和远离生活”的不足，会有“导致贫乏的危险”。[36] 接下来，卢埃林立刻转向一个他所熟悉的有关法院法律推理的不确定性的讨论，并且结论相当典型且非常明确地表述了我们所说的现实主义核心立场：

> 如果(一位法学教师)希望预测法院判决的过程，抑或训练学生预测或影响判决，他必须全面分析事实对法院的影响。他也必须承认，一些日常生活事实会直截了当、原原本本地出现在法庭；但另一些事实会被法庭注意到，并且只有在被法律程序……以及证据法……扭曲后才能影响法庭。存在着……现有法律概念造成的最重要的扭曲……依据这些概念律师选择并呈现事实，依据这些概念法庭感知并权衡这些事

[33] Chicago：Callaghan & Co.，1930.

[34] 同上注，第 ix—xx 页。

[35] 参见本书第一章。

[36] *Cases and Materials on the Law of Sales*(上注[33])，p. ix.

> 实。但是……我们知道纯粹事实不顾我们的法律“防御”,在一些案件中会一再地不失真地打破法院的意识并影响判决。[37]

接下来,在得出关键结论之前,卢埃林重述了他对有关先例的“严格”与“宽松”立场的著名观点,不过现在是以“教义”这个词来表述的,这一段施瓦茨并没有提及:

> 与此同时,我们必须做好准备,并且就同一个待决案件而言,要么预料到该案件中被感受到的需要获得了胜利,结果就是重塑教义以符合结果;要么就是源自公式的机械性、演绎推理获胜,该公式使得某种为人所需且蓬勃发展的经济制度走向毁灭。这两种分道扬镳的期待构成了理解法律的本质。[38]

所有这一切无疑表明,卢埃林只是在如下重要的意义上是一个“规 110
则怀疑论者”:他承认所谓具有法律约束力的规则和教义实际上在大量案件中无法决定法院的判决,这正是法学学生需要接受有关“案件中被感受到的需要”对法官影响的教育的原因,正是他们为什么必须“全面分析事实对法院影响”的原因。这些都没有否认法律上有效的规则或教义会在裁判中发挥某种作用;它否认的是所有现实主义者都会否认的观点:如果你认为对于教义的“语言表述”是故事的全貌,你就会真正理解法院,特别是上诉法院的行为。如卢埃林在其他地方所说:“我认为……‘得到接受的规则’,即法

---

[37] *Cases and Materials on the Law of Sales*(上注[33]),p. x.

[38] 同上注,第 x—xi 页。

官说他们适用的规则，对于他们实际行为没有影响吗？”答案是“并非如此”。[39] 卢埃林继续说道，现实主义方法“承认……在**任何**得到接受的规则与司法行为之间存在**某种**关系”，但认为这个关系是**什么**，则需要经验研究，因为它**并不**必然是该教义的内容所认为的关系。[40] 卢埃林在 1931 年写道，现实主义否认“传统的……规则表述是产生法院判决的重要操作性因素”。[41] 但仅仅否定**这个**主张，就是承认规则在判决中发挥**某种**因果性和证成性作用。这便是现实主义的规则怀疑论所主张的全部内容。

我认为，上述观点甚至在施瓦茨引述的材料中都很明确。因此，比如在总结他有关货物买卖的案例集中“教义”的**真正**观点时，卢埃林写道：

> 本书在很大程度上与下述差异有关，即作为产生判决的因果性因素的教义，与仅仅作为已经发生的判决的事后证成的教义……教义因此得到强调，因为它必须如此；但它被强调为将之与事实相关以阐明法律含义这个更广泛过程的第一步……[42]

总之，施瓦茨给读者留下的印象是，理解教义不仅仅是“阐明法律

---

[39] Karl Llewellyn，“A Realistic Jurisprudence—the Next Step”，*Columbia Law Review* 30(1930)：444.

[40] 同上注（强调为引者所加）。

[41] Karl Llewellyn，“Some Realism about Realism—Responding to Dean Pound”，*Harvard Law Review* 44(1931)：1237.

[42] *Cases and Materials on Sales*（上注[33]），p. xi.

含义这个更广泛过程的第一步”。

事实上,施瓦茨对于卢埃林观点的误读,在卢埃林1938年有关合同法研究的一篇文章中更具戏剧性。[43] 施瓦茨引述如下段落代表卢埃林的文章:[44]

> 一个准确表述案例(它们被视为案例)结果的规则,**暂时**
> 包含着先前法院所表明的智慧,以及法院可能继续表明的类
> 似反应……(该规则)为(法官)在何时可能智慧地克制有关这 111
> 些议题的更具个人色彩的判断提供了某种指引。它进一步设
> 定了……法官在何种程度上真正自由或不自由地不受阻碍行
> 动的图景,并表明他纯正的自由的阴影落在何处以便进一步
> 运用给定的多种判例法技术。

但是卢埃林这里的“规则”实际是什么意思?在施瓦茨忽略的语境中,它的真实意思变得明显起来。在所讨论的这篇文章的导论部分,卢埃林呼吁读者立刻关注“判例法规则隐含的弹性(fluidity)程度”:“在最具确定性的领域,判例法在教义上正确的**可能性**(possibilities)是多种多样的。在更小范围内移动且为法律顾问和法庭提出指引的,是**或然性**(probabilities)。但是或然性并不取决于教义的确定性,而是取决于法庭对新案件——对新案件提出

---

[43] Karl Llewellyn,“The Rule of Law in Our Case-Law of Contract”,*Yale Law Journal* 47(1938):1243-1271.

[44] “Karl Llewellyn and the Origins of Contract Theory”(上注㉗),p. 45 n. 48,引用了:“The Rule of Law in Our Case-Law of Contract”,同上注,p. 1257。

的事实或情境类型——的回应的相对可预测性”。[45]

因此，卢埃林在一开始就对比了教义和**不**仅仅取决于教义的“法院对新案件的回应的相对可预测性”。如他在几页后所说（但依旧在施瓦茨所引用的部分之前）：“即使在公布的规则彼此矛盾时，实际判决中仍然存在着大量潜在或明显的一致性”[46]——“公开的规则”就是非现实主义者认为能够完全描述或解释判决的教义或“纸面规则”。卢埃林说，“理想”的状况是规则既“非常准确地在事实和结果方面符合一系列相当一致的案例（它们被**作为案例**加以考察）的实际记录结果”**并且**“在这些案例中被宣布为规则”。[47] **这正是**卢埃林在施瓦茨所引用的段落中描述的**理想**。换言之，施瓦茨所引用的**并非**如下主张，即法庭**实际上**阐明的教义或规则其实会约束它们的判决；毋宁说他引用的是有关这样一个法律世界的主张，在其中现实主义革命已经发生，以至于法庭实际上宣布的规则是在特定于事实的必要层面制定的规则，这些规则符合法庭在回应情境类型时所做出的规范性判决。其实，在施瓦茨所引用的最后一句话后，接下来的那句正好是这么说的：“如果在过往案件或书本中宣布的规则与判决产生了实质冲突”，[48]那么律师就不能依赖公布的规则（原因恰恰在于这些规则无法约束，因而无助于预测未来的判决）并且法官应当“仔细考虑是否遵循公

---

[45] “The Rule of Law in Our Case-Law of Contract”（上注㊸），p. 1244.

[46] 同上注，第 1252 页。

[47] 同上注，第 1256 页。

[48] 同上注，第 1257 页。

布的规则”。[49] 不过这当然不是否定施瓦茨想要暗示的观点：卢埃林认为法庭宣布的规则大体上约束着判决。

如施瓦茨所言，[50]在我看来现实主义者的“社会学阵营”认为， 112
有关法官的心理-社会事实——他们的背景以及专业化经验——能够解释上诉判决所归属的可预测的模式，这些事实使得他们能够以稳定的方式回应情境类型。有意思的是，施瓦茨在此语境中有力地承认了上述观点，因为他（在一个脚注中）写道：“在这里评论的文章中，卢埃林并不否认‘心理-社会事实’的相关性，但却相信法庭根据规则做出裁判，以至于知道实际规则（而非教义规则）会在一定限度内允许准确的预测。”[51]因此，对于卢埃林的讨论至关重要的区分——“实际规则”和“教义”的区分——在此显然得到了强调。当然，否定规范性考量会约束法院的判决，从不是现实主义社会学阵营的规则怀疑论的内容；关键在于，这些规范性考量总体上与“教义性”或“公布的”规则不一样。实际的规则（或“理想的”规则）并不必然是公布的规则，但在理想的现实主义法律世界中两者是一致的。现实主义者需要解释的——并且我提及“心理-社会事实”时所讨论的——正是卢埃林在这篇 1938 年的文章中出色描述的那类现象：“即使在公布的规则彼此矛盾时，实际判决中仍然存在着大量潜在或明显的一致性。”[52]在这种情形中，显然无法诉诸教义或“公布的规则”做出解释。

---

[49] “The Rule of Law in Our Case-Law of Contract”（上注[43]），p. 1244.

[50] “Karl Llewellyn and the Origins of Contract Theory”（上注[27]），pp. 45-46 n. 52.

[51] 同上注。

[52] “The Rule of Law in our Case-Law of Contract”（上注[43]），p. 1252.

马克·格林伯格在一篇充满新意但却尚未发表的手稿中对于我的解读提出了一种非常不同的反对意见：[53]他认为我误用了奎因论证自然化认识论的类比。因为格林伯格的文章尚未发表，广泛引述其中观点并不合适，不过对其核心命题的简单评述可能会有所启发，并且有望推动格林伯格将他有意思的文章以某种合适的修改形态发表出来。由于格林伯格的阐述非常流畅和清晰，我想至少引用一些他的原话：

> 用自然科学来取代一个哲学领域的提议，只有在如下情形中是合理的，即有理由得出结论认为哲学方案在某种意义上是混乱不堪或破产的。我阐明，奎因在此方面得出结论认为，认识论中的基础主义是一个失败的方案。实际上，哲学基于那些比内在于科学的证成标准要求更高的扶手椅标准能够从外部使得科学有效的观点，是混乱不堪的，是超出哲学自身能力的。结论不是对科学的指控，而是对某些哲学前见的指控……
>
> 在法学中不存在与之类似的混乱或力有未逮。（对于莱特而言，）法律具有不确定性这个命题，类比于基础主义的失败。但我认为，在认识论上与法律不确定性命题类似的，是科

[53] Mark Greenberg,"Unnatural Proposal: Indeterminacy as a Motivation for the Naturalization of Legal Philosophy",在2001年4月由哥伦比亚大学法学院法律与哲学中心主办、约瑟夫·拉兹组织的"法哲学中的自然主义与其他现实主义"会议中被宣读。格林伯格(Greenberg)与戴维·布林克在本次会议上的文章讨论了我有关自然化法学的作品，我从与他们和其他与会人的后续讨论中获益良多。

> 学理论无法得到证成这个哲学结论，这是一个反自然主义结论，无法担保科学对哲学的取代。实际上，奎因运用这个反自然主义结论为基础主义方案提出了一种归谬论证。在法学中与奎因立场最接近的类比，因此就是拒绝似乎支持不确定性命题的论证。 113

这是一个构思巧妙的反对意见——自然成为过去10年间对我的学说提出的最有趣的一个，这正是我在这里关注它的原因——但我认为它以不易察觉的方式误解了奎因以及我对奎因的运用。

让我们从回忆本书第一章中我对类比的论述开始：[54]

> 在奎因看来，认识论的核心任务就是理解我们有关世界的理论以及我们所基于的证据（感觉输入）之间的关系。奎因的靶子是这一任务中颇具影响力的一种观点：笛卡尔式的基础主义（foundationalism），特别是在20世纪由鲁道夫·卡尔纳普在《世界的逻辑构造》中提出的这一观点的精致形态。基础主义者想要一种至少能够证明我们理论中某些子集的优先认知地位的理论-证据学说：我们的理论（特别是我们有关自然科学的最佳理论）是"奠基于"不可置疑的证据之上的（比如，直接的感觉印象）。[55] 众所周知的是，对于奎因来说，基础

---

[54] 本书第36页。

[55] 为了表述的简洁，我在这里模糊处理了两个议题。基础主义方案至少在早期卡尔纳普（他后来批判了这一立场）那里包含两部分：语义部分和认知部分。语义方案是将指称物理对象的所有语句翻译为感觉材料语言（比如，"我现在看起来很不熟练"）。认知方案的目的是表明有关物理世界的科学理论只是基于感官经验而得到证成。语义整体论摧毁了第一个方案。休谟有关归纳的分析以及有关不充分决定性的迪昂-奎因命题摧毁了第二个。

主义是失败的，这一方面是由于奎因式的意义整体论（理论词语从它们在整个理论框架的位置中获得其意义，而不是通过与感觉输入的点对点联系），另一方面则是由于迪昂-奎因命题，即证据无法充分决定理论（总会有不止一种理论与证据一致，一部分原因是在面对难以解释的证据时，理论假设总可以通过放弃为该假设检验赋予特征的辅助性假设而得到保留）。

那么认识论会变成什么样？希拉里·科恩布利斯将奎因的观点总结如下：

一旦我们意识到基础主义方案的贫乏，我们就明白有关理论与证据之间关系以及信念获得的唯一真正问题，就是心理学问题。[56]

这个观点被科恩布利斯合适地称为奎因的“替代性命题”：“认识论问题会被心理学问题替代。”[57]奎因是这样说的：

感觉感受器（接受）的刺激是任何人最终获得自己有关世界的图景时所持有的全部证据。为什么不了解一下这种建构

[56] Hilary Kornblith, "Introduction: What Is Naturalistic Epistemology?", in *Naturalizing Epistemology*, 2nd edition, ed. H. Kornblith, Cambridge, Mass.: MIT Press, 1994, p. 4.

[57] 同上注，第3页。

> 实际上是如何形成的？为什么不接受心理学呢？这种将认识论的负担推给心理学的做法在之前被认为是循环论证而没有 114
> 得到承认。如果认识论学者的目标是证明经验科学的基础，他就会因在证明中运用心理学或其他经验科学而挫败了自己的目标。但是，一旦我们不再梦想着从观察结果中演绎出科学，这种有关循环论证的顾虑就没什么意义了。[58]

几页之后，奎因继续讨论自己的方案：

> 认识论或某种与之类似的事物完全属于心理学的一部分，并因此进入自然科学的领地。它研究的是一种自然现象，即一种符合自然法则的实体。人类这种实体被赋予某种在经验上受到控制的输入——比如，某些以各种频率进行照射模式——经过适当的时间，这个实体就会输出对三维外部世界及其历史的描述。贫乏的输入与澎湃的输出之间的关系正是我们要加以研究的关系，而其理由则在一定程度上与一直推动认识论的理由相同，这就是想要表明证据如何与理论相关，并且一个人有关自然的理论以何种方式超越了任何可获得的证据。[59]

因此奎因认为：认识论的核心关切就是理论-证据关系；

---

[58] W. V. O. Quine, "Epistemology Naturalized", in his *Ontological Relativity and Other Essays*, New York: Columbia University Press, 1969, pp. 75-76.

[59] 同上注，第 82—83 页。

> 如果关于这一关系的基础主义论述失败了，那么只留有一种有关这一关系的理论值得讲述，这就是"纯粹描述性的、因果法则性的人类认知科学"的论述。[60] 人类认知科学替代了扶手椅式认识论：我们通过把认识论的核心问题——理论与证据之间的关系——转交给相关的经验科学而将之自然化了。

以上是对奎因观点比较没有争议的解释；我主要追随金在权和希拉里·科恩布利斯为人熟知的论断，他们都没有注意到奎因的论证中出现过任何"归谬"，并且基于充分的理由，也没有这种论证。与格林伯格**不同**，反对基础主义的论证并不是以"归谬"形式出现的，而是基于其语义学和认知前提的失败。[61] 粗略地说，我所倡导的类比如下：认识论与科学的关系，正如法哲学（的一部分）与司法裁判的关系。特别是，认识论基础主义与科学的关系，就如法理学中的"基础主义"与司法裁判的关系：它们都试图为相关实践（一方面是科学，另一方面是法律推理和司法裁判）提供**一种**基础，但都失败了（前者由于奎因提出的理由而失败了，后者由于现实主义者对法律推理的不确定性提出的理由而失败了）。这里当然不存在对"科学的指控"（如格林伯格所说），也不存在对法律的指控，并且我也没有提出这类主张。无论基础主义是否存在，科学都一如既往地发展着，法律推理和司法裁判亦复如是。但是却存在着对于**哲学实践**的指控：在这两种情形中，提议都是自然化失败的基础

---

[60] Jaegwon Kim, "What is 'Naturalized Epistemology'", in *Naturalizing Epistemology* (上注[58]), p. 388.

[61] 特别参见本书第五章，第144—145页。

主义事业,并代之以对哲学理论已经尝试未能成功重构的相关 115
项(比如,理论与证据,疑惑司法裁判与法律推理)展开适合的经验研究。

那么有关这个类比,格林伯格在争论什么呢?格林伯格认为,奎因拒绝如下观点,即“哲学基于那些比内在于科学的证成标准要求更高的扶手椅标准能够从外部使得科学有效的观点”,并因此指出对于法哲学**合适的**类比是如下结论,即法律不确定性命题本身包含着将“那些比内在证成标准要求更高的扶手椅标准”施加在法律之上。但是没有忘记本书第一章和第二章[62]有关法律不确定性的现实主义论证的读者会记得,在一个非常重要的意义上,这些论证并没有运用**外在于**法律或法律推理的证成标准;它们运用的反而恰恰是律师和法官处理先例与制定法材料的方法,以此表明在进入上诉审阶段的案件中,基于法律材料,有不止一个判决可以得到证明。现实主义的论证表明——以适合于这里的新词汇表述——法律推理并不总是符合它为自己设定的基础主义理想。这种理想是法律推理为自己设定的,恰好也是像德沃金这样后来的学者试图运用的,该理想认为法庭将自己的判决辩护为可适用的法律理由的**要求**,而非在两个或更多法律上可辩护的结果之间做出的非法律**选择**。格林伯格认为奎因的批判所具有的道德定位是,哲学施加了“比内在于科学的证成标准要求更高的扶手椅标准”,但是现实主义者在论证法律不确定性时所运用的证成标准,**恰恰是内在于**法律推理的。有关他们批判性观点的简单总结是,

---

[62] 特别参见第 74—75 页。

上诉判决实际上缺乏一种证成，即法律推理如果具有理性确定性就可以提供的那种证成。不过——**这是关键**——对于现实主义者来说，这并不是对司法裁判的指控，因为他们（与格林伯格这样的德沃金主义者不同）认为这种确定性对于司法裁判成为一种可辩护和得到证成的实践来说是必要的。

格林伯格在讨论司法裁判时，他所做的是将两种证成性问题混在了一起。一个问题是上诉案件的判决是否在法律具有理性确定性的意义上得到了**证成**（这实际上是**内在于**法律推理的标准）。现实主义者否认这一点，并且我论证了他们在提出否定观点时，存在着与奎因批判认识论中（内在主义的）基础主义构成类比的论证。不过现实主义者与奎因类似，并不认为缺乏这种确定性破坏了相关实践——对现实主义者来说是司法裁判，对奎因来说是科学。但是另一种有关司法裁判的不同的**证成性**问题就是，在裁判上诉案件时，如果判决在法律意义上并不具有理性确定性，法院是否**在道德或政治上得到了证成**？如果现实主义者认为，由于上诉
116 案件中法律推理的不确定性，司法裁判在道德上没有得到证成，那么提出格林伯格认为施加了外部证成标准的指控就是合理的。但讽刺的是，不是现实主义者而是像格林伯格这样的德沃金主义者，施加了这种要求。当他主张“在认识论上与法律不确定性命题类似的，是科学理论无法得到证成这个哲学结论”时，格林伯格完全混淆了现实主义者的批判以及法院行使强制力的道德证成这个德沃金式的问题。不过，只有当现实主义者将不确定命题用作司法裁判不具有道德正当性的证明时，这个观点才是正确的；但是现实主义者——像哈特——和几乎其他所有人一样，并不接受德沃金

的古怪假设，即法律推理的理性确定性是司法裁判具有道德正当性的必要条件。

格林伯格通过主张认识论基础主义对于科学而言是一种“扶手椅”或“外部”证成标准，似乎只是发现了两者并不构成类比。其实，像格林伯格认为的那样，似乎表面看起来很可能认为奎因反对如下观点，即“哲学基于那些比内在于科学的证成标准要求更高的扶手椅标准能够从外部使得科学有效”，可是在“证成”这个观念中存在着重要模糊，格林伯格的措辞避开了这一点。失败的基础主义方案会**通过认知词汇**，在确立其独特认知地位的意义上**证成**科学。“内在于科学”的证成标准不过是为接受或拒绝特定科学假设和理论设定了证据与推断标准——就此而言，它们就像是法律理由一样，而现实主义者诊断出了这些理由的不确定性。内在于科学的证据与推断标准，**并没有**为基础主义者所寻求的那种科学提供证成，这是奎因所批判的。因此，并不是奎因认为科学证成的“内在”标准本身提出了一种作为基础主义替代方案的对于科学的认知验证；而是奎因认为有关基础主义者所探究的那类证成问题，我们并不具备解答的优势，因为这种优势假定我们可以走出纽拉特之船并从头开始重建“科学之船”。如我在本书第五章所说：

> 我们有关奎因自然主义的重要结论就是“不存在一个作为阿基米德点的宇宙流亡之地(cosmic exile)，以此我们可以撬动有关客观世界的理论”。[63] 对于奎因而言，一切理论都是

[63] Roger Gibson, "Willard van Orman Quine", in *A Companion to Metaphysics*, ed. J. Kim and E. Sosa, Oxford: Blackwell, 1995, p. 427.

> 科学的理论，并且不存在一个立足点供我们询问："但我们的科学是成立的吗？"……

如奎因自己在其他地方所说：

> 依据我的自然主义立场，我认为真理问题属于科学问题，
> 在科学之外就不存在更高的法庭了。这使我成为一名科学
> 117 实在论者。我坚持真理的符合论，但只是用这个词表达复杂
> 的观点：它分解为塔斯基(Tarski)的去引号版本的真，而非语
> 词与对象之间的符合。[64]

但是为什么不存在比科学"更高的法庭"？奎因在这个问题上总是暧昧不明，但实际上我认为，说他的观点是一种实用主义立场是很稳妥的：科学之所以是最高的法庭，**是因为科学有效**，并且"科学是具有自我意识的常识"，[65]这意味着科学只是我们用来预测未来经验状态的更形式化且更细致的日常"常识性"工具。"我们的认知立场总是内在于一系列实质理论"，[66]并且奎因认为理论是科学理论，因为正是这种理论被证明对于我们这样的生命来说是最成功的。当然，这意味着奎因并没有认为科学为自身提供了基础

---

[64] W. V. O. Quine, "Comment on Lauener", in *Perspectives on Quine*, ed. R. Barrett and R. Gibson, Oxford: Blackwell, 1990, p. 229.

[65] W. V. O. Quine, *Word and Object*, Cambridge, Mass.: MIT Press, 1960, p. 3.

[66] Christopher Hookway, *Quine*, Cambridge: Polity Press, 1990, p. 209. 对比 *Word and Object*, 同上注, p. 22("我们所能做的，不过就是持有我们在当时所能掌握的最佳的某一种理论的视角而已")。

主义未能提供的**认知性**证成;这只是表明奎因认为我们可以不关心科学的认知基础这个问题,因为我们所有的认知标准都源自我们最成功的认知实践——科学。[67]

格林伯格留下了这种印象,即奎因的主要抱怨是"哲学超出了自身的能力",却没有恰如其分地强调奎因的主要目标,即以有意义的经验问题**替代**贫乏的哲学问题。认为哲学由于施加了扶手椅式证成标准而"超出了自身的能力",本身并不构成认识论的自然化,可**认识论的自然化**却正是奎因明确主张的。在奎因看来,认识论在下述意义上得到"自然化",即它的一个核心问题——就是感觉输入和理论输出之间的关系——被送交到最高法庭,即被视为科学研究加以处理的经验问题。我认为,正是自然化一个哲学领域——用对于相关项的经验研究取代失败的基础主义方案——意味着什么这个观点,使得现实主义者以他们的方式讨论司法裁判的活动变得有了一定意义。

如我在本书第一章所说,我们有理由质疑认识论是否仅仅因为内在主义诸般立场的基础主义破产而破产,我们有理由质疑非基础主义的规范性哲学方案是否必然很贫乏。格林伯格也分享着一些这类担忧,并且我希望在他论文发表后可以解决其中一些问题。但是基于以上详细论述的理由,我相信自己依赖的核心类比是成立的。

---

[67] 这体现出与现实主义者显而易见的一种不成类比的特征,不过这个特征并不重要:这个特征是现实主义者确实基于"内在于"法律的标准而支持"反基础主义"立场。这表明法律判决**在某种意义上**并**没有**得到证成,即它们并不具有理性确定性。但是这与正文中先前所言,认为司法裁判在道德或政治意义上**得到证成**的观点是相容的。

无疑,还会出现对我有关美国法律现实主义的解读的反对意见,但我希望自己至少已经成功地扭转了迄今为止对我的解读最为重要和最有趣的反对意见中的一些。[68]

---

[68] 我应当简短地评论一下近来一篇非常长且富有雄心但最后极为混乱的文章:Michael Steven Green,"Legal Realism as Theory of Law",*William and Mary Law Review* 46(2005):1915-2000。格林令人惊讶地认为,现实主义法律理论——被哈特抛弃的观点,但却被错误地归属于现实主义者(如我在本书第一章中的论述)——值得哲学关注。但是他持有这一观点的理由很古怪。一方面,格林似乎认为,现实主义者是由于显而易见的法律(比如制定法)未能给行动提供决定性理由而否认其是**真正**法律(他将之称为"在相关意义上的"法律)的自然法理论家。同上注,第1920页。但有时他的现实主义者听起来像实证主义者:"(对现实主义者来说)某种事物构成有效法律这个事实,并没有给法律所适用于的人们提供一个客观的服从理由。"同上注,第1925页。事实上,他后来指出(呼应我在本书第二章中的论断),"现实主义者的法律理论与哈特的学说极为类似"。同上注,第1940页。但这只是像我一样指出现实主义者是隐秘的法律实证主义者;它当然没有正视如下有趣的主张,即现实主义者否认规范在法律上有效,因为这些规范"可能无法为造反的法官提供任何按照(法律)指引做出裁判的理由。"同上注,第1920页。这种奇怪的摇摆立场的一个解释就是,格林似乎觉得哈特认为一种法律理论必须解释"法律为什么会提供行动理由"(同上注,第1940页),而不是解释如下社会事实,即法律体系内的行动者**认为法律**提供了行动理由。其实,格林写道:哈特和现实主义者的分歧在于,法律背后站立的社会事实是否具有**规范性**,即这些事实是否为遵循法律提供了客观理由。哈特认为法律是规范性的。现实主义者不同意这一点,并且正是对于法律规则的拒绝……构成了他们新式法律理论的基础。

同上注,第1957—1958页。但是哈特和现实主义者一样,都没有认为构成法律的社会惯习产生了"服从法律的客观理由",所以他对于哈特的误解与对于现实主义者的误解一样有意思[不过可以肯定的是,这种误解哈特的方式是源自德沃金的一种独特谱系——参见本书第六章的讨论,特别是第157—158页——并且总体来说格林完全通盘接受了德沃金的许多误读(对比格林文章第1969页前后)]。

无论如何,格林对于现实主义法律理论的有趣解读似乎**不是**受到现实主义者的文本的推动(我们很难找到现实主义者对政治义务问题流露出兴趣!),而是受到将如下相当令人震惊(且非常不可靠)的哲学立场归属于现实主义者的推动,即"由于客观行动理由无法被发觉在人类行动(特别是司法裁判)中发挥作用,现实主义者就否认它们存在"。同上注,第1958页。与此观点相反,格林指出"**有关**客观行动理由的态度……在经验层面解释了对法律的服从。"同上注,第1960页。将解释问题放在一边(在我看来,文本证据相当薄弱),我们很难将这个观点严肃地视为一种论证。格林 (续下页注)

(续上页注) 说他想要表明自己归属于现实主义者的观点“在哲学上是**可靠的**”(同上注,第1962页),即使并不令人信服。但他甚至都没有为可靠性提供临界阈值。一开始格林甚至都没有打算严肃的表明,**最佳**解释就是通过**态度**的解释;要想证明这一点,就需要详细考察各种解释方案,并将之与其替代方案加以对比。但格林认为“(有关理由的)态度足以解释对法律的服从”(同上注,第1960页)是决定性的,因此没有理由假定存在理由。但是对于态度的最佳解释是什么?难道不是这些态度对客观理由的回应性么?为什么不换一种思路认为,有关司法裁判的最佳解释可能包含下述类型的**规范性**社会事实,即存在着**有效的**法律规则(由于该法律体系的任何有效性标准而有效,比如,“经过立法机关适当地制定”)——此时该规则的有效性源自它为司法裁判创造了**法律理由**。当法官承认这种社会事实时,他们就相应地据此做出裁判。但是他们所承认的社会事实本身具有规范性:承认这一点就是承认其给予理由的特征。

还有其他细节是我们想要展开讨论的——比如,格林在很大程度上像摩尔一样误读了霍姆斯(同上注,第1936—1938页),在本后记前面已经有所讨论——不过上述强调的混乱和问题是最核心的。

第二部分

自然化法学的路径

第四章　法律现实主义、刚性实证主义以及概念分析的局限*

一、引　　论 121

在我看来，美国法律现实主义者是**隐秘的**法律实证主义者，他们有关合法性**标准的预设与实证主义法律理论具有亲和性，因为他们根本上都采纳了法律有效性的谱系性检验。[①] 不过自从大约三十年前德沃金对哈特的实证主义展开著名的批判后，我们就一直在激烈争论实证主义作为一种法律理论是否要求法律有效性的检验是一种谱系性检验。所谓的“柔性”或“包容性”实证主义就

---

* 感谢在1997年秋季学期于德克萨斯大学奥斯汀分校“法律实证主义”研讨班中帮助我思考这些问题的学生；感谢布莱恩·比克斯（Brian Bix）、朱尔斯·科尔曼、尼尔·麦考密克（Neil MacCormik）、斯科特·夏皮罗以及斯蒂芬·A. 史密斯（Stephen A. Smith）对早期手稿的有益评论。

** 合法性（legality）在英美法哲学中指的是，一个规范成为法律规范的条件或标准是什么，旨在回答“什么是法律”这个问题。在欧陆法哲学，特别是德国传统中，合法性往往与正当性（legitimacy）对应，指的是行动者的外在行为符合法律要求。在当代英美法理学讨论中，合法性问题往往又被称为法律有效性的条件或标准。——译者

① 有关这一影响的论证，参见：Brian Leiter, “Legal Realism”, in Dennis Patterson (ed.), *A Companion to Philosophy of Law and Legal Theory*, Oxford: Blackwell, 1996, pp. 268-269；本书第二章。

旨在放松承认规则内容的约束，以便允许非谱系性的法律有效性标准；“刚性”或“排他性”实证主义则认为上述举动与实证主义的核心立场并不相容。因此，刚性实证主义的旗手拉兹[2]就与不同版本的柔性实证主义[3]展开论战，后者特别得到科尔曼、莱昂斯、索珀（Soper）、瓦卢乔以及现在哈特自己在“后记”中的明确支
122 持。[4] 如果现实主义者如我所主张的那样是实证主义者，那么柔性实证主义就不会是一个真正的实证主义式学说。不过在此有远比标签更为重要的问题。现实主义者对于法律不确定性的论证（这是整个现实主义事业的核心），极大程度上依赖他们隐秘的刚性实证主义。[5] 事实上，实证主义如果持有比刚性实证主义所设想的更为宽泛的合法性标准，那么现实主义的论证就立足在有关法律有效性的不合理的隐秘前提之上。因此，重要的不在于现实主义者

② 比如，参见：Joseph Raz，“Legal Positivism and the Sources of Law”，in *The Authority of Law*，Oxford：Oxford University Press，1979，pp. 37-52；Joseph Raz，“Authority，Law and Morality”，*The Monist* 68(1985)：295-324。

③ 一些作者将此观点称为“包容性实证主义”或“包容主义”。我在正文中遵循哈特的用法，即使“柔性”有包含贬义的危险。

④ Jules Coleman，“Negative and Positive Positivism”，reprinted in Marshall Cohen(ed.)，*Ronald Dworkin and Contemporary Jurisprudence*，London：Duckworth，1983，pp. 28-48；Jules Coleman，“Incorporationism，Conventionality and the Practical Difference Thesis”，*Legal Theory* 4(1998)：381-425；David Lyons，“Principles，Positivism and Legal Theory”，*Yale Law Journal* 87(1977)：415-435；E. Philip Soper，“Legal Theory and the Obligation of a Judge：The Hart/Dworkin Dispute”，*Michigan Law Review* 75(1977)：473-519；W. J. Waluchow，*Inclusive Legal Positivism*，Oxford：Clarendon Press，1994；H. L. A. Hart，“Postscript”，in *The Concept of Law*，2nd ed.，Oxford：Clarendon Press，1994. 莱斯利·格林合理地指出，《法律的概念》本身并不支持将柔性实证主义归属于哈特。参见：Leslie Green，“The Concept of Law Revisited”，*Michigan Law Review* 94(1996)：1705-1707。

⑤ 参见：Brian Leiter，“Legal Indeterminacy”，*Legal Theory* 1(1995)：481-492；Leiter，“Legal Realism”（上注①），pp. 268-269。

是否应当被称为(隐秘的)“实证主义者”或仅仅是(隐秘的)“刚性实证主义者”,而在于他们潜在的合法性标准是否合理。只有当他们的论证支持刚性实证主义时,其合法性标准才是合理的。

二、实 证 主 义

现在让我们更准确地界定刚性和柔性实证主义的争论核心。所有实证主义者都接受我们所说的“分离命题”(“法律**是**什么”与“法律**应当是**什么”是两个不同的问题)以及“社会命题”(任何社会中算作法律的事物根本上都事关社会事实)。[⑥] 二者在对于这些命题的合适解释上有所分歧。

柔性实证主义者将分离命题视为具有下述形式的一种模态性、存在性概括:**至少存在一种**承认规则进而也是一个法律体系,在其中道德并非法律有效性的标准(在概念上)是**可能的**。[⑦] 相反,

---

⑥ 这与在下文中的描述稍有不同:Jules Coleman and Brian Leiter,“Legal Positivism”,in Dennis Patterson(ed.),*A Companion to Philosophy of Law and Legal Theory*(上注①),pp. 241-260。该文中的表述现在对我来说似乎无法完整刻画实证主义学说的全部面貌。

⑦ 参见:Coleman,“Negative and Positive Positivism”(上注④)。科尔曼通过模态算子(即法律和道德之间不存在“必然“关联)来描述分离命题。[事实上,哈特在1958年的经典论文中并没有使用该模态算子。参见:H. L. A. Hart,“Positivism and the Separation of Law and Morals”,*Harvard Law Review* 71(1958):593-629。]由此得出的“消极实证主义”(如科尔曼所说)如果仅仅主张至少存在一个法律体系,在其中承认规则并不将道德视为合法性的标准,那么它就是一个非常弱的主张。不过科尔曼**进一步**引入了模态因素,使得该主张更加微弱。他指出,对于消极实证主义来说只需要有“至少一个**可设想的**(conceivable)承认规则……该规则并不将一条道德原则的真值视为任何法律命题的真值条件”,并且“我们能够**想象**在一个法律体系中,一条道德原则并非任何规范的合法性条件”就已足够(同上注,第33、31页;强调为引者所加)。 (续下页注)

123 刚性实证主义者将分离命题理解为如下形式的全称概括：对于一切承认规则进而对于一切法律体系而言，道德并非合法性的标准；**除非**某些内容中立的标准使得它如此。[8] 柔性实证主义者认为，社会命题只是提出，一个社会的承认规则由涉及官员实际上如何裁定争议的社会事实决定；因此，比如官员若通过参照道德来解决争议是一种“实践”或“惯习”的话，那么在该社会中道德就是合法性标准。相反，刚性实证主义者认为社会命题是对承认规则**内容**的约束，而不仅仅是对其存在条件的约束。因此，对于刚性实证主义者而言，社会命题不仅指出一个承认规则由社会事实构成（譬如，解决纠纷时有关官员之间惯习性实践的事实），还认为任何社会中承认规则所设立的法律有效性标准都必然要**包含在**社会事实中（比如，有关谱系或渊源的事实）。

三、概 念 论 证

迄今所有支持刚性实证主义的论证都是**概念**论证。譬如，它

（续上页注） 如科尔曼所强调的，就连德沃金都不会拒绝这个意义上的消极实证主义。事实上，只要自然法的下述主张，即道德是合法性的一个标准，被认为是针对法律概念的真值做出的一个偶然而非必然的表述（即是我们这个世界中的真，而非一切可能世界中的真），那么一位自然法学家也会接受科尔曼对于消极实证主义的模态解释。科尔曼在其他地方确实说过：“一些人会认为分离命题指的是法律和道德是不同的两种事物，因为没有任何道德原则能够算作共同体的法律。”“Authority and Reason”，in Robert George（ed.），*The Autonomy of Law*：*Essays on Legal Positivism*，Oxford：Clarendon Press，1996，p. 287，315 n. 5. 我认为这样理解分离命题是有价值的，特别是在科尔曼所青睐的“模态化”解释如他自己所承认的那样使得该命题变得微不足道的时候。

⑧ 即便在后一种情形中，刚性实证主义者也会试图否认道德是**约束**司法裁判的实际**标准**。

们基于如下理由捍卫刚性实证主义，即它为法律概念的不同特征提供了更好的解释。但法律的"概念"究竟是什么呢？法律理论中概念分析的性质很少得到清晰或详细地讨论，[9]却被广泛接受为法理学家主要的**研究方法**(*modus operandi*)。我们可以从如下提问开始：什么是一个"概念"？一种嘲讽的说法会认为"概念"就是当哲学家的工作是分析意义时，用来唤回"意义"的东西。因为自从奎因使得哲学家陷入承认他们并不知晓什么是"意义"的尴尬后，他们就取而代之开始分析"概念"了。这种嘲讽在我看来有些许真理在其中，不过很难说是故事的全部。

首先，显而易见的是有关"概念"(或"意义")的哲学旨趣与词典编纂者对于"意义"的旨趣不同：哲学的目的可不是记录进而规制语言实践和使用。如拉兹所说，"我们并不想成为语词的奴隶"。[10] 同时，我们也不能忽略语词，因为语词和概念存在着紧密(部分上是证据性，部分上是构成性)的关联。不过语词与概念之
间的一个重要差异在于，是概念而非语词是命题性态度的对象。 124
"你不可以这么做，这违背法律"以及"别这么做，立法禁止"，虽然一个涉及"法律"而另一个涉及立法者的活动，但都表达了同样的概念，即违法性。所以当法理学家谈论法律概念时，他们谈论的是讲着"法律话语"的人们的一系列不同命题态度的对象：法律话语以法律概念作为对象，不同人群(律师、法官、法律学者、普罗大

⑨ 最近的一个例外就是：Brian Bix，"Conceptual Questions and Jurisprudence"，*Legal Theory* 1(1995)：470-475。从以手稿形式传阅的最近作品中判断，这个问题现在似乎正吸引着更多法哲学家的关注。

⑩ Raz，"Legal Positivism and the Sources of Law"(上注②)，p. 41.

众)、不同类型的法律话语对于法律概念的含义(contours)不仅有证据性价值,有时也不乏构成性价值。但是命题性态度的对象是抽象对象,这就不可避免地带来认知困难:对象并非在那里有待我们去获知、权衡、测度和审思。我们有时会疑惑所有关于法律的命题性态度的对象是否真的指的是同一个"事情"。这种担忧对于概念分析这项事业来说会被证明是致命的。伦理非认知主义者之所以认为目力所及之处不存在有关"善"(goodness)的有效分析,原因之一就是他们认为有关善的命题性态度的对象事实上是不同的。同样的担忧在法律中也会出现。

当然,"法律"的概念看上去似乎有指涉性内容,它代表了真实世界的某些特征,而且这正是拉兹持有如下观点时想要表达的:他指出刚性实证主义的论据"并非源自日常'法律'或其他词汇含义的论证。它依赖我们对于特定社会制度的理解的基本特征,该制度的一个重要范例就是当下的国家法律体系……"[11]在我看来,有关一个社会制度的"理解"就是我们有关该制度的"概念",这正是我们所有与法律相关的命题态度所共有的对象,即便这些命题通过我们脑海中措辞不同的语句加以表达。但是,假设概念的指称就是最终的研究对象,那么至少从基于证据的角度来看,我们还是语词的"奴隶"吗?并不必然如此。我们记得,哈特采纳了奥斯汀(或许是错误的)"关注语词"的理由,即我们"借助敏锐的语词意识,能使我们对于现象的感知变得敏锐"。[12] 但如果我们对哈特/

---

[11] Raz,"Legal Positivism and the Sources of Law"(上注②),p. 50.

[12] H. L. A. Hart, *The Concept of Law*, Oxford: Clarendon Press, 1961, p. 14(对奥斯汀的引用).

奥斯汀的观点有所怀疑，那么“关注语词”的理由就不那么明确了。分析法律话语**可能**对于我们理解真实世界这个目标有所帮助。但是并不存在特殊的理由使我们认为语言是此目标唯一或最佳的工具。不过它却至少被法哲学家独一无二地宣称为他们唯一或最佳的工具。

因此，捍卫刚性实证主义的法哲学家通常关注法律**概念**的独特特征。这个概念体现在各类法律话语之中，是人们在使用法律话语时所涉及的一切命题性态度的**真实**对象。刚性实证主义独自能为该概念提供最佳解释。至此，刚性实证主义的主要概念论证
都是**功能性**论证，即一些诉诸我们有关法律的**功能**概念的论证。我 125
们可以区分出两类主要的功能论证：公共指引（public guidance）和权威（authority）论证。[13] 第四节和第五节将会详细考察分析这两个论证，并在一些情形中思考并回应某些熟悉的反驳。最后，我会表明只有权威论证能够成功，至少作为一个概念论证时如此。不过第六节的最后，我会重新考察有关这类论证整体风格的担忧。我认为，对于上述争议的妥善解决要求法理学不仅仅做一些概念分析的工作。

---

[13] 不过近来斯科特·夏皮罗发展出第三种类型论证，它诉诸我们有关“被规则指引时意味着什么”这个概念。参见：Scott J. Shapiro，“The Difference That Rules Make”，in Brian Bix（ed.），*Analyzing Law：New Essays in Legal Theory*，Oxford：Clarendon Press，1998，pp. 33-62；“On Hart's Way Out”，*Legal Theory* 4（1998）：469-507。在此我不讨论这些有意思的新论点。

四、公共指引

德沃金将下述主张归属实证主义(同时特别是拉兹也承认这一点),即法律的功能就是"为个人和公务行动提供一系列公共的且可依赖的确定标准,这些标准的约束力(force)不会因某些官员个人的政策或道德观念而受到质疑"。[14] 因此与柔性实证主义不同,上述立场认为,如果道德是合法性的标准,那么法律就无法实现该功能,因为道德主张和论据本身具有争议性,会使得法律处于不确定的状态,同时法律和"官员个人的……道德观念"之间边界模糊。

但若是这么说,则该观点包含的内容就太多了:事实上,有关功能的主张可能是我们法律概念的一部分,但它不可能是"法律**良好**或**成功**运行"这个**概念**的一部分。[15] 后一种主张会使得现实中显然实际存在的如下情形**在概念上是不可能的**:一些法律体系并不能良好运作。因此,反驳柔性实证主义的成功的功能论证必须具有纯粹的**不可能性**论证的形式:它必须证明法律**根本无法**实现柔性实证主义法律理论所赋予它的功能。我们可以通过清晰的**认**

⑭ Ronald Dworkin, *Taking Rights Seriously*, Cambridge, Mass.: Harvard University Press,1977,347. 拉兹将此视为法律实证主义的主张,参见:"Authority, Law and Morality"(上注②),p. 320。不过拉兹并没有将之视为**支持**刚性实证主义的主张;只有德沃金这么做。在"后记"中,如我们会在注释⑯中所指出的,哈特似乎默许了这一点。

⑮ 我感谢斯科特·夏皮罗对此问题的澄清。

知语汇来重述该论证，以便满足这一要求。[16]

依据该论证的认知版本，这个主张意味着承认规则（进而是法 126
律）的独特特征在于实现一种**认知**功能，即授权（至少是）官员来识别什么是法律，即便不是在所有时候这种识别都具有绝对确定性，但至少大部分时间中具有某种合理的高度确定性。[17] 进而，相应的概念主张就是当官员在大部分时间内无法以较高程度的确定性

---

⑯　德沃金基于“受保护期待的理念”对刚性实证主义的论证，实际上是公共指引论证**认知**版本的一种变体。参见：Dworkin，*Law's Empire*，Cambridge，Mass.：Belknap Press，1986，117ff.。在德沃金看来，实证主义法律理论必须回答下述政治哲学的基本问题：强制力的实施如何能够被证成？对于德沃金意义上的实证主义者来说，只有当法律“通过使得强制力的实施依赖所有人都可获知（即具有认知可及性）的显而易见的事实来提出公平警告，而非依赖不同法官会有不同看法的政治道德的全新判断时”，强制力的实施才能够被证成。同上注，第 117 页。就此论证是为刚性实证主义辩护而言，它很容易会遭到如下反对，即将太多内容涵盖在法律概念之中，因为它（如哈特所说）假设了“法律和法律实践的目的或意图是证成强制力”。“后记”（上注④）。即便我们并不像哈特所主张的那样，认为“实证主义……并没有识别出一般意义上的法律和法律实践的目的或意图”，我们也会同意哈特（一致性不那么明显）的主张，即“试图寻找法律本身在为人类行为提供指引并对该类行为提供评价标准之外的任何特定目的，是非常徒劳的”。同上注，第 249 页。换句话说，德沃金更为特殊化的公共指引论证，对我们有关法律功能的**概念**加入了超出我们能够毫无争议地从中发现的东西。不过对于诉诸我们的法律“概念”这个方法的问题的进一步讨论，请参见本章最后一节。

⑰　因此，我不赞同科尔曼认为承认规则的**语义**含义居于首要地位的观点。Coleman，“Negative and Positive Positivism”（上注④），pp. 30-31. 认为承认规则的语义含义具有首要性，似乎既与哈特实际上的表述[比如，“Postscript”（上注④），p. 251]相反，也与哈特选择的标签相违背：毕竟，这是一条事关“**承认**”的规则，而承认是一种认知能力。在晚近的作品中，科尔曼以实现“有效性”功能和“识别”功能的承认规则之间的差异取代了早期对于承认规则的**语义**和**认知**版本的划分。科尔曼认为，尽管承认规则总是实现有效性（或语义）功能，但对普罗大众而言，它并不承担识别（或认知）功能。参见：Coleman，“Authority and Reason”（上注⑦）307ff.；“Incorporationism，Conventionality and the Practical Difference Thesis”（上注④），416ff.。尽管该区分最初看来有反驳拉兹权威论证的力量（参见正文中后面的讨论），但它却无力反驳正文中分析的源自认知功能的论证，因为承认规则必然要为官员（如果没有别人的话）承担认知功能。

识别出法律时，我们就不会有法律体系。该论证意味着柔性实证主义大体上无法与上述可能性兼容，即无法与承担着重要认知功能的承认规则兼容。

根据柔性实证主义，承认规则的唯一约束就是其存在条件是由社会事实（即有关官员实际上如何解决争议的事实）构成的。这意味着柔性实证主义原则上与我们可以称为“极端情形”的情况相容，这种情形指的是此时官员诉诸自然法来解决一切争端是一种实践或惯习。[18] 这样一种承认规则无法实现其认知功能，除非（a）存在道德真理，及（b）大部分情况下我们对于这些真理具有可信赖的知识。我们几乎没有理由认为，柔性实证主义可以负荷其本身所允许的极端情形的可能性所要求的沉重的形而上学和认识论负担。因为柔性实证主义原则上与极端情形相容，因此它就在原则上与承担认知功能的承认规则不相容。

127 请注意，像瓦卢乔那样回应说即便满足拉兹渊源命题的承认规则仍然具有不确定性，对柔性实证主义是于事无补的。[19] 当然，瓦卢乔的观点是正确的。但这里唯一相关的是程度问题，因为实证主义者并不认为承认规则一定要消除所有不确定性。[20] 刚性实证主义确实要求存在着有关社会事实的真理，并且存在我们有关这些真理的可信赖的知识。但在比较刚性和柔性实证主义解释一个承认规则如何实现其认知功能的能力时，重要的问题是我们有

---

⑱　相较传统的自然法理论，这依旧是一个较弱的立场，因为只有在一个偶然事实（即官员实际上以自然法解决争议）存在时，自然法才是此极端情形下的合法性标准。

⑲　Waluchow，*Inclusive Legal Positivism*（上注④），p. 122.

⑳　比如，参见：Hart's “Postscript”（上注④），p. 251。

理由认为，不确定性问题由于需要负荷社会事实**与**道德事实的形而上学和认识论负担而变得更为复杂。但怎么让问题别更加复杂呢？本体论上的混乱及其所导致的认识论上的复杂怎么会**不**增加负担、**不**增加不确定性呢？

当然还有下述可能性，即便柔性实证主义必然会**增加**不确定性，但（在原则上）它并不会使得不确定性的限度达到使得承认规则**无法**实现其认知功能的程度。我没看到有什么方法能够完全排除这后一种可能。此时，源于公共指引的论证只能让我们怀疑柔性实证主义，却不能证明它与我们所认为的法律功能不相容。

有意思的是，哈特承认在允许道德成为合法性的标准时会导致的相关困难，因此有必要来看看他（作为柔性实证主义的辩护人）对此怎么说。他写道：

> 仅当存在客观道德事实使得道德判断为真时，（一种）道德检验才能成为既有法律的检验……如果不存在这类事实，一位法官又被告知要采纳一种道德检验，就只能认为这是要求他根据自己对于道德及其要求的最佳理解做出造法性的裁量，并且服从法律体系向其施加的任何约束……如果像我认为所应当的那样，法律理论并不涉及道德判断的客观状态，那么柔性实证主义就不能被简单理解为允许道德或价值成为法律有效性标准的理论，因为如果道德原则和价值是否具有客观性这个问题并未得到处理，那么如下问题——试图将是否符合道德原则和价值纳入对现行法律的检验之中的“柔性实证主义”立场能否成功，或相反它只能构成法院根据道德造法

的指令——也是未知数。[21]

简言之,如果合法性的道德标准等同于允许司法裁量(它是缺乏客观主义的元伦理学所导致的后果)的话,法律就未能提供公共指引。

请注意,上述引文中哈特对于道德客观性有何要求的独特理
128 解(比如,“客观道德事实使得道德判断为真”。)并不重要。重要的是哈特承认柔性实证主义**在某种意义上**要求道德的客观性。不过哈特对于这一元伦理学问题持有相当随意的态度,因为他认为无论我们元伦理学立场如何,“法官的义务都是一样的”:“从实践目的而言,无论在裁判中法官是根据道德**造**法(服从于法律施加的任何约束),还是与此不同,受到他自己对于道德检验所揭示的**现行**法律中所体现的道德判断的指引,都无关紧要。”[22]这一回应在如下两点上是不正确的。

首先,为什么**产生实践差异**是此语境中的相关考量因素并不明确。我们是在为法律的社会现象寻找一种合理的理论解释。如果一个候选理论导致一种难以解决的理论困境——比如,它难以解释法律如何有可能实现其“公共指引”功能,或承认规则如何有可能实现其认知功能——就足以排除掉该理论。其次,不管怎样,重要的问题可能在于在两方面产生**实践**差异。只要我们认为,将任何法律有效性的道德标准纳入承认规则就等同于允许司法裁量的话,那些反对在基于法律的道德内容裁判案件的一阶层次上[23]

---

[21] “Postcript”(上注④),pp. 253-254.

[22] 同上,第 254 页。

[23] 与确定运用何种解释规则这个元层面问题相区分。

行使裁量权的法官可能会“避免(道德)检验的内容,并转而诉诸更为熟悉的考量,譬如立法者意图、共同体共识或文字平义等”。[24]此外,如果一种客观主义元伦理学是正确的,这种元伦理学对于法官**应该**如何处理涉及诉诸合法性道德标准的案件,**必然**会产生实践上的差异。

如果以上两点是正确的,并且如果哈特的下述元法理学主张无误,即“法律理论应当避免与有关道德判断一般状态的富有争议的哲学理论产生关联”,[25]那么柔性实证主义就是站不住脚的。因为柔性实证主义要求在有争议的元伦理学问题上采取立场,这就会违背哈特所支持的元法理学考量。不过,将反驳柔性实证主义的论据只建立在哈特这个独特且可能是古怪的元法理学考量上,似乎并不公正。

五、权　　威 129

支持刚性实证主义的最为重要的功能论证源自拉兹的权威论证。根据该论证,法律功能的核心就是法律能够提出**权威性**指令,即使事实上它未能如此。拉兹主张,只有他的渊源命题可与法律

---

[24] W. J. Waluchow,“Hart's ‘Postscript’”,*APA Newsletters* 96(Fall 1996),p. 54.

[25] “Postscript”(上注④),pp. 243-254. 有意思的是,哈特并没有利用对他来说最为简单的回应方案,这会使他避开元伦理学问题并完全依赖启发他有关语言“开放结构”论证的潜在语义学。因为假定道德谓述如同其他谓述(比如,“车辆”)一样会包含核心和边缘区分,那么一个道德谓述的核心就是大多数胜任的语言使用者将会欣然同意的该谓述的外延。现在尽管道德谓述的核心含义范围一般而言会更小,边缘区域会更大,但如下情况还是不变,即案件事实落入道德谓述的核心区域时,柔性实证主义不会简单地允许法官进行裁量,**并恰恰出于同样的原因不允许“公园中不得有车辆”这样的规则在适用中允许裁量**。

拥有权威的可能性相容。在他看来,只有当识别一个法律体系的指令有可能不诉诸该指令的潜在("依赖性")理由时,该法律体系才能主张权威。这是权威的一个"先决条件",因为一个(实践)权威的首要特性在于其指令排除了对于我们应当做什么的潜在理由(比如,包括道德理由)的考量,并且这样会使得我们更有可能去做我们真正应当做的事情。但柔性实证主义者恰恰使得法律的识别依赖那些权威性指令旨在排除的理由,因此使得法律无法实现提供权威性指引的功能。

柔性实证主义者提出三类论证来反驳拉兹的权威论据。首先,柔性实证主义者会质疑,通过参照道德考量来识别法律是否必然会要求考虑这些法律所基于的依赖性理由。瓦卢乔说,"一切道德理由的集合"可能"与我们所讨论的依赖性理由集合并不一致……"。[26] 即便这是正确的,也不足以证明什么。因为,如果只要在**任何**情形中依赖性理由与识别法律所要求的道德理由相一致,那么就足以证否柔性实证主义是与法律的权威相兼容的理论;还有一些情形,在其中这些理由"可能"与道德理由不同但却与证成柔性实证主义无关。[27] 此外,如果道德理由在实践推理中总是

---

[26] Waluchow, *Inclusive Legal Positivism*(上注④),139. 类似的反驳,参见:Coleman,"Incorporationism,Conventionality and the Practical Difference Thesis"(上注④),pp. 414-415。

[27] 瓦卢乔对此反驳的回应是"**一些**指令以权威为先决条件并不要求**一切**指令具有权威。" W. J. Waluchow,"Authority and the Practical Difference Thesis",*Legal Theory* 6(2000):71. 但这忽略了如下要点,即权威论证是一个**可能性**论证,即该论证表明,如果我们允许基于内容的合法性标准,那么法律的权威就是**不可能的**。因此,尽管**事实上**一些指令被证明具有权威而另一些则没有是正确的,但对于可能性论证而言,重要的是,即便一些指令未能具有权威但该论证依然**可能成立**,这正是柔性实证主义合法性立场的结果。

居于最高地位(事实上,这是大部分道德理论家们所接受的主张[28]),那么道德理由将**总是**任何权威性指令的依赖性理由的一部分。因此,如果识别该指令要求诉诸道德理由,那么权威的先决条件就无法被满足。

其次,科尔曼认为柔性实证主义与法律的权威主张相兼容,因为承认规则并非日常普罗大众(那些服从于法律权威的人)**识别**法律是什么的规则。[29] 他将其早期非常知名的从“语义”和“认知”意 130
义上对承认规则的区分改换为“有效性”与“识别”功能的区分,进而做出如下论证:

> 要存在法律就必须要有一条有效性规则,它如包容主义(即柔性实证主义)所承认的那般含义广泛。不过,法律要想具有权威,就要有一条识别规则——它可能不会这么广泛。如果这两个规则是一条规则的话,包容主义就会面临困难。但是它们无需且通常并非一条规则。渊源命题……(只是)对普罗大众用来识别对他们具有约束力的法律的任何规则施加约束。因为大部分普通公民能够确定对其有约束力的法律,然而(如果有的话)很少一部分公民能够明确表达或阐述盛行的承认规则,因此识别规则(即承认规则的认知样态)不可能

㉘ 我想到,菲利帕·富特(Philippa Foot)和伯纳德·威廉姆斯(Bernard Williams)是例外。相关讨论参见:Brian Leiter,“Nietzsche and the Morality Critics”,*Ethics* 107(1997):258-260。

㉙ “Authority and Reason”(上注⑦),pp. 307-308;“Incorporationism,Conventionality and the Practical Difference Thesis”(上注④),416ff.

是承认规则(语义样态)。[30]

科尔曼的论证提醒我们注意很重要的一点:只有当用来**识别**法律的规则要求诉诸依赖性理由时,法律的权威**一般来说**就会遭遇困难。这个困难体现在承认规则对**官员**而言必须同时承担认知功能,因此柔性实证主义依旧会削弱承认规则对于官员们的权威。因为科尔曼在更晚近的著作中放弃了有关普罗大众的主张,[31]并且本文论述与之并不相关,我提请有兴趣的读者参见本章早期版本中有关该主张的详细(但如今却是无意义的)反驳。[32]

最后,一些柔性实证主义者试图否认**权威**涉及**排他性**理由,即在考量中排除权威指令所基于的依赖性理由。瓦卢乔说:"没有理由认为权威是一种全有全无的事物。"[33]他支持佩里的观点,即权威性指令仅仅提供了"一种二阶理由,它是将一阶理由视为比通常样态具有更多或更少权重的理由,因此一个排他性理由不过是这样一种特殊情形,其中一个或多个一阶理由被认为不具有权重"。[34]

如果权威性指令**并非**排他性理由,那么"我们需要考量依赖性理由来识别法律"这个事实(作为柔性实证主义的结果)对于法律

㉚ "Authority and Reason"(上注⑦),p. 308.

㉛ 科尔曼现在否认该问题"作为经验问题,与普罗大众了解共同体法律的方式有关"。"Incorporationism, Conventionality and the Practical Difference Thesis"(上注④),420.

㉜ "Realism, Hard Positivism, and Conceptual Analysis", Legal Theory 4(1998):542-543.

㉝ Waluchow, *Inclusive Legal Positivism*(上注④),136.

㉞ Stephen R. Perry, "Judicial Obligation, Precedent, and the Common Law", *Oxford Journal of Legal Studies* 7(1987):223.

的权威主张而言就不再致命。进而，重要的问题就是对于权威概念而言，一个**排除**一切依赖性理由考量的权威性指令是否居于核心地位。让我们以先例为例证，这是佩里和瓦卢乔都依赖的一个 131
例子。如果法院推翻了一个先例，我们当然会很自然地说推翻先例的法院并没有认为该先例具有权威。我们很自然地这么去说，正是因为如下拉兹式的理由：相较于被推翻的法院而言，推翻先例的法院回溯到过去，以不同方式打破了依赖性理由之间的平衡。这就意味着它没有将先前法院的判决视为以特定方式裁定眼下案件的排他性理由，并且由于没有这么做，它不认为先例具有权威性。

但是基于佩里或瓦卢乔的立场，一个被推翻的先例可能仍然被认为具有权威性，只要推翻先例的法院被要求"相较于先例的通常样态，赋予（它）……更多权重，即相较于如下情形——此时权威并不存在而且理由仅仅基于各自理据而平等地竞争——先例具有更多权重"。[35] 但是以这种方式理解这个问题，就会有如下奇特的结论：一个被推翻的先例会被认为具有"权威"，而这正是对被推翻的先例而言似乎并不具备的特征！仅仅因为推翻先例的法院说"在我们的裁判中我们赋予该先例相当大的权重，但最后我们以相反方式判决了同样的问题"，我们就真的应当说一个被推翻的先例具有"权威性"吗？[36] 在对权威概念的拉兹式分析的背后，重要的

㉟　Waluchow, *Inclusive Legal Positivism*（上注④），137.

㊱　瓦卢乔并不赞同我对于应当如何回应修辞问题的直觉。参见："Authority and the Practical Difference Thesis"（上注㉗），pp. 69-70。瓦卢乔指出"……认为（之后的法院）相信先例的权威被**特别强的理由超过**，也同样是很自然的。"同上注，第 70 页。至少对我来说，认为一个先例的权威被"超过"，就是一种认为该先例没有权威的委婉说法。不过由于我对该类哲学论证所持有的怀疑态度（参见下文第六节），对此我不再赘述。

恰恰在于权威的特殊性绝非权威的主张得到了“认真”(无论这个词具有何种含义[37])对待,而是说它们被认真地对待以至于排除了对与手头议题相关的理由的进一步考量。拉兹式的分析与我们有关被推翻先例的地位的直觉性思考相一致,这意味着拉兹式分析捕捉到了权威概念的本质性要素。

六、概念分析的局限

我们已经看到刚性实证主义的主导论据都依赖法律的概念,
132 特别是我们关于法律功能概念的主张。斯蒂芬·佩里在许多文章中已指出,[38]这些论证与他所说的“方法论实证主义”并不相容,后者“认为法律理论是纯粹描述性的、非规范性的事业,以日常科学的方式告诉我们,在这个世界中我们栖身的特定一隅是怎样的”。[39] 简言之,他的论证如下:(1)我们总是需要一个背景性概念框架来界定我们理论旨在描述和解释的材料;譬如,我们并不认为

㊲　此处的困难在一定程度上与(Perry)佩里所依赖的“权重”这个极为模糊的概念有关。一个特定指令要成为权威性指令需要我们赋予其多大权重呢?如果最高法院认为罗伊诉韦德案[*Roe v. Wade* 410 U.S. 113(1973)]是裁定女性是否有选择堕胎的宪法权利时的重要约束,但最后却判定女性没有此权利,那么在此语境中我们认为罗伊案具有“权威”,是因为法官在忽略该案前对之加以“权衡”了,这么说有道理吗?

㊳　特别参见:Stephen R. Perry,“Interpretation and Methodology in Legal Theory”,in A. Marmor(ed.),*Law and Interpretation: Essays in Legal Philosophy*, Oxford: Clarendon Press,1995,pp. 97-135;Stephen R. Perry,“The Varieties of Legal Positivism”,*Canadian Journal of Law & Jurisprudence* 9(1996):361-381。

㊴　“The Varieties of Legal Positivism”,id.,p. 361. 反驳(佩里称之为的)“方法论实证主义”的相关论证线索,参见:John Finnis,*Natural Law and Natural Rights*, Oxford: Clarendon Press,1980,pp. 3-22,esp. pp. 3,16。

一个充分的裁判理论必须要解释接受贿赂的法官的决策过程，或一个充分的美国政治理论必然要解释投票站的技术，又或一个充分的历史理论必然要解释人类语言的演进，即便这也是真实历史时期中发生的事情；(2)对于法理学具有重要意义的背景性概念框架中，有一部分与法律的**功能**有关，它使得我们能够理解法律的哪些功能是法理学理论必然要去关注的；但(3)我们无法在不涉及规范性论据（即法律**应当**具有何种功能的论据）的条件下特定化法律的功能。因为我们无法展开法理学研究，无法成为（如哈特、瓦卢乔和其他人所主张的）方法论实证主义者。

其中(1)确实也应当是一般科学哲学（包括社会科学）中无可争辩的命题。(2)也同样应当是对法理学作为一类社会-科学研究的无可争辩的观察。(3)对于我们的论证目的来说是非常重要的主张，因为它预设了，概念分析——诉诸法律的**概念**（或法律功能的**概念**）——对于法理学而言并不足够。由于概念分析**会是**与方法论实证主义相一致的方法，可是佩里的观点恰恰是我们无法在保留方法论实证主义立场的同时可以获得有关法律"功能"（或"目的"或"本旨"）的重要概念。为什么佩里会这么认为呢？

实际上，佩里必然会认为我们有关法律"功能"的概念不足以彼此一致到允许对之加以分析的程度：由于法理学者只是依赖诉诸"我们"（有关法律功能）的概念，因此对该概念存在着太多不同的理解。譬如，佩里认为，德沃金的观点——"普通法的基本功能并非指引行动而是原则化的裁判，即根据可适用的道德原则解决争议"[40]——或霍姆斯式的立场——其核心概念是"惩罚创设了……(审慎的)行动理由，它对于准确地理解法律至关重要"[41]——与实证主义将法律视为提供公共指引的理念，同样都可
133 以成为有关"法律的(多种)概念"的主张。(当然，他也质疑有关权威概念的拉兹式分析。)概念分析就其本身来说，没有给予我们青睐这个而非那个概念的理由；只有进一步的规范性论据能够如此——佩里的论证大意如此。[42]

现在就连上文考察的支持刚性实证主义的论据也预设了多少有些不同的法律功能的概念(比如，提供公共指引或提供权威性指令)。存在着彼此不同的功能概念**本身**并不令人担忧，只要有某种单一的法律理论(譬如，刚性实证主义)能够为所有主张自己是该概念一部分的真正特征提供最佳论述就行。但是，如果不同的概念主张彼此有矛盾，以至于没有任何单一理论能够解释这些有道理(viable)的概念，则是令人担忧的。如果佩里对于该情形的分析是正确的，这正是我们所处的境地。

---

[40] "The Varities of Legal Positivism", *Canadian Journal of Law & Jurisprudence* 9 (1996):361-381, p. 377.

[41] "Interpretation and Methodology in Legal Theory"(上注㊳), 113.

[42] 对于佩里论证的一些质疑，参见：Coleman, "Incorporationism, Conventionality and the Practical Difference Thesis"(上注④), esp. at p. 392 n. 23。然而，即便科尔曼主张"**我们的**法律概念"有"某些本质性特征"，他也否认我们需要诉诸法律的功能来指出这些特征是什么[进而也就否认了上面正文中的(2)]。同上注，第393—403页。科尔曼指出，我们可以通过承认"法律的制度性"(也即如下复杂观点：法律权威的一部分区分性特征体现为法律规则是不同类型的制度性行动的结果。)来识别这些"本质特征"。同上注，第395页。不过停留在这么抽象的层次上，我们不清楚它如何能够回应佩里的下述担忧：从法律的"制度性"中**到底**能够推导出什么样的法律的概念？

该分析正确吗？我们可以依旧依赖下述主张，即某些有关法律概念的直觉确实要比其他直觉更为基本，比如，“法律一般来说除了为人类行动提供指引以及提供评价这类行动的标准外，并无更多的特定目的”，[43]抑或权威**真的确实**要求排他性理由。德沃金或霍姆斯式的观点有可能主张捕捉到了如哈特所识别出的法律特征那样基本的特征吗？佩里/瓦卢乔有关权威的观点能够主张如同拉兹的观点那样有道理且符合直觉吗？

然而，当哲学成为对于“我们”的概念来说什么是真正根本之物这个问题的直觉兜售机或扶手椅社会学时，它是无法令人满意的。[44] 对于彼此冲突的概念直觉这个绝望的困境来说，避免它的一种方式就是采纳佩里的路径，放弃方法论实证主义对法理学的约束。[45] 不过还存在一种与方法论实证主义相一致的选择，但它却要求我们留意现代语言哲学中更一般的教训。尽管奎因对于分析-综合区分的著名批判偶尔在当代哲学家中得到礼貌地赞许，但 134
其结果却远未得到理论家的认真对待：换句话说，概念分析的主张**总会**受到**后天**理论建构要求的伤害。在许多方面，一个奇怪的事

---

[43] Hart，“Postscript”（上注④），p. 249.

[44] 难道不正是这个特征使得大部分规范伦理学如此令人厌倦和没有意义？请注意，我可以赞同科尔曼的观点，即“有争议情形的存在，并不能够推导出核心情形中存在分歧，或者说核心情形是空洞的”。同上注，第389页。不过这里的担忧恰恰在于直觉**在核心情形中**存在冲突。

[45] 另一种可能，是质疑佩里从“法律的概念并没有一致到允许我们对之加以分析的程度”这个主张，滑向“我们需要**道德和政治规范**来将法理学研究主题加以具体化”这个主张。但或许**认知**规范（比如，简洁性、一致性、既有理论主张的最小改动等）就已足够了。佩里需要说明转向道德和政治哲学是唯一的规范性解决方案的理由。

情是，哲学家们虽然知晓概念分析方法所导致的虚假真理的灾难性糟糕结果，但依旧对该方法持有乐观态度。如吉尔伯特·哈曼(Gilbert Harman)近来所说：

> 当有关特定概念主张的问题被提出时，它们是关于一直被视为有关先天真理的貌似清晰情形的例证——欧几里得几何学原则、排中律、“猫是动物”、“未婚成年男性是光棍”、“妇女是女性”，以及“红色是一种颜色”——的问题。物理学使得欧几里得几何学遭到拒绝，并至少使得拒绝排中律被纳入考虑范围。我们可以想象我们发现猫不是动物，而是来自火星的受到电波控制的机器人。说话者也不会认为主教是光棍。人们不会把“光棍”这个词用在这样一位男子身上：他同一位女性在足够长的时间内一同生活但他们却并未结婚。报纸上的社会版会认为正在办离婚手续但婚姻依旧存续的男性属于名副其实的“光棍”。奥林匹克委员会基于染色体认为某些女性并不具有充分的女性特征。正如某种口味实际上是通过嗅觉而非味觉得到感知的一样，我们可以想象红色实际上是被听觉而非视觉感知的。[46]

但是，如果这些概念分析的“经典”都因后天理由而未能成立，我们到底为什么要认为法理学中的概念分析会做得更好？如果一种得

---

[46] Gilbert Harman, "Doubts About Conceptual Analysis," in M. Michael & J. O' LearyHawthorne (eds.), *Philosophy in Mind* Dordrecht: Kluwer Academic Publishers, 1994, pp. 43, 45. 省略了哈曼(Harman)对于支持性二手文献的引用。

到倡导的概念分析比另一种更好，这一定是因为它通过推进成功的**后天**法律理论与法律制度而赢得其地位。我认为这就是哈特所认为的一般法理学的最终目的。从这个角度出发，比如在德沃金式的“法律概念”中，我们可以批驳的是它过于地方性了，有碍于一般法理学的目的。换句话说，最终能够为刚性实证主义的概念论据进行无罪辩护的，不仅是刚性实证主义能够为“真正的”法律的概念提供最佳解释这个论断，而且还包含如下主张：他们做出最佳解释的那个法律的概念存在于最富成效的**后天**研究方案中（这些方案给予我们有关世界如何运作的最佳现有解释）。这就要求法理学从扶手椅中站起来，并看看人类学家、社会学家、心理学家和其他人有关社会实践和法律能够告诉我们些什么。事实上，现实主义者展开了这类研究，并且如本章开篇所言，他们借助了一种（隐秘的）刚性实证主义合法性立场。这当然是一个可驳倒的支持刚性实证主义的证据——不过鉴于现实主义研究方案的成败参半，这个证据或许太容易就可以被驳倒。[47] 但近来延续现实主义精神的研究要做得好很多。[48] 这些试图借助解释法院行为的经济 135
与社会人口统计学方法来理解法院运行的方案，典型地假设了基于法律来解释行为，就是根据谱系性规则做出解释。与此同时，这些社会科学方法为我们提供了这样一种有关法院的理论图景，它使得法院与更广泛的自然主义世界观相容，在此世界观中满是具有决定论色彩的因果法则且基于意志的能动性很少或完全不发挥

---

[47] 参见本书第一章，第 56 页。

[48] 关于有用的文献概述，比如：Frank B. Cross，“Political Science and the New Legal Realism: A Case of Unfortunate Interdisciplinary Ignorance”，*Northwestern University Law Review* 92(1997)：251-325。

解释性作用。因此，这些论述的优点在于实现了法律现象与科学已经把握的构成自然世界的其他现象之间的解释性统一。并且因为这些研究方案（隐秘地）依赖刚性实证主义的法律“概念”，刚性实证主义就因其在我们有关法律的最佳**后天**理论中扮演的隐秘角色以及在自然因果秩序中的地位而得到了证成。

第五章　奎因为什么不是后现代主义者*

一、引　论 137

丹尼斯·帕特森的《法律与真理》①是一部内容丰富的著作。其突出的优点是将法律理论置于更广泛的(同时也是恰当的)哲学语境之中,即它将法律理论视为形而上学和语言哲学中更一般化问题的特殊分支。此外,该书开创的立场在法理学中具有某种不可否认的吸引力。虽然在处理重要的实质哲学议题方面我与帕特森存在一系列分歧,但毫无疑问的是,在推动法哲学家认真思考如何界定法理学这门学科这一独特的**哲学**问题上,他助益良多。

我想围绕如下特定议题来组织我的讨论:帕特森将伟大的美国哲学家威拉德·范·奥尔曼·奎因(b.第1908页)视为从“现

---

* 感谢马克·格根、威廉·C.鲍尔斯、希拉·索科罗夫斯基和本·齐普尔斯基(Ben Zipursky)对早期草稿的有益评论。我特别感谢道格拉斯·莱科克使我明确帕特森观点的力量,并帮助我澄清我的批判。我很愿意将本文献给《法律与真理》一书的研讨会,以此薄礼感激丹尼斯·帕特森过去5年来对我孜孜不倦地支持与鼓励。

① Oxford: Oxford University Press,1996.所有进一步的引用将按照页码包含在本文正文中。

代”向“后现代”过渡的重要人物(第 158—159 页)。我将论证这一论述是对奎因思想的重大误解:无论是在其著名的倡导者[比如,德里达、利奥塔尔(Lyotard)]那里,还是在帕特森“无公害化”后,“后现代主义”与奎因哲学间仅仅具有表面上的亲和性。这对于那些正确地认识到奎因是过往三十余年来哲学“自然主义”转向中的核心人物而言,毫不意外。[②] 秉持自然主义哲学立场的哲学家不
138 再接受哲学是纯粹**先天**学科这种看法。哲学并未先在于科学主张,也没有位居于科学主张之上并对之加以裁断;相反,对于自然主义者来说,哲学是一门方法与结论都必须与科学研究一脉相承(抑或由科学来辅助)的学科。因此,如同逻辑实证主义者那样,奎因依旧认同在构建我们对于客观世界的最佳理论时科学(特别是自然科学[**])所具有的首要性。当然,与实证主义者相比,奎因基于不同的理由持有此立场;但最终重要的是要认识到(如一位学者贴切地表达),奎因“依旧忠诚于实证主义的根本精神”。[③] 奎因思想中的这一核心特征,在帕特森将奎因归入“后现代主义”阵营并

② 我急于补充的是,他不是这一转向中的唯一人物。事实上,奎因式“自然化”哲学方案对于大部分哲学家而言似乎太激进了。更有影响力的是:Alvin I. Goldman, *Epistemology and Cognition*, Cambridge, Mass.: Harvard University Press, 1986。有关核心议题的概览(以及戈德曼影响力的论述),参见:Philip Kitcher, “The Naturalists Return”, *Philosophical Review* 101(1992):53-114。

** 莱特的原文为 physical science,意指对于自然界非生命现象进行研究的科学,主要包括物理学、天文学、化学、地质学等等。与其相对应的是生命科学(life science),比如生物学。这两种区分之间界限比较模糊,因为化学作为 physical science 的分支也有与 life science 相关的内容。相关译法有自然科学、物理科学两种,为了不与物理学(physics)相混淆且表达本词所涵盖的诸多学科,本文仍译为“自然科学”,但特此说明。相关资料可参见维基百科该词条。——译者

③ Christopher Hookway, *Quine: Language, Experience, and Reality*, Stanford: Stanford University Press, 1988, p. 2.

强调他的如下观点——即“没有任何一种实践抑或话语能够在彼此照面中享有相对于他者的优先地位”——时(第182页),消失不见了。我们将会看到,奎因直截了当地拒斥了这样一种“容忍”姿态。因为在我立论倡导“自然化法学”时(而这与帕特森所辩护的“后现代法学”几乎没有相同之处[④]),奎因占据核心地位,我无疑对于澄清上述误解抱有独特兴趣。

我将按照如下结构展开。在第二节会简明阐释我对于帕特森在《法律与真理》第七章和第八章中所捍卫的核心法学立场的理解。第三节将阐明,该立场决定了他对于奎因的独特解释。而我会论证该解释的不充分性,并对奎因思想的结构提出另一种解读。

二、裁判中的正当性、法律中的真理

帕特森通过援引著名宪法理论学者菲利普·博比特(Philip Bobbitt)的著作,来介绍自己的、法律中的“真理”观念。[⑤] 博比特的著作因其对于宪法论证中不同“类型”进行的丰富且精妙的描述而受到了广泛认可。任何人若曾投入时间研习法庭上、法律期刊

④ 参见本书第一章。

⑤ 参见:Philip Bobbitt, *Constitutional Fate: Theory of the Constitution*, New York: Oxford University Press, 1982; Philip Bobbitt, *Constitutional Interpretation*, Oxford: Blackwell Publishing, 1991。我将不会考虑博比特观点本身的充分性,只关注帕特森在博比特著作中发现的观点的充分性。对于博比特(Bobbitt)立场富有洞察力的批判(同样也是对帕特森立场的批判),参见:J. M. Balkin and Sanford Levinson, “Constitutional Grammar”, *Texas Law Review* 72(1994): 1771-1803。博比特的回应,参见:“Reflections Inspired by My Critics”, *Texas Law Review* 72(1994): esp. 1910-1926。

中，抑或律师辩论意见中有关宪法论证的百转千回，就会立刻对这一描述产生共鸣。不过博比特的雄心可不止提供一种有关宪事律师如何论证的描述性社会学。在帕特森看来，博比特的著作同样显示出有关司法审查正当性(legitimacy)的争论“是一种由有关宪法中真理性质的错误图景所驱动的虚假争论”(第129页)。尽管传统的理论家们一直认为宪法性论证一定是“正当的”(第129页)，但博比特认为，“若要具有正当性，宪法论证就一定不可避免地使用这些类型”(第128页)。

139 他的整个思路似乎都立基于“正当性”这个词模棱两可的含义之上。在**哲学**意义上，正当性指的是一个特定实践是否得到**证成**。在**社会学**意义上，正当性指的是一个特定实践是否得到该实践参与者们的“接受”或“被视为合法的”。司法审查的正当性问题则涉及在民主社会中，由法院行使的政治强制力如何得以**证成**的问题。[6] 从对此为人熟知的政治哲学问题的一种解答中，我们可以推导出关于下述问题的道德准则：在一个像我们这样的社会里，何种宪法解释是妥当的；换句话说，何种宪法解释与法院行使强制力的实践是一致的。

相反，在诸如“若要具有正当性，宪法论证就一定不可避免地使用这些类型”(第128页)的主张中，正当性的意义似乎就纯粹是社会学式的：其实，帕特森指出，博比特对于宪事律师实际上使用

---

⑥　我对于帕特森认为有关司法审查的传统争论“受到宪法中有关真理性质的错误认识的驱动”(第129页)或该争论“将宪法的命题视为有关世界的命题(经验性命题)”(第133页)感到困惑不解。我不明白司法审查的传统争论怎么预设了这两个主张之一。

的论证类型的描述性社会学分析简直是入木三分，以至于只要是一个宪法论证切中这些类型中的一种，就会被优秀的宪事律师立刻承认并接纳。[⑦] 但一种论证可以在社会学意义上是非常正当的，但在哲学意义上却完全不具备正当性。譬如，在社会学意义上，论证参与者会觉得“对哦，这是一种不错的论证方法”；但在哲学意义上以此论证为基础行使政治权力就可能无法在民主社会中最终得到充分辩护。博比特可能提出了社会学意义上宪法论证正当性的正确理论，但该理论与司法审查是否在哲学意义上具备正当性，即得到证成，并无关联。我们所需要的是对如下结果的**论证**，即哲学意义上的证成问题坍缩为社会学意义上实践参与者愿意将何物“接受为正当”的问题。可我并没有在帕特森的书中看到这样的论证，而且如果这样的论证不存在，那么博比特的观点（与帕特森所认为的不同）只不过是对于司法审查正当性的不合理推论。

不过帕特森想要从博比特的著作中提炼的更为重要的观点是，“法律中的真理事关法律论证的形式（或类型）”（第150页），即当一个法律命题为一个或更多的法律论证类型所支持时，该命题为真。因此，法律中的真理就是“内在于”（某种程度上该词含义有些模糊）法律论证实践的。

在我看来，帕特森的观点依赖一种富有吸引力的直觉，同时我猜测该直觉在律师中被广泛接受。这一直觉可以被表述如下：当 140

⑦ 比较帕特森在第146页引用的博比特的这段文字：“邪恶但却遵循论证形式的司法审查是正当做出的；若司法审查拥有仁慈的设计和良善的结果，但却任意为之或以我们法律文化中不承认的形式开展，那它就是不正当的。”引用自：Philip Bobbitt, *Constitutional Interpretation*（上注⑤），p. 28。

德沃金通过道德哲学的长篇大论来论证平权行动的合宪性,[⑧]或者波斯纳为过失原则提出复杂的效率论证时,[⑨]他们所做的一切与法律并不是那么相关。简言之,律师们的论断是,无论他们二者的观点具有何种学术价值或创新性,这些观点都不那么像**律师们**的论证;律师们的论证是他们可以站在法庭中做出不会在庭外受到嘲笑与轻蔑引述的论证。

我们也可以把这一点表述得更宽泛些。在法学界的职业阶层中有一种试图发展出法律"理论"的倾向,是毫不奇怪的:侵权法**真的**关乎效率或矫正正义,宪法**真的**关乎实施个体所具有的作为道德论证的权利,以及诸如此类的其他观点。这些"理论"或许是学术论战的素材或终身教职授予时的依据,但它们与法律论证无甚关联,与律师和法官实际上的所作所为没有干系。在他们将法律范畴与法律论证"降解"为经济学或哲学术语时,他们实际上错失了法律论证在实际操作中所具有的独特"内在"逻辑与整全性,而后者是我们在全国日常无数口头论辩、律师论辩意见里感知到的。

我希望上述对于直觉的同情式重述可以使得帕特森的立场(或许也是博比特的立场)鲜活起来。尽管该直觉如同刚开始那样富有吸引力,不过对于我而言,它似乎无法充分反驳像德沃金与波斯纳这些学者的理论。该反驳在我看来是错误的,是因为它不承认像德沃金这样的学者是在**描述**法律论证实践;而描述法律论证

---

⑧ 比如参见:Ronald Dworkin,"Reverse Discrimination",in *Taking Rights Seriously*,Cambridge,Mass.:Harvard University Press,1977,pp. 223-229。

⑨ 大体参见:Richard Posner,*Economic Analysis of Law*,3rd ed.,Boston:Little,Brown,1986。

实践恰恰是德沃金的工作，尽管相比于讨论没有理论反思的法官和律师如何论证这一肤浅层面而言，它是在一个更深层面展开的。[10] 如德沃金在《法律帝国》(*Law's Empire*)中所说，虽然现实中的法官不像赫拉克勒斯那样讲究方法，(可)德沃金理想中的法官“赫拉克勒斯将他们裁判的隐藏结构揭示给我们，并因为这样做而敞开了研究与批判的大门”。[11]

但相反，如果该反驳是说，在“更深”层次对于法律论证的推定性描述并**没有**真正地成功描述律师与法官的法律论证实践，那么这一反驳就是在循环论证：因为德沃金论证他的理论是对于律师和法官实践的描述。我们需要但我却未在帕特森著作中找到的，是反驳德沃金描述性主张的论证，是反驳其裁判理论描述了法律论证“隐藏结构”的论证。断言德沃金(或波斯纳，或者 141
其他任何人)通过依赖某些“外在于”法律的因素使得法律命题“为真”，并不能构成一种论证，而只是一个仍需要进一步证明的论证结论。*

---

⑩　如两位评论者正确地观察：“当然，德沃金对于法律原则的论述是很抽象和理论化的。但其理论力量源自它与法学学者、拥护者和法官的标准方法论之间的符合度……(德沃金描述的“重构性的”方法论)是法律实务和法学研究中的主导方法论。” Larry Alexander and Ken Kress, “Against Legal Principles”, in Andrei Marmor (ed.), *Law and Interpretation: Essays in Legal Philosophy*, Oxford: Clarendon Press, 1995, p. 288.

⑪　Ronald Dworkin, *Law's Empire*, Cambridge, Mass.: Belknap Press, 1986, p. 265. 这同样也是波斯纳在如下著作中阐明的观点。Richard Posner, *The Problems of Jurisprudence*, Cambridge, Mass.: Harvard University Press, 1990, p. 373.

*　在此莱特试图指出：当德沃金的理论主张是揭示法律论证的“隐藏结构”，是对法官和律师法律论证实践的真实描述时；我们认为德沃金的理论未能真正描述法律论证实践这一观点，并不构成对于德沃金理论主张的反驳，而只是一种需要进一步加以论证的断言。——译者

前述讨论又如何与“后现代主义”有所关联呢？帕特森的观点是像德沃金与波斯纳这样的理论，依旧处于“现代主义”语言观的藩篱之中。该观念认为语言本质上**具有表象功能**，是对客观世界中事实的“描摹”(picturing)。依此观点，只有当事实确实如命题所描摹的那样，诸如“莱特因为导致他人情感痛苦的故意侵害而应受惩罚”这样的特定命题才为真。我们可以说，只有在命题与有关客观世界中的事实相符时，它们才“为真”。

可以通过不同方式被归属于维特根斯坦、奎因、罗蒂以及普特南的另一种“后现代”观点如下：

> ……从作为表象的语言概念向作为实践的语言(意义源自于使用)的转变。这是从(语言作为)描摹向(语言作为)能力的运动，该能力指的是在语言方面表现出的能力与天赋。(第169页)

但是我们怎样才能知道对语言的特定使用，比如说“帕特森因为他的过失而应受惩罚为真”，是对语言的一种有能力的使用呢？帕特森引用普特南来说明，衡量这种能力的方式就是“一个充分处于适切位置、以此方式使用语词的言说者，在将陈述视为所处情境的真确表达时是否有充分保证”(第168页)。然而，这一回答似乎与帕特森的另一个核心命题处于矛盾之中，即“实在论与反实在论之争是虚幻的”(第166页)。

让我对帕特森简略提到的争论稍加介绍。“实在论者”认为一个命题的真值是由其“真值条件”决定的(比如，句子若想为真，就要满足客观世界中的一些事实)，并且这些真值条件在原则上会超出我们证实它们的最大能力。反实在论者否认“真理”(或“真值条件”)能够超越我们认识能力：“真理”对于反实在论者而言会受到“认识论”方面的约束。在这个意义上，“真理”对于反实在论者通常指的是“得到担保的可论断性”：“为真”的事物就是我们(在给定的认识能力下)得到担保的条件下所断言的事物。

我们可以这样更通俗地理解：实在论者认为“真理”等于事物之所是，而不管我们人类现在是否已知或能够逐步把握它；而反实在论者认为“真理”不能超越我们证实或把握它的能力。反实在论的观点蕴含了一种“相对主义或朴素的约定论(conventionalism)”(第 169 页)，因为“真理”由于我们的认知能力或确定何为“真理”的既有(或可能)约定而相对化了。

现在我们能够阐明帕特森下述两个主张间的矛盾：实在论-反实在论之争已经被超越；他援引普特南的观点认为，对于一种语言“有能力的”使用，意味着在使用中“一个充分处于适切位置、以此方式使用语词的言说者，在将陈述视为所处情境的真实表达时拥
有充分保证”。问题在于普特南有关“能力”的讨论，将语言正确与 142
不正确的使用与“我们在认为……为真时拥有充分保证”联系起来，即认知能力使得“能力”具有了相对性，因而他的观点听上去像是经典的反实在论立场！[12] 这就出现了对于一些人而言并不稀奇的结果：“后现代主义”因此在帕特森的论述中与反实在论变得不

⑫　比较对于普特南观点中可能存在的相对主义的担忧，参见：Brian Leiter，“The Middle Way”，*Legal Theory* 1(1995)：26 n. 32。

可区分。[13]

不过帕特森追随罗蒂(第166—168页),认为通过拒绝"表象主义",即拒绝语言与真理事关精确的表象而非社会实践与承认这一观点,实在论-相对论之争就被判定为虚假的争论。[14] 这一观点大体如下:一旦我们不再认为语言是对事物之所是的表象,我们也就不用再担心自己谈论客观世界的方式是否与(实在论式的)真理(即事物真正之所是,与我们的想法无关)相符了,或者也不用再担心自己是否仅仅映现了某种"相对"的真理(即我们碰巧有理由认为"事物是如此"的方式)。因此,通过拒绝语言具有表象性的观点,我们据说能清除有关真理的客观性或相对性的任何担忧。

可是这一论证似乎绕开了相对主义挑战的力量。因为如果相对主义的核心在于彼此冲突的观点可以同样"有效"(此处有效意味着"为真"**或**"有根据"**或**"有能力"),那么恰恰因为拒绝表象主义(以及有关"真理"的实质观念)**以及**将既有社会或语言实践的保证相对化,帕特森(还有罗蒂)丝毫不差地投入了已引发人们担忧的相对主义的怀抱。从该立场来看,彼此冲突的观点只要是由(彼此冲突的)语言或论证性实践所支持,那么这些观点就"同样有效"。

因此,帕特森的"后现代主义"演变为一种熟悉的相对主义或

---

[13] 比如参见:Michael S. Moore,"The Interpretive Turn in Modern Theory: A Turn for the Worse?",*Stanford Law Review* 41(1989):871-957。

[14] 比如参见:Richard Rorty,"Introduction: Antirepresentationalism, Ethnocentrism and Liberalism", in *Objectivity, Relativism, and Truth*, Cambridge: Cambridge University Press,1991,pp. 1-20。

反实在论——这当然是大约在 20 世纪 80 年代早期普特南的观点，并且可能也是罗蒂的观点。我非常怀疑这是维特根斯坦的立场，[15]不过我主要的关切是阐明为何这一观点不会是奎因的。

不过在我加以阐明之前，我想谈一下帕特森的“后现代主义”
与各种各样的“法国”理论家的著作中更广为人知的诸种“后现代
主义”之间的关联。比如，在利奥塔尔深具影响的著作中，[16]后现 143
代主义与“元叙事”的终结相关，也与如下观念有关，即我们无法形
成有关社会或自然世界的、能给予我们对实在“更真实”图景的大
一统理论。这一“后现代”立场具有一种认知上的容让精神：理解
世界有许多可能的方式，有许多不同却同样有效的“视角”，但没有
一种视角能够主张相对于其他方式、视角的优先性。这一“容让”
精神在德里达、利奥塔尔、罗蒂、费什（Fish）、普特南、费耶阿本德、
古德曼和其他人的作品中自然十分常见。[17] 但它是如何体现在帕
特森版的后现代主义中的呢？

幸运的是，帕特森的论述避免了在将“后现代主义”视角奠基

---

⑮ 这种对于维特根斯坦的解释，由 Crispin Wright，*Wittgenstein on the Foundations of Mathematics*，Cambridge，Mass.：Harvard University Press，1980 提出，并相应地受到 John McDowell，“Wittgenstein on Following a Rule”，*Synthese* 58（1984）：325-363 适切的批评。赖特后来自己否定了他早先的对于维特根斯坦的“反实在论”解释。参见：Wright，“Wittgenstein's Rule-Following Considerations and the Central Project of Theoretical Linguistics”，in Alexander George（ed.），*Reflections on Chomsky*，Oxford：Blackwell，1989，pp. 233-264。

⑯ Jean-Francois Lyotard，*The Postmodern Condition：A Report on Knowledge*，Minneapolis：University of Minnesota Press，1984.

⑰ 这一点通常被错误地归于尼采。参见：Leiter，“Perspectivism in Nietzsche's Genealogy of Morals”，in Richard Schacht（ed.），*Nietzsche，Genealogy，Morality：Essays on Nietzsche's “On the Genealogy of Morals”*，Berkeley：University of California Press，1994，pp. 334-357。其中大部分讨论与本文所谈议题相关。

于实质哲学命题中时,德里达式的杂乱无章所体现的不成熟的反启蒙主义。再次重申,其核心论点是,语言在本质上**并不是**表象性的,而毋宁是一种特定的"社会实践",在该实践中语言正确或不正确使用的标准是该实践自身的结果(而非"客观世界真实之所是"或类似的观点)。可是一旦我们放弃语言是"表象性的"这一观点(按照这个论证的推进),那么我们也就不会再捍卫任何一个言说论域(比如,科学)会比其他论域更好地"表象"真实。语义学中的反表象主义立场(认为语言不是表象世界的中介,而是我们对待世界的一种"实践"[18])通过展示一切"意义都源自人类实践,而且没有任何实践或话语能够对彼此主张优先地位"(第 182 页)而支持了认知容让所体现的后现代精神,因为"优先地位"只有在"表象性"语言观被证明为正确时才是有意义的。

三、帕特森的奎因与自然主义者奎因

若不了解奎因所回应的逻辑实证主义这一哲学背景,我们就无法理解奎因对于哲学的贡献。尽管帕特森正确地、约略地提到了这一点(第 158 页),但他在后续讨论中未能对此加以充分重视,这导致了糟糕的后果。基本的内容在别处已有充分讨论,[19]在此我只是扼要分析主要的观点。

---

⑱ 帕特森和其他反表象主义者没有特别澄清的是,语言如何在不"表象"世界的同时做到这一点。

⑲ 特别参见:George Romanos, *Quine and Analytic Philosophy*, Cambridge, Mass.: MIT Press, 1983。

对于实证主义者而言，真理有两种：意义的真理以及经验性真 144
理。后一种属于科学研究的领域，而前一种构成了哲学这一专门领域。哲学的任务就是分析对于科学中经验研究而言必不可少的核心概念的意义，这从属更为宏大的对科学加以“理性重构”的实证主义方案的一部分，即去确证科学的独特认识论地位。

奎因早期经典的论文，特别是《经验主义的两个教条》(Two Dogmas of Empiricism)(帕特森对此有所讨论)、《卡尔纳普与逻辑真理》(Carnap and Logical Truth)和《约定的真理》(Truth by Convention)(帕特森对此没有加以讨论)，批驳了在“在意义角度为真”与“经验事实角度为真”的陈述之间存在真实区分的观点。事实上，他认为一切陈述都指向经验(与事实)，并不存在仅仅“在意义角度为真”的陈述。那些我们倾向于认为是“分析性”的陈述不过是我们在研究过程中的特定时刻最不愿意放弃的：在我们思考拒绝“分析性”陈述之前，无论经验事实是什么，我们都会调整我们理论的其他部分来符合这些事实。[20]

分析与综合区分的瓦解，即“在意义角度为真”和“在经验事实角度为真”之间区分的瓦解，在哲学中具有派生性影响。因为在实证主义理论中，这一区分的“分析性”一方属于哲学范畴，而“综合

---

[20] 我认为，希拉里·普特南在1962年令人信服地证明：(a)不同于奎因，确实存在一些(细微的)分析性陈述(比如，一个“单身汉”就是“一个为结婚的男性”，“由于意义而为真”)；但(b)就反对实证主义的实质哲学立场而言，这一让步没有给奎因带来损失，即在科学中没有陈述天然是分析性的，以至于所谓的对科学实践的实证主义重构一开始就不可能。普特南指出，科学史中充满了所谓的“分析性”陈述，后来它们被视为可修正的经验性陈述。参见：Hilary Putnam，“The Analytic and the Synthetic”，reprinted in Hilary Putnam，*Mind，Language and Reality*：*Philosophical Papers*，Vol. 2，Cambridge：Cambridge University Press，1975，pp. 33-69。

性”一方则是经验科学的领域。可如果奎因是正确的，那么在此区分中“哲学”范畴就不剩什么了，因为不存在“意义角度的真”有待哲学家去分析和阐述了。唯一的真理就是经验性真理，因此一切问题都是科学研究的论域。这一结论是奎因在他之后著作，特别是从1968年经典论文《自然化的认识论》(Epistemology Naturalized)以来所明确持有的立场。[21]

当然，在奎因的著作中也存在另一条相关论证线索(在《自然化的认识论》中最为清晰)指向推动逻辑实证主义的独特认识论问题。从笛卡尔到卡尔纳普，认识论中的“基础主义”方案旨在为科学知识提供毫无疑问的基础。再次以卡尔纳普为关键的哲学家，奎因在语义学和认识论两条战线上反驳卡尔纳普《世界的逻辑构造》[*]中的基础主义方案。卡尔纳普的语义学方案是指将所有指
145 涉物理对象的命题转变为只是指涉感觉材料(sense-data)的命题。这一方案无法成功是因为在奎因的学说即意义整体论(meaning holism)看来，理论术语的意义源自全部理论框架，而非某种与感知内容物的点对点对应。卡尔纳普明确的认识论方案是表明，证成科学理论的唯一基础在于感知经验。而所谓的“迪昂-奎因”命题(理论无法由证据充分决定命题)宣告了这一方案的失败。由于面对任何反例(recalcitrant data)，我们总有两种选择——要么放弃受到反例检验的理论假设；要么保留这个假设，但放弃为该理论

---

[21] 参见：W. V. O. Quine, *Ontological Relativity and Other Essays*, New York: Columbia University Press, 1969, pp. 69-90。

[*] 莱特原文为 Aufbau，卡尔纳普一书全称为 Der Logische Aufbau der Welt。——译者

假设的检验提供信息的辅助性假设——因而总有不止一种理论可以得到同样证据的支持。[22] 随着认识论基础主义的失败，奎因认为我们必须“从给科学确定性提供一个比科学方法本身更稳固的基础这一笛卡尔式的梦境醒来”。[23] 由于认识论的核心问题，即感知输入与理论输出之间的关系，将由科学（特别是经验性心理学）来回答，所以在此意义上说认识论“自然化”了。对于奎因来说，如基础主义方案的失败所表明的，哲学通过**证成**科学并没有做出什么贡献。但这并不意味着我们不能再讨论认知规范，它只是说这些规范本身将得到科学的救赎。[24]

我们不能在此处因如下两种观点之间的相似性而（如帕特森可能的那样）受到误导：即奎因认为哲学通过**证成**科学并没有做出贡献，同时帕特森认为，比如，哲学或经济学通过**证成**法律也没有做出贡献。首先，所讨论的证成问题对于奎因和帕特森而言是不同的。奎因关切的问题是，哲学能否为科学作为一种认识论上具

---

[22] 我希望如下是这一观点的有用例证。回想《圣经》中所罗门王的故事，他必须要在两个妇女中裁决哪一位才是一个孩子的真正母亲。试想所罗门王假设妇女 A 是孩子**真正**的母亲，而妇女 B 不是。所罗门王通过提议每个妇女获得孩子的一半来检验这个假设。如果他的假设是正确的，那么他会预测妇女 A 拒绝“撕裂”孩子，会让妇女 B 获得整个孩子。但请注意，这一预测取决于一个圣经故事中从未提及的**辅助性假设**：即一个**真正的**母亲对于她孩子的关切总是要强于她对于别人应当拥有**她**孩子的嫉妒。现在假设与此预测不同，妇女 A 很希望撕裂孩子，而不是让妇女 B 拥有孩子。逻辑上说，**如果我们拒绝辅助性假设**，这与妇女 A 是真正母亲的假设是兼容的。但若我们依旧认同辅助性假设，那么经验就会证伪原先的假设。但请注意，**经验本身似乎并无法决定我们应当抛弃何种假设**［我感谢吉拉·谢尔（Gila Sher）在这个有趣例子中体现的观点］。

[23] W. V. O. Quine, *Pursuit of Truth*, Cambridge, Mass.: Harvard University Press, 1990, p. 19.

[24] 同上注。

有优先性的知识模式提供理性辩护："证成"在此等同于展示科学相比于占星术、宗教以及形而上学在认识论上具有优先性基础。相反，在法律中证成问题仅仅涉及由法庭行使的强制力(基于对于民主社会而言处于核心地位的规范原则)是否在一个民主社会中得到了辩护。

146　现在请注意，每个领域里证成问题的不同内容映现于哲学并不扮演证成性角色这一主张的**根据**或**理由**之中。对于奎因而言，哲学无法证成科学是因为：(a)认识论中的基础主义方案被宣告失败(因为意义整体论以及迪昂-奎因不充分确定命题)；(b)分析-综合区分的瓦解，实际上将所有问题(包括证成性问题)归入了科学领域，也就不存在某个哲学可以发挥作用的独特领域。

可是这与帕特森认为证成司法审查是不可能的论证有何类比性呢？就我所知，该类比不曾有过，也不会有。在探究民主社会中司法审查的证成时，我们并没有试图处理任何有关认识论中基础主义的类比：我们只是在研究如下这一熟知且有意义的问题——基于民主社会的规范(这些规范本身或许没有任何"基础")，法院行使强制力是否得到允许，以及若得到允许，又在何时行使。我不清楚意义整体论或迪昂-奎因命题会在此语境中发挥任何作用。同样，分析-综合区分的瓦解将所有问题都归入了科学领域，**是因为科学已经成为解答综合性问题(有关事实的问题)的领域**。我不明白奎因式思考如何能够支持帕特森认为法律中的"证成"会"内在于"法律这一观点。对于我来说更明确的观点是，奎因对于分析-综合区分的批评(其实是奎因强调科学的首要性这一整体哲学立场)与司法审查能否得到证成恰恰是不相关的。就我个人而言，我无法设想这一结论对于律师或政治哲学家来说有何稀奇。

我们有关奎因自然主义的重要结论就是“不存在一个作为阿基米德点的宇宙流亡之地(cosmic exile),以此我们可以撬动有关客观世界的理论”。[25] 对于奎因而言,一切理论都是**科学的**理论,并且不存在一个立足点供我们询问:“但我们的科学是成立的吗?”这在表面上看,同帕特森“不存在一个作为阿基米德点的宇宙流亡之地(或仅仅外在于法律),以此我们可以质疑司法审查实践”的观点很像。但这一亲和性如我方才所述,只是表面相似而已。奎因源自如下主张的论证,与帕特森最为谦逊的主张(不过就我所知而言,是毫无理据的)完全毫无关联——即在科学之外,不存在供我们探究诸如“我们知道什么?”和“什么才是真实的?”这样问题的立足点这一主张,同不存在法律之外的立场来回答“司法审查实践得到证成了吗?”这一主张没有关系。对于奎因来说,所有理论都是科学理论,因为所有问题实际上都是有关经验事实的问题(不存在非经验的、纯粹分析式的问题),并且科学也是在处理经验事实问

[25] Roger Gibson,“Willard van Orman Quine”,in,*A Companion to Metaphysics*, ed. J. Kim and E. Sosa,Oxford: Blackwell,1995,pp. 426-428. 有关这一问题饶有意味的拓展讨论,参见:Peter Hylton,“Quine's Naturalism”,*Midwest Studies in Philosophy* 19(1994):261-282。[“宇宙流亡之地”在奎因理论中与“语义上溯”(semantic ascent)相关联。奎因指出,我们在谈论问题时,会从讨论语言的实质方面转向形式方面,即不将某个语词视为对象,而是分析语词的意义、语词的指称。奎因认为这种“语义上溯”在科学中也有所体现。比如,爱因斯坦的相对论不仅是因为其实质理论内容而得到接受,也因为该理论在形式上的简洁性。同时,我们从形式方面对于语言的讨论,即对于语言意义的分析,离不开整体理论框架。在这个意义上说,没有外在于理论概念图式本身的立足点,供我们对理论做出俯瞰式评判。而这就是“宇宙流亡之地”的含义。相关内容,可以参见:W. V. O. Quine,*Word and Object*,Cambridge, Mass.: MIT Press, 2015。——译者]

题上最为成功的实践。但是，区分如下两个问题则是轻而易举的："《宗教自由恢复法案》(Religious Freedom Restoration Act)是否
147 合宪"(可以说是"内在于"法律的问题)，以及"在民主社会中由法院来裁决这一问题可否得到辩护"。

因为奎因认为一切理论都是科学理论，他就明确地拒绝了我们在帕特森"后现代"立场中所包含的相对主义。因此，在1960年他写道：

> 我们如今……降低眼光来勉强接受一种相对主义真理论——认为每一种理论的主张对该理论而言都是真确的且免于更高标准的批判了吗？并非如此。依旧存在的考量是，我们还是会把我们自己特定的聚合体科学、我们自己特定的世界理论或准理论的松散整体构造(无论它们会是什么)当回事。与笛卡尔不同，即使是在哲学研究之中，我们拥有并使用自己当下的信念，直至我们借助被模糊地称之为科学方法的事物，对信念各处加以修正以使之更好。在我们整体上处于演进的理论中，我们能够尽可能热切地、绝对地对真理做出判断；该判断会受到修正，但这是不言而喻的。[26]

与认为这一观点可以使其超越"实在论"与"反实在论"(即将这一争论视为语言"现代主义"观念的残余)截然不同，奎因得出如下相反的结论：

---

[26] W. V. O. Quine, *Word and Object*, Cambridge, Mass.: MIT Press, 1960, pp. 24-25.

> 依据我的自然主义立场，我认为真理问题属于科学问题，在科学之外就不存在更高的法庭了。这使我成为一名科学实在论者。我坚持真理的符合论，但只是用这个词表达复杂的观点：它分解为塔斯基的去引号版本的真，而非语词与对象之间的符合。[27]

可是为什么除却科学就没有“更高的裁判”呢？我认为在这里奎因潜在的实用主义就变得重要起来，尽管这并非帕特森在奎因身上发现的那种被他称为奎因“有关真理问题的实用主义”（第159页）。[28] 但奎因明确否定了这一真理立场：“任何所谓真理的实用

㉗　W. V. O. Quine，“Comment on Lauener”，in Robert Barrett and Roger Gibson (eds.)，*Perspectives on Quine*，Oxford：Blackwell，1990，p. 229.［有关奎因“去引号之真”的观点，可以简略概述如下。我们在日常语言中不会说“‘雪是白的’是真的，当且仅当雪是白的是一个事实”，我们可以把“一个事实”作为空洞无意义的东西去掉，这样语句就会和事实本身联系起来。因此，我们会说，“‘雪是白的’是真的，当且仅当雪是白的”。在奎因看来，这一过程涉及如下两点：其一，“‘雪是白的’是真的”这个命题是真的，即把真归于这个语句，就等于把“白”归于“雪”。换句话说，当我们判定“‘雪是白的’是真的”这个命题的真值时，我们实际上去掉了“雪是白的”所带有的引号；同时这一过程也是考察语句和客观世界对象或事实（特征）之间的关联，因而这一观点与真理符合论有相似性。其二，当我们陈述一个命题为真时，等同于在陈述这个命题，即当我们说“‘雪是白的’为真”，就是在说“雪是白的”。去引号的过程，也是做出这一主张的过程。此过程中“……为真”是没有意义的，即真之谓述与主词无关。而真理符合论的最基本含义是，在一个判断中其谓述符合于客观世界中谓述所指称的对象（或事实）。在这个意义上讲，这种去引号之真与真理符合论之间有所不同。因此奎因才会说自己对于“符合论”立场的坚持是颇复杂的。相关内容可以参见：奎因，《真之追求》，王路译，生活·读书·新知三联书店，1999年版——译者］

㉘　此处帕特森引用了：Hookway，*Quine：Language，Experience，and Reality*（上注③），pp. 50-58（原文）。但胡克威（Hookway）并没有认为奎因持有真理的实用主义理论，只是认为后者欣赏实用主义考量在解决我们何种信念得到证成这一问题中发挥的作用。事实上，胡克威强调如下观点，即“奎因（后期）著作中对于实用主义的参考消失不见了”（同上注，第50页）以及奎因“将自己称作实在论者”（同上注，第52页）。

主义定义注定被宣告失败……”[29]对于奎因来说，实用主义的介入不是在真理理论层面（如我们刚才所见，奎因坚持真理的符合论），而是在**证成**层面。一切研究都源自科学领域，是因为科学是行得通的，我们可以说科学“会带来好处”（delivers the goods）。在奎因看来，科学与常识不过是个连续统；[30]常识也与科学类似，旨在预测未来的人类经验以便利我们应对这个世界。恰恰是科学，而
148 非比如说大众心理学或经济学，对于未来人类经验的预测具有更高的精准度和可信度。对于如我们一般的生物而言，指出接下来会发生什么具有实用必要性。可以说这一实用考量将我们“置入”科学领域。“我们的认知立场总是内在于一种实质理论”，[31]而这一理论由于服务于我们这样的生物而是科学的。再次强调，奎因式的实用主义与司法审查在民主社会中是否得到证成或“正当化”并无关联。

帕特森误解了实用主义在奎因理论中扮演的角色，使得他对奎因产生了更大的误读。比如，他认为奎因坚持“整体论，该观点认为任何一个陈述或命题不是其与客观世界关系的函数，而是与

㉙ *Word and Object*（上注㉖），23.

㉚ “就证据感而言，科学家除了会更细心之外，和普通人是别无二致的。”W. V. O. Quine，“The Scope and Language of Science”，in *The Ways of Paradox and Other Essays*，Cambridge，Mass.：Harvard University Press，1976，233. 也参见：*Word and Object*（上注㉖），p. 3（“科学是有自我意识的常识”）。

㉛ Hookway，*Quine*：*Language*，*Experience*，*and Reality*（上注③），p. 209. 比较：*Word and Object*（上注㉖），p. 22（“我们实际上只能持有某种或其他理论的立场，即在那时我们能够获得的最佳立场”）。

我们认定为真的其他一切事物'一致'程度的函数"(第159页)。[32]可是这种对奎因的理解是错误的,因为它使得奎因的整体论听起来像是真理的融贯论(the coherence theory of truth),即一个命题"为真"当且仅当该命题与"我们认定为真的其他一切事物'一致'"。但奎因所理解的真理无关于融贯问题,而是"与世界"的符合(只是对于奎因来说,符合意义上的真理——除了塔斯基提出的观点——无需太多哲学论证,并且世界就是科学所刻画的模样,舍此无他)。

普特南认为,"真理"依系有能力的言说者在"完全有担保的"条件下所断言的事物。这个观点就如下述看法,即理解或知识事关"实践、有根据的可断言性以及实用主义"(第161页)[33],同样是

㉜ 帕特森继续(至少在第159页)引用"两个教条"中的一长段在我看来无法支持其解释的文字。该段文字**并未**提出一种"真理"理论,比如,当一个命题与其他一切事物"一致"时,它才为真;而是仅仅描述了我们的认知状态,一种奎因所青睐的"纽拉特之船"这一比喻所描述的状态。

纽拉特将我们的认知状态类比作在海上正试图重修这条船的水手。因为他们无法一次性地重修整条船——事实上,他们无法走出船外,从零开始重修——他们必须选择稳固地站在情况最好的甲板上(一种实用性考量),同时重修那些不那么靠得住或有用的、必要的甲板。当然,这之后水手会选择重修他们之前站立的甲板,并且在这么做时他们将同样站在其他当时最能够满足其实践需要的甲板上。

对于纽特拉和奎因而言,我们的认知状态是一样的:我们必然会稳固地站在我们有关世界的理论观念中特定的"甲板"上(假设、认知规范等),同时去衡量有关世界的其他主张。我们选择建立我们认知大厦的甲板就是那些在过去对我们来说最有价值的。在奎因看来,它们就是构成科学的"甲板"。当然,没有什么阻止如下可能性,即未来某个时刻,我们也会(立足于其他坚实的甲板)重建科学的甲板,但出于好的理由,奎因没有看到如下现象的证据,即实用性考量会给我们任何理由来坚实地站立在我们知识之船的其他甲板上。

㉝ 对于奎因类似的误解,参见:Richard Rorty, *Philosophy and the Mirror of Nature*, Princeton, NJ: Princeton University Press, 1979, p. 170,以及本书第一章中相关批评。

奎因所反对的立场。科学的首要性可能完全在实用主义的基础上得到证成,但这并不意味着决定我们应当持有何种信念的规范(我们有关知识的规范)也是实用主义的。因为科学给予我们有关信
149 念的规范,且科学的规范并不是“实用主义的”:科学并没有说“相信有用的东西”,而是说“仅仅相信那些通过了经验检验的假设”等。在科学内——这甚至是我们所拥有的探究什么是真实、什么不是真实这种问题的唯一优势位置——真理与符合相关,知识则因科学的认识标准而得以确定(这些标准本身并非“得到担保的可断言性”或“实用主义”);而且科学也并非众多“实践”中的一种,并非无法“享有……与其他实践相比所具有的优先地位”(第182页)。只要我们的旨趣是知识,那么科学就是**唯一**实践,也就是说唯一的选择。奎因身上并没有“认知容让”精神。奎因认为,科学在有关真实的不同“视角”中去粗取精,而且结果是相当严格的:所谓的“莠草”不仅包括了宗教、形而上学、诗歌与占星术,还包括非行为性的心理学以及一切无法还原为物理学的特定科学。[34]

当然再次重申,在奎因的观点中科学享有此独特地位,是因为基于实用性考量它能够比其他实践给予我们应对经验的更好方式。像我们这样的生物需要能够参与经验的未来进程,我们需要指出接下来会发生什么。只有科学可对此重要的实用性要求“完成任务”。不过科学一旦具有如此神圣的地位,那就不再有某个立足点供我们去把握科学是否描述了“真实”世界,或科学是否得以

---

[34] 奎因朴素的物理主义是他自己实质观点的一个特征,而未必包含在他的自然主义和实用主义立场中。相关讨论,参见:Hookway,*Quine*:*Language*,*Experience*,*and Reality*(上注③)。

成为“真正的”知识这类问题，因为讨论什么是“真实”或者我们“知道”什么，本身就是科学问题。奎因的“科学主义”，即他赋予科学话语的优先性，在帕特森将奎因等同为“后现代主义”中消失不见了。帕特森由于忽略了奎因的自然主义并且误解了奎因的实用主义，而促成了这一等同。因而，帕特森的奎因并不是那个曾深刻影响 20 世纪后期哲学的奎因。

不过或许尚有其他方式来理解奎因与帕特森立场间的同构性。[35] 正如奎因在认识论中拒绝“基础主义”一样（他展示了科学可以没有基础，或不需要基础），帕特森（与波斯纳、德沃金等论者**不同**）也试图展示法律不需要超越法律论证实践之外的基础。因此，帕特森在法律内的反基础主义就与奎因认识论中的反基础主义具有同构性。

可是两者间的相似性再一次是虚假的。这主要是由于两个理由，其中第二个理由更重要。

首先，认识论中的基础主义[36]旨在通过论证我们的知识立基于如下两个基础上，来**证成**我们的知识体系：(a)那些由于可从其他已被证成的信念中推导出来而得到证成的信念；以及最后(b) 150
“基础性”信念，即那些不依赖接受其他信念的推论性支持就可以被证成（或“有担保”）的信念。因此（与奎因不同），基础主义者认为我们的科学知识体系由于**可以在一种特定认识论意义上得到辩**

---

[35] 在此我感谢比尔・鲍尔斯。

[36] 我指的是从笛卡尔到卡尔纳普的经典的基础主义传统。在诸如戈德曼、戴维・阿姆斯特朗(David Armstrong)和弗雷德・德雷斯克(Fred Dretske)的著作中，基础主义被外在可靠主义(external reliabilism)吸纳而获得新生。（可靠主义有多种样态，简单来说可大体被理解成为知识提供可靠基础。——译者）

护或支持而得以证成。“特定认识论意义”在此指的是,科学知识实际上被具有非推论性担保的基础性信念支持。

此时我不理解如下观点,即当学者认为侵权法“真的”关乎效率(比如,波斯纳)或矫正正义(比如,朱尔斯·科尔曼[37])时,这就是在说侵权法教义的实体内容由于可以**在特定“规范”(无论该规范是道德的还是经济学的)意义上得到辩护或支持**而得以证成。像波斯纳与科尔曼这样的学者都试图“解释”(explain)侵权法,他们采用的方法是在概念上(通过解释表面上不同的侵权法教义背后潜在的逻辑[38])或经验意义上,允许对法院在此领域将来会做出何种判决做出预测。但是,通过诸如“效率”这样的术语来(概念性或经验性地)“解释”侵权法,而无需考虑该术语为当下侵权法教义提供了某种**证成**,是完全可能的。与奎因的类比若想有效,我们需要的正是后一个主张。

自然有人会反驳说,波斯纳这样的学者只是认为,比如侵权法是“有效率的”构成了对于当下侵权法教义结构的证成。在此情形中,问题就在于奎因反对认识论基础主义的论证是否给予我们理由来拒绝波斯纳有关侵权法的证成性“基础主义”。这就将我们引向了这一类比的第二个致命问题:波斯纳推定的基础主义的结构,其实与奎因批判的基础主义并不具有同构性。

认识论基础主义者试图通过论证科学满足特定的**认知规范**来

---

[37] Jules L. Coleman, *Risks and Wrongs*, Cambridge: Cambridge University Press, 1992.

[38] 参见:Brian Leiter, “Tort Theory and the Objectivity of Corrective Justice”, *Arizona Law Review* 37(1995):46-47。

证成科学。这些规范指的是科学从如下内容中得以“构建”:(a)基础性信念(即那些具有非推论性认知根据的信念);以及(b)可以从基础性信念推论得出的信念。奎因反基础主义论证的核心在于论证这一“建造”的过程是不可能的:我们无法满足基础主义者认知规范的证成性要求。但现在请注意,是认知规范的**内容**本身是**基础性的**,而非我们试图通过参考某种规范来“证成”科学这个事实是基础性的。

正是在后一种主张的意义上,波斯纳式立场的结构不同于奎因,并因此与之无关。波斯纳立场试图通过论证侵权法满足一种我们可以称为“政治道德”的特定规范(即效率)来**证成**侵权法。但这一效率规范的**内容**本身在结构上并不具有基础性。一种实践如果模拟了理想市场(即该市场中有完全信息、没有交易成本等)的交易结果,那么大体而言它就是“有效率的”。因此,“有效率”并不 151
是通过奠基于基础性信念的证成过程被“构建”出来的。可是,因为奎因的反基础主义是反对这种有关“构建”的证成过程的论证(并且不仅仅是反对证成这项活动**本身**的论证),所以奎因的反基础主义就与侵权法能否(或是否需要)通过诉诸效率而得以证成无关。

易言之,仅仅试图证成一个实践,本身并不是奎因所反对的“基础主义”。基础性证成是具有非常独特的结构:它试图表明,一个独特的结果可以因为一些完全建立在基础性信念(即具备非推论性担保的信念)之上的构成性要素而得以证成(“构建”)。但并不是所有试图证成实践的活动都涉及追求一种令人反感的“基础主义”证成。比如,奎因自己对于科学的辩护肯定不是基础主义的，而是如我们所见，是实用主义的。因此，波斯纳证成侵权法、德沃金证成司法审查的努力也同样不是奎因所反对的“基础主义”。奎因的反基础主义与帕特森的（推定的）反基础主义之间的同构性最终是虚假的：这种同构性利用了“基础性”这个词语在如下事实中的含混，即我们可以通过提供“基础”来理解（talk about）对学说或理论的证成，但却不带有丝毫认识论“基础主义”的含义——这种基础主义指的是一种通过搭积木的过程得到证成的独特理论，且该过程基于具备非推论性担保的主张。

当然，上述一切讨论都保留了下述可能性：帕特森理解法律的方法可能基于其他理据而得到辩护。在此意义上，相对于帕特森著作的广博内容，我的结论相当谦逊。简言之，我希望自己已经成功地论证了对立于帕特森的观点，即奎因这个自然主义者对于捍卫后现代法学立场毫无助益。

第六章　超越哈特-德沃金之争：法理学中的方法论问题*

过去三十余年来，英美法哲学课程一直都主要围绕着所谓的 153
“哈特-德沃金之争”这一主题展开。这场争论开始于 1967 年罗纳德·德沃金对《法律的概念》一书的批判。[①] 此书是 20 世纪英语世界法理学的开创性巨著，由 H. L. A. 哈特在 1961 年出版。[②] 我们现在可以在哈特去世后出版于 1994 年的《法律的概念》的“后记”部分读到哈特对于这场争论的最终陈词；而德沃金在 1986 年

* 感谢莱斯利·格林对先前草稿的有益评论；感谢 2002 年 3 月牛津大学、2002 年 11 月剑桥大学法哲学研讨会的听众对于本文早期版本有价值的评论与讨论；感谢 2003 年 4 月圣母大学的听众及与会者；感谢 2003 年春季学期我在德克萨斯大学“法理学高阶主题”课程中的学生[斯蒂芬·贝罗(Stephen Bero)、布莱恩·贝里、伊安·法雷尔(Ian Farrell)、迈克尔·塞沃尔(Michael Sevel)、肖恩·怀特(Sean Whyte)]对于这些议题充满批判且富有启发的参与。我特别感谢约翰·菲尼斯使我有机会根据他在圣母大学会议上批判性评论的初版来修改本文，不过我敢肯定的是我未能进行所有他所认为有必要做出的修改。

① Ronald Dworkin, "The Model of Rules I," reprinted in *Taking Rights Seriously*, Cambridge, Mass.: Harvard University Press, 1977.

② 引用将遵循包括哈特后记的第二版，即由佩内洛普·布洛赫(Penelope Bulloch)和约瑟夫·拉兹编辑的版本(Oxford: Clarendon Press, 1994)。

出版《法律帝国》后，尚未对此争论表达任何实质性的新观点。③

154 现在回顾这场争论并探究哈特-德沃金之争在21世纪的法理学课程中是否还应当像20世纪末那样占据核心地位，似乎正当其时。④

---

③ Ronald Dworkin, *Law's Empire*, Cambridge, Mass.: Harvard University Press, 1986. 除了20世纪90年代对于其著名的“唯一正解”命题所引发的元伦理学问题的一次简略且相当令人费解的涉足，德沃金过去二十多年来的主要工作是政治哲学议题（特别是平等理论）以及“应用”宪法理论。特别参见：Ronald Dworkin, “Objectivity and Truth: You'd Better Believe It”, *Philosophy & Public Affairs* 25 (1996): 87-139。对此的详细批判请参见本书第八章。

现在有一份德沃金未发表尚处于传阅状态的手稿，这是他试图对哈特“后记”所做的回应。这一材料“不得引用”，所以我也不会在此加以讨论。只是指出，手稿中认为哈特犯有“阿基米德主义”(Archimedeanism)的错误，而这如德沃金曾在《客观性与真》一文中所指出的，也使得元伦理学中的争论饱受其苦。我冒昧地说他稍后这篇论文中观点的失败体现在他对于哈特最新回应的失败。[莱特提到的这篇文章，德沃金生前并未刊发，与之内容相似的一篇文章即为收录于《身披法袍的正义》第六章的《哈特后记与政治哲学的要义》。2017年《哈佛法律评论》第130卷第8期发表的《哈特身后的回应》(Hart's Posthumous Reply)一文是这里提到的文章。这篇文章之所以没有刊发，是因为德沃金自己遗失了原稿，在他去世后，当年传阅他这篇文章的朋友在电脑中发现了该文的拷贝文件。详细论述请参见《哈佛法律评论》编委会网站对此文的说明。——译者]

最近德沃金以评论朱尔斯·科尔曼的新书为幌子发表了一篇反对法律实证主义的奇特论辩。参见：Ronald Dworkin, “Thirty Years On”, *Harvard Law Review* 115 (2002): 1655-1687。这篇论辩的特征是，有10页篇幅充斥着对于约瑟夫·拉兹观点连篇累牍的误解（下文我会谈到），以及如下令人吃惊的**诉诸人身**的控诉：他认为**真正**推动法律实证主义者的是将“法哲学视为独立、自足的领域和专业”这一愿望，并且这一愿望使得无须再涉足“法律的实质性与程序性领域”或“规范性政治哲学”。同上注，第1679页。有意思的是，他是在评论朱尔斯·科尔曼的著作时做出这一指控的，但该书有三分之一篇幅都是在讨论侵权法实质法规的哲学基础！更引人侧目的是，他在严厉批评约瑟夫·拉兹之后做出上述控诉，可是在过去20年来拉兹大部分工作集中在规范性的政治与道德哲学领域！（哈特也对规范性政治哲学做出巨大贡献。）**所以德沃金到底在想什么？**完全令人搞不懂。（科尔曼的著作是：*The Practice of Principle: In Defense of a Pragmatist Approach to Legal Theory*, Oxford University Press, 2003。——译者）

④ 这一问题并不纯粹是学术性的。对于德沃金在法理学课程中所占据的核心地位，我自己的怀疑源自至今许多年来将他的著作视为哈特对立观点加以讲授（的经验）。

我倾向于对此问题给出否定性回答。不过,这当然不是因为我可以设想一种法理学的未来,在其中哈特精湛的著作不居于核心地位,而是因为对于我来说(并且我冒昧地说,现在对于许多同人而言),哈特-德沃金之争中的特定议题已经有了明显的获胜者,以至于就连德沃金对于哈特的批评是否具有启发性价值,现在也不是那么确定。

需要赶紧补充的是,我并不是说法律实证主义不再面临挑战,而是说法律实证主义现在面临的重要问题在类型上已经不同于因德沃金而变得闻名的那些议题了。我会论证这些问题可以被区分为两大类:其一,有关承认规则内容的正确解释及其与法律权威的可能性的关系("哈特-拉兹之争");其二,法理学合适的方法论。我对哈特-拉兹之争的论述相对较少,因为它发生于实证主义阵营内部,以某些共同的实证主义假设为背景。与此不同,方法论之争——至少经过约翰·菲尼斯在《自然法和自然权利》(*Natural Law and Natural Rights*)[⑤]中具有重要影响的挑战所带来的重新评价的塑造[⑥]——在我看来更为重要。因为它通过挑战法律实证主义者的方法论预设,试图表明法律与道德在某种重要意义上是

---

⑤　Oxford: Clarendon Press,1980,esp. Ch. 1.(为使译文准确、流畅,原文语序稍有改动,脚注⑤与脚注⑥位置发生对调。因此,在原文中提及菲尼斯此书时所参考的脚注⑥,在本书中都调整为脚注⑤,特请读者原宥。——译者)

⑥　特别参见:Stephen R. Perry,"Hart's Methodological Positivism", in *Hart's Postscript: Essays on the Postscript to the Concept of Law*, ed. J. Coleman, Oxford: Oxford University Press,2001,p. 313 n. 5("我有关法律理论方法论的思考极大地得益于菲尼斯有关此议题的一般性讨论,特别是他对于哈特富有启发的批判")。也参见:Julie Dickson,*Evaluation and Legal Theory*,Oxford: Hart Publishing,2001,esp. Chs. 3 and 4。

不可分离的。如果理解法律概念的活动恰恰要求对于法律进行积极的道德评价，那么结果就是法律的道德基础问题无法与法律性质问题切割开来。诚然，法律实证主义获得了部分胜利，因为菲尼斯自己承认，他注意到法律实证主义（无论是哈特还是拉兹的立场）确实对如下问题，即“什么是任何有能力的律师认为是（或不是）内在于体系的有效法律，且施加了‘法律的要求’”，给予了充分论述。[7] 在菲尼斯看来，法律实证主义的不足在于未能解释法律的“核心情形”（central cases），[8]而这对任何令人信服的法律理论
155 来说都是不可宽宥的缺憾。所以，方法论也意味着实质（即任何所谓实质法律理论的正确性），并因此意味着如果在哈特/德沃金的论辩（dialectic）中，哈特的实证主义获胜，法哲学家现在重新将注意力转向方法论议题确实是很有道理的：这正是法律实证主义被找出的新弱点。

我会在本章第一节中回顾哈特-德沃金之争和哈特-拉兹之争；这一回顾是基础性的，熟悉论辩内容的读者可以毫无顾忌地将之忽略。我会在第二节转向法理学中方法论问题。在此我会论证如下五个命题：其一，德沃金建构性解释主义对法律实证主义的挑战并不切题，因为它本身完全是循环论证的；其二，菲尼斯对实证主义提出了适切的方法论挑战，德沃金自身需要菲尼斯式论证来推动其解释主义理论；其三，实证主义者（在一定条件下）能够回应并击败这一方法论挑战；其四，实证主义者（在一定条件下）也能反

---

⑦ John Finnis, “On the Incoherence of Legal Positivism”, *Notre Dame Law Review* 75(2000), p. 1611.

⑧ *Natural Law and Natural Rights*（上注⑤）, p. 11.

驳菲尼斯式论证的较新版本，即佩里的观点。其五，迪克森试图在哈特的方法论实证主义或描述主义与菲尼斯的立场之间开辟中间道路的立场（她称之为“间接评价性法律理论”）是失败的。

最后，在第三节，我转向出现在认识论、心灵哲学与伦理学中的有关方法论的更广泛的争论。在此我会找出第二节中描述主义反驳菲尼斯的论证中的一些可能弱点——这便是前述“一定条件下”这个限定的来源——并论证一种不同方法来表述法理学中方法论问题。

一、哈特-德沃金之争与哈特-拉兹之争

哈特–德沃金之争起始于德沃金 1967 年的《规则模式》（The Model of Rules）这篇文章。该文章认为，哈特持有下述四个德沃金全部拒绝的命题：法律由“规则”（与德沃金的“原则”有所不同的法律标准）构成；**法律**规则通过“承认规则”，即“通过与规则的**谱系**而非内容相关的检验”得以识别；规则未覆盖到的情形，法官有裁量权；在法官有裁量权的案件中，涉案双方都没有获得胜诉的先在法律权利。⑨

当然现在大家都知道除了最后一点外，德沃金误解了哈特的

⑨ “The Model of Rules I”（上注①），p. 17.（所谓“谱系”，即 pedigree，在德沃金的使用中有两个含义：其一，它与规则的内容相对，指的是通过立法、司法事实与社会惯习从程序、形式角度来判断“什么是法律”；其二，它与个案中法律规则相对，指的是通过程序、形式角度可以将一系列而非单个法律规则识别为法律。——译者）

观点。[10] 哈特确实认为在法官拥有裁量权(在**哈特**意义上的裁量，而非德沃金意义上的，稍后会详细论述)时，没有一方拥有胜诉的
156 法律权利。但他不认为《法律的概念》中有关“规则”的论述排除了如下可能性，即在一些法律体系中德沃金称之为“原则”的标准能够具有法律约束力。[11] 他不认为有关承认规则的论述妨碍了作为司法惯习的承认规则容纳基于内容的法律有效性检验；[12]尽管哈特认为，在某种意义上当“规则”(如哈特所意欲的，宽泛理解会包括德沃金所说的“原则”)无法控制一个案件的结果时，法官拥有裁量权，但德沃金有关“强裁量权”与“弱裁量权”的区分实际上并没有切中哈特裁量权学说的核心。最后这一点有待进一步论述。

德沃金区分了裁量权学说的“强”与“弱”两个版本。前者是指裁判者“完全不受所讨论的权威所设定的标准拘束”时拥有的那种裁量权；[13]后者仅指“一个官员必须适用且无法被机械地适用而是需要其运用判断的标准”。[14] 德沃金认为，一旦我们认识到法律能够包含他所说的“原则”——这种法律标准即使在事实认定得到满

---

⑩　德沃金很难准确呈现自己反对者的观点，是他作品的一个特征。在哈特对德沃金的最后回应，即“后记”(上注②)中，我大体数出 12 次哈特抱怨德沃金误解了自己的观点。(德沃金对拉兹也没好到哪里去；相关讨论参见下注㉜。)其实，令人震惊的是哈特的“后记”开始于他提到的该“后记”(一直没有落笔)的“第二节”，在其中他分析了德沃金以外的批评者。对于这些批评者，哈特评论道：“我必须要承认我的批评者们在比我所认为的还要多的情形中是正确的……”*The Concept of Law*(上注②)，p. 239. 但只有一处(下文中对此加以讨论)哈特将相似的洞见归属德沃金。

⑪　*The Concept of Law*(上注②)，pp. 259-263.

⑫　同上注，第 247 页。

⑬　“The Model of Rules I”(上注①)，p. 32.

⑭　同上注，第 31 页。

足的条件下，也不是以全有全无的方式得以适用，[15]而是由法官在做出裁判过程中将之同其他原则加以权衡考量——那么弱裁量权尽管细微却是不可避免的。因此，实证主义者要加以辩护的唯一**有价值的**裁量权学说即是强裁量权。但德沃金认为，只要我们承认原则可以构成法律，那么法官就绝不会“不受（权威性）标准的拘束”，因为纵然他们在适用诸如“没有人能够从自己的错误中获利”这类原则时必然运用到判断，但这只是承认了在涉及原则问题时，法官拥有弱裁量权。*

不过，这一有关裁量权的强弱区分是德沃金的，而非哈特的；并且该区分似乎遮蔽而非澄清了哈特认为法官拥有裁量权的实际理由。哈特无须认为，在裁量时，法官**不受任何**权威性标准拘束，因为确实可能存在有约束力的标准，它们会限缩可能做出的裁判的范围。然而，即使权威性标准划定了可能做出的裁判的范围，“却会存在如下时刻，即现有法律（无论是“规则”还是“原则”）都无法确定何种裁判为正确答案”，以至于法官必须运用“造法的权力”。[16] 将权威性法律标准的身份赋予原则，并没有消除上述可能

---

⑮　如哈特所说，“原则”是“非结论性的”标准[*The Concept of Law*（上注②），p. 261]，即在原则具有法律效力并因此对于法官有约束力时，它们也无法结论性地决定手头案件。

*　德沃金在此提及的涉及适用原则时法官做出的“判断”（judgment），与司法意义上的“裁判”（judgment or judicial decisions）不尽相同。德沃金所说的“判断”，是哲学术语，指的是将具体情形涵摄入某个一般性规范之中。面对具体案件，可能有多种原则可以适用，这就需要法官做出决定，判断何种原则更适合此案件。换言之，法官需要判断原则（规范）与事实之间的关系，而这一判断的做出是不存在任何既定标准或统一依据的。这即是他所说的“弱裁量权”的含义。法官当然不可避免做出此种判断，这一意义上的裁量权因此也就不可避免。——译者

⑯　*The Concept of Law*（上注②），p. 261.

性，因为只要特定案件事实落入原则中关键语词的意义模糊地带
157 时，原则就如规则一样可能是不确定的。“公园中不得有车辆”这一规则适用小型摩托车时可能是不确定的；但“没有人能够从自己的错误中获利”这一原则适用受助者因疏忽大意的行为导致捐助者死亡时，同样也是不确定的。通过类比推理或诉诸特定法律的一般目的，在所有案件中“无疑推迟了……（却）没有消除司法造法的情形”，“因为在任何疑难案件中，会呈现不同原则，它们支持相互冲突的类比；一位法官通常不得不从中做出选择；他像尽职尽责的立法者一样，依赖他自己对于什么是最佳选择的理解，而非任何由法律为其规定的既有优先次序”。[17]

如果说《规则模式（一）》这篇文章主要因为引发哈特澄清其观点而闻名（哈特澄清的方式，可能只要对1961年出版的这本书加以合理解读，就应该会很清楚[18]），那么德沃金1972年的文章《规则模式（二）》（The Model of Rules Ⅱ）[19]就使得哈特改变了首次在1961年这本书中提出的“规则的实践理论”。根据1961年提出的这一理论的强版本，对于任何存在于共同体中的“责任”来说，都必然有一种“社会规则”，这指的是在该共同体的每个成员间存在着一致性行为构成的实践，且这些成员都从“内在视角”出发接受了描述该行为的规则。这里的内在视角是指，社会成员都接受这一规则是证成自己服从该行为模式的标准，并且将之视为谴责偏离

---

⑰ *The Concept of Law*（上注②），p. 275.

⑱ 相比德沃金的评论，对于第一版《法律的概念》中何处清晰、何处模糊的更为公允的分析，参见莱斯利·格林富有启发的评论：Leslie Green，“The Concept of Law Revisited”，*Michigan Law Review* 94（1996）：1687-1717。

⑲ 重印于：*Taking Rights Seriously*（上注①）。

该行为模式之行为的基础。德沃金认为，这一理论的强版本实在太强了：素食主义者说我们有道德义务不吃肉，并不是在主张**不**吃肉是个体的一般实践；同样，美国废奴主义者在1825年宣称“不将他人视为奴隶是我们的责任”，并不是主张存在着由一致性行为构成的行为模式，更不是说该行为得到基于内在视角的接受。因此，哈特现在认为，规则的实践理论只适用如下情形，即“一个群体对于（规则）的服从是该群体个体成员接受此规则之理由的一部分”。[20] 因此，哈特承认，实践理论并不是“对于个人或社会道德的可靠解释”。[21] 但哈特坚持实践理论是包括“承认规则”在内的“惯习性社会规则的一种可信论述”。而“承认规则事实上是一种司法习惯规则，仅当法庭在识别、适用法律过程中接受并践行这一规则时，它才会存在”。[22] 对于德沃金的批判来说，这样一种论述依旧没有解释一个规则如何能够创设**义务**或**行动的理由**。哈特反驳说，德沃金混淆了如下两个主张，即“诉诸规则来设定义务或提供行动理由的参与者，必然会相信对于服从规则的行为存在好的道 158 德基础或辩护理由”与“事实上必然存在这些好的理由”。[23]

不幸的是，哈特鼓励了这一混淆，就连在“后记”中也是如此。与描述性法理学的主旨一致，规则的实践理论应当被理解为只是在表述被共同体成员**用来**施加义务的社会实践的情况，而非表述源自社会实践的义务的**现实**基础。但当哈特认为“一个群体对于

⑳ *The Concept of Law*（上注②），p. 255.

㉑ 同上注，第256页。

㉒ 同上注。

㉓ 同上注，第257页。

规则的一般性服从"是"该群体个体成员接受该规则的一部分理由"时,他恰恰招致了德沃金的误解。他使得自己的观点听起来像是说一致性行为**这一事实**是或需要成为行动的一个**理由**。[24] 但哈特的"描述性社会学"所需的不过是温和得多的主张,即如下事实构成了一些(而非全部)"义务"话语存在的条件:一致性行为以及从内在视角接受描述该行为的规则。

在他早先有关哈特实证主义的批判性文章后,德沃金转而阐述自己有关司法裁判与法律的理论。根据这一理论,法律问题的唯一正确答案是要与法律体系(即制定法、先例、宪法等)的制度史"最佳"理论相一致。反过来,"最佳"理论要能解释或契合制度史中最重要的部分并为之提供最佳的道德证成。该理论最早在1975年的论文《疑难案件》(Hard Cases)(重印于《认真对待权利》一书)中被提出,并在1986年的著作《法律帝国》中得到发展。[25] 这个理论尽管通常被德沃金表述为哈特实证主义的竞争者,但其实德沃金已经改变了这场争论的许多词汇,以至于他的论述基本上与哈特无关。正如哈特所言,"在我与德沃金的这两个如此不同的法律理论观念之间,我不明白为什么应当或确实可能有任何重

---

[24] 朱尔斯·科尔曼和我在我们的论文中沿着这一论证线索展开:"Legal Positivism", in A *Companion to Philosophy of Law and Legal Theory*, ed. D. M. Patterson, Oxford: Blackwell, 1996, pp. 247-249。但现在因为我在正文中解释的理由,我认为这似乎是错误的。

[25] 我倾向于同意拉里·亚历山大在他讨论 *Law's Empire*(上注③)中的观点:"大部分与《认真对待权利》相比做出的改变不过是标签的改变。"Larry Alexander, "Striking Back at the Empire: A Brief Survey of Problems in Dworkin's Theory of Law", *Law and Philosophy* 6(1987):419.

大的冲突”。[26] 尤为瞩目的是，德沃金不假思索地假定“一种法律观念必须解释，被认定为法律的事物如何为国家行使的强制力提供了一般性证成”。[27] 但这一假设显然不是哈特所持有的，而且也不清楚为什么任何理论家应当持有此理论。如哈特所说：

> 我在本书中的目的就是为法律是什么提供一种一般性和描述性的理论。它之所以是一般性的，是因为它并不取决于任何特定的法律体系或文化，而是试图对作为复杂的社会与政治制度且具有受规则支配性特征（在此意义上，法律是“规范性”的）的法律加以解释与阐明。这一制度尽管在不同文 159
> 化、不同时代中有许多变体，但却具有相同的一般性形式与结构，不过围绕着它存在着诸多误解和令人迷惑的神话有待澄清……我的理论之所以是描述性的，是因为它是道德中立的并且没有证成性目标：在我看来，虽然清晰理解那些出现在我有关法律的一般性论述中的形式与结构是对法律展开任何有效道德批评的重要前提，但我的理论并不试图基于道德或其他立场对之加以证成或赞扬。[28]

可是德沃金由于将他的法律理论仅仅局限于如下情形中，即依据法律行使的强制力能够在道德上得到证成，而改变了法律理论的

㉖ Larry Alexander, “Striking Back at the Empire: A Brief Survey of Problems in Dworkin's Theory of Law”, *Law and Philosophy* 6(1987): 241.

㉗ *Law's Empire*（上注③），p. 190.

㉘ *The Concept of Law*（上注②），pp. 239-240.

议题。因而,当哈特说他的事业同德沃金的相比“极为不同”时显然是正确的,因为后者将强制力的证成视为核心,并将一种独特的法律文化,即英美法律文化作为核心关切。德沃金理论能够向哈特理论发起的唯一挑战就是,如果他有关英美法律体系的**特殊**法理学被认为是正确的,但在哈特的**一般**法理学框架内无法得到解释。特别是哈特的实证主义要处理的问题在于该理论能否理解法官——不是因为其谱系,而是因为其内容——认为一些原则具有法律约束力这个现象。非常著名的是,哈特认为他的理论能够如此。

在论证法律实证主义能够容纳法律上有效的“原则”(德沃金意义上)的可能性时,哈特提出如下两个主张:(1)与德沃金**不同**,一些原则由于其谱系而具有法律效力(比如,普通法中的原则,像“没有人能够从自己的错误中获利”,之所以具有法律效力是因为它在相当长时间内被许多法院采纳);以及(2)在对于承认规则的实证主义解读中,没有排除基于内容的法律有效性检验(诸如“该规则有效是因为公平的要求”这样的检验),这样就能够解释那些具有法律约束力但却缺乏谱系标准的原则。

正是哈特对德沃金的第二点回应成为过去二十年来分析法学核心部分最为热烈的争议之一的起点。我将其称为哈特-拉兹之争。这一争议对困扰哈特的“法律概念”问题的附属性要素提出了深层次问题:比如,法律概念要求何种权威概念,[29]以及受规则指

---

[29] 参见:Joseph Raz,“Authority, Law, and Morality”, *The Monist* 68(1985):295-327。

引意味着什么。[30] 要明确这里的症结，我们需要转向哈特的承认规则概念，它是设定法律体系中法律有效性标准的次级规则。

在哈特看来，承认规则是一种**社会**规则。这意味着它是由法官中一致性行为所形成的习惯性实践构成的，在该实践中描述该行为模式的规则被这些官员以内在视角接受。因此，官员在决定 160
特定规则的法律有效性争议时的实际活动，构成了一个特定社会的承认规则：比如，在评价规则的合法性时，官员是仅仅诉诸与这些规则的谱系相关的事实，还是说也会考量规则的实质内容正当与否？

因此，哈特的立场是一种"柔性实证主义"，因为它认为限制一个社会的承认规则内容的**唯一**因素，就是在决定合法性问题时有关官员实践的事实。柔性实证主义者尊重法律与道德在概念上彼此独立这个实证主义立场的方式，就是依据柔性实证主义观点，承认在概念上依旧存在着如下可能性，即一种承认规则，进而一个法律体系会认为，道德**并非**法律有效性的标准。道德在一些法律体系中构成法律有效性的标准，不过是一种有关这些体系中官员实际行为的偶然事实，而非实证主义法律理论的概念性要求。

以拉兹为代表的刚性实证主义者对此提出了不同看法。[31] 刚

㉚ 参见：Scott J. Shapiro，"On Hart's Way Out"，in *Hart's Postscript*：*Essays on the Postscript to the Concept of Law*，ed. J. Coleman，Oxford：Oxford University Press，2001。

㉛ 德沃金也对此有不同意见，但是出于不同理由。参见本书第四章第125—128页有关"公共指引"论证的讨论。

性实证主义认为还有一个**额外**因素限制着承认规则的内容：除却它是一个社会规则这个事实外，它所设定的法律效力标准必须存在于效力待定规则的**渊源**或**谱系**的明显事实之中。* 刚性实证主义者展开这一论证的方式是诉诸其他被认为构成法律概念核心要素的特征。因此，最为知名的是，拉兹指出，对于**权威**提出可理解的(intelligible)主张正是我们法律概念的一部分，即使该主张通常在实践中无法被实现。不过在拉兹看来，只有当一个法律体系能够不诉诸指令的潜在("依赖性")理由来识别其指令时，该法律体系才能主张权威。这是权威的"先决条件"，因为它识别出了(实践性)权威最为重要的部分：权威的指令优先于有关"我们应当做什么"的潜在理由(比如包括道德理由)的考量(并且这么做实际上使得我们更有可能去做我们真正应当做的事情)。但是柔性实证主义使得法律的识别恰恰取决于权威指令被认为排除的理由，因此使得法律——更准确说，是承认规则——基本上无法具有权威。

拉兹不仅在法律概念中引入了有关权威的主张，同时也引入了一种非常特殊的权威概念。根据此概念，一个权威性指令**服务**于听从该权威的人，即帮助他们更成功地遵从"正确理性"的要求。

---

* 在此莱特试图指出的是，拉兹和哈特有关法律是什么(法律的合法性)与法律的规范性(或法律的权威)这两个问题有不同的解答方法。哈特试图通过界定法律是什么来阐述法律的规范性，而拉兹则是通过阐明法律的规范性，即法律具有权威这一核心特征(或本质)，来分析法律是什么。换句话说，拉兹反驳哈特的思路为，如果法律的本质是具有权威，那么从法律权威性角度分析柔性实证主义的观点是否成立？拉兹给出的回答是否定的。——译者

拉兹有关权威的主张在许多方面都充满争议，[32]比如，将权威的标 161
志视为提供一种**服务**；[33]认为权威性理由一定是**排他性的**，即优先于一切对于权威性指令所基于的依赖性理由的考量；[34]预设所有法律**真诚地**主张权威，并要求**实践**问题在客观上有更好或更糟的答案（没有这些答案，就无法评价权威是否提供了所要求的"服务"）。

在一些情形中，对于权威理论各个方面的反驳观点，拉兹主义者都有令人信服的回应，[35]但至少一些刚性实证主义者已经选择

㉜　不过，以德沃金在《三十年以来》一文中的讨论方式来看，它们并**不**存在争议（上注③），第1665—1676页，因为其中大部分讨论都基于对拉兹观点的错误表述——有时是非常恶劣的错误表述。比如，拉兹完全没有认为"如果法律命题未能成功报告正当权威的运作，那么该法律命题不为真"（同上注，第1666页）（一个法律命题即使它不具有权威性，也可能是一个法律命题；更重要的是，拉兹的渊源命题并**不**是一个有关什么使得被适用的法律陈述为真的学说）；他当然没有做出任何"经验性断言"，认为"每个法律官员相信他所订立的法律创造了道德义务"（同上注，第1667页）（该理论是概念性的而非经验性的）；拉兹并不认为"除非满足拥有正当权威的所有必要条件，否则就不成为法律"（同上注，第1668页）（法律**主张**权威，但通常并不实际拥有权威）；拉兹并没有认为"权威的本质或概念的一部分就是……如果那些被推定服从于它的人一定会通过道德反思来判断是否服从权威时，权威就不再是权威了"（同上注，第1673页）（法律对于权威的主张是否可证成，与我们是否有服从法律的义务是完全不同的问题）；拉兹显然没有认为"将制定法描述为法律会是一种概念上的（'极为愚蠢的'）错误"（同上注，第1673页）（如果一个指令甚至在原则上无法满足权威的非规范性预设，那么认为该指令是一个**法律**指令就会是一种概念性错误，但也有许多缺乏权威但具有效力的法律，否认这一点也**会是**一种概念性错误）；诸如此类。我没想到在近几十年来的哲学争论中，这样一位杰出人物会如此彻底地误解、误读其领域内另一位杰出人物的观点。德沃金也是拉兹在牛津大学多年来的同事，这使得他对拉兹观点的基本误解变得更加令人困惑。

㉝　相关质疑，参见：Thomas Christiano, "Waldron on Law and Disagreement," *Law and Philosophy* 19(2000): 515。

㉞　参见：Stephen R. Perry, "Judicial Obligation, Precedent, and the Common Law", *Oxford Journal of Legal Studies* 7(1987), esp. p. 223。

㉟　对于争论中一些问题的回顾，参见本书第四章。该回顾基本上赞同拉兹的立场。

去论证，通过更温和的概念性主张我们也会对承认规则施加同样的限制。比如，斯科特·夏皮罗认为实证主义认同法律指引行动这一观点，但对于受规则指引这一概念的反思显示出，运用基于内容的法律有效性标准的承认规则，无法指引官员的行动。[36] 如果这一观点成立，那么我们就从被认为是有关法律概念要素的最小（因而也是更少争议的）假设中，得出刚性实证主义结论。

尽管我倾向于认为刚性实证主义是正确的（虽然未必出自上述理由），但我不会在此做出论证，而是想要提醒大家注意两点。首先，哈特-拉兹之争，即对于承认规则内容的限制是否如实证主义所认为的那样，既是近年来分析法学中持续进行的最为重要的争议，也是超越了德沃金的争议。该争议的解决将取决于由拉兹、夏皮罗、W.J.瓦卢乔、朱尔斯·科尔曼和其他人所提出的概念语词。其次，如果刚性实证主义是正确的，那么我们依旧需要回应德沃金的挑战，即一些原则（德沃金所区分出来的不同于规则的非结
162 论性法律标准）具有法律约束力。当然，刚性实证主义者可以像哈特那样，承认一些原则基于谱系而具有法律约束力——通常所说的“普通法原则”似乎就是相关的典例。至于其他那些德沃金让我们视为具有法律约束力的非谱系性原则，刚性实证主义者一定坚持认为我们不能被这些案件中的司法修辞蒙蔽：虽然非谱系性原则并不具有法律约束力，但毕竟一个太明显的问题在于，法官们在撰写司法意见时为什么应当将之**视为具有**法律约束力？

德沃金的理论总是一种奇怪的杂糅。约翰·麦基将之称为实

---

[36] “On Hart's Way Out”（上注[30]）.

证主义和自然法理论之间的"第三条道路"[37],因为它既不探究经典实证主义的事实/描述性问题,也没有明确研究自然法理论中特定种类的道德问题。[38] 不过若哈特是正确的,那么德沃金的理论根本不是第三条道路,而仅仅是哈特理论在**特殊**法理学中的运用。因为德沃金仅仅描述了对于特定法律体系而言(或许是美国)承认规则的含义是什么,即在这些法律体系中通过参照道德标准来决定法律有效性问题,是法官中的惯习性实践。根据这一解读,德沃金与哈特的法律实证主义并无纠纷,而是对于实证主义的一种运用。并且如果拉兹和他的追随者是正确的,那么德沃金的理论也不会是第三条道路,因为他的理论根本不是一种充分的法律理论:除却众多瑕疵,该理论使得法律的权威主张变得不可理喻,它没有办法在具有法律约束力的规范与官员诉诸道德的法外规范之间做出区分,并且它将在疑难案件中"发现"正确答案这一司法修辞当真了,同时却忽略了法官在疑难案件中运用裁量权这一常识。[39]

剩下的就是法律实证主义(源自哈特-拉兹之争的各种形态)以及对法律实证主义构成真正挑战的各种自然法理论。由于菲尼斯毫无疑问正确地否认了自然法学家认同道德是法律有效性的必然标准这一观点,论述自然法与实证主义之争的熟悉套路便不再

㊲　参见:John Mackie,"The Third Theory of Law", in M. Cohen ed., *Ronald Dworkin and Contemporary Jurisprudence*, London: Duckworth, 1983。

㊳　如拉里·亚历山大多年前所说,"德沃金问,什么是最有吸引力的政治/道德原则,如果遵循它,就能够解释我们社会做出的大部分具有强制力的政治决定?这是一个非常奇怪的问题"。"Striking Back at the Empire"(上注㉕), p. 419.

㊴　比较哈特的评论,"区分法官和律师在法庭中裁判案件时使用的仪式性语言,以及他们关于司法过程更具反思性的一般陈述是重要的;在后一种话语中"造法任务"通常得到承认。*The Concept of Law*(上注②), p. 274.

切题（辩证地看，德沃金最大的优势就是他确实肯定了道德是法律
163 有效性的必然标准[40]）。事实上，菲尼斯承认（如先前所言），实证

---

[40] 现在出现一小股思潮，认为法律与道德之间不存在“必然”关联不是法律实证主义独特的特征。著名的论述包括：John Gardner，“Legal Positivism: 5½ myths”，*American Journal of Jurisprudence* 46(2000)，esp. pp. 222-225；Leslie J. Green，“Legal Positivism”，*The Stanford Encyclopedia of Philosophy*(Spring 2003 Edition)，Edward N. Zalta(ed.)，〈www-philosophy. stanford. edu/fss/ez. html〉。严格来说，如加德纳(John Gardner)所认为的，“法律和道德之间不存在必然关联”这一主张是“荒谬的”。同上注，第 223 页。当然，以菲尼斯为代表的学者承认该主张这一事实[参见：“On the Incoherence of Legal Positivism”(上注⑦)，p. 1606]，可能包含比该主张的内容本身更多的意味。其实，在近来专业化的研究之前，我们可能会认为，这个口号显然**是**法律实证主义所独有的至少两个彼此不同的命题的简略表达。[它非常像表面来看很荒谬的口号“恶法非法”一样，这个口号如菲尼斯所论述的那样，实际上是具有某种**初步**合理性的命题的简略表达，参见：*Natural Law and Natural Rights* (上注⑤)，pp. 363-366。]

一个命题是加德纳自己支持的，即道德并不必然是法律有效性的一个标准。加德纳身为一位刚性实证主义者支持一种更强的主张(该主张包含着较弱的主张)，即道德必然**不是**法律有效性的一个标准(参见他对法律实证主义的表述，同上注，第 201 页)。不过哈特在《法律的概念》第 185—186 页。似乎支持“没有必然联系”的命题的较弱立场(“法律复制或满足道德的某些需求绝非必然真理，尽管实际上它们通常这样做”)，并且在“后记”中支持“柔性实证主义”时重复了这一立场(同上注，第 205—254 页)，特别是他引用了朱尔斯·科尔曼在 1982 年的一篇使得“没有必然联系”命题变得流行的文章：“Negative and Positivism Positivism”，reprinted in *Ronald Dworkin and Contemporary Jurisprudence*(上注㊲)。不过即便菲尼斯并不否认该命题的这个版本(即较弱立场。——译者)，德沃金却否认这一点，这无疑解释了为什么这个命题会在法理学论辩中具有突出的影响力。

当然，“没有必然联系”命题的第二个版本是哈特 1958 年的文章提出的：“Positivism and the Separation of Law and Morals,” in his *Essays on Jurisprudence and Philosophy*，Oxford: Clarendon Press，1983。在此，这个口号被解释为要求“将法律是什么分离于法律应当是什么”(同上注，第 52 页)。(同样要注意的是，在进一步澄清这个实证主义学说的含义时，哈特提供了一种“没有必然关联”的命题第一个版本的立场：“在缺乏明确表述的宪法或法律规定时，仅仅从一个规则违反道德标准这个事实，无法得出这个规则并非法律规则；反过来说，无法仅仅从一个规则在道德上是可欲的这个事实得出它是法律规则。”同上注，第 55 页。)这个版本的立场也与实证主义的对手，特别是菲尼斯，产生了重要的争议。菲尼斯在《自然法和自然权利》第一章——下文会有更详细的讨论——的目标就是表明，我们在不首先探究法律应当是什么之前，无法确定法律是什么。

主义（无论是哈特抑或拉兹版本）都充分论述了如下问题，即“什么是任何有能力的律师会认为是（或不是）内在于体系的有效法律，且施加了‘法律的要求’”。[41]

菲尼斯没有认为上述承认表明实证主义已然成功解答了自身实际提出的问题。相反，菲尼斯批评实证主义未能回答它从未提出的一个问题，即“对于一个官员或一个私人公民的良知（最终的理性判断）来说，这些（具有法律有效性的）得到主张和被施加的要求，其权威性如何”，以及“当这些主张极端不正义时，它们缺乏权威性”。[42] 当然，实证主义者能够回答（并且已回答）这些问题，[43]但不是以他们特定的实证主义法律理论，而是以他们的正当性理论 164
与得到证成的权威理论。菲尼斯的反驳在根本上似乎反映出对于约翰·加德纳适切地命名为法律实证主义“全方位规范惰性”（comprehensive normative inertness）的误解。它指的是“当一位

[41] Finnis,“On the Incoherence of Legal Positivism”（上注⑦），p. 1611.

[42] 同上注。因此，当菲尼斯说，“**追随**科尔曼和莱特，南非的所有法律或其中的一些并不具有约束力，但被广泛**视为**、**认为好像**具有约束力**且得到实施**”时（同上注），他并没有质疑科尔曼和莱特。《法律实证主义》（Legal Positivism）一文中（上注㉔），科尔曼和莱特没有主张种族隔离制度下南非法律具有**道德上的**约束力，只是说它们在法律上是有效的。对后一点菲尼斯并无争议。或许对于科尔曼和莱特以及其他实证主义者来说，我们并不总是提出并回答菲尼斯感兴趣的问题是一种道德上的瑕疵，但这很难说证明了实证主义是“不融贯的”！［诚然，菲尼斯认为这种“不融贯性”源自实证主义为自己设置的无法完成的“解释性任务”；但其中的难题在于，如正文所说，争论中的“解释性任务”是菲尼斯为实证主义设置的，而非法律实证主义者为自己设立的。这些任务包括“被一个法律体系中像官员**那样行动**的人及其指令所**主张**和**实施**的权威与强制性，是否、何时以及为何确实是（官员或公民）自己良知性行动的**权威性理由**”。］［Finnis,“On the Incoherence of Legal Positivism”（上注⑦），p. 1611］。

[43] 比如，可参见：Leslie J. Green,“Law and Obligations”, in *The Oxford Handbook of Jurisprudence and Philosophy of Law*, ed. J. Coleman and S. Shapiro Oxford: Oxford University Press, 2002。

法哲学家断言一个既不支持也不批判(律师)行为的命题,而只是识别出他们行为的某个必要特征时,律师与法学教师通常感到沮丧”。[44] 但如加德纳所说,实证主义“仅仅描述了一切法律指引必然具有的一个特征,这就是:如果某规范**作为**法律具有效力,它是因为其渊源而非其内容的价值(merit)”。[45]

不过,菲尼斯的著作还提出了一种更重要的方式来考量自然法对实证主义的挑战,即针对描述性法理学方法论的挑战。这是我们现在要加以阐述的问题。

二、法理学方法论:描述性法理学是可能的吗?

目前当哲学家忧虑“方法论”时,通常他们所担忧的是概念分析方法的成效,以及在大部分哲学分支中发挥重要作用的直觉所具有的认知地位。[46] 从这一角度分析,法理学中的方法论之争颇为

---

[44] John Gardner,“Legal Positivism: 5½ Myths”(上注[40]),p. 203.

[45] 同上注。当然,加德纳预设了刚性实证主义为真。

[46] 比如,可参见:Gilbert Harman,“Doubts About Conceptual Analysis”, in *Philosophy in Mind*, ed. J. O'Leary-Hawthorne and M. Michael, Dordrecht: Kluwer, 1994; Frank Jackson, *From Metaphysics to Ethics: A Defence of Conceptual Analysis*, Oxford: Clarendon Press, 1998; *Rethinking Intuition: The Psychology of Intuition and Its Role in Philosophical Inquiry*, ed. M. DePaul and W. Ramsey, Lanham, MD: Rowman & Littlefield, 1998; Jaakko Hintikka,“The Emperor's New Intuitions”, *Journal of Philosophy* 96(1999); Jonathan Weinberg, Shaun Nichols and Stephen Stich,“Normativity and Epistemic Intuitions”, *Philosophical Topics*. 29(2001): 429-460。

特殊且狭隘。像佩里、波斯特玛和斯塔夫劳波洛斯(Stavropoulos)这些在近年来担忧哈特所说的“描述性法理学”前景的学者，并没有反对哈特所秉持的概念分析方法，甚至也没有反对直觉在法哲学中的作用。[47] 相反，他们反对哈特认为法理学方法论就其性质而言(in character)可以是纯粹**描述性的**这一假设。这些批评者认为，法理学**是**概念性的并且受到直觉驱动，但会质疑佩里颇有帮助地概括的“哈特(可能还有其他法律实证主义者)的‘方法论实证主义’特征”。该特征意指哈特的如下观点，即“法律理论能够对某一特定社会现象，即法律，提供在规范性上中立的描述”。[48] 现在非常有意思的是，这类方法论之争在哲学领域中芳踪无觅，甚至在实践哲学这一佩里坚称法理学是其合适分支的领域中，亦复如是。 165
这是一个饶富意味的问题(至少在社会学意义上，或许也在哲学意义上)：为什么法理学应当饱受这一争议之苦，而道德与政治哲学家在开展他们的事业时(如果有的话)只受到直觉与概念的怀疑论者的侵扰？我暂时的假设是，就如其他法理学争论中的特殊哲学议题一样，错出在德沃金身上。

在《法律帝国》中，德沃金提出法律是“解释性概念”这一

---

[47] 斯塔夫劳波洛斯(Stavropoulos)的确对哈特潜在的概念理论有所质疑，但并不是质疑概念分析方法**本身**。参见：Nicos Stavropoulos，“Hart's Semantics”，in *Hart's Postscript*(上注⑥)。

[48] “Hart's Methodological Positivism”(上注⑥)，p. 311. 在正文中所强调的部分，佩里的表述还包含“并且应当”，但这与此处的议题无关。我们唯一的问题就是法律理论是否**能够**在描述意义上是中立的。(佩里认为，法律理论不仅是描述性的，还“应当”是描述性的。——译者)

观点。[49] 认为法律是解释性概念，就是说相对于其他事物，我们若不能理解法律的**价值**或**目的**（point），我们就无法理解法律概念。在德沃金看来，法律的目的就是证成国家行使的强制力。[50] 如果我们接受这一观点，那么我们确实会得到如下结论：法理学不可能是纯粹**描述性的**。因为，对于法律的法理学式论述，必然要对一些条件加以规范性探究，在这些条件下，一个主张成为“法律”的规范性体系能够事实上**证成**国家强制力。为了指代简便，我将它称为“法律的规范概念”，即根据这一概念，法律承担着证成国家强制力的规范性任务。那么德沃金的主张就是，因为法律是**解释性**概念，

---

[49] 当然，德沃金也以“语义学之刺”这一论据来证明其他法哲学家投身一个失败的事业：为“法律”这个语词寻找共享的使用标准。德沃金的“语义学之刺”论证并不怎么样，现在已经遭受到许多致命的批评，以至于如果法哲学中存在“进步”的希望，我们应当准备说，若存在任何不再有价值讨论的观点，这个论据就是。有关代表性的批评，参见：Jules L. Coleman，“Methodology”，in *The Oxford Handbook of Jurisprudence and Philosophy of Law*，ed. J. Coleman and S. Shapiro，Oxford：Oxford University Press，2002，pp. 314-321。如科尔曼所说，阅读 *Law's Empire*（上注③）中德沃金观点的一种很自然的方法，就是如他所说由于标准性语义学（criterial semantics）破产，我们不得不接受德沃金将法律视为“解释性概念”的理解。如科尔曼强调的，这一观点并不有效：“只有在概念的语义学必然是标准性或解释性这一点为真时，该论证才可能有效。”同上注，第 316 页。当然，即使该观点是有效的，它依旧是错误的，因为德沃金反对标准性语义学的论证失败了。限于篇幅，我正文中忽略了这些问题。

[50] 比如可参见 *Law's Empire*（上注③），p. 190：“一种法律观念必须解释它视为法律之物如何为国家行使的强制力提供了一般性证成……”[point 一词是德沃金经常使用的词汇。在既有的《法律帝国》的译本中，将之译为“本旨”，这是合理和正确的。但考查德沃金《法律帝国》一书中的语境和理论立场，point 一词指的是法律解释者赋予法律的目的。德沃金以此区别于立法者所具有意图（intention）或法律现实主义所认为的法律的工具性价值/社会目的（social purposes）。此外，德沃金强调对于社会实践的解释应当以目的（purposes）为主，这实际上就将 point 等同于 purpose。因此化繁为简，本书仍以“目的”翻译该词。相关论述可参见 Ronald Dworkin，*Law's Empire*，The Belknap Press of Harvard University Press，1986，p. 50。同时基于这一讨论，也可以看到下文中莱特对于 point 一词的理解并不完全忠实于德沃金的理论。——译者]

适合法理学的法律概念就是上述规范性概念。

在此若需论证的话，该论证必然取决于如下主张，即法律是一种解释性概念。不过尚不明确的是，有关解释的主张能否承担这一重任。就如拉兹所说：

> 对于某物的解释就是对其意义的说明（explanation）*。许多（如果不是全部）法哲学家认为他们自己是在说明法律实践的本质特征，是在说明本质特征与诸如其他形式的社会组织、其他社会实践以及道德这些现象的关系……（哈特自己）一直试图解释法律这一复杂的社会制度是什么。如果哈特和其他人没有像德沃金那样宽泛地使用“解释”一词，这部分是因为习惯决定了词语的使用，同时也因为他们希望避免与一些理论相关联，这些理论在他们看来曲解了解释的性质。[51]

简言之，谈及“解释”并不真的涉及德沃金的工作。我们可以解释 166
法律概念而无须认为该概念等同于规范性概念。真正的问题在于，德沃金对于法律的规范概念的说明，是否是对于**我们的**法律概念的解释（interpretation），因为将他的说明称为“解释”并不意味

---

* 在本章和下一章有关法理学方法论的分析中，莱特比较强调 explanation 和 interpretation 的区分。在通常的表述中，两者都可以被翻译为“解释”或“说明”，但是 explanation 更强调社会科学方法对于特定行为的描述和分析，而 interpretation 更强调对于特定社会实践参与者内心态度的阐发。在翻译中，如果两者同时出现，则 explanation 被译为“说明”，interpretation 被译为“解释”；如果单独出现，即便讨论的是社会科学语境中的方法论问题，explanation 也遵从通常表述，译为“解释”。——译者

[51] Joseph Raz, “Two Views of the Nature of the Theory of Law: A Partial Comparison”, in *Hart's Postscript* (上注⑥), pp. 1-2.

着确认他的说明就是“解释”。总之,我倾向于哈特的观点,[52]即德沃金根本地改变了主题:规范性概念是法律概念中的一种,它绝非**唯一的**法律概念,因为我们都承认(包括像菲尼斯这样的自然法学家)法律的存在会相当不正义以至于它无法证成强制力(即便我们如菲尼斯那样,试图拒绝承认这是法律的“核心情形”)。

对于将规范性法律概念视为**唯一的**法律概念,德沃金事实上没有做出论证。这就解释了为什么近来哈特的“方法论实证主义”的批评者,比如佩里,转向了菲尼斯。因为菲尼斯不像德沃金,他做出了**论证**,同时这一论证以某种方式为近来的批评者所复兴。论证菲尼斯为什么是错误的,对于论证近来描述性法理学方法论之争为何应当退场有很大帮助。

菲尼斯指出,“一个理论家,若未能也参与到评价性工作中,参与理解什么对人类而言真正是善的、什么是实践合理性所真正要求的,那么他就无法对社会事实(包括法律)做出理论性描述和分析”,[53]换言之,这是对于我们应当做什么的推理。理论家之所以无法做出描述和分析,是因为“理论家描述的内容(即法律)并没有界限分明地同其他社会生活与实践区分开来,并且干净整洁地呈现在面前”。[54] 在像法律这样由人类行动与实践构成的社会现象中,“行动、实践等,只有通过它们的目的才得以被理解,即通过人们实施、参与它们时所设想的目标、价值、意义或重要性”。[55] 不过

---

[52] 参见上述讨论,上注㉘以及相应正文。

[53] Finnis, *Natural Law and Natural Rights*(上注⑤), p. 3.

[54] 同上注,第 4 页。

[55] 同上注,第 3 页。

最后这个观点与哈特的描述性法理学并无冲突,因为哈特也接受表述社会现象时的诠释学约束,即对于人类社会实践的充分描述必然涉及实践中参与者如何理解实践的意义和目的。我们当然能够在不涉及评价活动的条件下,**描述**实践对于其参与者的**价值**。就如哈特所说:"即便被描述的事物是一种评价,描述依旧是描述。"㊻

所以,如果真存在有关描述性法理学的争议,那它一定是关于法律"并没有界限分明地同其他社会生活与实践区分开来,并且干净整洁地呈现在面前"的。如菲尼斯所说,"做出有关**意义**(significance)和**重要性**(importance)的判断这一理论要求是不可避免的,否则理论就不过是一个大垃圾堆,其上堆满各种诸多彼此 167
不可通约的词语所描绘的事实"。㊼ 即便是纯粹描述性法理学的支持者,如哈特和拉兹,也认为理论只关乎法律**重要**或有**意义的**特征。不过菲尼斯问道:"有关**重要性**和**意义**的评价是从何种角度、相对于何种关切而言的?"㊽在他看来,评价重要性和意义的角度是一种"实践性"视角,即一个人"做出判断或行动的视角"。㊾ 菲尼斯认为,哈特与拉兹(任意地)将他们对于法律的关注局限于"内在视角"(将法律视为行动理由的公民的视角),却"坚定地拒绝进一步**在内在视角本身**的核心……(与)边缘情形中做出区分"。㊿为反驳这一任意的拒绝,菲尼斯指出,

㊻ *The Concept of Law*(上注②),p. 244.

㊼ *Natural Law and Natural Rights*(上注⑤),p. 17.

㊽ 同上注,第 11—12 页。

㊾ 同上注,第 12 页。

㊿ 同上注,第 13 页。

> 理论家自己的评价对于用来描述人类活动中某些方面(诸如法律或法律秩序)的概念的选择或形成而言,是不可或缺的决定性因素。若理论家无法从人类事务及其关切的整体出发,决定实践合理性的要求真正是什么,他就无法识别出用来确定其研究主题核心情形的实践性视角(即内在视角)的核心情形是什么。就法律而言,理论家需要去了解和描述的最重要的事物,就是那些在他判断中,使得拥有法律在实践意义上具有重要性的事物。[61]

---

[61] *Natural Law and Natural Rights*(上注⑤),p. 16. 菲尼斯主张在此描述的是"马克斯·韦伯(尽管是基于更宽泛的社会科学)更快速得出的"洞见。同上注,第16页。然而,假如接受菲尼斯的结论,借用韦伯"理想类型"(ideal type)的概念(同上注,第9页)可能是错误的。就如两位学者对韦伯做出的评价:"'理想'这一语词和任何类型的评价都无关。出于分析性目的,我们可以建构娼妓制度的理想类型,也可以建构宗教领袖的理想类型。这一语词并不意味着先知或娼妓具有典范性或应当被视为一种理想生活方式的代表而得到效仿。"H. H. Gerth and C. Wright Mills,"The Man and His Work",in *From Max Weber: Essays in Sociology*, ed. Gerth and Mills, New York: Oxford University Press, 1946, p. 59. 更确切地说,"理想类型"涉及"将现实的特定因素建构为逻辑上精确的观念"(同上注),作为一种"接近特定历史情境多重性"的一种方式(同上注,第60页)。因此,"理想类型"确实是模型,源自对某些特殊性的抽象,并集中于不同情境在理论上的启发性特征。它们如韦伯所说,"是一种技术性辅助,用来促进一种更为清晰的结构和术语"并进而允许我们"决定历史现象与理论建构类型之间的接近程度"。"Religious Rejections of the World and Their Directions",in *From Max Weber*(同上注),pp. 323-324.(事实上,莱特对于韦伯理想类型的解读更接近韦伯的观点,但这反而论证了菲尼斯主张的合理。韦伯运用理想类型确实如莱特在本注释中分析的,旨在阐明历史现实同理论构建之间的偏离程度。这种建构是逻辑层面的,因此是"理想的"或"纯粹的",它如康德哲学中"范畴"所发挥的功能一样,对于杂芜的经验素材加以整理和归类,便于研究者的认知和分析。在康德哲学中,经验素材要被涵摄在范畴之下,即认知对象要符合认知主体先天具有的认知条件,因此是认知者建构了认知对象。同样在韦伯社会学方法论中,研究者可以基于研究目的选择经验现实中的某些方面建构理想类型。这一选择过程体现了研究者的评价性因素,因为他需要判断对于自己研究而言,哪些特征是重要的。——译者)

位于这一段引文核心的不合理推论，事实上反映了在佩里、波斯特
玛和斯塔夫劳波洛斯著作中的混淆。[62] 在菲尼斯的表述中，不合
理的推论发生在如下转变之中：从我称之为“无需多言的真理”
（banal truth），即“评价……对于用来描述人类活动中某些方面
（诸如法律或法律秩序）的概念的选择或形成而言，是不可或缺的、
决定性因素”，滑落到认为我们所讨论的评价涉及“决定实践合理
性的要求真正是什么”。我将无需多言的真理视为后库恩、后奎因 168
式科学哲学无可争议的遗产：不存在无预设的研究，不存在“无涉
理论”的事实等。但这并不等同于认为描述性工作的预设是菲尼
斯所说的对于“实践合理性”的判断或评判“重要性”与“意义”的视
角是“实践性视角”。

让我们对**认知**价值和**道德**价值加以区分。认知价值指的是（我们希望如此）在理论建构和理论选择中我们希望得到的有助于获得真理的事物。比如，证据的充分性（“为现象找理论”[*]），发展完备的理论框架与方法的简洁性、损害最小性（方法论保守主义），解释中的异质性等等。我们推崇这些价值（即便像简洁性这种明显具有实用性的价值），并且希望会因此获得知识。道德价值是有关实践合理性问题的价值，比如，我们应当如何生活，我们对于他

---

[62] 比如可参见：Stephen R. Perry，“Interpretation and Methodology in Legal Theory”，in *Law and Interpretation*，ed. A. Marmor，Oxford：Clarendon Press，1995；Perry，“Hart's Methodological Positivism”，in *Hart's Postscript*，（上注⑥）；Gerald J. Postema，“Jurisprudence as Practical Philosophy”，*Legal Theory* 4（1998）：329-357；Nicos Stavropoulos，“Interpretivism”（unpublished manuscript）。

* saving the phenomena 指的是将表面上与理论有矛盾的事实同理论本身加以统一，用理论解释现象。——译者

人负有何种义务,我们应当支持和遵循何种政治制度等问题。因而问题就是:对于菲尼斯所正确认为的、在理论建构中不可或缺的对于“意义”和“重要性”的判断,是否在认知价值外还需要诉诸道德价值?描述性法理学接受无需多言的真理的同时,对此问题说“不”。描述性法理学认为,认知规范本身就足以界定法理学研究所需的法律现象。

思考如下类比。如果我想要分析“城市”这个概念,我所提供的任何分析最好能够解释纽约、伦敦、东京还有巴黎为人熟知的、共享的特征。任何不适合这些典型范例(菲尼斯称之为“核心情形”)的对于“城市”概念的分析,就不是对于**我们**“城市”概念的分析。但现在我们可以想象如下两者间有关城市概念的对话:一个我称之为“自然城市理论家”(the Natural City Theorist,NCT),一个是我们描述性(概念)分析的支持者“描述主义者”(the Descriptivist):

自然城市理论家:你是怎么知道纽约、巴黎、伦敦等这些地方的特征需要被列入城市概念的分析中呢?换句话说,为什么这些特征对你的分析目的来说是“核心情形”?

描述主义者:哦,因为它们是我们概念的典型范例:那些不认为纽约或巴黎是城市典型范例的人,没有像我们一样使用城市这个概念。

自然城市理论家:不错,但是什么给你权利去主张这些人错误地使用了“城市”概念?不从实践性视角思考城市真正是什么,你又怎么排除概念的不一致使用?

描述主义者:事实上,我没有必要认为否定纽约和巴黎是“城市”的人错误地使用了这一概念。我没有兴趣规范语言或概念实践,只是去理解我们所说的“城市”事实上是什么样的。[63] 如果你是正确的,即存在许多对于“城市”概念不一致的使用,那么或许我不得不重新命名我的“城市”概念。但你 169
怎么称呼它并不重要,重要的是像纽约、巴黎还有伦敦这些地方有一些共同之处,而这些共同之处事实上往往通过“城市”这个概念被挑选出来。我试图理解这些有共同之处的地方,并且最终我不介意你怎么称呼它们。当然从事实来看,它们通常被叫作城市。

自然城市理论家:但这难道不是诉诸统计学上的通常使用吗?

描述主义者:没错,这对于解决术语中的含混非常有效。[64] 主要问题在于,世界上有许多我称之为“城市”的真实存在的地方,它们具有某些重要且共同的特征;这使得我们将它们聚集在一起来研究其所共享特征,变得饶有意味且效果斐然。

---

[63] 我应当提醒的是,尚不清楚这一反驳对弗兰克·杰克逊是否有效。相关讨论参见下文第三节。

[64] 有趣的是,菲尼斯从未在《自然法和自然权利》中真正考虑过这一回应(上注⑤)。他最接近的论述是在引用拉兹(同上注,第10页)讨论法律的“典型情形”的语境中。菲尼斯强调,“‘典型’这个词可能意味着相关标准是统计学上的频率”。但他补充认为,他更青睐将其称为“核心情形”,因为后者由于它们在何种程度上满足“实践合理性”标准而得到界定。总之,“统计学上的频率”似乎就是谈论“典型性”的正确方式,并且不幸的是,菲尼斯贸然绕开了这一标准的妥当性。(本质上,我赞同菲尼斯的观点,认为这个标准**可能**是不妥当的,但更多的论述在第三节。)

自然城市理论家：啊哈！所以现在你承认你在对什么是"饶有意味"和"效果斐然"做出价值判断了，因此你的理论方案并非真正是描述性的。

描述主义者：它就如化学或认知心理学一样是描述性的，因为我们都不会否认这一无需多言的真理，即必须界定研究主题是我们研究得以可能的前提。认知心理学需要将心灵个体化，并且判定当一个主体受到感官刺激时，头脑中的神经反馈是处理描述性材料的相关部分，而胡须的增长则并不处理描述性材料。我们通过着眼于认知价值，诸如简洁性、一致性、与其他理论的融贯性等，来切分这个世界。在这个意义上，没有哪种理论工作是"纯粹"描述性的。

自然城市理论家：可是你不仅需要认知规范，你还需要道德与政治规范来界定你的研究主题。毕竟，在你没有处理我们应当如何生活这一本质上是实践性的问题时，你又怎么能说一个"城市"（它不同于一栋房子、一个农场、一处郊区或一个小村庄）是什么呢？

描述主义者：我不太明白这一点。甚至在探寻你的实践性问题时（我们应当是城市居民、郊区居住者还是农场住户？），我们已经需要理解城市与郊区和农场的差异了。你的实践性问题本身附着在一种基于纯粹认知标准的区分上。这些标准如下：

（1）统计学上的通常使用：大多数人将伦敦和巴黎称为"城市"而非"郊区"；

（2）证据上的充分性：经验揭示了不同文化中人类的集

> 体生活有多种形式，并且有极大的差异；而“城市”，比如，都具有高密度的人口、精密的公共交通的体系、更大规模的社会行为等等；以及
>
> (3) 解释上的一致性：如果我们对(2)中提及的现象能够有一个统一的解释，而非将它们视为有关不同国家的离散而原始的事实，将会非常富有启发。
>
> 这些认知性考量非常自然地让我们将“城市”作为自己的研究主题而与“农场”和“郊区”(等)区分开。人类应当如何生活根本是一个不同的问题。
>
> 自然城市理论家：然而你无疑必然会承认如下这一点吧， 170
> 即一些人在城市中组织其共同生活，而另一些人则生活在农场和郊区中这个事实，反映了这些人的实践性旨趣及其做出的实践性判断？
>
> 描述主义者：当然，我的理论工作中没有什么让我否认社会世界的区分方式(世界被区分为城市与郊区、学校与医院、法律体系与非政治社会规范体系等)反映了人们的实践性关切。我没有做出任何有关社会世界这些特征的病原学主张——无论是像“城市”还是“法律体系”这样特定现象的病原学；我的目标就是对我们的发现提供满意的描述性解释。

现在当我们从“城市”概念转向“法律”概念后，描述主义者表现得更糟了吗？他为什么应当表现得更糟，并不是显而易见的。因此，比如，探究法律体系的特定情形是否**公正**且**值得遵守**无疑是有价

值的(就像研究在“城市”中的生活是否可欲并且有益于人类繁荣是有价值的一样),可相较于有关什么是“法律”和“法律体系”(或“城市”)这类描述性问题而言,它根本是一个完全不同的问题。并且即便我们研究实践性问题,似乎我们也需要将法律同其他形式的规范性控制加以概念性区分,诸如此类。

佩里虽然经常呼应着菲尼斯,[65]但他在最近一本书中采取了稍有不同的论证策略。佩里现在将法哲学描述为主要关切“法律的规范性问题”。[66] 事实上,他走得如此远以至于主张解释“法律(明显)的理由赋予性”,即法律的规范性,是法哲学唯一的“核心任务”。[67] 可这一强主张的证据是什么呢?

佩里说法律规范性涉及如下问题,诸如“如何分析法律义务概念?”及“对某人主张权威意味着什么?”[68]这些问题,比如对于法律义务的**分析**或对于权威**主张**的解释,似乎需要纯粹描述性的回答。这里所处理的概念是规范性概念,这当然没错,但没用。在佩里的表述中,所需要的是对于这些规范性概念的**描述性**解释。

现在有意思的是,佩里自己承认哈特甚至没有对法律义务加以分析。事实上,哈特在《法律的概念》一书的主要内容中除了拒绝奥斯汀式法律规范性的解释外,没有对法律规范性问题做出解

---

[65] 比如,当他说“任何给定的社会现象可以被无限多的方式精确描述”“Hart's Methodological Positivism”(上注⑥),p. 327。更一般性的论证,在 Perry,“Interpretation and Methodology in Legal Theory”(上注62)受到了菲尼斯强有力的启发。

[66] “Hart's Methodological Positivism”,p. 330.

[67] 同上注,第 330—331 页。

[68] 同上注,第 330 页。

释。正如佩里正确强调的那样，哈特有关义务的社会规则理论“不过是对如下事实的描述性陈述：相关群体中的（特定部分）成员认为自己以及群体中其他人有义务服从某些一般性实践”。[69] 哈特的描述性分析无疑区分了两种社会实践：那些仅是习惯性的一致 171
性行为，以及那些反映出行动者认为自己有义务参与该行为的一致性行为。在哈特看来，后者是法律存在时的核心社会现象，但斯堪的纳维亚现实主义者（哈特在此语境下的真正目标）囿于其“外在”视角而无法将法律同单纯的习惯性行为区分开来，因此也就无法解释法律的社会现象。[70] 所以哈特的“描述性陈述”对于其实际理论目的而言已经足够。[71]

对于佩里来说，将这一“描述性陈述”转变为要求对法律进行积极道德评价的理论性主张的唯一方法就是连续不断地对此问题加以**误读**（mischaracterize）。因此尽管如上所述，佩里最初对“法律规范性问题”的解读非常明显是描述性的（对于法律义务的“分析”或对权威的“主张”），但他很快如此描述这一“问题”：“法律以

---

[69] “Hart's Methodological Positivism”，（上注⑥），pp. 334-335.

[70] 基于佩里反对描述性法理学的早期版本，这些观点由斯科特·J. 夏皮罗在他对佩里的回应中得到充分发展：*The Path of the Law and Its Influence*：*The Legacy of Oliver Wendell Holmes*，*Jr.*，ed. S. J. Burton，New York：Cambridge University Press，2000。

[71] 诚然，佩里有时确实试图运用如下不幸的事实，即哈特在后记中似乎将一致性行为这一事实视为一个义务的理由（基础）。如佩里所说，“尚不完全……清楚哈特是否认为对于一个社会规则的接受使得相关群体成员具有**实际的**义务”，或者该理论是否仅仅意味着当“人们**认为他们自己**对规则负有义务时”事情是怎样的。“Hart's Methodological Positivism”（上注⑥），pp. 332-333. 但如先前讨论的，哈特在试图以这种方式回应德沃金时犯了错误。参见上注㉔的讨论以及相关文本。

它所意图的方式给我们施加义务了吗?”[72]对于该问题,他似乎颇有道理地说,它“出现于实践理性哲学领域,并且它的解决似乎不可避免地需要规范性论证以及可能的道德论证”。[73] **但是这很明显是一个非常不同的问题**,而且同样明显的是,对于此问题的回答在哈特看来并不需要进行法律的概念分析。所以佩里的规范性问题完全不同于哈特的问题。总而言之,几乎所有佩里的论证似乎都**悄然**依赖于关于规范性的描述性问题与真正的**规范性**问题之间的混淆,好似两者相同一般。

佩里对拉兹这位确实论述了“对某人主张权威”意味着什么的实证主义者也没有好到哪里去。如下是佩里观点的重要片段:

> 拉兹有关权威的服务观的论证本质上是道德的。如果这是正确的,那么无政府主义命题认为国家未能拥有其所主张的道德权威就是错的。该理论设立了正当性的道德条件。拉兹认为该条件内嵌于法律概念中,并且法律如果要给人们施加其先前所没有的义务时,这些条件必须得到满足。拉兹的法律理论因此也是一种政治哲学,它特别是与德沃金的整全法理论(它本身也是一种法律理论和政治哲学)处于竞争之中。[74]

我可以说,这一段中每一句话要么就是错的,要么就非常含混模

[72] “Hart's Methodological Positivism”(上注⑥),p. 335.

[73] 同上注,第 336 页。

[74] 同上注,第 352 页。

糊。首先，拉兹没有基于权威的服务观念在道德上具有吸引力或 172
在道德上有良好结果而做出论证，他只是说这是**我们的**概念。这是一种描述性主张。其次，拉兹对于权威的论述完全兼容于“无政府主义命题，即国家（更准确说，国家的法律）未能拥有它所主张的道德权威”，因为拉兹的命题只是说所有法律（真诚地）**主张**道德权威，而不是说法律实际拥有道德权威。无政府主义命题在拉兹理论中[75]不过是如下主张，即法律总是未能满足规范性证成命题的要求。拉兹的权威或法律理论中没有否定此命题的主张。最后，拉兹的理论确实认为法律在施加义务时必须要满足诸如“正当性的道德条件”等标准；但它**作为**法律理论，只是认为一切被称为法律的事物**主张**权威，并因此而**主张**施加义务，但它并没有说实际上是如此。后一种主张并非“政治哲学”，而是对于法律和权威概念的描述性分析。

如下观点当然是真的，即如果一个人认为描述性法理学必须要回答实质的道德和政治哲学问题（我们**应当**做什么，我们**应当**服从何种法律），那么理论就不可能是纯粹描述性的。但是也没有人否认这一点。佩里观点的困难在于，他试图将后一种主张视为**好像是**描述性法理学家实际上所探究的问题。但这只是误解了批判的目标。

我想通过分析（在各种质疑中）对描述性法理学可能性的最终挑战来结束本节。朱莉·迪克森最近在阐述拉兹观点时认为，在描述性法理学与德沃金、菲尼斯认为法理学要求对法律展开道德

[75] 参见：“Authority，Law and Morality”（上注㉙）。

评价的两种观点之间，存在着中间立场，这就是迪克森所说的“间接评价性法律理论”。我会论证，这一立场实际上只是描述性法理学及其在迪克森称之为“元理论性”（我所说的**认知性**）价值中加以运用的一种情形。简言之，在描述性法理学（一旦“无需多言的真理”得到承认）与规范性法理学之间**不存在**概念性空间。

迪克森通过引用拉兹的观点开启了对于间接评价性法律理论的论述，因此认真分析拉兹的观点是有必要的。拉兹说：

> 法律理论有助于……提升对社会的理解。但通过理论社会学意义上结果的丰硕与否……来判定法律概念分析的成败结论是错误的。这么做就错失了如下要义：即不像“质量”或“电子”这类概念，“法律”是人们用来理解自身的一种概念。我们并不是不受约束地选中任何富有成效的概念。法律理论的主要任务就是通过帮助我们理解人们如何理解自身，来增进我们对于社会的理解。[76]

让我们对这一片段中隐含的两种有关概念的主张做出区分。一种我们称之为“自然类别概念”（Natural Kind Concept），即一个概念的
173 外延仅由运用该概念的一切得到良好证明的科学性（法则性）概括决定。另一种我们称之为“诠释性概念”（Hermeneutic Concept），任何该类概念需要满足以下两个条件：(1)发挥诠释性功能，即它意味着人们如何使得自己及其实践能够为自己所理解，以及(2)其外

[76] 参见：“Authority, Law and Morality”（上注㉙），pp. 321-322。被引于：Dickson, *Evaluation and Legal Theory*（上注⑥），p. 40。

延为其诠释性功能所决定。

首先请注意，许多自然类别概念确实发挥着诠释性功能。比如，在资产阶级社会中的“金子”，在许多宗教洗礼仪式中的“水”，或者是密歇根的“狼獾”（密歇根大学的“吉祥物”）。但这并不能使得这些概念成为诠释性概念，因为我们不认为它们的外延由其现在或可能发挥的诠释性功能所决定——狼獾是一个生物学范畴，不受它在密歇根居民与足球迷理解自己及社会世界时发挥的功能的影响。

在上述引文中，拉兹的核心主张为“法律”是一种诠释性概念。这一主张显然在过去一个世纪中被每位法哲学家（除却斯堪的纳维亚现实主义者）认同。哈特对于我们为什么必须将“法律”视为诠释性概念的著名论断为（如前所述）：如果我们未能如此，我们就无法将法律的外延同习惯性的社会实践加以区别。让我们假定这是正确的（换句话说，让我们假设未能做出该区分会导致法律理论的某种解释性失败）。[77]

带着这一术语，我们将上段引文中拉兹的观点重述如下。在拉兹看来，社会-科学成效并不是判定法律概念分析充分性的标准，因为法律的概念是一种诠释性概念，而在科学上有成效的理论主要涉及自然类别概念。

我当然明白这一重述距离引文中拉兹明确表达的立场确实有

---

[77] 无需多言，我不确定如下观点是正确的且基于简单理由：许多概念发挥着诠释性功能，但它们的外延并不必然被这些功能决定。某些其他类型的理论考量必须要揭示为什么诠释性功能在“法律”而非比如“狼獾”情形中是最重要的。并且这些理论考量是什么、它们如何被衡量是一个复杂的问题，在法哲学中很少有明确的讨论。

些远，但这是我所知道的理解它的唯一方式。因为从表面来看，完全不清楚我们为什么应当认为，以诠释性概念为目标的有成效的科学理论应当使用只适于自然类别概念（即那些外延与其诠释性功能无关的概念）的成效性标准——当然，除非我们认为科学理论**只**涉及自然类别概念。在逻辑实证主义盛行时，下述假设可能是合理的：[78]我们会说，在科学上值得认真对待的唯一概念**当然**就是那些外延与自然科学概念的外延在本质上**是**相同的（或可还原为
174 自然科学概念的）概念。但就此而言，逻辑实证主义幸好衰落了，并且至今几十年来依旧如此。[79] 因此，只要一种科学理论以诠释性概念作为其目标，那么就不清楚为什么迪克森所说的元理论性价值（我称之为认知性价值）对于法理论来说并不足够。只要一个描述性法律理论将诠释性概念作为其目标，一个全面的、简洁的并且一致的理论（即在描述上具有充分性的理论）必然会论述该概念如何“被人们用来理解他们自身”。[80]

迪克森自己的核心事例，即对于罗马天主教仪式不可知论者的分析，清晰地阐明了在论述诠释性概念时，除却认知性价值我们

---

[78] 严格来说，大部分逻辑实证主义者当然不会使用“自然类别概念”来讨论问题，但或许不包括之后奎因所描述的有限意义上的使用。参见他的：“Natural Kinds”，in *Ontological Relativity and Other Essays*, New York: Columbia University Press, 1969。

[79] 比如，参见：Richard W. Miller, *Fact and Method: Explanation and Confirmation in the Natural and Social Sciences*, Princeton: Princeton University Press, 1987; Nancy Cartwright, “From Explanation to Causation and Back Again”, in *The Future for Philosophy*, ed. B. Leiter, Oxford: Oxford University Press, 2004。相似结论的更简单的论证，参见：Dagfinn Føllesdal, “Hermeneutics and the Hypothetico-Deductive Method”, *Dialectica* 33(1979): 319-336。

[80] Raz, “Authority, Law and Morality”（上注㉙）, pp. 323-324.

无需他物。迪克森是这么说的：

> 想象一位持不可知论的观察者，他试图理解他所参加的罗马天主教弥撒。为了这一任务成功，这位观察者显然必须进行评价性的工作，因为要想理解弥撒，除了别的事情之外，他尤为需要理解弥撒是为了热烈庆祝什么。这就需要评价不同的参与者正确地做哪些事情很重要，并且要理解这些行动对参与者的意义是什么。因此这位观察者将不可避免地对于什么是弥撒最重要或最有意义的特征做出判断，对一个欢庆弥撒应当满足何种理念做出判断。不过，观察者对于弥撒中重要或有意义的特殊特征的判断并不受到他自己直接评价的支持，这些评价涉及弥撒据称有助于增进的特征或理念本身的善与恶、对与错；而观察者对于这些问题是持不可知论的，并且也没有理由做出任何这样的判断。相反，观察者对于弥撒中给定特征的重要性的间接评价性判断将会得到该特征在弥撒参与者自我理解中所发挥的作用的支持或证成。这些自我理解包括关于弥撒特定方面的精神或道德价值归属，以及这些价值归属所表明的对于弥撒参与者而言重要且因此对之加以解释也很重要的事情。不过，……持不可知论的观察者在试图理解弥撒的何种特征对于参与者而言是重要且有意义时，无需共享这些价值，他也无需对于参与者的精神和道德价值归属是否正确做出判断。[81]

---

[81] Dickson, *Evaluation and Legal Theory*（上注⑥），pp. 68-69.

在这个例子中，我们将罗马天主教“弥撒”视为一个诠释性概念，其外延取决于弥撒参与者对于弥撒的理解。认知性价值（最明显的是“为现象找理论”）要求我们的弥撒理论关注弥撒“有意义”和“重要”的特征。相应地，这要求我们关注**弥撒的参与者们**如何理解弥撒的意义和重要性。如迪克森自己所承认的，这并不要求我们关
175 注理论家（这位不可知论者）如何**评价**这些实践。因此最终成型的理论只是在微不足道的意义上是“间接评价性的”，即在论述一个诠释性概念（此概念包含着使用该概念的行动者的**评价**）的外延时，我们必然会（描述性地）关注**行动者的**评价性实践。

尽管迪克森将此称为“间接评价性理论”，而我将之称为诠释性概念的描述性理论，可这不仅仅是一种术语上的无谓计较（quibble）。因为迪克森的核心命题恰恰是，在菲尼斯和德沃金这样的理论家的观点与哈特式描述主义者之间存在着概念空间。前者认为“为了充分理解法律，法律理论家必然要对法律做出道德评价”（“道德评价命题”[82]）；而后者认为，对于法律的充分理解并不需要对法律进行道德评价。此时二者的差异在于理论家（这位提供“充分理解“的人）的立场不同以及评价在其理论中所发挥的作用不同。就此而言，**每个人**都承认理论家必然需要认知性价值来界定理论研究的对象。唯一的问题就是为了获得有关研究对象的理论，理论家是否也必须涉足**道德**评价。如每位描述主义者一样，迪克森否认需要做出道德评价。因为她完全同意描述主义者对上一个问题做出的否定回答，所以她的“间接评价性法律理论”与道

---

[82] Dickson, *Evaluation and Legal Theory*（上注⑥），p. 9.

德评价命题并不是竞合关系。[*] 混淆之处源自如下事实,即迪克森和拉兹一样,认为科学理论建构中的认知性价值无法容纳诠释性概念的独特特征。但这一假设源自糟糕的科学哲学(即这个假设是**没有根据的**),并且不足以支撑不同于描述性法理学和道德评价命题的法律理论。

三、哲学方法论:自然主义转向

在我的理解中,法哲学家一直在进行有关法理学方法论的**错误争论**:如实践哲学大部分其他分支具有重要的描述性成分一样,法哲学确实是**描述性的**,这无需多言。法理学真正令人担忧的不在于它的描述性——当然它就是(或试图成为)描述性的——而在于它依赖的两个主要论证工具——概念分析和诉诸直觉——在认识论上破了产。

先从概念入手。就主流观点而言,从柏拉图到卡尔纳普再到皮科克(Peacocke),"每一个对于概念的分析都不可避免地受到一系列所谓的分析性的约束"。[83] 不过在后奎因时代,我们知道分

* 莱特的表述在此稍微容易引起误解。他认为迪克森的理论本质上是描述性的,因此与涉及道德评价的法理论是两个完全不同的问题。在此意义上,迪克森的理论不与"道德评价命题"竞合,不是因为两者立场一致,而是因为处理的问题不在同一个层面。——译者

[83] Stephen Laurence and Eric Margolis, "Concepts and Cognitive Science", in *Concepts: Core Readings*, ed. E. Margolis and S. Laurence, Cambridge, Mass.: MIT Press, 1999, p. 18. 即使更晚近的由克里斯托弗·皮科克(Christopher Peacocke)提出的概念的"占有条件"(possession-condition)理论,依旧要求概念分析应当是**分析性的**,某些推论性过渡(inferential transitions)由于一个特殊概念而获得独特地位。

析/综合之分并不是认知上的区分而是社会-历史区分(不是如此
176 吗?)。长久以来哲学家认为一些真理是**必然的**而另一些则是**偶然的**。受到逻辑实证主义的影响,在20世纪这一区分变为“因意义为真”的陈述(因此是**必然**为真)与“因事实为真”的陈述(因此只是**偶然**为真)的区分。前者“分析性”的真理是哲学的适切领域,而后者“综合性”的真理是经验科学的恰当领域。奎因认为这一区分没有道理,因为在原则上一切陈述都要与经验相符;并且反过来说,只要我们调整我们对于世界的理论(picture)的其他部分,一切陈述在遇到与之不一致的经验时也可被保留。所以在“因意义为真”与“因事实为真”、“必然”与“偶然”真理之间并不存在真正的区分;存在的只有如下社会-历史事实:在研究过程中的任何节点都会有一些陈述是我们在面对与之不一致的经验证据时不愿放弃的,同时也有另一些是我们在经验证据与之冲突时非常愿意放弃的。

分析性真理(**先天**为真或因意义为真)不复存在,就不知道还剩下何种特定的专门知识领域留待哲学反思。原则上,如果一切主张都是可依据经验证据而加以修改的,那么一切问题难道不都落入经验科学范畴吗?或许除却经验科学中抽象的、反思性的分支,就没哲学什么事了。并且如果没有了分析性陈述,那么概念分析也不复存在,因为任何概念分析的主张都不敌**后天**(即经验的)理论建构的要求。哲学要与经验科学共同发展,不是作为后者主张的裁判而是概要性澄清经验知识状态的反思性努力。

即使是当代最成功的概念分析的辩护者弗兰克·杰克逊(Frank Jackson),经过仔细分析似乎也承认了奎因批判的重要性，并因此认真地**限缩**了概念分析在哲学中的作用。在杰克逊看来，进行概念分析的方法就是“如我们有关可能情形的直觉所揭示的那样，诉诸对于我们来说……(有关待分析概念)似乎最明显和最核心的事物”。[84] 他指出，概念的可能情形“与对该情形做出的直觉反应之间大体上的一致揭示了(有关待分析概念的)大众理论的某些内容”，[85]此处的“大众理论”指的不过是对于概念的“普通”理解；它一定程度上是明显的，在一定程度上又是隐含在日常思考与言谈模式之中的。但需要注意，杰克逊特别批评了概念分析的“非温和版本”。他指出，“这种概念分析在确定世界是怎样时，给予直觉太高的地位”[86]——他强调道，“大众理论中没有什么是神圣不可侵犯的”。“它确实对我们有帮助，但不至于说我们依据对于它所涉及因素的正确反思，依据有关我们或世界的某一经验发 177
现对之加以修正就是非理性的。”[87]问题在于，已经退让了这么多，概念分析还剩下什么？如杰克逊所说，概念分析同盖洛普民意调查方法的平庸的描述社会学难以区分。其实，杰克逊明确指出，必要时他支持“针对人们对于不同情形的反应，进行严肃的意见调查”！[88] 可这似乎模糊了概念分析与词典编纂之间的界限。因为难道不是词典编纂的目标才是记录语词或概念在统计意义上的通

---

[84] Jackson, *From Metaphysics to Ethics: A Defence of Conceptual Analysis*(上注㊻), p. 31.

[85] 同上注，第 32 页。

[86] 同上注，第 43—44 页。

[87] 同上注，第 44 页。

[88] 同上注，第 36 页。

常使用，[89]而该使用模式又恰恰是严密设计的意见调查所要跟踪的？[90]

当然，杰克逊会回应说，即便是意见调查也有其功能。他说：

> 我们研究形而上学时所提出的问题是由语言加以表述的，因此我们需要注意语言使用者在使用词语提出问题时表达的意思是什么。当赏金猎人展开追捕时，他们追捕的是一个人而非悬赏广告本身。不过当他们未能注意到悬赏广告对于被悬赏之人的表征性特征时，他们就无法成功。这些表征性特征给予他们目标，或者（如果你愿意这么认为）限定了他们搜寻的主题。[91]

但是这使得概念分析与词典编纂学之间的差别更为模糊：词典编

---

[89] 托尼·奥诺雷（Tony Honoré）使我牢记的一点是，文中的描述是对实际词典编纂的一种漫画式歪曲，而词典编纂包含着强烈的规范性要素。因此，文中的刻画可被理解为在描述一种新的学科"大众词典编纂学"，因为在大众对词典编纂的理解中，记录语词在统计意义上的通常使用显得非常突出。杰克逊意义上的概念分析似乎就等同于大众词典编纂学。

[90] 杰克逊在相当直率地承认下面这一点时，是不同寻常的："我们的主题确实是阐明我们用来提出自己问题的**语词**所覆盖的可能情境……我使用"概念"这个语词一部分是服从传统的术语……一部分是强调：虽然我们的主题是根据一个或另一个语言使用者或一般意义上的大众，阐明语言片段所覆盖的各种各样的情境，但它分离于任何特定语言的局部考量。"*From Metaphysics to Ethics*（上注㊻），p. 33. 因此根据这一观点，概念分析与词典编纂学的唯一差异，就是我们不关心内在于只是一种语言的一群使用者在统计学上的常态性。

[91] 同上注，第 30 页。比较蒂莫西·威廉姆森（Timothy Williamson）在《哲学的未来》（The Future for Philosophy）（上注⑲）的文章中关于语言学转向剩余内容的讨论。

纂学难道不是关注“语言使用者通过他们使用的词语表达的意思”并且记录结果？就此而言，难道哲学就是高级的(glorified)词典编纂学？

高级的词典编纂学当然是重要的，可是它的结果在严格意义上是民族志和地方性的，因为这样一种方法无法传达有关“事物是怎样的”超越时间或必然的真理。可这似乎正是法哲学家所追寻的(并且它也是哲学家**应当**追寻的，不是吗?)。比如，在拉兹式理论看来，如迪克森所说：

> 分析法学通过试图分离与解释那些使得法律成为其所是的特征，而关切对于法律性质的解释。该类型成功的法律理论由如下有关法律的命题构成：(1)必然为真，以及(2)充分解释法律的性质……我使用“法律的性质”来指代那些给定的一系列现象若想成为法律则必然具有的本质性特征。[92]

一种运用概念分析来表达**必然**真理并阐明**本质**特征的法理学 178
理论，将很明显会涉及概念分析的**非温和**版本，并因此无法在杰克逊这里找到慰藉。[93] 更严重的是，这样一种方法依赖于如下假设，

---

[92] *Evaluation and Legal Theory*(上注⑥)，p. 17.

[93] 莱斯利·格林曾论证说，在哈特的理论中日常语言哲学的角色被夸大了。参见：Green，“The Concept of Law Revisited”(上注⑱)，p. 1688 n. 1。在某种意义上这是正确的，因为在该书中只有一处明显的日常语言论证，即诉诸日常语言中在拥有“义务”和被“强迫”去做某事之间的差异，以便证明奥斯丁式对于法律概念的分析误解了法律的规范性。参见：*The Concept of Law*(上注②)，pp. 82-83。但只要哈特认同迪克森所描述的拉兹式的法律理论观念(并且我认为他会认同)，那么他就与日常语言哲学共享着在哲学上更为重要的亲和性，即假设(**确信**)存在着有关实在(包括社会实在)的深层真理，它有待通过细致的日常概念分析去发现，无论我们是否通过日常语言的明确使用而获得这些真理。

即奎因有关分析性的观点在根本上是错误的。时至今日，如果我们认真看待法理学研究的结果，这一假设就需要某种清晰的辩护。

再来说直觉。[94] 在杰克逊推崇的概念分析的"温和版本"中，我们通过自己有关概念可能情形的直觉来检验对于一个概念的可能分析。杰克逊如其他人一样，[95]认为盖蒂尔(Edmund Gettier)反例对作为"被确证的真信念"的知识的分析是运用这一方法的最为成功的论述。[96] 但借助于乔纳森·温伯格(Jonathan Weinberg)、

---

[94] Coleman，"Methodology"(上注㊾)中对于自然化法学的批判，相比于其他角度，在如下方面是有瑕疵的，即他认为奎因对于分析性的批判穷尽了批判传统哲学方法的可能。

[95] 所以，比如乔治·比勒(George Bealer)在"Intuition and the Autonomy of Philosophy"，in *Rethinking Intuition*(上注㊻)，pp. 204-205，214 中不幸地引入盖蒂尔(Gettier)的例子作为证据，来支持"人类主体之间有关基本的具体情形直觉的总体(on-balance)共识"。当然，比勒的著述在温伯格(Weinberg)、尼科尔斯(Nichols)和斯蒂克的研究结果出现之前。

[96] *From Metaphysics to Ethics*(上注㊻)，pp. 31-32.［盖蒂尔的反例指的是由美国哲学家埃德蒙德·盖蒂尔在 1963 年发表的仅有三页的论文《合理的真实信念就是知识吗？》中所提出的例子。该理论认为知识可以通过概念分析被理解为一个合理的真实信念(justified true belief，JTB)，即当且仅当以下条件满足时，主体 S 知道命题 P 为真：(a)P 为真；(b)S 相信 P 为真；(c)S 相信 P 为真得到证成。盖蒂尔的构建反例指出，即使拥有合理的真实信念也无法保证我们能够获得真知。他在论文中提及如下两个反例，译者概述如下。案例 1：史密斯与琼斯一同申请某个工作。史密斯有充分证据认为以下命题(d)正确：(d)琼斯会得到工作，并且琼斯口袋里有 10 枚硬币。命题(d)包含命题(e)：(e)得到工作的那个人口袋里有 10 枚硬币。史密斯在接受命题(d)后也会接受命题(e)。但是有趣的是史密斯不知道自己最后得到了工作，而自己口袋里还真有 10 枚硬币。因此，对于命题(e)来说：(e)为真；史密斯相信(e)为真；史密斯相信(e)为真得到证成。但是史密斯没有获得关于(e)为真的知识，因为他是基于琼斯口袋中的硬币而非自己的相信(e)为真的。案例 2：史密斯通过谈话者持有得到证成的信念，认为琼斯有一辆福特车。史密斯因此就有理由认为如下命题为真：琼斯拥有一辆福特车，或者布朗在巴塞罗那(即使此时史密斯根本不知道布朗在哪里)。可事实上，琼斯没有福特车，但布朗偏偏恰巧在巴塞罗那。史密斯的信念为真且得到证成，但史密斯所持有的并非该命题为真的知识。——译者］

肖恩·尼古拉斯(Shaun Nichols)和斯蒂芬·斯蒂克的经验性工作，我们知道盖蒂尔反例只是描述了，在特定文化中有关特定社会经济群体认识论直觉的民族志事实。[97] 盖蒂尔**本身**没有阐明知识的**性质**，虽然他充分阐明了特定社会中特定群体里人们共享的认知直觉。[98] 但为什么**这些**直觉与知识有所关联？此外，且不论激进的认知相对主义，这些直觉如何能够阐明知识的**必然**条件，即认 179
知证成的**本质**特征？

温伯格等人提出的批评激起了强烈回应，这在很大程度上是因为该批评代表了“一知半解的(sophomoric)相对主义者”(这个为人熟知的哲学中的魔鬼)的“复仇”。这位说出“不错，那只是**你**关于法律概念(或知识、道德)的看法”的充满攻击性的大二学生(college sophomore)未料到获得了哲学上值得尊敬的朋友，其中一些甚至在顶尖院系获得了终身教职！让我们以罗伯特·卡明斯(Robert Cummins)对于心理内容理论中外在主义者与内在主义

---

[97] “Normativity and Epistemic Intuitions”(上注㊻).

[98] R. M. 黑尔(R. M. Hare)多年前提出了相似的反驳，反对罗尔斯(Rawls)将我们的一般道德原则与我们对于特定情形的直觉一同带入“反思性平衡”这一方法，但该反驳大体上没有得到回应。这很遗憾，因为如魏因伯格等人研究结果所表明的，黑尔的挑战所具有的影响力超出了道德哲学范围。如黑尔所说：诉诸道德直觉从不会成为一个道德体系的基础。如一些思想家甚至是我们这个时代思想家所做的那样，如下当然是可能的：收集他们及其同时代人认为最确定的一切道德意见，并且通过一些平等意见交换以及对于生活情境的合理假设，发现某种能够被呈现为产生所有这些意见的相对简单的方法或装置；进而宣布这是经过反思后我们必须要承认它是正确的道德体系。但除了最初的信念外，这些思想家对此主张没有任何权威，因为没有提出任何基础和论据。他们所达到的“平衡”可能是偏见所产生的不同力量之间的平衡，任何程度的反思都无法使之成为道德的坚实基础。R. M. Hare, *Moral Thinking: Its Levels, Method and Point*, Oxford: Clarendon Press, 1981, p. 12.

者之争的尖刻解读为例：

> 试想一下孪生地球案例*（在此情形中，同一个概念能够由于思考该概念的人所处环境不同，而具有不同的外延）在当下内容理论中的作用。相关的直觉似乎无可争议，在内容理论中对于研究者而言是司空见惯的……而且这样做的理由也并不难获知。普特南主义者认为这些案例得到了足够广泛地承认，以至于能够在相信这些案例的人中展开一系列内部游戏。而那些并不承认该案例的人干脆没有被邀请进入游戏。这种选择能够推动事情发展，但自有其代价。因为大部分不是哲学家的人没有共享此直觉，最后形成的内容理论对于这些人也无足轻重，这对于试图成为认知心理学基础的重要部分的理论而言，当然是一个严重缺陷。让普特南式意识（conscience）成为内容理论的初始要求，有导致内容理论不再相关的危险。我们一定要小心，这样一种仿佛真的存在的对于直觉的共识，不仅仅是一种选择效应……（可是）如果我们能够诚实面对自己，我认为我们会发现如下事实，即这种选择效应在当今的哲

* 孪生地球（Twin-Earth Cases）是希拉里·普特南在其论文《意义与指称》（Meaning and Reference，1973）与《意义的意义》（The Meaning of Meaning，1975）中提出的思想实验。其大致内容为，想象在空间中存在一个我们星球的复制品。在地球上我们称之为水的物质的化学成分是 H_2O；但在这个复制星球上，如下情形是完全可能的，即人们称之为水的化学成分并非 H_2O。因此，当两个星球上的人们提及“水”时，“水”这个概念有不同的含义，而这种差异受到人们所处的不同环境的影响。由此，普特南否认了认为概念含义决定概念外延这一“内在主义”观点。——译者

学中简直无处不在。[99]

有任何理由认为法哲学免于这一挑战吗？几乎没有理由，特别是当此领域为一个学派，即牛津大学所统治时，简直无法免于这一挑战。我并不是说这一统治地位是没有理由的（以我们能够提出的最高标准衡量，很明显牛津理应拥有从1950年代至今的统治地位），而是说专业或知识上的统治有可能强化了卡明斯意义上的"选择效应"。[100] 不过，证明温伯格等人在认识论中对于直觉的批判也适用于法哲学，则是不同的问题了。

让我们假设卡明斯是正确的。那么对于卡明斯所批判的模式有何替代方式呢？卡明斯这位哲学自然主义者提出如下方案替代对于直觉的哲学依赖：

> 我们不妨放弃有关时空性质的直觉，转而探究如果当下的物理学理论必然为真且具有解释力，那么时间与空间必然为何物。我们不妨放弃有关我们表象性内容的直觉，转而询问如果当下的认知理论必然为真且具有解释力，那么（思维中的）表象必然是什么。[101]

---

[99] Cummins, "Reflection on Reflective Equilibrium", in *Rethinking Intuition*（上注㊻），p. 116.

[100] 美国哲学家，特别是其中的自然主义者（大西洋这一边更常见的哲学家类型）通常开玩笑说，牛津大学是一个哲学家**非常严肃**对待**他们**直觉的地方。

[101] "Reflection on Reflective Equilibrium", in *Rethinking Intuition*（上注㊻），pp. 117-118.

180 我将此视为我们可以称作“自然主义方法”的一个范例，它可以被理解为包含如下两个辅助性命题：

> **实质命题。**对于存在什么和我们可以知道什么这样的问题，除却成功的科学理论我们没有更好的解答方法。
>
> **方法论命题。**只要哲学关切存在什么和我们可以知道什么这样的问题，它就是成功的科学理论的抽象分支。

当然，自然主义方法的实质命题并非**先天**真理，并且也并非源自奎因及其追随者这样的自然主义者。这一命题当然也未被广泛接受，并且不仅是后现代主义者与英格兰教授不接受。[102] 不过从历史视角看，这一观点很难有争议。我们后启蒙运动世界的本体论完全就是实质命题的产物。另外，一些先天分析方法（无论概念的还是直觉的）的哲学成就并不十分令人振奋。康德认为如下观点是先天的，即空间必然具有如欧几里得几何学所描述的结构；之后的物理学证明他的直觉是错误的。就如雅各·辛提卡（Jaakko Hintikka）最近写道：

> 就经验真实而言，原始事实是：直觉的预兆并不被认为具

[102] 比如，参见：Bealer，“Intuition and the Autonomy of Philosophy”（上注[95]）；下书中的许多论文[特别是阿尔文·普兰廷伽（Alvin Plantinga）对于批评者的回应]：*Naturalism Defeated? Essays on Plantinga's Evolutionary Argument Against Naturalism*, ed. J. Beilby, Ithaca: Cornell University Press, 2002；*Naturalism: A Critical Appraisal*, ed. S Wagner and R. Warner, South Bend: University of Notre Dame Press, 1993。

> 有优先的认识论地位。无论它们在主观上是多么令人信服,它们本身不具有任何自主的(automatic)证成。在认识论上,它们处于聪明的猜测或亚里士多德的公众意见(*endoxa*)这个层次上。[103]

道德自然主义者从这一历史中获得的启示是,青睐这种而非那种形而上学或认识论理论的合理理由不在于它似乎从直觉角度来说是明显的(想想康德与欧几里得式空间结构),而在于它因为有助于成功的**后天**世界理论而赢得其地位。康德(以及其他人)的直觉被否定了,结果就是物理学在描述非欧几里得式空间结构中发挥作用。在这一自然主义理论中,哲学没有探究世界的特殊方法,它只是经验科学的抽象与反思部分。

法理学中自然主义的前景现在成为一个生机勃勃又充满争议的议题,并且我也不打算在此解决这一问题。我想回到第二节中的一个问题。如果卡明斯的担忧是可普遍化的——事实上,如果我们应当质疑法哲学中发挥作用的直觉要优于认识论与内容理论中发挥作用的直觉——那么这岂非恰恰支持了菲尼斯对于描述性法理学的批判?毕竟在第二节中,对于描述性法理学的辩护依赖
如下未经批判的符咒:我们是在描述"我们的"概念,其中第一人称 181
复数所有格是以统计频率兑付的(cashed out)。* 不过当然,同样

---

[103] "The Emperor's New Intuitions"(上注㊻),p. 143.

* 莱特指的是我们通过统计学观测人们在使用某一个概念时赋予它的含义。可参见上文中莱特反驳菲尼斯时所模拟的"描述主义者"与"自然城市理论家"的对话。——译者

非经批判的符咒也潜藏在盖蒂尔反例这个符咒三十余年来的价值之中；而且现在我们知道盖蒂尔反例不过是一种修辞，而**非**对于任何统计频率的精确报道（除非在一个精确限定的民族志学共同体中）。因此，难道奎因、斯蒂克、卡明斯对于概念分析和诉诸直觉方法的怀疑论没有将我们带到菲尼斯的观点吗？既然有关“我们”的话语可能被证明是一种幻觉，那么我们不能认为，似乎仅仅诉诸描述“我们的”概念和“我们的”直觉就能够辩护法律诠释性概念中“重要”和“有意义”的特征。似乎我们最终必须要认同菲尼斯，认为我们通过非认知性标准（诸如对象满足实践合理性要求的程度的标准）在理论对象中做出选择。

这一结论因如下两个理由显得草率。其一，迄今没有根据显示“我们的”法律概念真的如“我们的”知识概念一样虚幻——或许统计频率和其他认知价值对于法律概念分析的传统方案已经足够。其二，更重要的是其所提出的结论未经论证便回避了“我们的概念是否为真实的”这一问题的卡明斯式解决方案，即上述自然主义的实质和方法论命题。

此外，这种理解争议的方式介入进来，缓解了法理学中一种非常不同的方法论问题。对于现在像哈特这样的方法论实证主义者，有两派对手：菲尼斯式的批评者认为认知价值**不**足以界定研究主题；自然主义批评者认为认知价值**加上**哈特的主要方法（概念分析以及诉诸直觉）不过是提供了民族志学意义上的相关结果。

所以现在也有两种“解决方案”：通过诉诸法律的道德价值来界定法理学研究对象的菲尼斯的解决方法；由卡明斯倡导的、包含于上述实质与方法论命题中的自然主义方法。如果我们和拉兹一道，认为法律理论应当关切法律的本质[104]特征，那么方法论问题现在就非常迫切了：在阐述**(本质上)存在什么**时，我们应当诉诸道德还是科学？我认为答案很明显。[105] 不过，这是对另一问题的论证了。

---

[104] 在奎因意义上理解自然主义者，参见上注⑰。

[105] 参见本书第七章和第八章。

第二部分后记：法律理论中的科学与方法论*

183 本书第四至六章勾勒的自然化法学纲领可以被认为大体上运用了奎因的两个观点；其中一个由奎因本人明确地阐述过，另一个则是由罗伯特·卡明斯这位自然主义心灵哲学家代为表达。奎因告诉我们，自然主义指的是“在科学自身内部而非某种先验哲学中，实在得到识别和描述”。[①] 由于经验科学并没有使用20世纪英语哲学中如下两种不同却又彼此关联的方法——通过诉诸直觉而展开概念分析（按照弗兰克·杰克逊的表述，[②]当我们通过诉诸“概念可能包括的情形”这一直觉来确定概念外延时，这两者就产生了互动）——一种旨在描述法律现象实在的自然化法哲学似乎

---

* 本文中一些素材的早期版本得益于2005年6月罗格斯大学法律与哲学研究所(Rutgers Institute for Law and Philosophy)召开的有关哲学自然主义会议的讨论。我感谢丹尼斯·帕特森组织本次会议，并且感谢与会者有益的提问和评论，特别是阿尔文·戈德曼、格特·凯尔(Geert Keil)和迈克尔·史密斯(Michael Smith)。本文一些素材的早期草稿同样受益于拉里·劳丹(Larry Laudan)的评论。

① W. V. O. Quine, “Things and Their Place in Theories”, in his *Theories and Things*, Cambridge, Mass.: Harvard University Press, 1981, p. 21. 总之，奎因本身从未超越20世纪30年代的科学，并因此未能注意到他的行为主义或取消主义都未得到之后科学实际发展的支持。

② *From Metaphysics to Ethics: A Defence of Conceptual Analysis*, Oxford: Clarendon Press, 1997.

也应当避免这些方法。③

可是自然化法学用什么来取代它们呢?为了取代科学与心灵哲学中的概念分析以及对直觉的依赖,卡明斯基于奎因传统指出:

> 我们不妨放弃有关时空性质的直觉,转而探究如果当下物理学理论必然为真且具有解释力,那么时间与空间必然为何物。我们不妨放弃有关我们表象性内容的直觉,转而询问如果当下认知理论必然为真且具有解释力,那么(思维中)的表象必然是什么。④

当然,我们可以检验我们有关可能情形的直觉,并以此来修正"空 184
间"概念或"表象内容"概念的外延;但因为这样的直觉会受制于地方性偏见、经验性知识的缺乏以及各种各样的选择效应,⑤所以就没有理由认为这样的直觉及其所传达的讯息具有**认知权重**。卡明

③ 这并不是否认"概念分析"在更宽泛的意义上在科学发展中发挥的作用,这就如拉里·劳丹在他富有原创性的著作 *Progress and Its Problems: Toward a Theory of Scientific Growth*, Berkeley: University of California Press, 1977, esp. ch. 2 中分析的一样。按照劳丹的论述,科学史充满了有关**概念性**问题的争议的例子,这些争议要么"内在于"一个理论[比如,该理论"呈现某种内在不连贯性……或它的基本分析范畴模糊且不清晰"(同上注,第 49 页)]或者"外在于"该理论,但与理论如何符合其他已被我们视为在理性上得到确证的因素相关。不过在两种情形中,概念问题并没有通过诉诸有关概念的外延得到解决,而是依赖清晰性标准和逻辑包含关系得到解决。

④ Robert Cummins, "Reflection on Reflective Equilibrium", in *Rethinking Intuition: The Psychology of Intuition and Its Role in Philosophical Inquiry*, ed. M. DePaul and W. Ramsey, Lanham, Maryland: Rowman & Littlefield, 1998, pp. 117-118.

⑤ 如卡明斯对有关精神内容的内在主义者和外在主义者间争论所做的评论:"那些没有共享(相关)直觉的人,完全就是没有被邀请进入游戏。"同上注,第 116 页。

斯及其他奎因主义者所青睐的替代方案就是那种已经多次在认知中**赢得信赖**的方法，即经验科学的方法与结果。[⑥] 与其检验有关我们空间概念、表象内容概念之外延的“大众”直觉，为什么不看一下空间概念、表象内容概念在成功的经验科学中阐明了什么？在这一方法中，哲学家成为经验科学中抽象与反思性的部分，澄清着概念的轮廓与外延；同时这些概念因为在对经验现象的成功解释和预测中所发挥的作用而得到证实。在自然化法学中，同样的方法意味着认真对待有关法律与法律制度卷帙浩繁的文献，并以此来探究何种法律概念在对诸如司法行为这种法律现象最有力的解释与预测模型中发挥作用。[⑦]

---

⑥ 同样，我们不应当被奎因对于20世纪30年代科学的非奎因式依附误导，后者体现在他对行为主义和取消主义的忠诚之中（尽管他最终在20世纪90年代放弃了后者）。如杰瑞·福多(Jerry Fodor)强调的，在20世纪后半叶，经验科学的独特性特征并不是将其他一切因素还原为物理学，而是特定科学领域的繁荣发展。简洁的分析，参见福多在《伦敦书评》(*London Review of Books*)第20期(1998年10月29日)发表的对于E. O. 威龙(E. O. Wilon)《符合》(*Consilience*)一书的评论。

⑦ 比如，参见：Glendon Schubert, *The Judicial Mind*, Evantson: Northwestern University Press, 1965; Glendon Schubert, *The Judicial Mind Revisited*, New York: Oxford University Press, 1974; David W. Rhode and Harold J. Spaeth, *Supreme Court Decision Making*, San Francisco: W. H. Freeman, 1976; Harold J. Spaeth, *Supreme Court Policy Making: Explanation and Prediction*, San Francisco: W. H. Freeman, 1979; Jeffrey A. Segal, "Predicting Supreme Court Cases Probabilistically: The Search and Seizure Cases, 1962-1981", *American Political Science Review* 78(1984): 891-900; Jeffrey A. Segal and Albert D. Cover, "Ideological Values and the Votes of U. S. Supreme Court Justices", *American Political Science Review* 83(1989): 557-565; Tracey George and Lee Epstein, "On the Nature of Supreme Court Decision-Making", *American Political Science Review* (1992): 323-337; Timothy M. Hagle and Harold J. Spaeth, "The Emergence of a New Ideology: The Business Decisions of the Burger Court", *Journal of Politics* 54(1992): 120-134; Jeffrey A. Segal and Harold J. Spaeth, *The Supreme Court and the Attitudinal Model*, New York: Cambridge University Press, 1993; Jeffrey A. Segal and Harold J. Spaeth, *The Supreme Court and the Attitudinal Model Revisited*, Cambridge: Cambridge University Press, 2002。

奎因式自然主义方案所蕴含的观点已在许多领域中引发了指
责；这些指责认为，将哲学研究的一些领域自然化会“改变研究主
题”，即错失或放弃了该主题在哲学上的独特性或重要性，而代之
以完全**不同的**问题。这一反对自然化法学的指责已由朱尔斯·科
尔曼在不同场合提出。[8] 比如，在他新近的一本著作中，科尔 185
曼——第一章和第二章是对自然化法学观点的评论——写道：

> 对于社会学、心理学或社会心理学的法学，我们无可指摘。没有一位法哲学家会与试图揭示司法裁判中法则式规律的方案起争端。这种有关裁判的社会-科学法则……可能会让裁判更可预测，这可能有助于增进合作与规划；基于纯粹理论性理由，一种有关裁判的社会科学也是有价值的，它是使得法律与法律实践在理性上更可被人理解的一种方法。问题在于没有理由认为这样一种社会-科学方案可以取代分析法学的哲学方法论。[9]

在接下来的一篇有关法理学方法论的文章中，科尔曼继续这一思路来批评我的主张：

> 完全没有理由认为那些让我们这些哲学家与社会理论家

---

⑧ 利亚姆·墨菲在他的“Concepts of Law”，*Australian Journal of Legal Philosophy* 30(2005)，p. 14 中提出了同样的挑战。

⑨ Jules Coleman, *The Practice of Principle*, Oxford: Clarendon Press, 2001, p. 213.

> 感兴趣的事实，是那些社会或自然科学理论志在解决或试图解决的事实。存在一种对下述差异——即有效性不同于合法性，对一位官员有约束力的规则不同于作为共同体法律一部分而有约束力的规则——感兴趣的社会理论吗？何种社会科学研究需要对此差异做出解释？⑩

不过，以上述方式表述对自然主义者的反驳就犯了循环论证的错误。通过设想一位采取同样论证策略并提出如下反对意见的神学家，可以足够清晰地知晓这一点：

> 完全没有理由认为，那些让作为神学家的我们感兴趣的事实，即那些关乎罪恶、三位一体与圣餐变体说*的事实，是自然科学理论志在解决或试图解决的事实。

这一反驳的问题在于，当方法论自然主义的要点之一在于，唯一"存在"的事实就是在科学中被识别和描述的事实时，该反驳将某些有待解释的"事实"的实在性视为**理所当然的**。如果没有某个反对奎因假设（在科学自身内部而非先验哲学中，真实得以被识别和描述）的**独立**论证，我们现在最佳的描述-解释性理论就排除了某

⑩ Jules Coleman, "Methodology", in *The Oxford Handbook of Jurisprudence and Philosophy of Law*, ed. J. Coleman and S. Shapiro, Oxford: Oxford University Press, 2002, p. 350.

* 圣餐变体说（transubstantiation）指的是，圣餐中的红酒与饼成为了基督的血与肉。——译者

些推定性事实，这种理论与该类事实相矛盾却并不与自然主义矛盾。⑪

当然，神学是一个极端情形，因为神学的“主题”在自然主义框架中不仅是被改变了，而且十分可能是被消除了。但的确有可能的是，当下法学理论所探讨的一些区分与范畴将会重蹈圣餐变体的覆辙。像科尔曼这样的概念性法学[**]所需的是拒绝如下可能性的某种论证：这样一种论证会显示自然化的法理学**不公正或不正** 186
当地“改变了主题”。

但是，我们迄今尚未澄清法理学的“主题”。当我们在研究法哲学时我们在讨论或探究什么？我将借用朱莉·迪克森有关法理学“主题”清晰且我认为具有代表性的陈述。她阐明了对此问题极具影响力的拉兹式观点。她写道：

> 分析法学通过试图分离与解释那些使得法律成为其所是的特征，而关注对于法律性质的解释。该类型成功的法律理论由如下有关法律的命题构成：(1)必然为真，以及(2)充分解释法律的性质……我使用“法律的性质”来指代那些给定的现象若想成为法律则必然具有的本质性特征。⑫

---

⑪ 当然，奎因的可错主义(fallibilism)要求我们允许今天受到质疑的事实可以在明天的科学中得到证实。

** 莱特将科尔曼所代表的法学方法称为 Conceptual Jurisprudence，为了区别惯常用法中的“概念法学”(Begriffsjurisprudenz)，本书将其译为“概念性法学”，意在突出其以概念分析为核心方法的特征。——译者

⑫ Julie Dickson, *Evaluation and Legal Theory*, Oxford: Hart Publishing, 2001, p. 17.

当然有人会担心，这种任务未曾在任何一个哲学领域中得到圆满完成。不过我们先将对于这一拉兹式方案的担忧放在一边。对于自然主义者来说，如果你想知道是什么“使得法律成为其所是”，或是什么“使得任何 X 成为其所是”，你需要知道的是这些 X 如何被科学加以描述和解释(或者这些 X 如何在真确的描述与解释性科学理论中发挥作用)。因此，假设我们对“法律的必然”以及“本质性质”加以适当的奎因式表述——即假设我们如该做的那样，将它们等同于“我们当下最富成效的有关法律的解释-预测性社会科学的核心”——那么一种自然化法学就会关切拉兹式的问题，即法哲学的核心问题。

但这个回答太简略了，而且非自然主义者现在可以进一步以深入自己对自然化法学秉持怀疑态度的核心的方式，提炼其担忧。法理学中非自然主义者**真正**持有的观点为，法律的概念是一种我在本书第六章所说的“诠释性概念”。该种概念的外延是由该概念在如下情形中发挥的作用确定的，即“人类如何使得他们自身及其实践得以被其自身了解”[13]这一情形。约瑟夫·拉兹如此表述这一点：

> 但通过理论社会学意义上结果的丰硕与否……来判定法律概念分析的成败结论是错误的。这么做就错失了如下要义：即不像“质量”或“电子”这类概念，“法律”是人们用来理解自身的一种概念。我们并不是不受约束地选中任何富有成效

[13] 参见本书第 173 页。

> 的概念。法律理论的主要任务就是通过帮助我们理解人们如何理解自身,来增进我们对于社会的理解。⑭

如果法律是诠释性概念的话,那么对于自然化法学的反驳依旧有效,而且该概念所选出的实在也不会是科学所识别和描述的那一种。

不过这一反驳错误地假设了科学与诠释性概念间的不兼容 187
性。当然,这一假设对于50年前的科学哲学家来说是毋庸置疑的,那时人们普遍认为所有的解释都要符合一种形态(通常源自某种物理学的理想化情形),这样就没有为认真对待**作为**原因的某种心理状态的**深刻意义**留有余地。但随着逻辑实证主义的挫败,这样一种假设也就不再有道理了:有关**只有一种**证实、**一种解释**等(它们都以该物理学高度理想化的情形为代表)的实证主义图景,被一种新的多元主义取代;该多元主义就如一位科学哲学家所说的,承认"解释的充分性本质上是实用主义的,并因领域不同而标准不同。"⑮

诚然,对于社会现象的科学分析在原则上对诠释性概念也有用武之地这一事实,并不意味着科学分析也能够对概念性法学所依系的诠释性概念加以分析。想一想司法裁判中最重要的预测-

---

⑭ Joseph Raz,"Authority,Law and Morality",*The Monist* 68(1995):321-322.

⑮ Richard W. Miller, *Fact and Method*: *Explanation*, *Confirmation and Reality in the Natural and Social Sciences*, Princeton: Princeton University Press, 1987, p. 95. 也参见:Philip Kitcher,"The Ends of the Sciences", in *The Future for Philosophy*, ed. B. Leiter, Oxford: Clarendon Press, 2004, esp. p. 215; Nancy Cartwright,"From Explanation to Causation and Back",in *The Future for Philosophy*。

解释性理论，即西格尔与斯佩思(Segal and Spaeth)的“态度模型”(Attitudinal Model)理论，[16]并暂且将其充分性放在一边。西格尔与斯佩思在发展美国法律实证主义者最先提出的观点的基础上，[17]指出司法裁判的最佳解释[18]存在于“案件事实”与“法官意识形态和价值”的结合。[19] 西格尔与斯佩思基于如下方式来识别法官的“意识形态立场”，即通过“报纸社论中因为特定议题(比如，公民权利与自由)而在任命确认之前对法官是自由派还是保守派做出的判断”。[20] 在查阅三十余年的搜查与扣押判决后，西格尔与斯佩思发现态度模型正确预测法官表决的比率为71%。这意味着法官对于潜在事实情境(及其变体)的意识形态立场解释了当今将近四分之三的法官表决。

当然，为了论证这一解释是最佳的，西格尔与斯佩思必须要将态度模型同其他方案加以比较——就我们的目的而言，最重要的是与他们称之为裁判的“法律模型”(the Legal Model)加以对
188 比。[21] 在法律模型中，法律的有效渊源与适用于该渊源的有效法

⑯ 特别参见：*The Supreme Court and the Attitudinal Model Revisited*(上注⑦)。

⑰ 同上注，第87—89页。

⑱ 他们的焦点是最高法院法官，但其他文献涉及范围更广。

⑲ *The Supreme Court and the Attitudinal Model Revisited*(上注⑦)，p. 86.

⑳ 同上注，第321页。如西格尔和斯佩思评论道：“尽管这一方法和过去投票相比不太精确，但它避免了循环性问题，并且它外在于法官行为，因此是可信赖和可重复的”。同上注。

㉑ 同上注，第48—85页。他们对于“法律模型”的处理从许多方面看是粗糙的；为了正文中的论述，我已经在相当程度上对之加以澄清——这正是在经验科学进步中居于核心地位且前文所强调的广义上的(上注③)那种概念性工作。

律解释方法共同决定了结果（将有效的法律渊源与解释方法称为“法律理由的集合”）。这么做的困难在于法律理由集合是不确定的，它在上诉审案件中会证成不止一种结果。[22] 因此，如西格尔和斯佩思所说：

> 如果法律模型的不同内容能够支持进入法庭的任何案件中的任何一方，而且这些立场的品质事先无法被可信且有效地衡量，那么法律模型很难作为最高法院裁判的一种解释。正因为能够“解释”一切，最后什么都解释不了。[23]

易言之，我们无法从法律模型中概括出任何可受检验的预测，因为法律理由的集合证成并因此预测了多种结果。[24]

在此重要的是要注意到态度模型作为裁判的最佳因果解释，主要依赖诠释性概念。因为人们认为，正是法官对待**事实**的**态度**解释了司法裁判，而且“态度”显然是在解释（裁判）结果中被赋予**因果性**功能的**富有意义**的心理状态。不过法官青睐的道德态度，比如，对于家庭隐私的道德态度——这可能是解释了法官在搜查与扣押案件中的表决的态度——与 H. L. A. 哈特视为现代法律体

---

[22] 西格尔和斯佩思明确地意识到最高法院案件的选择效应：“因为最高法院确实掌控着它自己的诉讼事件表（docket），法官会拒绝裁判……一个没价值的案例。那些法院决定裁判的案件中，诉讼双方都提出合理的法律论证。”同上注，第 93 页。从这一观察中，可以清晰地看出西格尔和斯佩思承认确实存在如下类型案件，其中法律理由类别在理性上是确定的，即法律理由只证成了一个结果。

[23] 同上注，第 86 页。

[24] 这是因为预测基于法律模型而追踪证成。

系核心现象的诠释性概念并不属于同类：例如，官员从内在视角接受了某些规则，就意味着对他们施加了服从义务，并因此允许批评背离规则的行为等。**法律的规范性**，即法律上有效的规范因为其所具有合法性而提供了特定**行动理由**，在此论述中依旧寻踪无迹。

前番所述意味着法律的规范性（哈特呼吁我们注意的法概念的核心诠释性特征）在自然化法学（其本体论充满了态度模型行之有效所需的假设）中被消除了吗？事实上，答案是并非如此。

首先，回想一下罗伯特·卡明斯对于概念分析的自然主义替代方案。概念分析以诉诸有关概念运用的可能情形的直觉为基础，正是哈特和其他概念性法学一直以来使用的那种方法。追随卡明斯，自然化法学应当探究，如果目前有关司法裁判的社会-科学理论（即态度模型）为真且具有解释力，法律必然是怎样的？如果态度模型为真且具有解释力，那么除了其他方面，尤为重要的是
189 在法官意识形态立场（在做出裁判时发挥因果性作用）与有效的法律渊源之间（它是有关司法裁判的法律模型所提出的竞合性解释的核心内容）一定存在着清晰的分界线。因此，态度模型中隐含着一种被权威性文本（先例、制定法与宪法）穷尽的非常明显的法律概念；而此概念是与态度模型相对立的法律模型的原始素材，且后者排除了对于前者而言居于核心地位的意识形态立场。因为对于这些权威性文本（即法律）的解释是不确定的，在西格尔和斯佩思看来，法律模型就无法解释上诉审裁判。如我在本书第二章所论证的，在由美国法律现实主义者提出的法律推理是不确定的类似论证中，同样的法律概念蕴于其中发挥了作用：

> 著名的法律现实主义观点(它关注律师在解释制定法与先例时,拥有彼此冲突却同样正当的方法)只是在以下假设基础上指出了法律是不确定的:要么制定法和先例基本上穷尽了法律的权威性渊源,要么无法从这些渊源冲突中推导出任何权威性规范。正是前一个假设推动了现实主义论证。[25]

而现在我们可以补充:同样是这个假设推动了西格尔与斯佩思有关法律模型的不充分性与态度模型优先性的论证。相应地,支持该假设的法律概念无非就是拉兹式"刚性实证主义"对于承认规则的界定,即合法性标准是谱系性标准,舍此无他。这意味着一个规则(或一个解释准则)因为被规定于立法中、法院先前裁判或司法实践抑或宪法条款中,而成为法律的一部分。这就是法律模型所要求的法律概念,同时也是支持作为司法裁判最佳解释的态度模型的法律概念。简言之,拉兹的刚性实证主义把握住了在态度模型为真且具解释力时法律必然是怎样的这个问题。

诚然,上述对于刚性实证主义的辩护与拉兹自己的方案截然不同。[26] 我们无需有关一切权威是否体现为一种(如拉兹所认为的)"服务"的直觉,也无需有关权威性指引是**排他性**理由(与**颇具权重的**理由相对)的直觉等。[27] 依上述方法,刚性实证主义式的法律概念足以在有关法律现象的最佳解释中发挥作用。

㉕ 参见前文第 72 页。

㉖ 参见:Raz,"Authority,Law,and Morality"(上注⑭),以及本书第四章的讨论。

㉗ 有关当我们被还原为彼此冲突的直觉时这一游戏还如何进行下去的一个例证,请参见本书第四章第 131 页中有关佩里和瓦卢乔对拉兹的反驳(基于有关**权威性**理由的性质的一系列直觉)以及我的应答(基于与之不同的一系列的直觉)的讨论。

不过如下观点也是有道理的：按照拉兹的表述，在此方法中现在没有什么使得“帮助我们理解人们如何理解他们自身”成为我们如何理解法律性质的核心。不过我认为，拉兹式的进路恐怕将“什
190 么是法律”这一法理学核心问题和下述不同问题混淆了，即在官员的自我理解中，大众的“法律”概念扮演何种角色。但如前文中迪克森在阐述拉兹观点时所说，在法理学中我们声称自己所追寻的是“法律的性质”，即“若要成为法律，那些给定的现象必然具有的本质性特征”。有关人们自我理解的扶手椅式社会学，在探索法律本质上是怎样这个问题上或许可信，又或许不可信。这如同马克·墨菲这位自然法而非实证主义捍卫者非常贴切的评论：

> 普通语言使用者无法左右对于他们所使用语词的分析的正确性，也无法左右他们参与的语言实践的前提条件……将一系列现象认定为法律，起始于人类行动者的各种实践；但这并不意味着，人类行动者在判定任何特定情形属于法律是否正确这一问题上，不会犯错。[28]

不用说，自然化法学当然要坚持这一可错性。

但是，当态度模型为真且具解释力时实证主义是正确的这一事实，并没有表明**法律的规范性**（法律的核心诠释性特征）是态度模型所要求的实证主义理论的一部分。毕竟态度模型虽然要借助

---

[28] Mark C. Murphy, “Natural Law Jurisprudence”, *Legal Theory* 9(2003): 250.

法律的谱系来区分意识形态立场和法律之间的界限,但法律规范性本身并非态度模型必然要解释的法律特征。相反,它不过是法官在他们的意见中所采用的修辞手法。不过在哈特与其他实证主义者看来,法律体系的一个核心特征就是像法官这样的官员使他们自己有义务运用法律有效性的特定标准,并且适用因此标准而生效的法律。与其法律现实主义前辈们一样,态度模型所承认的就是:官员说得**好像**负有法律义务一样,但其实此时他们的行为**实际上**能够由他们对于案件潜在事实的意识形态态度加以解释。

不过应当注意到,态度模型主要还是有关**上诉审**官员行为的理论。下级法院官员的行为事实上有可能通过如下情形得到充分解释,即这些官员通过法律规范而给自己施加了义务。其实我们可以更进一步说:即便在上诉审层面,在态度模型或态度模型对法律模型的批判中,并未提及法律理由的集合没有(在最低限度上)**约束**可能的裁判结果。法律理由**没能充分**确定最终的裁判结果,但它们并非与之不相关。就法律理由圈定了可能的结果的范围而言,法律的规范性在有关裁判结果的最佳解释中发挥了作用,即使**最终**结果(选自那些可被合法地理性化的结果)是意识形态的态度而非法律推理的结果。[29]

但假设不存在法律规范性在其中发挥因果性作用的有关法律现象的预测-解释性理论。这一在规范性上的通缩对于实证主义方案来说是致命的吗?请记住是什么让哈特首先引入了“内在视 191
角”。他当时担忧像阿尔夫·罗斯这样的斯堪的纳维亚现实主义

[29] 我在本书第二章阐述美国法律现实主义观点时,提出相近看法。

者（据说他们认为法律就是对于法庭将如何裁判的预测[30]）无法对两种大众社会行为做出区分，即每个人都“无意识地”做着同样的事情，与每个人因为他们认为自己**应当**这么做而做着同样的事情。哈特指出，后者对于法律体系来说具有独特性：官员不像群居动物一样**偶然地**在同一方向上聚到一起；他们朝向同样的方向（比如，适用法律有效性的相同标准）是因为他们认为他们**必须如此**。因而哈特认为，对于斯堪的纳维亚现实主义者来说，如下情形间没有任何区别：无论是无意识的聚集还是被认为是有义务去做的行动，都被算作是**官员的行动**。这被认为是斯堪的纳维亚现实主义法律理论的致命缺陷。[31]

自然化法学犯了同样的错误吗？记住如下这一点是很重要的，即哈特没有假设官员**实际上**有义务去做同一件事，他们只是**认为他们自己**有这种义务。哈特真正反对的是**聚集**理论，即官员好像“无意识”地行动和做出决定，好像人们口中远离峭壁的旅鼠一样。态度模型当然没有把法官视为旅鼠，而是将他们视为推动一种意识形态议程的政治行动者。在他们共享意识形态目标这个意义上，他们做着同样的事情。此外，他们几乎都有某种共同的行为，即将意识形态**隐匿**在所谓“认真对待法律规范性”这一修辞之中。具有一切意识形态说教的法官声称，他们之所以这么做是**因为他们有法律义务做出这些裁判**，而非他们感到有推动其意识形

[30] 布莱恩·贝里的新研究（尚未发表）表明，哈特对于罗斯的描述可能并不准确，不过我在此不考虑这一问题。

[31] 当然，哈特认为美国法律实证主义犯了同样的错误，但如我在本书第二章讨论的，他此处的观点明显错了。

态的义务。完备的司法行为因果理论也需要解释有关实践的这一惊人事实。至今态度模型对此熟知的修辞学现象基本保持沉默，可是该模型也没有排除一种对美国司法实践如此重要的、我将称之为“法律规范性话语”的伴随性解释。

当然,承认我们有关司法裁判的社会-科学理论中包含着“法律规范性话语”,是比哈特原始理论中对于法律义务的通缩更进一步的主张,因为我们从“**法官认为他们自己有义务**”转向了“**法官说得就好像他们自己有义务一样**”。不过从哈特的原初立场来说,重要的事实以及对于斯堪的纳维亚现实主义者令人信服的批评在于,自然化法学未曾要求我们对于司法裁判持有“聚集”理论抑或完全忽视法律**显而易见的**规范性。

所以本书第二部分中有关自然化法学的观点严格说来并没有 192
改变传统法理学的主题。它只是建议以更可信的认识论方法来解决相同且是传统的议题。可是这又会导致我们面对一个更严重的反驳,它对于以这样的方式认识自然化法学来说完全是致命的。因为不存在稳定强健因而在认识论上可信的有关司法裁判的社会科学。为了理解空间或时间的“本质”属性,诉诸在解释和预测方面取得非凡成就的时空物理学是一回事;认为由政治科学家炮制出的虚弱不堪的社会科学模型能够通过因果关联解释社会世界,则是另一回事。

比如,态度模型只是观察了范围有限的案例,并且对与之竞合的法律模型所做的假设相当粗糙,它只能够预测当时 71%的结果。而“掷硬币”模型预测成功率是 50%。简言之,71%的成功率无法产生出科学的可信度。

有关法律的预测-解释性社会科学在认识论条件上的缺陷是否意味着如本书第六章结尾所指出的那样，我们唯一的选择就是菲尼斯式的评价性法理学，或更极端些，是利亚姆·墨菲所说的"一种实践性政治学方法：划定法律（概念）界限的最佳位置就是，放置在何处法律会对作为社会的我们的自我理解、我们的政治文化产生最佳影响"。[32] 稍后我会回到菲尼斯，不过先让我们驻足于墨菲。墨菲认为，"对于直觉这一任何有关法律的哲学概念分析的材料而言，并不存在充分的共识"，[33]并补充道："有不同方式划分（法律与道德之间的）界限，它们受到不同人的青睐"。[34] 但如同其所反对的立场一样（即坚信哈特主义者或拉兹主义者已然描绘出我们所使用的"概念"的深层结构），这些都是扶手椅中的玄思。针对这两种情形，一个自然主义者有理由对据说盛行于我们实践中的"概念"的某些**经验性**证据加以探究。当然，这是使得实验哲学——自然主义哲学近来最令人鼓舞的发展——跻身诸如认识论和行动理论领域的诸多任务之一。[35] 我们已经知道，因埃德蒙德·盖蒂尔而知名的有关知识概念外延的扶手椅式直觉——且人

---

[32] Liam Murphy,"Concepts of Law",*Australian Journal of Legal Philosophy* 30(2005):9. 这呼应着下文中的论证：Murphy,"The Political Question of the Concept of Law", in *Hart's Postscript*, ed. J. L. Coleman, Oxford: Oxford University Press, 2001。

[33] "Concepts of Law"(上注[32]), p. 7.

[34] 同上注，第 9 页。

[35] 比如参见：Jonathan Weinberg, Shaun Nichols, and Stephen Stich, "Normativity and Epistemic Intuitions",*Philosophical Topics* 29(2001):429-460; Joshua Knobe, "Intentional Action in Folk Psychology: An Experimental Investigation", *Philosophical Psychology* 16(2003):309-324; Shaun Nichols,"The Folk Psychology of Free Will: Fits and Starts",*Mind & Language* 19(2004):473-502。

们广泛认为这些直觉是“知识”概念不限于“被确证的真信念”的决定性证据——具有文化特殊性,它所阐述的并非知识的性质,而或许是有关普罗大众(人们通常认为他们的直觉在这些活动中发挥重要作用)的依然饶有意味的民族志事实。法律概念如何通过类 193
似的经验验证?就目前的状况看,相较于对待拉兹的观点,我们完全没有办法且也没有具体理由更认真地对待墨菲的扶手椅式直觉。

约翰·菲尼斯提出了墨菲式的挑战,但不那么直接。菲尼斯从挑剔我在本书第六章中对他观点的描述开始,[36]不过至少他一部分的不满似乎源自他未能理解社会科学哲学中的韦伯命题(菲尼斯的参照点),与“二战”后科学哲学中对相同立场更为完备的表达之间的相似关联。但菲尼斯的确强调了在早先论文中我可能粗疏地未加留意的一点,现在有必要加以回应。菲尼斯说:

> 给定任何法律的一般理论,无论其旨趣多么偏重于描述性,必然会在不计其数的其他法概念中偏好某一种法概念……有关该概念为什么是更好的、为什么相较于其他概念更值得青睐的解释,其目的就是表明为什么这一概念、这一理论能够更好地理解如下复杂观念,即法律是我们有理由去追寻的事物。[37]

---

[36] John Finnis, "Law and What I Truly Should Decide", *American Journal of Jurisprudence* 48(2003), esp. pp. 115-125. 他之后重复了在本书第六章脚注㊷中批判的一些对于实证主义的误解。我将不会修改我对于这些误解性反对的回应。

[37] 同上注,第119页。

这一主张其实出现在早先的《自然法和自然权利》一书中。实事求是地说，它是一种不合理的推论，因为从一种描述性理论“在不计其数的其他法概念中偏好某一种法概念”这一事实中，根本无法得出关于为什么“法律是我们有理由去追寻的事物”这一论断的选择标准。如果我的堂弟朱利叶斯说“法律的概念”等同于“一位来自罗格斯大学的聪明的年轻人所说的任何话”，除却如下事实——概念个体化的标准与为什么“法律是有理由去追寻之物”在偶然性关联之外没有任何关系——我有许多理由来否定这一分析。

当然，菲尼斯承认他的命题由于表述不佳而是不合理的推论，所以他以自己著名的主张来为之背书。这个主张就是，法律的内在视角中存在“核心”或“焦点”情形。据说这样就使我们接受了他提出的概念个体化的形式：

> 在每个当代法理学中发挥重要结构性作用的所谓内在视角中，必然存在一种核心情形。提及一两处肯定就足以说明了。哈特反对凯尔森的观点并且也（以不同的方式）反对边沁与奥斯丁的立场，认为向个人授予私人权力的规则（比如订立合同）并不应当被仅仅视为施加义务规则的一部分。哈特的观点没有提出或描述边沁、奥斯丁与凯尔森理论所未能描述的事实，但不同之处是提出如下真理：有理由去追寻和珍视私人权力……[38]

[38] John Finnis, "Law and What I Truly Should Decide", *American Journal of Jurisprudence* 48(2003), esp. p. 120.

可惜这都是对哈特立场的误解，与菲尼斯早先认为哈特的内在视角分析排除了霍姆斯式“坏人”视角[39]这一更著名的主张如出一辙。其实，哈特没有认为拥有授予私人权力的规则是多么美好（或 194
良好、公正、可欲）的一件事。相反，哈特观察到在将权力授予规则削足适履地放入施加义务规则中，权力授予规则的逻辑结构将会被瓦解。因为权力授予规则所制定的行为标准与未能满足此标准时随附的所谓“惩罚”（即行为无效）之间存在着概念关联。这与施加义务规则不同。以刑法规则为例，在刑法中行为的标准在概念上和逻辑上都独立于惩罚。[40] 因此，哈特对于奥斯丁、凯尔森这样以惩罚为核心的理论家的反驳，并不是说拥有授权规则是良好或可欲的，而是说法律体系的典范情形中拥有授权规则，可是关注惩罚的理论家未能对此类法律现象加以充分描述。[41]

在他对我长篇回应的结尾，菲尼斯说，“除了我们在斟酌追寻什么、选择尽力获得什么时好的实践理由为我们拣选的那类必然性以外，不存在其他任何必然性……”。[42] 当然，如同所有奎因式自然主义者所同意的，在任何地方都不会有什么真的**必然性**需要去拥有。但是会有许多基于此时此地的实践性目的而需要拥有的“必然性”（比如那些我们就是不想放弃的“东西”）。不过菲尼斯与

[39] John Finnis, *Natural Law and Natural Rights*, Oxford: Clarendon Press, 1980, pp. 12-13. 哈特否认“坏人”视角能够**穷尽**法律的内在视角，而没有否认该视角本身是一个有关法律上有效的规范所具有的理由给予力的可能视角。

[40] H. L. A. Hart, *The Concept of Law*, 2nd ed., Oxford: Clarendon Press, 2004, esp. pp. 33-35.

[41] 比如，参见同上注，第 27、32 页。

[42] “Law and What I Should Truly Decide”（上注[36]），p. 125.

德沃金(以及所有其他自然法论者)所需要的是某种对于法律概念的“必要性”为何与实践理性的要求存在关联的**论证**。就这一点来说,墨菲的反驳是更为诚实的。他承认自己试图让我们基于纯粹实践性的考量来**选择**我们的法律概念;而菲尼斯与德沃金则主张我们不得不(forced)如此,认为任何理解“法律概念”的努力都使得我们去探究“法律**应当**是什么”。回顾过去近四十年的文献——除了现在我们非常熟悉的辩证法式诡辩——很令人惊讶的是自然法学家对于这一主张的理由尚未多言。

朱莉·迪克森对于我批评菲尼斯的诸多观点持赞同态度,她对于本书第二部分中的许多论点提出了不同的理解。[43] 迪克森认为,我错将她的观点解读为在哈特式“纯粹”描述性立场与菲尼斯那样的评价性立场之间的调和。她评论道:

> 当哈特的描述主义受到误读后——以我认为斯蒂芬·佩里的一些评论就是一种误读的方式——间接评价性法律理论因此似乎可能是如下两种观点——对法理学描述性追求的没
> 195 有根据的解释,以及菲尼斯和德沃金的观点——之间的立场。
> 不过在我看来,哈特的解释主义若得到合适的理解,就是一种(迪克森所说的)间接评价性法律理论。[44]

但是之后她承认,对于法理学中的理论建构来说,“认知性”(如我

[43] “Methodology in Legal Theory: A Critical Survey”, *Legal Theory* 10(2004): 117-156.

[44] 同上注,第137页。

所言）或“元理论性”（如迪克森所说）的价值是否足够，可能存在着名副其实的争论。迪克森的如下论述非常有助于澄清她的观点：

> 法律理论家在做出具有重要性和具有意义的间接评价性判断以及在解释法律现象时，他自己必须能够对于参与者的自我理解加以区分并做出评价性判断，以便选出何种自我理解对于把握法律重要的和有意义的特征是最相关的……
>
> 这并不仅仅等同于映现或复制活动。参与者的一些自我理解可能令人困惑，重点没有充分突出或者模棱两可。此外，一些自我理解可能在解释法律概念时比其他的更为重要和有意义……
>
> 所有这一切都要求法律理论家在解释法律的重要性和有意义的特征时，不仅记录和复制而是评价参与者的自我理解。与莱特不同，我认为对法律实践本身的各个方面做出评价——尽管并非道德评价——是自然而然的……
>
> 莱特对此明确的否定（“并不要求我们关注理论家……如何评价那些实践”）意味着（在莱特和迪克森之间）观点之间的差异依旧存在……㊺

㊺ “Methodology in Legal Theory: A Critical Survey”, *Legal Theory* 10(2004): 138-139.

不过，在上文最后一段引用中的省略号模糊了如下事实：我所说的那类评价类似于**道德**而非**认知性**评价。迪克森部分引用的语句的语境是我在思考迪克森自己的一个很有帮助的例子。这个例子事关一位不可知论者，他试图理解一场罗马天主教弥撒。[46] 我的观点是，这位不可知论者自己对于天主教弥撒的评价（比如，他认为这场弥撒是基于荒谬假设的巫蛊仪式）无需成为如下事业的一部分，即从诠释性角度理解，指出对于弥撒而言什么是“有意义的”和“重要的”。当然，我赞同迪克森的立场，即我们所需的不仅仅是对于弥撒参与者自我理解的“记录和复制”。此处被忽略的问题在于，**恰恰是**何种规范性考量对于一个诠释性概念的理论来说是必需的？迪克森和我似乎都同意**道德**考量并不是必需的。但在我们穷尽了所熟悉的认知（或“元理论”）意义上的可欲之物后，还留有什么？

或许迪克森所想的是某种含混的戴维森或塞拉斯式观点，[47] 其大意是说，在解释人类社会实践时，通过参照解释者对于“有道理”的规范标准而将行动者解释为大体上是“有道理”的，是宽容原
196 则的要求。不过，这一过程会涉及更多的迪克森和我都认为适切于诠释性概念的元理论规范性考量吗？就该争论的现状来说，我不确定迪克森的想法，但或许这个最后的问题会把该争论（如果有的话）聚焦于真正有争议之处。

与迪克森不同，伊安·法雷尔并不担心评价在法理学中扮演

[46] Julie Dickson, *Evaluation and Legal Theory*, Oxford: Hart Publishing, 2001, pp. 68-69.

[47] 我将此建议归功于布莱恩·贝里。

的角色，而是担心**概念**分析本身的功能，并且他对于我认为有说服力的批评提出了些许质疑。[48] 其他学者也提出了此种关切的不同版本，[49]不过我将集中于目前最有说服力的法雷尔的观点。法雷尔为如下观点做出辩护："**温和的**概念分析(在弗兰克·杰克逊的意义上)是法理学的正当方法论。"[50]如法雷尔所说：

> 就其温和作用而言，概念分析将自身限定于获得有关概念是什么的结论，阐明概念潜在的结构并确定特定情形是否为概念所覆盖……这通常涉及阐述有关概念的大众理论。温和的概念分析仅此而已。特别是，温和的概念分析没有主张宇宙的性质。它仅仅是描述性的，而且是对于概念而非世界(当然，这是概念声称要加以描述，或至少指涉的对象)的描述。[51]

---

[48] Ian P. Farrell, "H. L. A. Hart and the Methodology of Jurisprudence", *Texas Law Review* 84(2006): 983-1011.

[49] 比如，参见本后记中前文对于朱尔斯·科尔曼批评的讨论。更晚近的材料，参见：John Oberdiek and Dennis Patterson, "Moral Evaluation and Conceptual Analysis in Jurisprudential Methodology", in *Current Legal Issues: Law and Philosophy*, ed. R. Harrison, Oxford: Oxford University Press, forthcoming。此文是对最近的争论有所帮助的一个概览。如法雷尔一样，欧博迪克和帕特森即使认为奎因对于分析性的批判是有道理的，也试图保留"概念分析"的要素。然而，他们主张，"至少存在四种不同而又彼此重叠的概念分析方法尚未受到奎因式自然主义严肃的挑战。"奇怪的是，如果奎因式自然主义是正确的(欧博迪克和帕特森这么认为)，他们识别出的这些"方法"中有两种(第一种和第三种)显然是非常脆弱的，而他们的第二种方法似乎只是"概念分析"约定的示例。他们第四个例子与法雷尔的讨论有些一致，是我在正文中所关注的。

[50] "H. L. A. Hart and the Methodology of Jurisprudence"(上注[48])，p. 999.

[51] 同上注。

如今这一立场似乎意味着大幅削减了哈特撰写关于法律“概念”的著作时所具有的分析意图。但别忘了，哈特赞同奥斯汀的观点（他引用奥斯汀）指出，我们“关注的不仅是词语……还包括了我们用词语来讨论的实在”。[52] 但在法雷尔对于概念分析（更有道理）的表述中，我们并非阐述实在，即法律的性质，我们所阐述的毋宁是我们有关法律的“话语”的性质。如法雷尔所说：

> 即便是温和的概念分析，都试图增进我们如何使用语词的理解。通过澄清潜在的、不充分的但却是融贯的概念或理论，此种方法被用来阐明、系统化以及理解我们使用特定重要
> 197 语词的方式。如果我们一定要用犯罪调查来做类比的话，温和的概念分析更类似于影响增强技术，借此罪犯模糊不清的照片能够被增强到罪犯面容可以被识别的程度。[53]

最后的类比颇有启发性，不过我们需要谨慎地将之加以**温和地**理解：严格来说，我们所识别的并非罪犯实际的面容，而是**在照片中被勾勒出来的**面容轮廓；是照片而非人变得清晰。**温和的**概念分析阐明了我们的概念（可以说，是我们的**话语**），而非我们试图理解的所指对象。当然，当照片清晰后我们会发现被拘留的嫌疑人并非是照片中的人。与此同时，更清晰的照片能够帮助我们选出我们真正想要逮捕的嫌疑人。对于成功的概念分析而言，亦复如是。

或许对于概念分析的这一理解最终与哈特的奥斯汀式观点是

[52] Hart, *The Concept of Law*（上注⑩），p. 14.

[53] “H. L. A. Hart and the Methodology of Jurisprudence”（上注㊽），p. 1001.

一致的。（再次引用奥斯汀）后者认为，“我们运用敏锐的词语意识来使我们对于现象的感知变得敏锐”。[54] 或许这一理解也与蒂莫西·威廉姆森（Timothy Williamson）最近对哲学中“语言学转向”具有的持续影响力所进行的辩护相一致：

> 一些当代的形而上学家似乎认为他们可以安然无恙地忽略形式语义学以及语言哲学，因为他们的兴趣在于更广泛的、外在于心灵的实在。他们类似于一位由于兴趣是地球外宇宙而认为自己可以安然无恙地忽略有关望远镜的物理学的宇航员。在一些细微问题上，他的态度使他更有可能将自己的望远镜的特征稀里糊涂地投射到遥远的星球之上。[55]

我认为威廉森的理论要比哈特的更为温和，并且更容易同法雷尔对于法律中概念分析事业所进行的限缩加以调和。因为基于威廉姆森的理论，如果我们没有理解我们的表象性中介，我们就有将中介的缺陷投射入（其所表征的）事物（subject-matter）的危险。但哈特对于语言和概念的奥斯汀式的迷恋就不那么温和。它预设了如果我们理解了中介，我们就理解了该中介向我们表象的事物的性质。如果威廉姆森富有启发的类比对于分析法学确实合适，哈特的主张就会是一位了解望远镜的宇航员能够理解宇宙的性质！这显然是一个非常**不温和的**主张，法雷尔对于概念分析的辩护并不认同这种观点。

---

[54] *The Concept of Law*（上注㊵），p. 14.

[55] “Past the Linguistic Turn?” in *The Future for Philosophy*（上注⑮），p. 128.

这并不是说概念分析(即便是法雷尔对于哈特的解读)是不重要的。概念分析所传达的讯息既不简单也不细碎,它也不仅仅是如法雷尔**批评**我时所说的“高级词典编纂学”。如法雷尔所言,[56]我们只需要看看对于“法律”的典型的词典定义以及哈特在《法律的概念》中所做的分析,就会明白词典编纂学与概念分析在结果上
198 的差异。这些观点言之有理,但概念分析如拉兹所愿那样识别出(如迪克森所说)“那些给定的一系列现象为了成为法律,必然具有的本质特征”了吗?[57] 法雷尔显然没有这么认为:

> 哈特认为,法律的大众概念是普遍的……但在发展其法律概念理论时,哈特对于受过教育的人的直觉做出无数断言。在做出断言时,他似乎仅仅预设了所有受过教育的人共享着他的直觉。并且不仅仅是受过教育的英国人:哈特有关法律概念具有一般性的断言意味着,拥有现代法律体系的任何社会中的所有成员必然共享着哈特的相关语言学直觉。如果哈特的观点被证明没有这么强的代表性,那么他有关一般性的主张就会直接被否定。[58]

法律概念实际上如何得到使用这一**经验性**问题再次被提出来,以

---

[56] “H. L. A. Hart and the Methodology of Jurisprudence”(上注㊽),p. 1001 and n. 87.

[57] Julie Dickson, *Evaluation and Legal Theory*, Oxford: Hart Publishing, 2001, p. 17.

[58] “H. L. A. Hart and the Methodology of Jurisprudence”(上注㊽),p. 1008.

及法律概念的使用是否例证了哈特或拉兹主义者所发现的融贯结构，或者它是否如墨菲所主张的那样会随着道德目的而改变？抑或（甚至更极端些）法律概念至少在特定民族志语境中，近似于“道德上正确”这个概念，即一个没有任何认知性内容的概念，只是表明特定种类支持的表达性工具？

菲尼斯认为，对于概念或许在民族志意义上相关使用的经验性研究“很难称得上**哲学**这一名号”，[59]或许他是对的。但一个使得法**哲学**走向终结的论证，只有基于如下可疑的假定——该论证的结论实际上是荒谬的——才是一个成功的**归谬论证**。哲学方法，即便辅之以有关概念运用的经验材料，真的能够做更多的事情吗？

诚然，比起菲尼斯所谓的**归谬论证**，还有一个更具革新意义的结论。因为法哲学的基本错误或许在于认为“法律”的概念确实是一个值得分析的主题。近年来概念分析复杂晦涩的不同路径当然没有增进我们这一信心。[60] 想一想如下情形：由于识别科学“本质特征”的拉兹式事业完全失败——其实也是20世纪中叶科学哲学令人震惊的失败之一——科学哲学家不再花任何时间来分析“科学”这一概念。即使所有人依旧知道物理学是科学、占星术是骗人术，但将科学与非科学领域加以区分的努力失败了。或许区分法律与道德的“问题”也会重蹈覆辙？在人类社会中当然存在各种各样的规范体系，其中一些**显然是**法律规范（比如，“此路时速不得超

[59] “Law and What I Should Truly Decide”（上注㊱），p. 116.

[60] 比如，思考科尔曼近来的著作 *The Practice of Principle*（上注⑨）的第二部分。

过55英里)，还有一些**显然是**道德规范(比如，“在行动中不可以将他人视为手段，而应视为目的”)，但或许将来更有成效的问题不再
199 关心独具**法律属性**的规范所具有的“本质”特征。有人可能会认为，更有成效的问题是请经验哲学家挑选出关于人们对概念的直觉的事实。简言之，或许自然化法学应当**改变研究主题**，就如后实证主义科学哲学中自然主义革命已经引领了特定领域科学哲学的繁荣并将科学实践涵摄入普遍人类活动(比如，理性信念的形成与修正)之中那样。我希望这些议题将能够引起自然化法学家在未来一段时间内的关注。

第三部分

自然主义、道德与客观性

第七章　道德事实与最佳解释*

一、导　　言

道德属性[①]包含在有关世界的最佳解释中吗？根据一种流行的实在论学说，如果道德属性被包含在内，它们就获得了本体论地位，因为只有那些被包括在有关经验的最佳解释中的属性才是**真实的**属性。

尽管这一实在论策略影响广泛（不仅在元伦理学中，在心灵哲学、科学哲学中也是如此[②]），但没有人实际遇到道德实在论所要

---

* 感谢茱莉亚·安娜斯（Julia Annas）与艾伦·吉伯德（Allan Gibbard）对于本文部分内容早期版本的评论；感谢本·齐普尔斯基对于更近一版手稿的评论；感谢威廉·福尔巴斯在历史问题上的指引；感谢萨洪特拉·萨卡（Sahotra Sarkar）有关进化论生物学的指导；感谢《社会哲学与政策》（*Social Philosophy & Policy*）的编辑和2000年6月在拉荷亚召开的"道德认识论"会议的与会者们对本文发表前最后一版富有帮助的提问和评论。

① 下文中我会交替使用"道德属性"和"道德事实"这两个术语。因此，比如我们会说无端向一个有感知力的生命施加痛苦具有道德错误的属性（或特征），或者我们也会说如下是一个（道德）事实，即施加这样一种痛苦在道德上是错误的。

② 比如，参见杰瑞·福多在如下著作中对于态度的实在性（the reality of the attitudes）的辩护：*Psychosemantics*, Cambridge, Mass.: MIT Press, 1987, ch. 1；理查德·博伊德多年来对于科学实在论的辩护，比如，他的："Scientific Realism and Naturalistic Epistemology", in *PSA 1980*, Vol. 2, ed. P. Asquith and R. Giere, East Lansing: Philosophy of Science Association, 1982。

求的情形，即道德事实确实被包含在有关世界的最佳解释理论之中。这一议题长久以来受到忽视，一部分原因是有关道德解释[③]的颇具影响力的哈曼-斯特金逻辑论证（Harman-Sturgeon dialectic）
204 将争论聚焦于道德事实是否包含在**相关**解释之中。[④] 然而如其他人已经指出的那样，就实在论而言，解释的相关性本身是**不相关**的：要知道，正是最佳解释推论被人们认为能够授予本体论资格。[⑤] 因此我试图提出如下有关道德解释的相关问题：我们应当认为道德属性被包括在有关世界的最佳解释之中吗？

不过依照次序，首先是对于这一问题重要性的基本陈述。许多道德实在论者，特别是所谓的"康奈尔"实在论者，[⑥]认为上述意义上的解释力对于实在论而言是**充足的**。但是基于对实在论的理论依据（license）最佳解释推理（inference to the best explanation，

---

③ Gilbert Harman, *The Nature of Morality*, New York: Oxford University Press, 1977; Nicholas Sturgeon, "Moral Explanations", reprinted in *Essays on Moral Realism*, ed. G. Sayre-McCord, Ithaca: Cornell University Press, 1988; Gilbert Harman, "Moral Explanations of Natural Facts—Can Moral Claims Be Tested Against Moral Reality?" *Southern Journal of Philosophy* 24(Supp. 1986): 57-68; Nicholas Sturgeon, "Harman on Moral Explanations of Natural Facts", *Southern Journal of Philosophy* 24(Supp. 1986): 69-78. 在之后的作品中，斯特金（Nicholas Sturgeon）颇有几分道理地论证说："非道德解释似乎并不总是破坏道德解释。""Nonmoral Explanations", *Philosophical Perspectives* 6(1992): 97-117, at pp. 111-112. 但即使这个观点是正确的，它也和此处的论证无关，因为此处问题不在于非道德解释是否破坏了道德解释，而是何种解释是最好的。

④ 比如，参见：David Brink, *Moral Realism and the Foundations of Ethics*, Cambridge: Cambridge University Press, 1989, pp. 187ff.。该书通过"相关"和"不相关"概念讨论了这一问题。

⑤ 参见：Geoffrey Sayre-McCord, "Moral Theory and Explanatory Impotence", in *Essays on Moral Realism*（上注③）, pp. 272-274。

⑥ "康奈尔"实在论者是像理查德·博伊德、尼古拉斯·斯特金（他们在康奈尔任教），以及他们的学生——比如戴维·布林克——这样的道德实在论的辩护者。

IBE)的有力批判,该立场不再能够站得住脚。[7] 相反,我们应当将解释力仅仅视为实在论的必要而非充分条件。这就会让有关解释力的争论变成杰弗里·塞尔-麦科德所说的有关"解释标准"的"弱"立场的争议——该立场认为:"如果一个假设在我们所拥有的关于我们观察的最佳解释中没有发挥作用,该假设就不应当被相信。"[8]如彼得·雷尔顿所说,无论道德还是科学的"真实"事实,都依旧必须被包含在"有关我们经验的解释之中",以至于"取代它们就会带来损失",[9]但这一包含关系对于实在论而言并不充足。

二、最佳解释

那么道德属性包含在有关世界的最佳解释中吗?当然我们无法希冀在此能够确定有关世界的"最佳"解释真正是什么,但我们

---

⑦ 支持实在论的IBE论证认为,我们能够推断出包含在对于我们经验的最佳解释中的那些事实的真正存在。亚瑟·法恩(Arthur Fine)论证到,作为对于实在论的一种辩护,IBE恰恰在有关这一推断的正当性问题上(即科学家通过IBE设定了不可观察的实体)是循环论证的。另一方面,巴斯·万·格拉森(Bas van Graassen)质疑为什么我们应当认为恰好成为我们最佳解释的理论应当保证对于真理的推断。参见:Arthur Fine,"The Natural Ontological Attitude",in *Scientific Realism*,ed. J. Leplin,Berkeley:University of California Press,1984,pp. 84-91;Bas van Fraassen,*Laws and Symmetry*,Oxford:Clarendon Press,1989,pp. 142-149。

⑧ "Moral Theory and Explanatory Impotence"(上注⑤),pp. 267-268.

⑨ "Moral Realism",*Philosophical Review* 95(1986):172. 注意,这些都不构成对于实在论的障碍;比如,雷尔顿在伦理学和科学哲学领域的实在论方案都避开了IBE。也参见他的文章:"Explanation and Metaphysical Controversy",in *Scientific Explanation*,ed. P. Kitcher and W. Salmon,Minneapolis:University of Minnesota Press,1989。

至少可以探究，道德属性是否会包含在看上去“更好的”解释理论之中。但要知道它们是否被包含，我们需要解答两个在道德实在论的文献中被遗憾忽略的问题：其一，是什么使得一种解释比另一种更好；其二，我们**参照什么**来比较道德解释？

205 任何有关是什么使得一种解释“最佳”或“更好”的论述都会引发争议，但如果实在论者试图基于解释性理由（explanatory grounds）来捍卫道德事实，那么他必须对此问题采取某个立场。我建议我们可以从保罗·撒加德（Paul Thagard）在一篇著名论文中阐述过的两个在直觉上可信的理论选择标准开始：一致性与简洁性。[10] 在撒加德看来，**一致性**涉及“一个理论解释了**多少问题**”。所以“如果一个理论比其他理论能够解释更多种类的事实，那么该理论就有更高的一致性”。[11] 理论中的**简洁性**只是在不牺牲一致性条件下的一种理论品质。因此“一个简洁、一致的理论不仅必须解释一系列事实；它还一定不能通过一大堆适用范围有限的假设来解释事实”。[12] 值得注意的是，基于这种观点**本体论**或**理论上**的经济并不必然是一种美德：只要本体论和理论能够有助于一致性，那么它们可以是复杂的。[13] 所以根据这种观点，如果一个能够以

---

⑩ Paul Thagard，“The Best Explanation：Criteria for Theory Choice”，*Journal of Philosophy* 75（1978）：76-92. 我忽略了第三个标准：“类似性”。类似性意味着如下观点，即“其他事情都一样（也即没有牺牲简洁性的一致性），如果这个理论令我们熟悉，那么它所提供的解释就是更好的解释；此处的熟悉意味着该理论引入的机制、实体或概念在既有解释中已得到使用”（同上注，第 91 页。）。这一标准不仅更有争议，而且可能对于道德解释明显更有敌意。

⑪ 同上注，第 79 页。

⑫ 同上注，第 87 页。

⑬ 因此，简洁性标准是奥卡姆剃刀的近亲。（奥卡姆剃刀指的是，“如无必要，勿增实体”，即崇尚“简单即有效”的原则。——译者）

类似或更为简洁的方式解释更多事实的理论，会比其他理论更好。

当然，有人或许会好奇为什么道德实在论者应当介意这些标准？[14] 一个理由当然是它们在直觉上是可信的。“简洁性”当然是有关理论选择的愿望清单中的重要内容，同时所有解释性理论都围绕如下观点展开，即解释应当通过统合离散的现象而增进理解——这似乎是一致性理论（用某种基础性的解释机制解释不同类别的现象的理论[15]）所要做的事情。

不过，至少对于一些道德实在论者而言，采纳这些标准的第二个理由似乎更有说服力，即这些标准如撒加德所说在科学史中发挥着作用。因为许多道德实在论者（特别是那些试图证明道德属性的解释力的人）认为，道德研究与道德认识论应当同科学研究和科学认识论一致，所以期待道德解释应当满足启发了科学中理论选择的标准似乎是有道理的。[16]

不管怎样，很清楚的一点是，如果我们要评价道德事实的解释 206
力，我们就需要一些评估道德解释的标准，并且撒加德的标准看上

⑭ 与茱莉亚·安娜斯的交谈向我强调了这一反驳，特别是有关一致性的反驳。

⑮ 参见：Michael Friedman，“Explanation and Scientific Understanding”，*Journal of Philosophy* 71（1974）：5-19。

⑯ 撒加德（Thagard）对于这些标准的精准把握，被一位物理学家在其对该著作数学家风格的书评中漂亮地表现出来：科学家伟大的雄心，就是在相当基础的层面上把握物理世界远非那么明显的性质，并且在这么做的同时，试图统合我们对于那些先前看上去是离散现象的理解。我们已经极为成功地证明，复杂的对象由更为简单的成分构成，而这些成分相应又由甚至更简单的因素构成……在生活的巨大复杂性背后，是其微观构成的简洁性。George Ellis，“Good Vibrations”，*London Review of Books*（March 30，2000）：14.

去像是合理的备选方案。让我们把论证负担加在道德实在论者身上,来阐明为什么这些标准在道德实在论的情形中不合适——同时也提出合适的替代方案。

适用撒加德的标准会对推定的真实事实带来一种典型(standard)的障碍,我将之称为"解释不充分问题"(the Problem of Explanatory Narrowness,PEN)。一个属性的解释作用如果太特殊或狭窄,比如它被裁剪地太适合一类现象以至于只能解释该现象,就会出现解释不充分问题。⑰ 如撒加德的标准所说,真正的解释性事实一定具有某种程度的额外一致性。那些能够"解释"但罹患解释不充分问题的属性并非"真实"属性。

试想这样一个例子。想象有一个人是"灵魂实在论者"(Spirit Realist),他认为可以用灵魂的不同作用解释不同的人类活动。所以,比如灵魂实在论者认为,希特勒的邪恶行为是源于他被恶灵附体。⑱ 进一步假设,灵魂实在论者认为恶灵正附着在道德属性之上,后者随附于相关的自然属性之上。那么这个"灵魂事实"存在什么问题?

像这样的例子显然困扰着道德实在论者。但在此不可行的一个回应是戴维·布林克针对魔法事实解释力的辩护者所提出的反驳。他说:"反对魔法事实,是因为它们同自然事实并不兼容。诉诸魔法与自然事实会对同一现象提出彼此矛盾的解释。"⑲不过所

---

⑰ 参见:Crispin Wright, *Truth and Objectivity*, Cambridge, Mass.: Harvard University Press,1992。

⑱ 参见斯特金:"如果希特勒在道德上没有堕落,我不相信他会干出他所做的一切……","Moral Explanations"(上注③),p. 245。

⑲ *Moral Realism and the Foundations of Ethics*(上注⑤),p. 183.

谓的灵魂事实，却并非布林克意义上的魔法事实。与道德实在论者类似，灵魂实在论者假设他所偏好的事实（灵魂事实）附着于相关自然事实之中，因此并不与后者矛盾。只有通过回避反驳灵魂实在论者这个问题，我们才能够提出像布林克这样的回应。

但我们当然仍能对精神实在论者提出不错的回应，即灵魂解释罹患解释不充分问题，因此这些解释没有理由让我们认为灵魂属性是真实的属性。因为灵魂事实与道德事实所能做的工作似乎别无二致。道德实在论者的问题就是论证为什么道德属性相比于其所随附的非道德事实不应当具有同样的命运。

三、自然主义的解释

我们现在已经知晓是什么使得一种解释比另一种要好，但对于在此讨论的道德解释，我们依旧缺乏精确的比较类别：除非我们 207
知道这些解释同何种解释做对比，不然我们不知道何种道德解释“最佳”或“更好”。吉尔伯特·哈曼没有通过设定道德事实来解释我们的道德观察，而是认为我们“只需对做出道德观察之人的心理状态或道德感做出假设”。[20] 同样，弗洛伊德与尼采也通过有关人

[20] *The Nature of Morality*（上注③），p. 6.

性与人的发展的深层事实来解释我们的道德信念和判断。[21] 弗洛伊德的论述更为详细,所以这里我将关注他的学说。[22]

首先,似乎弗洛伊德有两种不同的道德良知(moral conscience)发展理论。其中一种认为良知作为解决俄狄浦斯情结的一种方

㉑ 有关这些自然主义论证的尼采式观点,参见如下讨论:"The Paradox of Fatalism and Self-Creation in Nietzsche",in *Willing and Nothingness: Schopenhauer as Nietzsche's Educator*, ed. C. Janaway, Oxford: Clarendon Press, 1998, esp. pp. 230-235, and in Leiter, "One Health, One Earth, One Sun: Nietzsche's Respect for Natural Science," *Times Literary Supplement* (Oct. 2, 1998): 30-31。更多篇幅的讨论,参见 Leiter, *Nietzsche on Morality*, London: Routledge, 2002。此书以及《泰晤士文学(增刊)》(*TLS*)中的这篇文章中比较了尼采和弗洛伊德的方法。有关弗洛伊德对道德判断的自然主义解释,特别参见:"The Dissection of the Psychical Personality",in *New Introductory Lectures in Psychoanalysis*, trans. & ed. J. Strachey, New York: Norton, 1965。

㉒ 我假设(这在当下不是没有争议的)弗洛伊德的理论基本上是正确的,或者至少他的理论中有关解释道德判断能力的性质和良知的部分是正确的。当然,与之相对立的观点的标准参照点就是:Adolf Grünbaum, *The Foundations of Psychoanalysis: A Philosophical Critique*, Berkeley: University of California Press, 1984。(当然,严格来说,格伦鲍姆只是论证说弗洛伊德的理论无法得到所举出证据的确证,而不是说他的理论错了。)除了受到弗里德里克·克鲁斯(Frederick Crews)的尖锐批评,格伦鲍姆(Grünbaum)的批评本身就被一系列论文推翻,其中最重要的是:Arthur Fine and Mickey Forbes, "Grünbaum on Freud: Three Grounds for Dissent", *Behavioral and Brain Sciences* 9(1986): 237-238; Jim Hopkins, "Epistemology and Depth Psychology: Critical Notes on The Foundations of Psychoanalysis", in *Mind, Psychoanalysis and Science*, ed. P. Clark and C. Wright, Oxford: Blackwell, 1988; David Sachs, "In Fairness to Freud: A Critical Notice of The Foundations of Psychoanalysis by Adolf Grünbaum", *Philosophical Review* 98(1989): 349-378; Richard Wollheim, "Desire, Belief, and Professor Grünbaum's Freud", in *The Mind and Its Depths*, Cambridge, Mass.: Harvard University Press, 1993。源自非临床环境下对于弗洛伊德理论的经验确证,包括:Henry E. Adams, Lester W. Wright, Jr. and Bethany A. Lohr, "Is Homophobia Associated with Homosexual Arousal?", *Journal of Abnormal Psychology* 105(1996): 440-445(报告了同性恋恐惧症中反应形成功能的经验性证据)。

式,源于对双亲超我的内化(或“心力内投”);[23]另一种则认为良知是天生的攻击驱力(aggressive drives)内投的结果,而对攻击驱力的驯服是文明产生的必要前提。[24] 约翰·戴认为第一种理论(“标准理论”)“更适合(弗洛伊德)有关人如何发展人格的普遍理 208
论,……(而)第二种(“尼采式理论”)……对于人如何获得良知提出更令人信服的解释”。[25] 戴认为尼采式理论标志着弗洛伊德道德发展理论中的一次**转变**,在通过抑制**攻击**而非**性**本能来解释良知形成时尤为如此。深入弗洛伊德的理论去解决这个问题离题太远,不过我们至少可以在此说上述两种理论也能够被理解为彼此互补的。因为对于弗洛伊德而言,超我有两重功能:实施道德标准,以及维持我们可能会渴求的一种自我理念。并且正如戴自己

㉓ 弗洛伊德写道:“伴随着放弃俄狄浦斯情结,一个儿童必须放弃他一直以来存放在他父母身上强烈的客体投注(object-cathexes),并且正是作为客体丢失的补偿,存在着这样一种在儿童自我之中已经存在很久的认同其父母的猛烈的强化过程。”“The Dissection of the Psychical Personality”(上注㉑),p. 57.

㉔ 弗洛伊德写道:他的攻击性得到心力内投和内化;事实上,攻击性被送回它起源的地方,即它指向了他自己的自我。在那里,攻击性被一部分自我接受,并且现在(这部分自我)以“良知”的形式对自我实行同样严厉的攻击性,这样自我就会享受到攻击别人的快乐……因此,文明通过减弱或消除这种紧张,通过在他们的内心中建立起一个监视制度,像一个被征服的城市内的驻军一样,来控制对个体来说十分危险的攻击欲望。

Civilization and Its Discontents, trans. & ed. J. Strachey, New York: Norton, 1961, pp. 78-79. 我们非常熟悉的是,这一理论体现了尼采《道德的谱系》(*On the Genealogy of Morality*, 1887)中第二篇文章的观点。(莱特原文脚注标注弗洛伊德的引文在该书英译本第 78—79 页,但在翻阅该英译本时译者发现,这段引文在第 70—71 页。——译者)

㉕ John Deigh, “Remarks on Some Difficulties in Freud's Theory of Moral Development”, reprinted in *The Sources of Moral Agency*, Cambridge: Cambridge University Press, 1996, p. 66.

在别处所强调的:“(对于弗洛伊德而言)良知发挥作用的推动力源自攻击本能;自我理念发挥作用的推动力则是性本能。”㉖因而,两种有关超我起源的理论在解释超我实现的双重功能时都是必要的。

不过,对于我们的目的而言,重要的一点是,在弗洛伊德理论中“道德和价值的判断具有可以追溯到这些基本(攻击和性)本能的推动力”。㉗ 此外,从上述标准理论中我们知道,道德判断的**内容**源自对双亲超我的认同,且该认同对解决俄狄浦斯情结来说是必要的。所以道德动机和道德内容都得到了精神分析的解释:无需以道德事实来解释道德判断及其力量,像我们这样的生物所具有的天生驱力与标准发展轨迹就可以解释这些问题。㉘

近来像西蒙·布莱克本(Simon Blackburn)和艾伦·吉伯德这样的一些道德反实在论者没有诉诸弗洛伊德,而是通过进化理

㉖ John Deigh,“Freud,Naturalism,and Modern Moral Philosophy,” reprinted in *The Sources of Moral Agency*,Cambridge: Cambridge University Press,1996,p. 127.

㉗ 同上注。

㉘ 近年来在一些英美道德哲学家,包括戴(Deigh)的作品中出现了弗洛伊德式观点与康德式诫命(strictures)的奇特联姻。也参见:Samuel Schffler,*Human Morality*, New York: Oxford University Press, 1992, ch. 5; J. David Velleman,“A Rational Superego”,*Philosophical Review*(forthcoming)。这些作者相信弗洛伊德的理论可以同其明显的非理性主义相分离。比如,戴抱怨说,“(道德)判断仅仅因为它被赋予本能性力量而具有动机性驱力这一信念并非没有哲学谬误”,弗洛伊德只是以循环论证来反驳那些不接受这一前提的理性主义者。“Freud, Naturalism, and Modern Moral Philosophy”(上注㉖),p. 129. 当然,问题在于对弗洛伊德来说这是一个**经验性**问题,而非哲学问题,并且经验证据有利于他的解释(或者弗洛伊德是这么认为的)。[奇怪的是,戴做出如下结论性判断,认为弗洛伊德没有“证据来支持该主张”(同上注,第130页),但却没有论证或讨论。]

论提出一种有关道德判断的自然主义理论。[29] 比如，吉伯德的建 209
议是应当分析作为表达规范接受状态的规范性判断，并且通过规范接受状态在成功“协作”中所发挥的作用来解释其能力——这里的协作是由进化所选择的“生物学功能”。[30] 我们将此称为进化论解释(Evolutionary Explanation，EE)。因此，基于这种“思辨的进化论学说”，假定存在“规范性事实是没道理的”：我们完全可以在没有它们的情况下解释自己的规范性判断。[31]

㉙ Simon Blackburn，“How To Be an Ethical Antirealist”，*Midwest Studies in Philosophy* 12(1988)：361-376；Allan Gibbard，*Wise Choices*，*Apt Feelings*：*A Theory of Normative Judgment*，Cambridge，Mass.：Harvard University Press，1990. 也参见：Gilbert Harman，“Explaining Value”，*Social Philosophy & Policy* 11(1994)：229-248，esp. at pp. 238-239。有关这一进化论理论的怀疑论，参见尼古拉斯·L. 斯特金的文章：“Critical Study” of Gibbard in *Noûs* 29(1995)：402-424，esp. at pp. 415-418。

㉚ 吉伯德，同上注，第 108、116 页。如下是斯特金对于思辨性进化理论更有意味的反驳之一：“吉伯德认为……当我们成为语言使用者时，人类生物学意义上进化出一种独立的动机性能力，一种‘语言注入’(language-infused)的规范接受体系……评价性语言因此登台发挥独特作用，即表达被如此接受的规范。”斯特金，同上注，第 407 页。但进一步的困惑在于，为什么“我们现在不寻找更好地适应于吉伯德所识别出来的功能的自然语言。”同上注。换句话说，为什么进化没有也为语言选择一种非认知性的表面语法，而是选择了认知性表面语法让非认知主义者必须如此辛苦去再解释？

在这一反驳所引入的思辨进化论模型中，一些答案浮现出来。比如，特别是因为进化在实在论和反实在论(或认知主义和非认知主义)之争中没有理由选边站队，使用一种具有统一句法的语言而非进化出许多专门的句法，就增进人类成功协作与合作而言，可能是有优势的。事实上，具有认知外表的句法也会增进促进协作的规范性话语的价值。只有不存在道德事实这一事实(再说一遍，基于此事实，进化完全是中立性的)，为规范话语的哲学解释创造了困境。因为请回想，非认知主义的一个基本动机就是如下思想，即**如果**不存在道德事实，并且我们只以表面价值看待规范性话语的句法，**那么**非常奇怪的是为什么规范话语还会存在：为什么一个推定的没有陈述事实的事实陈述话语还会存在这么久？非认知主义甚至在规范性事实不存在的情况下确证了规范性话语。

㉛ Gibbard(上注㉙)，pp. 121，108.

不过，吉伯德的理论（与布莱克本的类似）不可否认**是**思辨的。幸运的是，生物学家所做的研究确实提供了一些帮助。许多进化论生物学家一直关心解释利他主义**行为**的存在，并且尽管不常讨论有关利他主义价值的**判断**，但假设既有的进化论理论能够扩展到如下方向似乎是合理的，即如果进化选择了利他主义行为，它当然也选择了支持这类行为的规范性实践。[32] 关于利他主义的进化论学说，其核心难题在于确定自然选择在何种层面上发挥作用。如果它只是在个体层面发挥作用，那么就很难解释它为什么支持个体的利他主义行为，因为这类行为似乎背离了该个体的生殖成功（reproductive success）。可是，如果自然选择
210 在某些条件下作用于个体所属的"群体"，那么该解释就能够说明自身了。如达尔文在如下著名段落中所说（他只是粗略提及却未发展该观点）：

> 一定不要忘记，虽然道德的高标准没有或很少给予个体及其子孙相对于部落中其他人的优势……但毫无疑问，一个包含着诸多如下成员的部落能够胜过大部分其他部落：这些成员具有高度的爱国、忠诚、服从、勇敢、同情的精神，并且总是乐于帮助他人，为了共同善而牺牲自己。这就是自然选择。世界上任何时代中一些部落都会取代另一些部

---

[32] 似乎合理的是，我会假设利他主义是道德的核心，以至于当我们已然解释了为什么珍视利他主义时，我们已经解释了大部分的道德。当然，利他主义是许多有影响力的道德哲学家（从叔本华到托马斯·内格尔）的核心议题，并且它也在常识的道德思考中享有头等重要的位置。

落；并且由于道德是部落获胜中的一个重要因素，每个地方的道德标准与具有良好道德禀赋之人的数量因此就会增加并增长。[33]

群体选择论（group selectionism）作为利他主义（并且遵循达尔文的观点，我们可以将之称为“道德的标准”）兴起的一种解释，在晚近获得了艾利奥特·索博（Elliott Sober）与戴维·斯隆·威尔逊（David Sloan Wilson）强有力的支持，[34]但远不足以在生物学中成为定论。[35] 个体与群体选择论的中间立场，以及被生物学家更广泛接受的观点，是由 W. D. 汉密尔顿（W. D. Hamilton）提出的“亲缘选择论”（kin selectionism）。[36] 该理论认为，选择的目标范围要大于个体但又小于群体或部落，限定选择范围的是基因相似性，即

---

[33] Charles Darwin, *The Descent of Man and Selection in Relation to Sex*, London: Murray, 1871, p. 166.

[34] *Unto Others: The Evolution and Psychology of Unselfish Behavior*, Cambridge, Mass.: Harvard University Press, 1998.

[35] 比如，参见约翰·梅纳德·史密斯（John Maynard Smith）在《自然》（*Nature*）第 393 期（1998 年）第 639—640 页发表的评论，或者是如下争论：理查德·C. 乐翁亭（Richard C. Lewontin）在《纽约书评》（*The New York Review of Books*）第 45 期（1998 年 10 月 22 日）第 59—63 页的评论文章。

[36] 这一理论首先在 W. D. Hamilton, “The Evolution of Altruistic Behavior”, *American Naturalist* 97(1963): 354-356 中被提出，并且由“The Genetical Evolution of Social Behavior I”, *Journal of Theoretical Biology* 7(1964): 1-16 和“The Genetical Evolution of Social Behavior II”, *Journal of Theoretical Biology* 7: 17-52 提出其经典的正式表达。所有这些论文都重印于：W. D. Hamilton, *Narrow Roads of Gene Land*, Oxford: W. H. Freeman, 1996。在 1975 年的一篇文章中，汉密尔顿（Hamilton）自己表达出对一种“群体自然选择论”的某种同情，但这是出于会让我们离题太远的形式化建模的理由。参见：“Innate Social Aptitudes of Man: An Approach from Evolutionary Genetics”, reprinted in *Narrow Roads of Gene Land*, esp. p. 337。

亲缘。相比养育你自己的孩子，养育兄弟姐妹的孩子有时是一种传递你的（一部分）基因的更好方法，因此自然选择会支持对于亲属的利他主义行为（与态度）。[37] 当然，利他主义所具有的道德价值并不局限于亲缘（至少在**理论上**如此，这与**实践中**不同）；但我们不妨认为，在关心他人福祉这一普遍道德律令的支持下，局限于亲缘的利他主义更为强烈。

因此，从精神分析学说与进化论中，我们得到两种不同的有关道德行为和判断的自然主义论述。这些论述通过诉诸在一个或多个专门科学领域（心理学、生理学、生物学等）中发挥作用的决定论式的力量，来解释道德信念与判断；让我们将之称为“自然主义解
211 释”（Naturalistic Explanations，NE）。我将在下文中假设自然主义解释确实发挥了解释作用。[38] 于是我们就可以提出如下对比性问题：道德解释（Moral Explanations，MEs）与自然主义解释，何者是更好的解释？如果道德解释表现更糟，那么我们就有（当然是可批驳的）理由认为道德属性不会构成对世界的最佳解释。事实上

---

[37] 在 1963 年的论文中，汉密尔顿对这一点表述如下：决定（基因）G 是否会传播的最终标准并非行为是否有利于行为者，而是行为是否有利于基因 G；如果行为的平均净结果（average net result）是和基因库本身行为相比，以更高的集中度向基因库中增加了大量包含 G 的基因，那么情况就会如此。对于利他主义来说，仅在如下情形中上述论断才会发生：受到影响的个体是利他主义者的亲属，因此有更多的机会携带该基因，并且如果所赋予的优势与个人劣势相比足够大，能够抵消相关亲属中利他主义者基因型的退行或“稀释”。同上注，第 7 页。

[38] 如果任何 NE 都无效，那么道德解释可能看上去直接就获胜了。不过即使这样，我对此非常怀疑，理由在于：当道德解释仅在大众解释（以及不同的道德实在论哲学家的思辨）中起到部分作用并且被所有严肃的经验研究者完全忽视时，为什么道德解释应当成为初始状态？虽然它们有关道德判断理论的细节可能存在争议，精神分析解释（更富争议）与进化论解释（毫无疑问）已经在许多领域确立了它们解释的可信度。

我们会看到，通过再次引入撒加德的两个标准，道德解释确实很糟糕。

(1) **一致性**：相较于道德解释，自然主义解释总会解释更多问题(前者更具有一致性)；这意味着，自然主义解释所运用的机制不只能够解释"道德"现象(比如，道德信念与观察)所构成的集合，而道德解释能"解释"的只是"道德"现象。这应当几乎并不令人感到惊讶：毕竟自然主义解释在被发现能够运用于道德范畴之前，首先被普遍用来作为其他现象的解释。因此，蕴含于弗洛伊德式解释中的因果机制不仅可以解释道德，也能够解释日常生活中各种精神衰弱与精神疾病。将进化论解释运用于道德现象是相对晚近的事情，并且有时会产生争议；不过生理特征、社会现象、精神内容等方面的进化论解释数量众多，并且现在都已非常完备。

(2) **简洁性**：道德解释涉及额外的"狭窄适用的假设"㊳[a]——即有关道德事实的假设——而这是不符合一致性要求的。相反，自然主义解释的假设——比如，有关无意识的精神驱力、微观生理过程、自然选择、基因漂变等假设——会增强一致性，并因此(可争议地)使理论复杂性的增加变得有理有据。

简言之，道德属性面临解释不充分问题：它们被裁剪地过于得体而只适合一种待解释事项——我所说的道德现象——以至于我们认为道德属性是真实的(解释性)属性。道德解释与自然主义解释之间的对比应该会让这一点变得清晰起来；但即便没有这种对比，道德事实如同灵魂事实一样，似乎也具有解释不充分问题的所有缺陷。

㊳[a] Thagard，"The Best Explanation"(上注⑩)，p. 87.

212 四、反驳：决定退出解释之争

那么道德实在论者应当如何回应这一源自解释力匮乏的新论点呢？在文献中有两条回应线索非常明显：一方面有些人就是想要"退出"这一争论，因为他们主张解释力对于道德实在论而言完全不相关或不应有关。另一方面则有人试图基于(解释力的)真实状态做出回应。让我们来依次处理这两种方法。

一些哲学家质疑，为什么道德实在论者应当关心解释力？该挑战以两种面目示人：一方面，有些人认为解释力与提出道德实在论**不相关**；另一方面，有些人认为解释性考量对于道德实在论不公正。

提出"不相关"指控的人认为，[39]因为道德属性"证成"或"指引行动"而非"解释"，所以属性的解释力与属性是否为道德的，并无关联。但是这一观点曲解了解释性论证。诉诸解释性考量的道德实在论者仅仅关切属性的**真实**，而非属性的**道德性**；因此，该主张[与戴维·科普(David Copp)**不同**]并不认为道德理论基于解释性基础得到"证实"。[40] 何种属性是"道德"属性(与"何种属性是真实的"这一问题相对)，将不得不基于其他基础得到解答。比如，雷尔顿认为我们需要运用"我们的语言学或道德直觉"来挑选出那些

---

[39] 比如：Sayre-McCord，"Moral Theory and Explanatory Impotence"；David Copp，"Explanation and Justification in Ethics"，*Ethics* 100(1990)：237-258。

[40] 参见：Peter Railton，"Naturalism and Prescriptivity"，in *Foundations of Moral and Political Philosophy*，ed. E. F. Paul et al.，Oxford：Basic Blackwell，1990。

“表达可识别的善与正确的概念”的自然属性。[41] 因此，“不相关性”抱怨完全误解了争论的要点。

相反，“不公正”指控的出现恰恰源自对如下观点的认同，即解释性考量通常被认为与实在论问题相关。推动该指控的是如下观点，即通过将解释力视为真实属性的必要标志，我们会对反对道德事实的议题做出不公正的预先判断。这类担忧体现在托马斯·内格尔（Thomas Nagel）的如下评论中：“假定有关世界的最佳因果理论中唯一包含的因素是真实的，就是假定存在不可还原的规范性真理。”[42]

这一回应提出了复杂的认识论和本体论难题，不过在此稍显 213
简略的回应已然足够。晚近有关道德实在论的著作，其旨趣大多在于试图论证这种实在论可以同自然主义对认识论和本体论的约束（类似于因果力或解释力的约束）相兼容。这些实在论者试图主张，价值恰恰同自然世界中其他事物一样是真实的。从这一角度，我们可能对内格尔做出两点回应。其一，我们可能想要知道，为什么我们应当在有关世界的最佳认识论中对价值做例外处理？当然，答案不可能仅仅是为道德实在论留出空间。其二，假设我们认为自然主义约束是有根据的，而对特定属性例外处理会质疑该约

---

[41] “Moral Realism”（上注⑨），p. 205.

[42] *The View From Nowhere*，New York：Oxford University Press，1986，p. 144. 在这方面对内格尔元伦理学观点的一个非常有趣且重要的批评，可以参见：Sigrún Svavarsdóttir，“Objective Values：Does Metaethics Rest on a Mistake?”，in *Objectivity in Law and Morals*，ed. B. Leiter，New York：Cambridge University Press，2001。罗纳德·德沃金近来用和内格尔近似的话语反对“最佳解释”检验。参见：“Objectivity and Truth：You'd Better Believe It”，*Philosophy & Public Affairs* 25（1996）：87-139。本书第八章描述和批判了德沃金的观点。

束的合理性。启发这些回应的形而上学理论依旧可能会遭到论者反驳，但自然主义者可能因为如下情形而被原谅，即一旦放弃自然主义约束，人们会理所当然地认为道德事实（或其他事实）应当成为我们世界本体论的一部分。[43]

最后一种相关的反对形式确实表达了如下观点，即“自然主义”约束**太过**具有约束性。如希拉里·普特南所说，最佳解释检验“‘证明得太多’；因为如果该检验是正确的，那么它**就会**既适用于认知价值也适用于伦理价值”！[44] 换言之，道德实在论者会主张解释标准本身无法通过最佳解释检验，所以自然主义立场是自我否定的。然而，这一论证只在基于如下假设时是有效的，即道德反实在论者能够在认知规范方面认同实在论。但为什么会如此？道德怀疑论者应当很高兴在认知规范方面成为奎因主义者，并且直接指出就我们在纽拉特之船中所处位置而言，我们最有效的科学认知规范包含了最佳解释检验，并且在涉及其他任何事物的形而上学或认识论时，都应当通过该检验。无论如何，在此讨论的自然主义道德实在论者——比如，与普特南不同——都将最佳解释检验视为实在论的必要条件。

---

[43] 约翰·麦克道威尔依据一种有时是对自然主义约束信口开河的轻蔑而构建了一整套实在论方案，并且毫不奇怪的是，他的理论是一种尤其包含道德的、美学的以及好笑的（comical）事实的混杂本体论。其理由（这在任何情况下并不总是那么容易识别）及其可信性需要分别予以分析。有关对麦克道威尔方案的怀疑，参见：David Sosa, “Pathetic Ethics”, in *Objectivity in Law and Morals*, ed. B. Leiter, Cambridge: Cambridge University Press, 2001；本书第八章第四节。

[44] Hilary Putnam, “Replies to Brian Leiter and Jules Coleman”, *Legal Theory* 1 (1995): 69-80, at p. 81.

五、反驳：争论解释力状态

那么有关解释力状态(explanatory merits)的回应又如何呢？同样，在此似乎有两种可能的回应。一种诉诸道德属性与解释属性可能的同一性或随附性，以证明反实在论的解释性论证是没有 214
说服力的。另一种回应更为直接地指出，没有道德事实，我们确实会遭受解释性损失或与之类似的认知损失。我将论证，事实上，解释性损失议题是整个有关道德解释之争的决定性问题，即使对于那些试图通过随附性或同一性主张挽救实在论的人来说，也是如此。不过还是让我们依次加以讨论吧。

(一)同一性/随附性(Identity/Supervenience)*

一些哲学家指出，解释性论证根本无法排除道德实在论，因为该论证没有说明解释上优先的事实(比如，在自然主义解释中的事实)完全不同于道德事实所随附或等同的事实。比如，想一想有关颜色的例子：

---

* 随附性(supervenience)是哲学用语。它指的是对于一个事物 F 而言，如果它因为具有属性 P 而成为 F，此时 F 就随附于 P。比如，一个人因为善良、宽容而是一个好人，那么我们可以说"好人"随附于"善良、宽容"这些属性。相关讨论可以参见《牛津哲学辞典》(*The Oxford Dictionary of Philosophy*)，牛津：牛津大学出版社 1996 年版，第 368 页。此外，这个词在我国也有不同的译法。譬如，韩林合教授将之译为伴生，以表明其与还原、突生(emergence)在解释事物构成时的关联。参见韩林合：《分析的形而上学》，商务印书馆 2013 年版，第 284 页。——译者

> 我们(对于为何将玫瑰感知为红色)的最佳解释可能指向玫瑰的某种特征、光线事实以及心理学和感知者感知器官的事实,但不会指向玫瑰具有的红色性(redness)(同时也不会指向任何玫瑰能够被还原为红色性的特征)。除此之外,这样一种解释的有效性扩展了我们对于颜色的理解;它并没有证明颜色不存在。㊺

因此在对颜色提出科学解释时,我们已经直接识别出了构成颜色事实的光线与视觉事实。这就意味着,对于道德而言同样如此。比如,我们在提出自然主义解释时,或许我们已经直接识别出了构成道德事实的一些事实。但在支持反实在论的解释性论证中,似乎没有排除这一点。

按照重要性递增顺序,可以就此问题对道德实在论者做出三种回应。

首先,道德实在论者诉诸颜色的类比可能是错误的。如保罗·博格西安(Paul Boghossian)与戴维·威勒曼(David Velleman)所说,颜色属性的投射主义可能确实是对颜色的科学理论的正确回应:"有关颜色经验的投射主义论述……对于任何了解光线与视觉

㊺　Sayre-McCord,"Moral Theory and Explanatory Impotence"(上注⑤),pp. 274-275. 相似立场,也参见:Brink, *Moral Realism and the Foundations of Ethics*(上注④),p. 193。应当注意的是,吉伯德赞同此立场;他说:"即使我认为规范性判断以协调作为它们的生物学功能是正确的,那这本身也无法证明不存在这些判断被采纳来与之相符的……那种事实。我们可以设想一种'规范实在论'的方案,认为有一种事实会与之相符……不过我自己没有发现堪当此任的那种事实……"*A Theory of Normative Judgment*(上注㉙),p. 116.

基本事实的人来说，都是自然而然的论述。如同牛顿与洛克那样，
伽利略似乎也赞同这一论述。”[46]不过颜色与道德之间或许存在相 215
关差异，以至于投射主义并非了解有关道德信念的自然主义解释
的“明显”回应。当然，这主要也取决于眼前自然主义解释的类型。
不管怎样，我想在此做出的辩护并不仅限于这些。因为道德实在
论者诉诸颜色的例子太过巧舌如簧了，而且“科学的”理论很可能
“通过解释消除”(explain away)了道德**与**颜色。结果就是诉诸颜
色的例子**完全**无法帮助道德实在论者。[47]

其次，对于解释性论证的这一回应极大地改变了道德实在论

---

[46] Paul Boghossian and J. David Velleman, “Colour as a Secondary Quality”, *Mind* 98(1989): p. 97. 也参见他们的下述文章：“Physicalist Theories of Color”, *Philosophical Review* 100(1991): 67-106。当然，需要注意的是博格西安和威勒曼并没有基于**解释性**理由批评颜色实在论，而是基于某种认识论和现象学问题这一理由；这些问题在我们试图认为颜色属性同一或随附于可以解释它们的光线和视觉事实时产生。总括性论述参见第一篇文章第 82—33 页；扩展性分析，参见 1991 年的文章。

[47] 反对颜色类比的一种不同路径，由布莱克本在“How To Be an Ethical Antirealist”(上注㉙)中提出。布莱克本主张，自然主义理论受到如下两个因素的推动：(1)在根本上将所讨论的认同(commitment)识别为信念之外的某种事物；(2)有一种关于该状态为什么应当存在的齐整的自然理论(第 363 页)。在此重要的是(1)。布莱克本的观点是，心理状态(states of mind)并非信念，它们以某种方式完全导向自然主义论述，而信念状态(belief-states)并不如此：根据自然主义理论，“拥有一种伦理认同的个体的基本心理状态自然是有道理的”(第 363 页)——并且这是因为“心理状态作为……一种有关选择与行动的立场、意动状态或心理压力而展开理论生活”(第 363 页)。现在虽然布莱克本认为就如同道德价值存在 EE 一样，颜色也存在 EE[因此满足(2)]，但他认为两者在(1)中有差异：“我没能看到有用的方法来将颜色认同与**信念**加以对比。它们在功能上并没有不同。因此，不会发展出类似种类的理论来解释，为什么对于颜色话语具有不同种类的命题式态度，或者为什么我们会谈及与之相关的知识、怀疑、证明等。”(第 373 页)结果就是颜色的自然主义理论无法帮助我们达成对于“颜色认同”的“自然理解”。不过要想这一回复令人满意，需要对布莱克本理论两个要素中的第一个有更多的讨论：显然，在其启发下(想想知识社会学的强纲领)自然主义与意动和信念状态无关这一点并不明显。

争议的议题。正在讨论的主张是，反对道德实在论的解释性论证并非终局性的，因为结果**有可能**是道德事实恰恰是由所讨论的解释性事实构成的。但要注意的是，解释性考量对于建立上述主张全无帮助：我们需要独立的论证来支持道德属性同一或随附于一个明显更好的解释中的属性。所以诉诸在此讨论的回应思路，实际上已经承认解释性考量本身**无法**支持道德实在论。在我看来，这是近来文献中重要却经常被忽略的一点。它表明一种自然主义式道德实在论的成败，依旧取决于如下传统障碍："道德"与"自然"之间假设关系的合理性。

第三，对于道德实在论者而言还有一个简单的问题。因为道德实在论者现在必须主张，只有在道德事实同一或随附于解释性的非道德事实时，它们才具有解释性。但显而易见的是，有关**同一**或**随附**的实质命题增加了我们理论与本体论的复杂性，这些复杂性必然要基于理论在一致性或某些类似的认知价值上的增益才得
216 以证成。[48] 当我们明白"成为水"的可观察的宏观属性等同于"成为 H_2O"的不可观察的微观属性时，我们可以解释宏观属性的特征（即它会凝结、蒸发以及汽化等），同时它能够实现水的宏观属性与世界的其他宏观属性（比如，冰、蒸汽等）之间的某种解释上的统一；而在此之前，没有对于微观属性和同一性命题的知识，世界本是难以理解的。因此，通过接受"水"与"H_2O"的同一使得我们关

---

[48] 或许这对于**所有**同一性主张来说并不为真：比如，晨星和暮星的同一。但还原性同一性（将一类事物还原为一种完全不同的事物）只是要求一种实质的理论建构来推动罢了。大体而言，比如，"道德上正当"就意味着"效用最大化"并非显而易见。但是理论复杂性如一致性一样，要求一种认知上的补偿，至少在我们比较不同解释时如此。

于世界的理论更为复杂，但从中而来的认知增益（即现象的统一性）**证成**了这一复杂性。

随附性主张与此类似。想一想进化论解释的情形：比如物理主义，[49]它认为进化论事实必然同一于或更可能是随附于物理事实。但是在我们理论中承认这些有关随附性的实质命题，可以很明显地带来一致性方面的增益：即进化论解释如今为人熟知的适用范围是与其他任何科学（比如物理学）显然无法对相同现象做出解释相伴的。但如果进化论解释（再加一些要素）能够担负起道德解释的所有解释性工作，那么就没有理由在我们的理论中加入有关道德属性随附性的实质命题了，因为此时我们已经拥有在理论上更为简洁和一致的进化论解释理论。如果进化论事实的随附性能够担负所有解释性工作，为什么还要在我们对世界的最佳解释中加上道德事实的随附性呢？

所以孤立来看，同一性或随附性的主张无法将道德实在论从解释性论证中挽救出来。我们只有基于以下两个论证才能够接纳该主张：(a)在非解释性基础上证明同一性/随附性命题；(b)通过证明该命题中涉及的理论复杂性能够产生一致性或某种类似的认知价值的增量（比如，解释上的统一），来证明该复杂性。

（二）解释上的损失

接下来，基于解释性理由为道德事实辩护的道德实在论者必

㊾　通过物理主义，我只是指认为一切存在的事物都是物理意义上的存在这一学说，即事物在空间和时间中占据一些离散点。（原文是 discreet points，疑为 discrete points 之误。——译者）

然会主张：**没有**道德事实，我们会遭受解释上的损失[50]。——正如
217 物理学无法做与进化生物学一样的解释性工作，进化生物学（或心理学、社会学等）也无法做与道德事实一样的解释性工作。道德实在论能够维护这一核心主张吗？

不幸的是，除了基于个案式分析，没有解决这一问题的方法。没有一种**先天的**考量能够证明，从我们对于世界的最佳理论中清除道德事实，不会引起解释上的损失。不过有两种分析会使我们怀疑实在论者的主张。首先，如果我们走出当下的哲学争议并放眼其他学科中关心解释问题的学者，我认为我们会很难找到借助道德事实来完成严肃解释性工作的人。除了非正式言谈与“大众解释”，道德事实似乎在任何完备的解释理论中没有发挥任何作用。道德实在论文献通常占据了这些“大众”理论的主要部分，但就如与自然主义理论对比所揭示的，这些大众理论很难说可以将道德事实纳入我们有关世界的最佳理论之中。哲学家所要做好的，或许就是不要忘记，比如，虽然有使用宽泛的“经济”事实来解释历史事件的马克思主义历史学家，但并没有一个使用道德事实来担负任何有趣或复杂解释性工作的“道德历史学派”。[51]

有关道德解释的怀疑论的第二个理由更为具体，即文献所偏好的（preferred）* 实际备选方法大体上并无前途。一些道德解释

---

[50] 在道德实在论文献中随附性主张是最为常见的，所以我会在下文中集中于这一问题。

[51] 不过，参见下文脚注[65]中有关雷尔顿方案的讨论。

* 原文为 proferred，疑为 preferred 之误。——译者

的空洞简直一目了然，[52]而且我认为就连更有前景的备选方案也禁不住推敲。让我通过分析塞尔-麦科德、布林克与乔舒亚・科恩(Joshua Cohen)著作中的例子来加以总结。

非还原式的道德实在论者试图以与杰瑞・福多辩护特定科学的自主性相似的方法辩护道德解释：[53]他们试图主张道德解释中存在着独特的"集群"(groupings)与泛化(generalizations)，它们无法通过更为"基本"的解释框架或科学得到把握。这就如同物理学中没什么能够把握经济学与心理学的独特范畴与泛化，生物学和心理学也被认为错失了道德理论独特的泛化。

当然，福多论证的魅力有一部分源自如下事实，即心理学、经济学和生物学确实涉及重要的解释工作，所以它们的独特事实如果在对世界的物理主义理解中必须被放弃，就会真的导致损失。如果道德实在论者采纳相似的辩护，我们就必然会对道德解释得出相似的结论。塞尔-麦科德与布林克都尝试这么做，但我会证明 218
他们的分析并没有说服力。比如，采纳上述策略的塞尔-麦科德是这么说的：

某些规律是除却诉诸道德属性外，无法得以识别和解释

[52] 我认为这对于几乎所有斯特金的例子来说都是成立的。我自己的感受是，如果我在寻找一种对于希特勒行为的解释，并且得到"他在道德上是堕落的"这一论述，我会认为这个回答有一点开玩笑：它是对于现象的复述而非解释。将斯特金对希特勒的道德"解释"与一种更复杂但一点儿也不空洞的理论相对比，比如：Erik Erikson, *Childhood and Society*, 2nd ed., New York: Norton, 1963, pp. 326-358。埃里克森的理论没有借助预设的道德事实来解释希特勒的行为。

[53] 参见下书"导论"：Fodor, *The Language of Thought*, Cambridge, Mass.: Harvard University Press, 1975。

> 的真实规律，比如，诚实产生信任，正义要求忠诚，善良助益友谊。[54]

当然在此有两重主张，并因此有两种回应方式：首先，必然存在“真实（道德）规律”；其次，必须是除却道德事实我们无法解释甚或识别它们。塞尔-麦科德的主张对这两个问题都模棱两可。“诚实产生信任”是一种“真实规律”吗？恰恰相反，诚实似乎通常没有产生信任而是带来烦恼、痛苦与疏离。如我们所知，人们并不想周围的人**太过**诚实。[55] 事实上，恰恰因为无法期待太过诚实的人能够保守别人的秘密或不吐露实情，他或她可能通常被别人认为不值得信任。而正义似乎激起的反对与它产生的拥护一样多。许多人与公正的制度无利害关系，所以会在每个阶段加以反对。并且我们必须要与善良之人为友还是仅仅欣赏他们，抑或利用他们？总之，塞尔-麦科德的大众化例证能否经得住推敲远不明确。这些假定的规律中，似乎没什么是“有规律的”。[56]

---

[54] “Moral Theory and Explanatory Impotence”（上注⑤），p. 276.

[55] 当然，信任似乎也被诚实之外的许多因素损害：在政治领域中，我们熟知的是虽然有着长期且熟悉的欺骗史（想想在海湾战争时的美国人，更别提越南和水门事件中的经历了），人们还会信任他们的领袖。对于政府而言，似乎更可能的情况是无政府主义者伦道夫·伯恩（Randolph Bourne）所说的对于政府的一种“愚忠神秘主义”（filial mysticism）而非诚实能够解释公民“信任”当局的意愿。我们或许青睐一种（如果存在的话）可以涵盖所有这些损害信任情形的解释。

[56] 道德实在论者或许反对说，道德解释当然有**恒定不变的**内容（*ceteris paribus* clauses），并且因此自然也会有常规的例外。但怀疑论者会问：这些所谓的常规及其例外的确切衡量尺度是什么？诉诸**恒定不变的**内容，而没有**任何**有关他们特殊条件是什么的理论，就是允许大众道德解释的捍卫者以“恒定不变”为某种掩饰而置任何反例于不顾。

塞尔-麦科德的第二种主张也无法成立。我们需要道德事实来解释这些假定的规律，还是说仅仅需要如下假设，即认为他人诚实的人会相信他人？[57] 其实，后者当然是更好的解释，因为如果这里存在规律的话，它只会要求我们感知到诚实而非诚实确实存在。被感知到的诚实似乎能够像真正的诚实一样容易产生信任；然而将真正的诚实视为规律的基础，就会无法解释下述情形，即人们相信那些只是表面上诚实而实际并非如此的人。因此，同样的情况是，人们**相信**或**感知到**的"公正"可能确实产生了忠诚，而当我们谈起真正的正义（它通常威胁到特权群体）时，规律就会无效。那么从塞尔-麦科德认为（比如，有关诚实或正义的）道德事实存在的假设中，我们得到了何种解释力上的增益呢？ 219

当布林克更详细地指出"相比于构成道德事实的低阶事实所做出的解释，道德解释有更好的概括性"时，[58]他就与塞尔-麦科德站在了同一条战线上。布林克举出如下例证：以种族压迫（一种非正义的活动）而非在南非**碰巧成为现实**的社会、经济与政治条件来解释"（种族隔离的）南非存在的政治不稳定与社会抗争"——因为肯定"在不同条件下还会存在种族压迫、不稳定以及抗争"。[59] 所

---

[57] 当然，这只是哈曼有关燃猫案解释的一个变体：*The Nature of Morality*（上注③），ch. 1。（所谓燃猫案指的是哈曼在此书中的举例。他认为，当我们看到一群孩子在猫身上泼汽油并点燃，我们认为这是不道德的。但这个点燃猫的事实并不是道德事实，它是我们的日常观察。我们在这个情形中做出道德判断无须预设某种抽象的道德事实。——译者）

[58] *Moral Realism and the Foundations of Ethics*（上注④），p. 195.

[59] 同上注，第 195 页。

以，诉诸种族压迫这一非正义活动的“道德解释”“会发挥独特和优先的解释性作用”。[60]

但确实如此吗？布林克自己强调，“我们对于解释的兴趣典型体现在解释过去事件、预测未来事件之中”。[61] 在20世纪40年代和50年代，有关解释的经验主义覆盖率模型(Covering Law Model)盛行之时，解释与预测被认为具有严格的对称关系，[62]但卡尔・亨佩尔(Carl Hempel)后来以如下方式放松了这一要求：“对于‘为什么X会发生？’问题的任何理性上可接受的答案，必然要提供X被预测发生的信息——即使如同(诉诸覆盖率的)解释的情形一样，该信息不是确定的，但至少也要具有合理的或然性。”[63] 因此，我们若认为自己已经理解了过去的事件，就必须接受：如果我们已经知道我们现在用来解释该事件的因素，那么我们就能够预测其发生——至少是以合理的或然性。

当然，我们依旧不得不小心我们所提出的这个要求的严格程度，以免它开始沦为像在历史中发现的那种看似有道理和为人熟知的虚假解释。可是布林克的例子甚至都无法满足非常弱的可预

[60] *Moral Realism and the Foundations of Ethics*(上注④)，p. 195.

[61] 同上注，第194页。

[62] 亨佩尔(Hempel)和保罗・奥本海姆(Paul Oppenheim)在1948年的一篇经典论文中写道：“一个解释的解释项[若把时机(in time)考虑在内]如果不能作为预测待讨论的事件基础，那么对一个特定事件的该种解释就不是完全充分的。”“Studies in the Logic of Explanation”, reprinted in *Theories of Explanation*, ed. J. Pitt, New York: Oxford University Press, 1988, p. 12.

[63] Carl Hempel, “Aspects of Scientific Explanation”, in *Aspects of Scientific Explanation and Other Essays*, New York: Free Press, 1965, p. 369.

测性要求。以南非为例：种族压迫存在了**数十年**，没有发生最终导致种族隔离瓦解的严重政治动荡与社会抗争。美国南部的种族压迫也是如此，它在美国内战后持续了将近一百年，只有零星和无效的抗争。那么从历史学家的角度看，究竟什么对于种族压迫“发挥了独特和具有优先性的解释性作用”？从知道一个社会是种族压迫社会（如果有的话）中可以得到何种预测？相反，它难道没有表明我们需要准确地转向有关社会、经济与政治的特定低阶事实来真正解释为什么反对种族压迫的社会抗争在它实际发生的时候 220
产生？实际上，我们试图寻找以美国种族隔离制度的不正义性来解释该制度终结的真正历史学家，但结果是徒劳的。[64]

布林克的道德解释和塞尔-麦科德的一样，也面临第二个困难，即对于解释而言（尽管不怎么好），人们**相信**种族压迫是不正义的就已足够，无需考虑它是否真的不正义。这意味着，通过抗争者认为种族压迫是不正义的信念来“解释”反对种族压迫的社会抗争，似乎已经足够，无需再假设种族压迫真的不正义。如果要证成种族压迫真的是不正义的这个附加假设，我们就必须知道我们的

---

[64] 一个可能的例外是：*The Antislavery Debate: Capitalism and Abolitionism as a Problem in Historical Interpretation*, ed. T. Bender, Berkeley: University of California Press, 1992；其中的论文提出了废除奴隶制的理论，虽然尚不明确哈斯凯尔的理论基于奴隶制**真的**是错误的，还是仅仅基于人们**相信**它错了（随着国内与国际市场的兴起，其改变了人们对于自我和责任的理解，并且使得奴隶制作为一种制度比先前更加显眼）。在废除种族隔离制度时，标准的历史论述强调三个因素：(1)开始于20世纪30年代以及20世纪40年代，在黑人当时拥有现实政治权力的选举区中，（由于南方农业经济的崩溃）南方黑人向北方的移民；(2)“二战”黑人军人受挫，他们面对隔离主义者阻止他们抓住《退伍军人法案》的机会，并且与新掌权的黑人工会成员一道构成了地方层面民权运动的主要领导；以及最重要的(3)冷战鼓吹者对《种族隔离法案》做的一些手脚，阻碍了赢得非洲与亚洲人心的努力。

理论与本体论以这种方式变得复杂后，能够带来何种解释上的增益。

当满足如下情形时，我们现在能够获得解释上的增益：

(a) 不正义产生了某种规律性影响（比如，社会不稳定、革命等）

(1) 独立于人们对于某些社会经济制度是否正义的信念，或

(2) 源自人们的信念内容，同时不正义的现实是这些信念本身的最佳解释；并且

(b) 该不正义在非道德事态中得到多样化实现。

两个条件都很重要。条件(a)保证了是不正义本身，而非仅仅是人们的信念，具有解释力。条件(b)保证了我们所讨论的规律性与不正义本身这个道德事实存在对应关系，而与不正义（据说）能够被化约为的非道德事态无关。因为如果不正义在各种各样的非道德事态中得到多样化实现，那么只有不正义的事实能够充分识别
221 出规律性。[65] 当然，就如水的例子一样，我们会主张，即使不正义

---

[65] 在此我赞同福多以及其他人观点，假设多重可实现性终止了还原。事实上，只有基于对于还原的有争议的假设时，这对我而言似乎才为真，不过这些问题会让我们离题太远。有关多重可实现性论点的批判性讨论，参见：Jaegwon Kim，"Multiple Realization and the Metaphysics of Reduction"，reprinted in his *Supervenience and Mind*，Cambridge：Cambridge University Press，1993；Brian Leiter and Alexander Miller，"Closet Dualism and Mental Causation"，Canadian Journal of Philosophy 28 (1998)：161-181，esp. at pp. 171-173。

没有得到多样化实现,认同不正义在某些非道德事态中的微观-还原基础会使得之前被认为是不同的宏观现象彼此等同起来,并因此使得我们讨论的同一性命题所增加的理论性与本体论性复杂仍在我们有关世界的最佳理论中获得一席之地。但这是一个脆弱的命题,因为该还原可能被认为是消除而非证明了宏观属性,所以一切取决于所提出的还原的细节。

现在乔舒亚・柯恩近来的观点认为"奴隶制的不正义导致了它自身的消亡"[66]似乎提供了能够满足上述(a)和(b)条件的理论。因为柯恩明显拒绝如下观点,即"(解释奴隶制消亡时)最重要的……不过是对于不正义的信念",而非奴隶制的不正义性本身。[67] 因为"一个社会制度的不正义限制了它的有效性",[68]并因此解释了为什么这些制度会消亡或被颠覆。当然,几乎毫无争议的是奴隶和所有人一样,享有着如柯恩所说的"基本利益",即"物质福利、自主与尊严",[69]它们受到了奴隶制度的侵犯;同样不应有争议的是,"奴隶制度与奴隶的利益有冲突"这一事实导致了"奴隶制有限的可行性"。[70] 如柯恩所说,重要的是违反基本利益的"不正义","传达了解释奴隶制消亡的相关信息,而该信息仅仅由于注意到奴隶制与奴隶利益有冲突这一点是无法得到传达的"。[71] 但为

---

[66] Joshua Cohen, "The Arc of the Moral Universe", *Philosophy & Public Affairs* 26(1997): 91-134, at p. 94.

[67] 同上注,第124页和第95页:"我关切奴隶制非正义性的后果,并且不仅仅是一些人认为它是错误的这一事实的后果。"

[68] 同上注,第93页。

[69] 同上注,第116页。

[70] 同上注,第94页。

[71] 同上注。

什么认为这是正确的？为什么不认为诉诸(奴隶与主人)利益的绝对冲突就已足够？

一种可能是一些人(比如，废奴主义者)的道德信念认为奴隶制的不正义性，在因果关系上导致了奴隶制的消亡，**并且**这些道德信念本身能够通过“奴隶制的不正义性”获得最佳解释。[72] 如柯恩所说：

> 对于(认为奴隶制是不正义的)道德信念的部分解释，在于奴隶享有物质福利、自主与尊严的利益，并且被承认拥有它们。奴隶制与这些利益有着尖锐冲突，且人们认为存在这样的冲突；同时这些利益本身是正当的，也被承认为正当的。所以认为人们相信奴隶制不正义的部分原因就是奴隶制不正义时，这一观点序列为何没有被视为理所当然的？[73]

不过，这个最后的且被推定为反问的问题，完全遮蔽了如下事实，
222 即解释性考量在此不发挥任何作用。因为就连色拉叙马库斯(Thrasymachus)与卡里克勒斯(Callicles)也会同意奴隶享有柯恩归属于他们的“基本利益”，* 并且奴隶制“与这些利益有着尖锐冲

---

[72] 柯恩在此胡言乱语，并且只是说道德确信“部分由于奴隶制的非正义性而得到解释”(同上注，第123页)。

[73] 同上注，第128—129页。

* 色拉叙马库斯是《理想国》中的人物，主张正义就是强者的利益；卡里克勒斯出现在《高尔吉亚篇》，认为正义就是力量，强者统治弱者就是正义。——译者

突”;但同时他们又可以不认同上述问题与不正义有关。[74] 这一附加的理论主张取决于柯恩有关正义的实质论述的可行性——追随罗尔斯与斯坎伦的观点,该实质理论是“基于一种理想化的共识观念,即自由的、合乎理性的与知情决策的协议”[75]——而这是色拉叙马库斯和卡里克勒斯所无法接受的。因此我们就需要一个独立的论证——它与解释性考量无关——来阐明为什么**这**就是正义**真正**包含的内容。

柯恩(以及布林克)根本上需要主张的是,“不正义”识别出了构成“不稳定根源”的“体系的特征”。[76] 但他们也需要主张“不正义”是一种对因果上相关的现象做出分类的方式。这些方式能够识别出我们如果只是采用某种潜在事实领域(比如,关于利益及其冲突的心理-社会事实)的分类图示就会忽略的规律。秉持后一主张就会使得论证直接与福多的观点类似:特定科学给予我们分类学图示(以及由此产生的因果规律),如果我们只借助物理学就会错失它们。不过,柯恩最终从未对此主张做出论证,特别是上述(b)主张。比如,他写到,我们可以这样解释奴隶制的消亡:

……仅仅通过描述奴隶制的属性——奴隶制与奴隶利益

---

[74] 当然,界定相关的“利益”概念而无须使之在根本上成为**规范性**概念肯定是可能的。但当然我们可以将“利益”等同于,比如,行动者在合适情形下欲求的东西,而无须支持这些欲望。

[75] Cohen(上注[66]),第 120 页。

[76] 同上注,第 132 页。

> 的冲突——就可以……而不用考虑这些属性是否确实使得奴隶制不正义；简言之……这些属性会导致不正义这个事实，本身并非我的论证内容。同时，它们实际上且也能够毫无争议地通过道德分类得到呈现。此外，该呈现模式在道德意义上是重要的。因为如果我们认为产生不正义的特征，限制了拥有这些特征的体系的可行性，那么这个世界看上去就会有所不同。[77]

唉，这一非比寻常的段落如柯恩所担心的那样，完全确认了道德解释“不过是经验性冥想与具象化的期望被修辞上的炫丽黏合在一起的杂烩”。[78] 对于**同样的因果特征**，有关采纳不同于非道德论述的“道德”解释——顺便说一下，道德/非道德解释的分类只是对于柯恩所青睐的那种契约论道德实在论者而言，是“毫无异议的”[79]——柯恩给出的理由是，当我们谈及道德话语时，“这个世界看上去就会有所不同”。这毫无疑问是正确的，但从表面看来，一种分类图示可以使得事物“看上去不同”，很难算是一种认知价值。
223 甚至我们的灵魂实在论者也会主张：由善灵和恶灵构成的世界确实与一个没有幻觉的世界看上去不同。

---

[77] Cohen（上注[66]），第132页。

[78] 同上注，第93页。

[79] 比如，参见：John Rawls, *A Theory of Justice*, Cambridge, Mass.: Harvard University Press, 1971；T. M. Scanlon, *What We Owe to Each Other*, Cambridge, Mass.: Harvard University Press, 1998。

这些例子当然没有穷尽所有可能；[80]但鉴于道德解释在实际关切解释问题的学科中并无一席之地，上述分析的道德解释的实际例证所面对的困难就会鼓励一种健康的怀疑论：道德实在论者能否完成自己面对的情形所要求的解释性工作？

六、结　　论

因此，我们已经明白，源自解释力匮乏的论证并不**必然**排除道

⑧⓪ 特别是我还没有谈及文献中最为详尽的雷尔顿的理论。雷尔顿提供给我们稍有不同——且更为复杂——的情形，因为通过改变道德语词的定义而将他的方案视为一种还原主义方法时，他在当今道德实在论者中是孤独的。参见他的："Moral Realism"（上注⑨）以及"Naturalism and Prescriptivity"（上注⑩）（所有引用都源自"道德实在论"）。不过这仍无法减轻雷尔顿的解释负担：如果我们的理论试图将修改后的道德语词定义纳入自然主义话语中，那么必然要有某些解释上的收益来证明这么做的合理之处。大体来说，雷尔顿的方法如下：雷尔顿主张"道德上最佳的"就是"从社会观点看符合工具理性的"（第 200 页）；但他同样主张我们通过如下机制能够解释特定历史发展，即"通过该机制，利益被否定的个体被引导形成共同价值并依据共享利益而以共同目的联合起来，进而向社会实践施压以更加靠近社会理性"（第 199 页）。因此，简言之，工具性社会理性（或对此的偏离）解释了历史变迁；但工具性社会理性不过是"道德上正当"所指涉的事物。雷尔顿也似乎认为在与这一道德解释保持一致中，我们确实有所收获：因为根据雷尔顿的理论，看到解释性机制、社会理性以及道德之间的关联，允许我们认可道德规范演进中的某些一般性的历史趋势（第 195—196 页）。有关雷尔顿的提议，需要注意以下三点：（1）如果它要有效，雷尔顿十分特殊的对于"道德上正当"的修正定义必然能够得到独立的辩护（康德主义者和建构主义者会尤为不同意）；（2）这一修正定义必须真的提供给我们一些解释上的收益；并且（3）如果这个解释性考量试图支持道德实在论的话，这个解释性理论本身必然是一个好理论。雷尔顿提出大量全新的解释性细节，也使得他的理论成为对解释性典范的批评者的一个明确目标：比如参见：Alexander Rosenberg，"Moral Realism and Social Science"，*Midwest Studies in Philosophy* 15（1990）：150-166。即使假设雷尔顿的理论能够克服解释上的反对意见，我认为它也无法在它所主张的修正定义上自圆其说。然而，在此与可识别的**道德**意见的多样性有关的考量而非解释上的重要性，将被证明对于其理论是致命的。我打算在别处讨论这些问题。

德实在论。然而，道德实在论者必须承担两重任务。她要么(a)辩护道德事实随附或同一于解释性的非道德事实的立场；要么(b)论证从我们本体论中排除道德事实会导致某种解释上(或认知上)的损失。但是为了辩护立场(a)，道德实在论者也必须辩护立场(b)：这意味着她必须辩护如下主张，即或许基于没有道德事实我们就会遭受解释上或类似的认知损失这个理由，必须将有关同一
224 性和随附性的实质命题纳入她有关世界的最佳理论之中。只有当这些义务得以履行后，我们才有理由认为道德事实被包含在我们有关世界的最佳解释理论之中。如果我认为立场(b)——两种捍卫道德实在论的方案都要求的立场——可能无法得到辩护是正确的，那么基于解释性理由，道德实在论就会被放弃。进而我们或许可以有更大的信心与尼采一道，认为在涉及伦理学时，“在此领域谈论‘真理’是一种欺骗”。[81]

[81] The Will to Power, Sec. 428.

第八章　客观性、道德与司法裁判*

德沃金司法裁判理论的两个为人熟知的特征产生如下奇特困 225
境。一方面，德沃金认为，大部分案件，包括最为“疑难”的案件都有“正确答案”。另一方那面，德沃金认为，要想发现正确答案，法官必须借助道德考量与道德论证：一方当事人的权利源自如下原则，该原则能够解释先前制度史的重要部分，**并且**对作为政治道德的制度史提供了最佳证成。但如果在确定法律争议的答案时必然涉及道德考量，那么仅当政治道德问题只有一个正确答案时，法律问题才会有唯一正确答案。然而若像许多人似乎认为的那样，道德在某种意义上是“主观”的，那么有多少法官，道德问题的正确答案就有多少。因此，结果就是法律问题不存在唯一的正确答案。

---

* 感谢德克萨斯大学奥斯汀分校1996年春季“客观性”研讨课上的学生帮助我思考这些议题，并且感谢我的同事丹尼尔·博内瓦克、克里·居尔和伯罗特·C.孔斯对于早先手稿的有益评论。我同样受益于1997年4月在哥伦比亚大学法学院举办的第二届分析法哲学年会中同与会者就之后的手稿颇有帮助的讨论；我能够回忆起此次会议中来自张美露(Ruth Chang)、威廉·埃德蒙森(William Edmundson)、肯·克雷斯、戴维·莱昂斯(David Lyons)、安德瑞·马默(Andrei Marmor)、托马斯·内格尔、约瑟夫·拉兹、斯科特·夏皮罗以及杰里米·沃尔德伦(Jeremy Waldron)富有帮助的评论或提问。最后，感谢戴维·索萨(David Sosa)和朱尔斯·科尔曼在1999年春季耶鲁法学院“法哲学”研讨班中的学生对于定稿前最后一版手稿的详细评论。

如下是约翰·麦基许多年前提出的担忧：

> 在德沃金教授看来，法律是什么可能主要取决于什么是道德上最优的——什么是最优，而非在该社会中人们传统上认为什么是最优。现在我会论证……这类道德判断具有不可消除的主观因素。如果是这样，那么德沃金教授的理论自然就在什么是法律这一问题中，注入了相应的主观性。[①]

换句话说，如果一个人认为司法裁判是“客观的”，即法律争议存在客观正确答案，那么像德沃金这样认为法律争议的正确答案取决于道德考量，就似乎是一种糟糕的想法。

当然德沃金对这些关切并非无知无觉。迄今很长一段时间
226 内，他都在对道德“客观性”的挑战做出奇特的回应。[②] 在德沃金
看来，问题的根源就是这一挑战中蕴含的对于“客观性”的理解。如德沃金所要求我们的，一旦我们在对于道德客观性的可感但却

① John Mackie, “The Third Theory of Law”, represented in Marshall Cohen (ed.), *Ronald Dworkin and Contemporary Jurisprudence*, London: Duckworth, 1983, p. 165.

② 德沃金对于这些问题的主要讨论，出现在下列文本中：“Can Rights Be Controversial?”, in *Taking Rights Seriously*, Cambridge, Mass.: Harvard University Press, 1977 (下文中引作 TRS)；“Is There Really No Right Answer in Hard Cases?” (下文引作 MP1) and“On Interpretation and Objectivity”(MP2), both. in: *A Matter of Principle*, Cambridge, Mass.: Harvard University Press, 1985; *Law's Empire*, Cambridge, Mass.: Harvard University Press, 1986, pp. 78-86 (下文中引作 LE)；“Pragmatism, Right Answers, and True Banality”, in M. Brint and W. Weaver (eds.), *Pragmatism in Law and Society*, Boulder: Westview, 1991(下文中引作 P)；以及最近出版的“Objectivity and Truth: You'd Better Believe It”, *Philosophy & Public Affairs* 25(1996): 87-139(下文中引作 OT)。

站不住脚的"内在"挑战，与无法理解且是不相关的"外在"挑战之间做出区分，我们就会看到麦基的批评依赖于后者，并因此反映出在考虑道德客观性进而法律客观性问题时对于何为重要之事的误解。因为对于唯一重要的客观性类型，即"内在"客观性而言，德沃金的理论并未遇到任何困境。[3]

多年来，德沃金有关"外在"和"内在"怀疑论区分的大量著述几乎未得到哲学家或法学家的关注。事实上，我没有意识到除了德沃金自己以外，有认为他对这一问题的回应是令人满意的。[4]在本文的第一节我会回顾德沃金对于客观性的论述，并分析为什么这对于许多哲学家而言是错误的。

但本文的目的并不仅限于批判。虽然德沃金并未对该问题提供适切的论述，但我认为存在着有关我们如何理解在此讨论的客观性的真问题。如我在第二节所要论证的，这一问题最好被理解为涉及两种彼此竞合的客观性范式。对于我将称为"自然主义观念"的客观性而言，它在任何领域中都要基于自然科学的模式被理解。自然科学的研究对象之所以是客观的，是因为它们"独立于心智"[5]并且具有因果效力（即对于经验过程施加影响）。这一客观

---

③ 我在此不会讨论后一个主张的可信度。不过值得注意的是，即使德沃金对于不可理解的"外在"视角的观点是正确的，他实际上依旧需要击败所有"内在"怀疑论者的攻击，以辩护其正确答案命题。

④ 代表性的批判，参见：Michael S. Moore, "Metaphysics, Epistemology, and Legal Theory", *Southern California Law Review* 60(1987): 453-506。

⑤ 更准确地说，这些性质都**在认识论上**独立于人类心智：我们所相信的，甚或是得到证成的我们所相信的事物，并不能确定这些对象的性质。比照有关"独立于观察者"的讨论：Sigrún Svavarsdóttir, "Objective Values: Does Metaethics Rest on a Mistake?", B. Leiter (ed.) *Objectivity in Law and Morals*, Cambridge: Cambridge University Press, 2001。

性观念对于承认道德客观性[比如理查德·博伊德(Richard Boyd)、雷尔顿]和否认该客观性的哲学家(像尼采和麦基)都有所启发。相反,客观性的“非自然主义观念”否认自然科学中发现的
227 客观性对于所有领域都有启发;一些非自然主义者持此主张是因为他们认为自然主义客观性是不可理解的(或至少,在适用于像道德这样的领域时是不可理解的)。非自然主义者典型地提出如何理解像伦理学、美学这些领域中客观性的积极主张。在第二节我会只集中讨论其中一个,即约翰·麦克道威尔的观点。他认为伦理学中的客观性事关“易受理由影响”的道德立场。[6] 我认为我们会看到,德沃金通过外在/内在区分所获得的真理萌芽,确实应当最好被理解为自然主义与非自然主义客观性观念间的差异。因此,德沃金会让我们将后一种观念的客观性视为评价其裁判理论时唯一切题的客观性类型。

但在本文第三节,我会论证非自然主义的客观性观念(至少是麦克道威尔/德沃金版的)并不是对客观性的充分论述:它未能解释我们对于客观性(甚至伦理学)的基本直觉,同时使得伦理学的“客观性”理论事实上与麦克道威尔与德沃金试图抛弃的非认知主义相一致。如果这是正确的,那么对于德沃金理论而言前述困境依旧严峻。我认为,没有解决这一困境的办法,并且法律事实上就

---

⑥ 其他认同客观性的非自然主义观念,但不必然认同麦克道威尔对其积极解释的学者包括:Thomas Nagel, *The View From Nowhere*, New York: Oxford University Press, 1986; Hilary Putnam, “Are Moral and Legal Values Made or Discovered?”, “Replies to Brian Leiter and Jules Coleman”, *Legal Theory* 1(1995): 5-19, 69-80。有关内格尔的观点,参见萨瓦斯多蒂尔(Svavarsdóttir)的文章,同上注。

是不确定的。[7] 不过后一个问题已然超出了本文范围。

那么就让我们首先来看看德沃金对此困境的应对吧。

一、德沃金论客观性

(一) 导论

根据德沃金的观点，当我们主张存在一种客观事实来决定一种解释是否比另一种更好，或者一个原则是否道德上比另一个更好时，我们并不是在做出一个**外在于**产生该主张的实质道德性或解释性论证实践的主张。“奴隶制客观上是错误的”，完全是一个内在于我们为“奴隶制是错误的”这一命题提供理由的论证实践的**道德**主张。虽然形而上学已有两千多年的历史，但就是没有涉及有关价值的**形而上学**问题；而只是有**评价性**问题。就普罗泰戈拉(Protagoras)、柏拉图、休谟、尼采、G. E. 摩尔、A. J. 艾耶尔(A. J. Ayer)，查尔斯·史蒂文森(Charles Stevenson)、约翰·麦基、吉尔 228
伯特·哈曼、理查德·博伊德、彼得·雷尔顿、迈克尔·史密斯(Michael Smith)、艾伦·吉伯德认为自己是在解答**元**伦理学问题而言，他们都错了。只存在伦理学，只有关于什么是正确、公正、善良、邪恶等问题的论证。如下就是多年来德沃金如何表述这一观

---

⑦ 有关我对于该主题观点更详尽的阐述，参见我的文章：“Legal Indeterminacy”，*Legal Theory* 1(1995)：481-492；“Legal Realism”，in D. M. Patterson (ed.)，*A Companion to Philosophy of Law and Legal Theory*，Oxford：Blackwell，1996。有关我大体上同情的现实主义观点的更多讨论，参见本书第一章。

点的：

> 除了道德论证外，我没有对于道德判断的客观性的论证，除了解释性论证外，我没有对于解释性判断客观性的论证，如此等等。（MP2，第 171 页）

> 我尚且没有理由认为，任何有关道德的怀疑论论证会不是道德论证……（MP2，第 174 页）

> 有关评价性命题既非真也非假的任何成功的（实际上也是可理解的）论证，必然内在于评价性领域本身，而不是有关后者的阿基米德点（即外在于它）。（OT，第 89 页）

托马斯·内格尔虽然并不十分同意德沃金，但他清晰地表述了这一观点："回应道德怀疑论、相对主义以及主观主义的唯一方法，就是将之视为一阶道德论证。（德沃金）认为怀疑论立场本身必须被理解成道德主张——否则它们作为其他主张是不可理解的。"⑧

当我们关心"客观性"时，如果我们并不涉及形而上学（或元伦理学），那么我们在做什么呢？在德沃金看来，比如谈论堕胎"客观上的"错误，其实就是一种伪装的**道德**话语，或许是用来"以些许更加坚决的方式"说明堕胎是错误的（MP2，第 171 页）。一切有关"堕胎是错误的"这一判断状态的所谓外在陈述其实都"只不过澄

⑧　Thomas Nagel, *The Last Word*, NewYork: Oxford University Press, 1997, p. vii.

清、强调、譬喻性地重述或阐明堕胎是错误的(这一内在道德主张)"(OT,第97页):

> 我们使用客观性这一话语,不是给予我们日常道德或解释性主张一种奇特的形而上学基础,而是重申它们,或许是以更精确的方式来强调或证明其内容。(LE,第81页)

现在乍看之下,这些评论似乎显而易见是错误的。正常来讲,主张堕胎**客观上**是错误的,不仅是在"重复"或"强调"堕胎是错的,而是在主张一个特定的形而上学命题:那就是存在着一种关于道德错误的属性,堕胎行为拥有该属性,且它对该属性的拥有完全独立于我们对于堕胎行为的偶然看法。[9] 谈论"客观意义上的"正确和错误,就是在谈论形而上学或本体论议题,就是在谈论这个世界所含有的且与我们对其偶然认知无关的属性。然而这恰恰是德沃金在
上述引文中似乎加以否认的。要想了解德沃金如何提出这一反直 229
觉的主张,接下来我们需要稍微了解一下德沃金对于道德怀疑论形态做出的"内在"和"外在"区分。

(二)"内在"与"外在"

道德(或任何其他话语领域)的内在怀疑论是由一阶道德(审

---

⑨ 参见:David Brink,*Moral Realism and the Foundations of Ethics*,Cambridge:Cambridge University Press,1989,p. 20["伦理学(在下述意义上)是客观的……它涉及独立于任何有关对与错信念的事实"]。Peter Railton,"Moral Realism",*Philosophical Review* 95(1986):163-207,164(有关客观性的议题,就是"如果存在的话,道德属性的存在以何种方式取决于理智存在物的实际或可能的心理状态"问题)。

美或解释性)论证产生的怀疑论。"内在怀疑论处理它所挑战的主张的实质内容"(LE,第78页),并且在提出疑问时,它预设了道德论证的说服力(cogency)。内在怀疑论者"否定一些为人熟知的积极主张,并且通过支持一种不同的积极道德主张(或许是一个更为普遍的、反事实的或理论性的主张)来证成这一否定"(OT,第89页)。比如,基于如下**道德**立场,即"痛苦是唯一本身是恶的事物"(OT,第91页),一个内在怀疑论者会否认性行为是道德的或不道德的——即他会否认这些行为具有任何**道德价值**。在此意义上,他会对性行为的**道德价值**持**怀疑态度**,但同时"预设了某种积极价值判断为真"(OT,第89页)。

在德沃金看来,不仅对某些特定行为的道德价值,而且对整体道德价值持有(内在)怀疑态度都是可能的。这样一种**全局性**(global)内在怀疑论本身就基于一种**道德**立场:比如,上帝是道德的唯一可能基础这种观点,[10]就和对上帝存在的怀疑论具有关联性(OT,第91页)。德沃金认为,重要的是认识到上述关联在此本身可以说就是"内在于"道德的立场,以至于就连这种全面的怀疑论也**内在于**道德。

相反,外在怀疑论"是一种形而上学理论,而非……道德立场"(LE,第79页);它是"有关(一阶)主张的哲学地位和类型的二阶理论"(LE,第79—80页)。外在怀疑论包括如下两个要素:(1)"朴素性"(austere),因为它试图(只)以非道德的论证来击败认为道德信念能够客观上是正确或错误的"日常"或"表面"观点

[10] 如戴维·索萨向我指出的,德沃金假设这是一个**道德**观点,但同样有可能的是它可以被理解为有关价值病因学的形而上学观点。

（OT,第 92 页）;(2)“中立性”,因为“它对实质的道德争议没有采取任何立场”(OT,第 92 页)。对于德沃金来说,约翰·麦基是典型的外在怀疑论者。[11] 他试图站在道德论证实践之外,而诉诸“某些先验的形而上学世界”(LE,第 78 页)。(麦基主张)该世界中不存在任何类型的道德事实。

在进一步讨论前,我们应当迅速地处理掉德沃金在他作品 230
中有时用来反对外在怀疑论的两个肤浅观点。第一个论证涉及如下错误的观点,即外在怀疑论必然承诺了一个自在世界(world-in-itself),即“先验的形而上学世界”的存在。特别是在德沃金晚近的论述中,外在怀疑论现在被指控为赞同一种“阿基米德主义的怀疑论”(OT,第 92 页),“试图站在信念整体之外,用与信念无关的预设或态度来对之做出判断”(OT,第 88 页)。这一挑战在下述主张中变得极为有力:“我们无法跳脱出道德领域而从某种外在的阿基米德主义的法庭来对之加以审判,否则这就好比我们能够跳脱出理性而从理性之外对之加以审视一样。”(OT,第 127 页)。

不过上述主张包含了一个富有启发的不合理推断:因为认为“跳脱出理性而从理性之外对之加以审视”不融贯的理由——该理由尤其为人熟知地来自黑格尔与奎因——与我们是否能够“跳脱出道德领域”并从其他立场评估道德没有关联。我们无法跳脱出“理性”——即外在于我们当下对于世界的最佳理论——

[11] 德沃金在这一点上并不总是很清晰。在一篇文章中,他将麦基描述为“捍卫一种内在道德怀疑论”(第 366 页),但在较新的一篇文章中他(在我看来正确地)说麦基“曾是一位主张仅依赖独立的、非道德的哲学论证的外在怀疑论者”(OT,第 113 页)。

并对之做出整体评判，因为我们剥夺了自己可以凭借的**任何**标准。但我们当然可以从该理论中自己当下满意的其他因素的立场，对该理论的不同要素（道德的、宗教的、生物的以及美学的）加以评判。

在否认我们具有“跳脱出理性而从理性之外对之加以审视”的能力时，德沃金心中似乎想的是“纽拉特之船”。但纽拉特之船在此语境中对德沃金并无帮助。纽拉特将我们的认识论情境类比于试图重建自己航行在海上的船只的水手所处的情景。因为他们无法立刻重建整个船体——可以说，他们无法“跳脱出船之外”从头开始重建这艘船——所以他们必须选择牢牢地站在船的某些甲板上来修护其他甲板。当然他们会选择站稳在那些最承重的甲板上——一个实用性的标准——同时重修那些不太可依靠的、不太有用或不太必要的甲板。稍后，水手们会选择去重修他们之前站立的甲板，并且这么做时他们又一次选择站稳在其他一些能够满足其当时实际需求的甲板上。

我们基本的认知情境——特别是如奎因多年来所主张的[12]——与海上的水手如出一辙：我们无法“跳脱出”我们对于世界的最佳理论，并且白手起家对之重新建构。在评价其他主张时，我们必然要站稳在这一有关世界的理论的某些稳固“甲板”上——不同的经验主张、理论假设以及认知规范。实用性的需要（至少对于奎因来说）决定了我们将批判性反思放到何种甲板之上，但没有什么会阻挡以下可能性，即一些时日后，我们当下依赖的主张和标

[12] 有关我对奎因理解更详尽的论述，参见本书第五章。

准本身也会得到修正。在奎因的理论中(我大体同情的观点[13]), 231
我们认同如下主张,即“不存在这样一个宇宙流亡之地的阿基米德点,供我们撬动有关这个世界的理论”。[14] 但一种道德理论不过就是有关世界的整体理论的一部分,拒绝“宇宙流亡之地的阿基米德点”不意味着拒绝**在特定次级理论之外**对之做出评价:从一个“次级理论”中“流亡”,可**不**意味着**宇宙**流亡。如奎因(在相关语境中)所说:

> 我们如今……降低眼光来勉强接受一种相对主义真理论,即认为每一种理论的主张对于该理论而言都是真确的且免于更高标准的批判了吗?并非如此。依旧存在的考量是,我们还是会把我们自己特定的聚合体科学、我们自己特定的世界理论或准理论的松散整体构造(无论它们会是什么)当回事。与笛卡尔不同,即使是在哲学研究之中,我们拥有并使用自己当下的信念,直至我们借助被模糊地称之为科学方法的事物,对信念各处加以修正以使之更好。在我们整体上处于演进的理论中,我们能够尽可能热切、绝对地对真理做出判断;该判断会受到修正,但这是不言而喻的。[15]

---

[13] 不包括奎因的朴素物理主义,它可以从其实用主义和自然主义中分离开来。有所助益的讨论参见:Christopher Hookway, *Quine: Language, Experience, and Reality*, Stanford: Stanford University Press, 1988, pp. 63-78, 124。

[14] Roger Gibson, “Willard van Orman Quine”, in J. Kim and E. Sosa (eds.), *A Companion to Metaphysics*, Oxford: Blackwell, 1995, p. 427. 相关讨论参见:Peter Hylton, “Quine's Naturalism”, *Midwest Studies in Philosophy* 19 (1994): 261-282。

[15] W. V. O. Quine, *Word and Object*, Cambridge, Mass.: MIT Press, 1960, pp. 24-25.

但在我们的船上，我们应当选择哪一片“甲板”来安置批判性反思与真理呢？

奎因认为，“在我的自然主义立场中，我将真理问题视为在科学内部得到解决的问题，因此并不存在更高的法庭”。[16] 但科学以及科学认识论的规范（即科学实践所依赖的潜在规范）**并非**出于任何**先天**理由而成为最高的法庭，而是因为——粗略但并非不精确地说——作为**后天**事物的科学会“带来好处”：它将飞机送上天空，消除某些肿瘤的生长，让数百万页纸张的数据存储在一个小芯片中，诸如此类。对于奎因而言，科学完全与常识处于一个连续统中，[17]因为两者都旨在预测并掌握经验的未来过程——不同的是，科学不像（比如）大众心理学或经济学，会以更大的精确度和可信度把握并预测经验。“我们从来无法在我们当下能够掌握的最佳理论之外获得源自其他理论的更好的视角。”[18]奎因认为，理论就
232 是科学理论，因为这是最有效的理论。当然，就连奎因也承认，如果（比如）读心术的主张得到验证，那么科学认识论的基本规范（即经验主义）“会被抛弃”。[19]

让我现在扼要重述一下：这里的观点是，虽然外在怀疑论者**可**

---

⑯　W. V. O. Quine，“Comments on Lauener”，in R. Barrett and R. Gibson（eds.），*Perspectives on Quine*，Oxford：Blackwell，1990，p. 229.

⑰　“科学是有自我意识的常识。”*Word and Object*（上注⑮），p. 3. “除了更细心外，在证据感方面科学家和常人别无二致。”W. V. O. Quine，“The Scope and Language of Science”，in *The Ways of Paradox and Other Essays*，Cambridge，Mass.：Harvard University Press，1976，p. 233.

⑱　*Word and Object*（上注⑮），p. 22.

⑲　W. V. O. Quine，*Pursuit of Truth*，Cambridge，Mass.：Harvard University Press，1990，p. 21.

能认同一个“先验的形而上学世界”，但他依旧无需担忧价值的客观性。他可能完全接受纽拉特之船的比喻，并且将价值客观性问题完全视为如下问题：在我们有关世界的最佳理论中给定我们当下站稳的（本体论和认识论的）甲板，我们如何理解推定的道德事实？对于一个反阿基米德主义的奎因主义者来说，这是一个十分合理的问题；也是德沃金若想决定性地击败外在怀疑论者，必须要反驳其可理解性（intelligibility）的问题。

德沃金有时主张第二种离题的观点。通常，他给外在怀疑论者扣上了“中立性”的帽子，并因此批评怀疑论者无法保持中立。不幸的是，这同属如下情形之一：德沃金未能引用哪位学者实际持有他认为某些人确实持有的观点，这就使得他很容易以“稻草人”作为批判对象。[20] 事实上，对于德沃金的典型外在怀疑论者——麦基——德沃金自己承认其**不是**“中立的”（OT，第 113 页）。尽管对于外在怀疑论来说，反对道德客观性的论证应当是**非道德**论证（依德沃金的说法，这是外在怀疑论的“朴素性”）这一点**是**至关重要的，但不清楚的是，为什么这对于“没有对实质道德争议采取任何立场”这一观点也是重要的（OT，第 93 页）。**外在**怀疑论者的标志是他对于道德客观性的批判**本身并非道德批判**。这一怀疑论批判对于实质道德争议是否有**影响**（implications）——这是道德实

---

[20] 这是德沃金作品长久以来的特征，可以回溯到他早期有关哈特实证主义的文章，在其中哈特的观点经常性遭到误解。比如，可参见：Hart's postscript to *The Concept of Law*，2nd ed.，Oxford：Clarendon，1994；Charles Silver，“Elmer's Case：A Legal Positivist Replies to Dworkin”，*Law and Philosophy* 6（1987）：381-399。

在论和怀疑论者所争论的问题[21]——并不妨碍怀疑论的**外在性**。

但即使怀疑论者认同这一中立性，他会必然违反这一约束吗？德沃金认为他会如此。外在怀疑论者拒绝了道德的“表面价值”立场，而依据该立场，道德上的正确与错误是一种“客观的事物”，并且特定道德“主张为真……并且……对此表示不同意的人们犯了糟糕的错误”（OT，第 92 页）。可是外在怀疑论者未能意识到“表面价值”立场并非有关道德状态的“外在”命题，它本身是“实质道德的一部分”（OT，第 93 页）。因此，拒绝这一观点的怀疑论者无法对道德保持**中立**。

233 或许，外在怀疑论者所能做的最多不过就是承认如下微不足道的论断：如果有关道德判断客观状态的主张实际上内在于道德，那么外在怀疑论者确实部分上拒绝了实质道德主张。但这可以说只是通过设定使得外在怀疑论**内在于**道德领域——通过设定就意味着对于客观性的主张实际上是一种**道德**主张，而这可能是德沃金式外在怀疑论首先想要拒绝的设定。我当然没有不同意说普通人会认为一些道德判断“客观上为真”，但将之称为**道德**立场，并以此来攻击外在怀疑论违背了中立性，似乎不过是昭然若揭的骗术。

将上述基本要点清理完毕，我们现在就能够探寻：外在怀疑论

---

[21] 比如，可参见：Nicholas L. Sturgeon，“What Difference Does It Make Whether Moral Realism Is True?”，in N. Gillespie（ed.），*Moral Realism*：*Proceedings of the 1985 Spindel Conference*，*Southern Journal of Philosophy* 24 Supp.（1986）：115-171；Jeremy Waldron，“The Irrelevance of Moral Objectivity”，in R. George（ed.），*Natural Law Theory*：*Contemporary Essays*，Oxford：Clarendon Press，1992。

的真正问题是什么？德沃金对此问题的花言巧语为数不少，[22]但其实质观点却有些躲躲闪闪。不过德沃金的核心主张非常清楚：外在怀疑论实际上是不可理喻的，至少在其运用于道德中时如此。他说“外在的层面……是不存在的”（P，第362页）。“（如外在怀疑论者所认为的）客观性问题……是一种假问题。”（MP2，第172页）外在怀疑论的支持者，

> 假定了我们能够在（语言）游戏和真实世界间做出区分，假定了我们可以区分如下两种主张：一种是作为某个集体事业中被做出和讨论的判断——奴隶制是错的；一种是在真实世界中的判断——奴隶制真的或客观上是不公正的。（但）这恰恰是我们无法做到的，因为“客观上”或“真的”这些语词无法改变道德……判断的意义。如果道德……判断因为属于人类集体事业的一部分而拥有它们现在所具有的意义与力量，那么这些判断无法具有一种超越该事业并以某种方式把握“真实”世界的“真的”含义与“真的”真值。（MP2，第174页）

简言之，唯一“可理解的……认为评价性命题既非真也非假的（怀

[22] 德沃金反对“无意义的形而上学剧场同虚构出来的愚人们的激烈斗争”（第382页），并提议说外在怀疑论者的挑战“就是糟糕的哲学”（OT，第139页）。他表达出（恰当命名为）“虔诚的希望”，认为“我们这个时代养育（这些怀疑论挑战）的沉闷精神，（将会）很快消散”（OT，第139页）。他谴责自然主义道德实在论者（比如理查德·博伊德以及彼得·雷尔顿），因为“通过承认（外在怀疑论的）挑战是明智的并且试图迎战它，加剧了困惑”，并且他对于实在论者不予理会，因为他们成为“（外在怀疑论者）谬误”的牺牲品，“该种谬误假设某个观念能够被归属本身并非规范观念的所谓形而上学主张”（OT，第127页）。

疑论)观点”必然是一种**内在**论证(OT,第 89 页)。

德沃金主张“外在”怀疑论的立场本质上不可理解的**论据**是什么?我可以在他著作中识别出两种主要的论证性策略:(1)**看上去**像外在论证的其实是**内在**论证;以及(2)真正的“外在”论证对道德话语提出了荒谬的抑或循环论证的要求。让我依次分析每种论据的最有代表性的版本。

(三)一以贯之的内在论证

如前所述,理解有关“堕胎在道德上是错误的”这类判断的客观性,很自然的一种方式就是将之视为“有关世界中存在的属性的
234 类型”的本体论争议(OT,第 103 页)。外在怀疑论者认为世界不包含道德属性;而“实在论者”承认这些属性存在。[23] 我们已经看到德沃金反对以这种方式理解该争议时所借用的肤浅论证,即外在怀疑论者违反了“中立性”要求,因为否认存在任何道德属性,就是否认“一些行动确实(really)是不公正的,一些人确实是善良的,或这类事情”(OT,第 100 页)。但如上所述,这只是在满足下述两个条件时构成对外在怀疑论者的有意义的反驳:(1)外在怀疑论者认同中立性,以及(2)“确实”是实质道德的一部分。所以让我们把这一反驳放在一边。

近些年来本体论之争最为常见的一种形态就是关于“道德”属

---

[23] 更准确地说,标准的实在论者认为:(a)在某个话语领域中的陈述是认知性的,即适宜用它们的真或假这样的术语加以评价;(b)这些陈述的真值是客观的[比如,这些陈述的真值条件在原则上是不依赖证据的(evidence-transcendent)];(c)在该领域中至少一些陈述为真。相关但稍有不同的描述,参见:Philip Pettit,“Embracing Objectivity in Ethics”,in *Objectivity in Law and Morals*(上注⑤)。

性是否同一于或随附于自然属性的争论。[24] 但在德沃金看来，这种方式表述该争议依旧没有让怀疑论者走出实质道德领域：

> 一些哲学家认为道德属性同一于自然属性——比如，他们认为一个行动的相对正确性不过就是该行动最大化幸福的相对能力。基于这种观点，当我们说一个行动增进幸福的事实因致了人们认为该行动正确（这通常貌似是可信的）时，我们可能也会说该行动是正确的这个事实因致了人们认为它是正确的。但同样，后一种主张无法证明中立的阿基米德主义者的立场，因为他不能同时既拒绝这一主张又接受属性同一性命题，并且该主张……是一个抽象的道德信念。（OT，第104页）*

但属性同一性的主张是一个**道德**主张吗？支持它的道德实在论者当然没有用道德话语表述该命题，而是将之呈现为某种**语义学**或

㉔　我信服金在权的论证。他认为，在双元论与还原论之间不存在起中介作用的可理解的"随附性"学说。特别参见他的著作：*Supervenience and Mind*，Cambridge: Cambridge University Press，1993，Ch. 4，5，14，16。雷尔顿实在论方案的一个优势在于，它大方地处理"道德"和"自然"之间还原论同一性主张的理论建构，而非躲在"仅仅"是随附性这一遮羞布后。特别请参见：Peter Railton，"Naturalism and Prescriptivity"，in E. F. Paul et al.（eds.），*Foundations of Moral and Political Philosophy*，Oxford: Blackwell，1990（正文中以后引作 NP）。

*　德沃金的观点可以简要表达如下。如果外在怀疑论者主张"一个行动增进快乐的事实，让我们判断这个行动是正确的"，那么他也会接受，一个行动是正确的事实，让我们判断这个行动是正确的。德沃金认为，后一种主张是实质道德主张，而根据外在怀疑论者的理论前提（道德判断源自于某种事实状态），他们无法排除第二种主张，因此德沃金认为外在怀疑论是自我矛盾的。——译者

（**后天的**）**形而上学**命题。自称是“彻头彻尾的道德实在论者”的彼得·雷尔顿[25]赞同理查德·布兰特（Richard Brandt），认为我们将同一性主张——比如，主张道德上的正确性从社会视角来看，不过意味着工具理性——视为对于属性同一性的改进定义或**后天**陈述（NP，第 157 页）。但雷尔顿说，若想提出有关道德正确性（或非道德的善好）的改进定义或自然主义定义，我们必须运用“自己的语
235 言或道德直觉”，以便“表达有关善好与正确性的可识别的观念”。[26] 在此诉诸的是我们使用语言的直觉，而非道德论证。

思考“月球实在论”（moon realism）[27]——讨论月球时所涉及的实在论——学说中的一个类比。月球实在论者认为，像“月球周长为 14 000 英里”这样的命题**客观上**为真或假。但要知道什么算作该陈述的真值条件，我们必须要有如下观念，即当我们讨论“月球”时，我们指的是什么。换句话说，我们必须要知道，当我们做出有关“月球”的主张时，我们在讨论与地球处于特定空间关系的天体，而非比如说帝国大厦：有关这一天体而非帝国大厦的事实，决定了有关“月球”陈述的真或假。给予推定的认知谓项（无论它是“月球”还是“道德上正确的”）一个定义（修正或其他内容），就是特定化一个事实域，其中的事实决定了该领域中语句的真值条件。在特定化该领域时，我们实际上不过是在诉诸我们有关使用概念（“月球”或“道德上正确”）的直觉。但诉诸使用“月球”概念的语言

---

[25] Railton，“Moral Realism”（上注⑨），p. 165.

[26] 同上注，第 205 页。

[27] 先前我使用过这一例证，参见：Brian Leiter，“Tort Theory and the Objectivity of Corrective Justice”，*Arizona Law Review* 37（1995）：45-51，48。

直觉并不是内在于天文学论证的活动，这就如同诉诸“道德上正确”概念的语言直觉并非内在于道德论证实践的活动一样。因此，有关这些主张的外在怀疑论者并不会提出一个**道德**论证来反对被提议的定义，而是通过**语义学**论证来说明被提议的同一性事实上并没有把握住道德正确性“可识别的观念”，比如它忽略了道德语言的**认同**(*endorsement*)特征这一要素。[28]

像雷尔顿这样的自然主义道德实在论者承认，尽管还原主义者试图“把握住领域中最为核心的直觉”，但无法恰当处理所有直觉，并因此“必然试图缩小其未能把握的直觉的作用”(NP，第169页)。该还原旨在支持“可容忍的修正主义”(NP，第159页)，后者“使得我们得以解释与”所讨论的道德谓述“关联的相互关系与自明之理”(NP，第162页)。但最终，所提出的属性同一性主张“必定因为推动了有价值的理论的建构而赢得其地位”(NP，第157页)——这种理论“将价值属性定位于有关世界的我们能够通过日常经验感知并在经验解释中发挥作用的特征之中”(NP，第154页)。[29] 因此，属性同一性主张完全建立在语义学直觉和理论建构 236
的目标之上；反过来说，外在怀疑论者能够基于上述任一理由检验这一还原。在此争论中似乎确实没有任何需要独特**道德**论证之处。

---

[28] 比如，参见：Allan Gibbard, *Wise Choices, Apt Feelings: A Theory of Normative Judgment*, Cambridge, Mass.: Harvard University Press, 1990, pp. 10ff.。

[29] 有关这一问题更多讨论，也参见：Peter Railton, "What the Noncognitivist Helps Us to See, the Naturalist Must Help Us to Explain", in J. Haldane and C. Wright (eds.), *Reality, Representation and Projection*, New York: Oxford University Press, 1993。

(四)外在怀疑论:无法理解或循环论证

排除了从本体论角度理解道德事实的自然主义主要方法对于德沃金反驳外在怀疑论的第二个主要论证策略来说非常重要。因为德沃金承认,基于道德未满足我们可以称为“科学认识论”的要求所施加的约束而否定道德客观性,**是**一个正当的**外在**论证。所谓“科学认识论”,可以在一定程度上且相当粗略地被理解为:(1)只有对经验施加因果影响的事物可以被获知;(2)只有对经验施加因果影响的事物是实在的。[30] 德沃金的回应是,这种对于道德的要求要么是荒谬的(即无法理解),要么是循环论证。

它之所以荒谬,是因为它会让我们认同德沃金称之为“荒谬的道德场域命题”(OT,第117页),该命题内容如下:

> 在众多能量与物质粒子中,宇宙包含着一些独特粒子,即莫龙粒子(morons)。* 它的能量与动量建立起了诸多场域,构成了特定人类行为和制度的道德或不道德、美德或邪恶,并且以某种方式也同人类神经系统进行互动,使得人们意识到道德或非道德、美德或邪恶(OT,第104页)。[31]

---

[30] 当然,一种科学认识论必然不只是包括最佳解释推理。比如,我们需要一个基本的经验主义学说(感知能够成为知识的一个来源),也需要既不满足经验主义者也不满足溯因推理标准的特定认知规范。如前所述,这些认知规范仅仅允许一种**实用性**辩护。

* 莫龙粒子(morons)意指愚人、白痴,表明德沃金的嘲讽态度。——译者

[31] 当德沃金因如下理由嘲弄外在怀疑论者时,我认为这也是他试图论证的:他们抱怨道德主张“不是像物理学那样可以被证实或检验的描述”,并且它们不是“他称之为(属于那些似乎对他观点的陈述很重要的令人抓狂的譬喻之一)宇宙‘构造’的一部分”(LE,第79—80页)。

现在自然主义实在论者以及德沃金的怀疑论对手都会承认这一命题确实相当荒谬,可以说“完全无法理解”(OT,第127页)。**但恰恰因为这个原因,实在论者首先想要认为道德属性同一于自然属性!** 简言之,自然主义还原的动机是在科学认识论中为“道德”寻找立足之地。但我们刚刚看到,基于如下理由,德沃金排除了这一动机:任何赞同属性同一性的论证本质上都是**道德**论证,并且因此对于外在主义争论而言并不足够地“朴素”。[32] 我已经质疑了对于这一还原过程的刻画,但既然德沃金认为属性还原违反了朴素性,他就准备基于外在怀疑论预设了荒谬的道德场域命题来否定服从于科学认识论的外在主义要求。 237

但即便基于他有关属性还原争议的内在主义理解,德沃金有权这么做吗?事实上,他似乎无法如此。如果在科学认识论中道德属性找到立足之地这一需求会导致“荒谬”的道德场域命题,那么怀疑论者也可以得出结论认为,这就是表明不存在道德事实:“莫龙粒子”的“荒谬性”证明的**不是**外在怀疑论者有误,而是正确的,在任何可理解的意义上世界都无法包含道德事实。德沃金真正需要的是反对怀疑论的下述主张,即道德事实应当适切于科学认识论的要求。简言之,这对于德沃金整体立场而言是最**重要的**问题。

事实上,现在德沃金明确地意识到这个问题。他描述了怀疑论者可能采用的“认识论层级”论证,根据这一论证:

---

[32] 我认为这是德沃金下述主张的另一面:对于道德谓述的自然主义还原的怀疑论拒斥违反了中立性。

> 假设行动、事件或制度具有道德属性是没意义的，除非我们对于人类能够“接触”到或意识到这些属性具有某种可信的理论，并且如果我们拒绝由道德场域命题提供的解释，我们必然要诉诸其他同样难以理解的有关道德官能（moral faculty）的理论。（OT，第117页）

德沃金在此描述的正是道德事实满足科学认识论条件的要求——他承认，这是道德事实无法以不“难以理解”的方式满足的要求。

那么德沃金如何反驳这一认识论观点呢？他提供的一个论证涉及对道德现象学为人熟知的借用，诉诸“在我自己有关做出道德判断能力……的经验中的证据；这些判断产生信念，大体上是持续的，与其他许多人的判断相一致，并且受到正常逻辑组合与运算的修正”（OT，第118页）。但这显然不是值得考虑的方案：无论实在论者还是怀疑论者，没有谁会质疑有关道德经验与判断的**现象学**。问题向来总是在于如何解释这一经验，它能否因表面价值而被接受，或者为了将此经验置入我们有关世界如何生成的最佳理论中而不得不以相当不同的方式解释该经验。现象学不过是材料，而非论证观点。

这就将我们带到德沃金论证的核心步骤：拒绝道德经验应当与科学认识论相调适这一要求。德沃金反对到，外在怀疑论的

> 层级式认识论……试图先天地建立可信赖信念的标准，忽略了不同信念领域中内容的差异，并且没有考虑到我们已经认为可信赖的信念的范围。（OT，第118—119页）

如果一种科学认识论“对于物理世界的信念而言似乎确实是合适的”(OT,第119页),它对于道德信念来说就是毫无意义的,“因为道德和其他评价性领域没有提出因果性主张”(OT,第120页)。如果我们接受道德事实必须在有关经验的“最佳解释”中发挥作用 238 这一要求,就会有如下结论:

> 任何道德(或美学、数学、哲学)信念都是不可靠的。但我们能够翻转这一判断:如果任何道德信念都是可信赖的,那么“最佳解释”检验就不是普遍有效的。两个方向的论证……都以同样方式在循环论证。(OT,第119页)

但只有当我们接受德沃金的错误假设,即服从科学认识论确实是一个任意的、**先天的**要求时,这个问题才是循环论证的。[33] 可是,该假设显示出(德沃金)彻底误解了是什么导致了外在实在论者和怀疑论者有关道德的争议。

回想奎因赋予科学认识论优先地位的立场。奎因不是出于任何**先天**理由将科学视为“最高的法庭”,而是因为从**后天**角度来看,科学“带来了好处”。通过驱逐我们充满了诸神、巫婆与以太的世界,并代之以一种具有重要实践价值的有关世界以及世界如何运作的理论,科学赢得了指引我们区分真实与非真实的权利。一种科学的认识论——基于“证据是重要的”(理论要解释经验,而不

---

[33] 此外,允许我指出,一般意义上的**信念**和特定意义上的**数学**(与**有关**数学的信念不同)是否包含在对于我们经验的最佳解释中是一个未决的问题——比如,后者取决于数学对于科学而言是否是不可或缺的。

单单主张权威）这样表面看起来简单的观念——是启蒙运动最为珍贵的遗产之一，这份遗产饱受源自糟糕哲学占统治地位的学术偏隅的攻击。奇怪的是，由于他将科学认识论兴之所至地诋毁为**“先天的”**，德沃金更像是他以极大的道德热情试图否定的后现代主义者。[34]

在科学认识论中为道德事实寻找立足之地这一要求既非任意也非**先天**，而不过是科学在**后天**意义上取得成功后，很自然地要加以探究的问题。道德主张并不会因为不涉及因果主张而与科学认识论完全无关；毋宁说（大体而言）因果力在过去几个世纪中被证明是可获知之物与实在的最佳标识，因此让任何推定的事实接受这一因果力的检验是自然而然的。像博伊德与雷尔顿这样的自然主义道德实在论者并非“糟糕的形而上学家”（OT，第127页）；更准确地说，他们认识到（就如德沃金显然没有认识到）经验研究的成功所激发的认识论压力使得科学认识论地位上升。这些道德实在论者主要在疑惑：假定我们手头已经有了对于真理和实在很有帮助的指引（即科学及其认知规范），那为什么不去看看“道德事
239 实”是否满足这些要求（而非与巫婆、以太拥有相同命运）？

如果我们拒绝了科学认识论的要求，现在没有人会惊讶于我

[34] 比如，德沃金抱怨后现代主义者“对于真理施以火刑（auto-da-fe）已然危害到公共与政治讨论，以及学术讨论”（OT，第89页）。这使我觉得对于前者的论述太夸张了：当然“公共与政治”讨论在德里达出现之前很久就已经完全受到了危害。不过我会同意如下立场，即当解构风靡学界时（在20世纪80年代）公共话语本应降到奥威尔式的巧言令色（doublespeak）的新低点这一事实，并没有迫切需要社会经济解释，尽管我猜想这两种现象都属于附带现象。（奥威尔式的巧言令色与政治语言紧密相关，它是一种使得谎言听起来像真话、使恶行变得令人尊敬的话术。——译者）

们的本体论充满了诸如道德事实、美学事实、神学事实以及类似的事实。但如果我们没有充分理由拒绝这一认识论——除了这个明显的循环论证的理由，即为我们（迄今）青睐的可疑的事实寻找立足之地*——有关任何推定事实的真正问题在于，它们是否能够符合我们现行有关可知之物与实在的最佳标准。㉟ 这是激发外在实在论者和怀疑论者争论的动因。德沃金没有表明他们的争论的确不可理解，而是完全暴露出他对于双方争论**什么**以及他们**为什么**这么做的误解。我们需要在德沃金这里发现的是，支持将道德领域与对我们大有助益的科学认识论割裂的**论证**。

不过，或许在此处分析的作品中包含着上述论证的起点。比如，思考如下这种德沃金批评科学认识论的"最佳解释"检验的方式：

> 因为道德和其他评价性领域没有提出因果性主张……这些检验就不可能在对于该主张的合适检验中发挥作用。我们道德观点的可信赖性确实需要检验，但这些检验必须适合于这些道德观点的内容，这就是为什么一个仅仅坚称道德属性并非物理属性的认识论挑战必然失败的原因。（OT，第120页）㊱

---

* 莱特在此的立场是，我们采纳科学认识论的理由不是我们青睐道德事实，并通过科学认识论证明道德事实"存在"（所谓有"立足之地"），而是基于科学认识论本身的有效性。——译者

㉟ 任何批评科学认识论的人必须也要提供有关真实与非真实之间区分的某种新的、有条理的理论，以证明该理论虽然比如说容纳了道德事实，但它依旧从我们对于世界的最佳理论中排除了许多虚假事实。

㊱ 有关杰拉尔德·波斯特玛（Gerald Postema）对于这一论点的发展以及局限，参见本书第九章第274—275页。

通过先绕道分析约翰·麦克道威尔著作中提出的客观性性质之争，我们可能会更好地理解德沃金以上论述中想要传达的信息。

二、两种客观性

（一）麦克道威尔论客观性

在一系列富有影响力的论文中，[37]麦克道威尔提出了他称之为有关语义、伦理以及其他评价性事实客观性的“实在论”立场。
240 但这个立场却明显拒绝有关这种客观性必然存在于何处的某种“科学”观点。[38] 我们可以将麦克道威尔的著作视为对如下观念的持久反驳：我们将源于自然科学的客观性观念——我称之为“自然主义观念”——视为**唯一**可能的观念，并尤其会必然运用于价值领域。我们回想一下，对于自然主义观念来说，当且仅当满足如下两个条件时，一个事实是“客观的”：（1）该事实（在某种妥当的意义

---

[37] 参见：John McDowell，“Anti-Realism and the Epistemology of Understanding”，in H. Parret and J. Bouveresse(eds.)，*Meaning and Understanding*，Berlin：de Gruyter，1981（引作 AREU）；“NonCognivitism and Rule-Following”，in S. Holtzman and C. Leich (eds.)，*Wittgenstein*：*To Follow a Rule*，London：Routledge，1981（引作 NCRF）；“Wittgenstein on Following a Rule”，*Synthese* 58（1984）：325-363；Critical Notice of Bernard Williams，*Ethics and the Limits of Philosophy*，*Mind* 95（1986）：377-386（引作 CN）；“In Defence of Modesty”，in B. Taylor(ed.)，*Michael Dummett*：*Contributions to Philosophy*，Dordrecht：M. Nijhoff，1987；“Projection and Truth in Ethics”，*Lindley Lecture*，*Department of Philosophy*，University of Kansas，1988（引作 PTE）。麦克道威尔最近的《心灵与世界》（*Mind and World*，Cambridge，Mass.：Harvard University Press，1994）是他唯一间接关切这些问题的著作，并且相较于早先的论文，无论如何都无法被认为是标志着在哲学清晰性上的进步。

[38] 参见 PTE 中对于“科学主义”的批判，第 12 页。

上)“独立于心智”;以及(2)该事实对于我们的经验过程发挥因果作用。

可惜,麦克道威尔的批评和德沃金一样不适当地指向了独立于心智这个要求,他不断批评道德怀疑论者说,他们秉持某种(站不住脚的)关于客观实在性的观念:“事物确实是怎样的,就是事物本身是怎样的——即独立于它对持有这种或那种视角的人们的影响”。(NCRF,第141页)因此,麦克道威尔批判的核心就在于展示这样一种实在性观念是没有道理的:“我们无法拥有柏拉图主义所设想的独立视角;并且就是因为我们错误地认为我们能够拥有该视角,我们认为该视角是有道理的。”(NCRF,第150页)非常著名的是,他认为维特根斯坦有关遵循规则的论述揭示了这样一种有关客观实在性的观念的问题。大体而言,论证如下。

任何有关遵循规则的完满哲学论述都必须解释该现象的两个特征:它必须论证规则在某种意义上是“客观的”(即不能是任何人认为规则是什么意思,规则就是什么意思);并且它必须解释规则的“规范性”(即规则约束行为、为遵循它的行为设立正误标准这个事实)。这两个特征彼此相关:如果规则**不是**客观的,它们就没有规范性。如果我所认为的规则含义确定了规则的内容,那么规则能够约束我后续行为(或作为行为尺度)就没有任何有价值的意义。

维特根斯坦对于遵循规则的论述被视为瓦解了麦克道威尔称为“柏拉图主义”的规则“客观性”观念。柏拉图主义是关于“独立于心智”这个要求(我们可以称之为“强客观性”)的一种特定解释。当一个事实的存在与特征(在认识论上)并不依赖(在理想的极限情形下)我们对之所知多少或**能够**对之所知多少时,它就具有强客观性。[39] 规则的强客观主义者认为,规则是“一个机器不可改变的
241 运转……(它)独立于构成我们……(遵循规则)实践的活动与回应”(NCRF,第151页)。

根据麦克道威尔对于维特根斯坦的解读,这样一种规则观念由于如下两个原因而失败:它无法解释规则的**规范性**,并且“总是超越任何可能设定它的基础”(NCRF,第147页)。它未能解释规范性,是因为尚不清楚一个内容在原则上不可为我们所知的规则如何能够承担其**规范性**功能。[40] (如尼采所说,“我们不知道的事情,如何能够向我们施加义务”?[41])并且柏拉图主义的规则观从未得到可获得的证据的担保,因为可获得的证据(物理或心理上过往的行为)无法充分决定规则的内容。[42] 对于麦克道威尔来说,道德也总是一样的:有关规则含义的事实,就如道德事实和语义学事实一样,都是实在且可知的,但仅是就**内在于**相关(遵循规则、道德论

---

[39] 此处借鉴我下文中的一些观点:“Objectivity and the Problems of Jurisprudence”, *Texas Law Review* 72(1993): 187-209, esp. pp. 190-196。

[40] 有关这一“规范性”论证更清晰的版本,参见:Crispin Wright,“Introduction”, in Realism, *Meaning and Truth*, Oxford: Blackwell, 1987, pp. 24-25。

[41] “How the True World Finally Became a Fable”, in *Twilight of the Idols*, in W. Kaufmann(ed.), *The Portable Nietzsche*, New York: Viking, 1954.

[42] 这一观点与 Saul Kripke, *Wittgenstein on Rules and Private Language*, Cambridge, Mass.: Harvard University Press, 1982 中提出的著名怀疑论观点相关。不过克里普克主义者假设,即使一个理想的认知者能够获得一切证据,规则的内容依旧会不确定。相应地,麦克道威尔对克里普克的反驳是,他认为该观点导致了一种怀疑论的结论,而非只是证明我们必须要以非柏拉图主义的语词来理解遵循规则的客观性(另外从我们的理论中清除如下假设,即一切理解都要求解释)。(出于正文的论证目的,我也认为,如果规则的内容若不确定,那么对于规则的任何特定版本的信念都无法得到证实;不过这可以讨论。)

证或语言使用)实践而言的;我们能够站在这些实践之外并识别出任何事实这种观点是不理性的。麦克道威尔多年来是这样阐明这一点的:

(1) 就是因为我们卷入了自己的"有机论旋涡"(即"构成我们……实践的活动与回应),我们能够基于在给定情形某个行动是正确的这一判断,将一种形式的语词理解为传达(规则)所拥有的特定强制性(即规范性)。(NCRF,第 151 页)

(2) 如果我们简单地、正常地沉浸于我们的实践中,我们并不会想要知道从外在于这些实践的视角出发,这些实践同世界的关系是怎样的,也不会感到需要一个从外在视角看来是可识别的、坚固的基础。(NCRF,第 153 页)

(3) 道德价值客观地存在于世界中,并对我们的理性提出要求。这不是一种关于价值的柏拉图主义……;据说道德价值蕴于其中的世界并不是道德柏拉图主义所设想的可以从外部加以描绘的世界。(NCRF,第 156—157 页)

(4) 除了沉浸于实践,不存在我们能够对语言实践(或道德实践)进行合理描述的视角。(AREU,第 248 页)

(5) 我们不具备有利的视角来处理"事情真正会是怎样"这个问题——即外在于我们熟悉的思维和语言模式,并且无论我们对于这些模式的掌握向我们提供了什么算是对它们更好或更糟的使用的理解,什么可以构成一个事实。(PTE,第 11 页)

242 与非阿基米德主义的奎因式实在论者不同，现在典型的(hardcore)实在论者基于世界如其本来面目(world-as-it-is-in-itself)的立场，试图挑战对“外在”有利地位可理解性的维特根斯坦式批评。但我想承认麦克道威尔的一般形而上学立场，因为这其实与怀疑论和实在论之间的纷争并无关联。如我们先前在反驳德沃金对“阿基米德主义”类似的批判时所见，怀疑论立场没有要求任何可供反驳的“外在”有利地位的可理解性。我们恰恰可以认为，就我们在纽拉特之船的立足之处来看，后启蒙世界的一个重大问题就是，道德事实如何同其他任何我们用来理解世界及其过程的事物相协调。或者用麦克道威尔青睐的譬喻来说：如何安置道德这个问题，**内生于**而非外在于我们的实践。事实上，正是因为我们在道德实践中发现了首先会导致怀疑论的难以处理的道德分歧，所以即使内在于我们的道德实践，道德客观性问题依旧是一个重大的问题。[43]

因此，怀疑论者能够与麦克道威尔一同抵御“如下哲学诱惑，即将客观性理解为从外在视角来看事物之间的妥当关系”(CN，第385页)，并依旧认为，**内在于**我们有关世界的现行最佳理论中，存在着道德事实会占据何种地位(如果有的话)这一严肃议题。

然而，麦克道威尔提出了另一种反对“外在”怀疑论的论证，它可以被视为对德沃金失败的诉诸道德现象学的补充。我之前论证说，道德经验不过是材料，并且(相应地)关键问题在于我们的道德

---

[43] 值得注意的是，这里的论点并不涉及认同证实主义，正如德沃金在其著作中不同地方误导性地提出的(比如，TRS，第281—282页；MP1，第137页)。我们无须相信任何事实必然能够被证明为真。我们需要接受的是“最佳解释推理”原则。因此，怀疑论立场认为对棘手的道德分歧的最佳解释就是不存在客观的道德事实。

经验能够通过实在论还是怀疑论得到最佳解释。麦克道威尔认为，事实上怀疑论者无法对道德现象学提出**融贯的**论述；并且恰恰在解释道德事实的过程中，他必然要预设道德事实的存在。这一困境对于“投射主义者”来说尤为严重——他们是这样的外在怀疑论者，认为道德属性不过是我们对世界不同特征的主观回应在世界中的**投射**。麦克道威尔对于投射主义者的反驳主要是这样的：投射主义者无法在不预设有待解释的概念条件下识别出被投射的主观状态。如下是重要的段落：

> 如果我们无法确定主观状态是什么，就会破坏有关概念的投射主义理论；人们认为主观状态的投射产生了正在讨论的实在的表面特征——这种投射无需有关该特征的概念，而这个概念将要通过投射得到解释。（PTE，第 6 页）*

换言之，当某物在不诉诸有关“有趣”或“滑稽”的某种事物的概念而显得“有趣”时，我们试图挑选出被投射在世界中的主观回

* 莱特和麦克道威尔此处的论述稍显复杂，可以简单概述如下。莱特认为，麦克道威尔指出，投射主义之所以失败，其根源在于投射主义本身预设了它所试图解释的概念。比如，当投射主义者说“红色”概念不是客观的而是我们主观状态的投射时，他们一定预设了“客观的红色”和“主观投射的红色”这一区分。在这段引文中，麦克道威尔指出，投射主义理论若想成功，就需要首先确定我们的主观状态是什么，以此来解释主观状态如何扭曲了我们对于真实的理解。但当我们无法确定主观状态时，这种理论就不可避免地失败了。这一论证与莱特对于麦克道威尔的解读之间的关联在于：引文表明，麦克道威尔可能认为投射主义者不是根据我们主观状态（解释的依据）来分析真实如何受到扭曲（解释的对象）；而是预设了解释的对象即真实是怎样的，以此来反推我们现在的认知不过是主观状态的投射（解释的依据）。这本质上是一种循环论证或倒果为因。——译者

243 应，你会茫然不知所措。有待识别的自然主观状态——“大笑的倾向”或“寻找有趣的事物”——已经预设了正在讨论的有待解释之物。

不过，上述论证只基于下述假设有效：我们只是因为知道如何使用相关概念，就认定任何属性（比如，“有趣”或“道德上正当”）都具有实在性（reality）。但怀疑论者为什么要认同这一假设呢？怀疑论主张是有关何物存在的**本体论**主张。投射主义怀疑论者认为道德事实不属于世界的基本构造，而不过是不同主观状态在世界中的投射。反过来，投射主义者为了描述这些（主观）回应而必然诉诸道德**概念**，并不意味着他认同道德**事实**存在。

所以麦克道威尔就像德沃金一样，似乎没有充足的论证反驳自然主义客观性观念。麦克道威尔源自现象学的更富雄心的论证未能表明怀疑论者立场不融贯。同时麦克道威尔的维特根斯坦式论证攻击的是怀疑论者无需预设的一种形而上学立场。此外，就上述两方面而言，他的批评只涉及“独立于心智”这个自然主义要求，而非因果有效性。我们甚至可以认为麦克道威尔认同道德事实在某种意义上是依赖于回应的事实（response-dependent facts）[44]——它们不是那么截然独立于心智——但我们依旧能够认为这些事实：(1)因为（由于当下所有关于依赖回应的事实的论述中所包含

---

[44] 近来一种流行的观点。不同版本，参见：Philip Pettit，“Realism and Response Dependence”，*Mind* 100(1991)：587-626；Pettit，“Embracing Objectivity in Ethics”（上注[23]）；Michael Smith，*The Moral Problem*，Oxford：Blackwell，1994；Mark Johnston，“Dispositional Theories of Value”，*Proceedings of the Aristotelian Society*，supp. Vol. 62(1989)：139-174。对于道德事实是回应依赖性事实观点的批判，参见：Crispin Wright，*Truth and Objectivity*，Cambridge，Mass.：Harvard University Press，1992。

的回应条件的理想化而具有的）客观性而充分独立于人们实际做出的回应；但（2）未能是客观的，因为它们在有关经验的因果解释中并不发挥作用。对于后一种要求，我没看到麦克道威尔有任何直接回应。不过把这个问题放在一边，我们至少可以探讨，麦克道威尔有关客观性的非自然主义替代方案在伦理学中体现为什么。[45]

在伦理学中，麦克道威尔谈论的是“真理”而非客观性，不过这一差异对于这里的论证目的并不重要。麦克道威尔认为，对真理 244
的最重要的怀疑论挑战源自阿拉斯戴尔·麦金泰尔以及查尔斯·史蒂文森这样的哲学家。他们认为“我们缺乏……一种有关思考伦理问题的更好或更坏方式的观念”（PTE，第 4 页）。但麦克道威尔反驳道：

> 毕竟我们确实拥有供我们用来进行伦理思考的理由观念，它足够丰富和深厚，能够区分伦理立场中理性诱发的改善

---

[45] 麦克道威尔可能会反对“非自然主义者”这个标签，因为他大部分工作就是试图对“自然主义”提出一种不同的含义，该含义能够包容他自己的观点。大体而言，他的观点似乎是，人类发展出特定的回应性能力（比如，对与错等）在某种（宽泛亚里士多德主义的）意义上是“自然的”，并因此（从自然主义世界观来说）不存在有关事实（该事实的存在依赖这些回应性能力）状态的认识论或本体论的特殊问题。特别参见：*Mind and World*, Cambridge, Mass.: Harvard University Press, 1994, pp. 77-86; John McDowell, “Two Sorts of Naturalism”, in R. Hursthouse et al. (eds.), *Virtues and Reasons: Philippa Foot and Moral Theory*, Oxford: Clarendon Press, 1995。[对此理论的尖锐批判，参见如下评论：Crispin Wright, “Human Nature?”, *European Journal of Philosophy* 5(1996): 235-254。]不过，麦克道威尔肯定是我理解中的非自然主义者，即那些拒绝自然主义客观性观念的人。

和仅仅基于操纵性说服的改变。(PTE,第 5 页)[46]

因此,对于伦理学中的真理或客观性而言,我们需要的不是与人类回应割裂的道德事实,而只是"容纳……充分深厚的理由观念"的伦理思想(PTE,第 8 页)。"对理由的敏感性"(susceptibility to reasons)是伦理学中客观性的标志,并且"对真理的威胁源自如下思想,即我们伦理立场的理由观念缺乏充足的实质内容"(PTE,第 9 页)。特别要注意的是,麦克道威尔**不是**在说对于伦理学中的真理而言,伦理性回应中的一致性就已足够,因为这种一致性可能仅仅是"一种主观性的巧合而非对一系列真理的共识——就像是如下这类很常见的观点一样:每个人都更偏好一种口味的冰激凌"(PTE,第 8 页)。正是**实质理由所背书的**一致性的可能性,真正将客观领域与以"仅仅是主观性的巧合"为特征的领域区分开来。

不同于抱怨说伦理学中客观性问题必然是本体论问题的自然主义者,现在麦克道威尔完全诉诸类似于德沃金对于任意的**先天性**的(错误)批判之中。麦克道威尔质疑,在任何有关真理的哲学探究之前,完全将价值和有趣的事物排除出世界,这样一种(对于世界所包含事实类型的)"形而上学理解"有多大可信度呢?(PTE,第 12 页)他补充说:"(上述理解中)所缺乏的就是自然科学在有关真理的哲学反思中具有基础性地位这一假设的理由——该假设认为,除了在有关世界的科学性理解中发挥作用的事实以外,

---

[46] 该观点呼应了我们熟知的对于情感主义的抱怨,它由理查德·布兰特(Richard Brandt)首先在下文中提出:"The Emotive Theory of Ethics",*Philosophical Review* 59(1950):305-318。

不存在其他事实。”(PTE,第 12 页)但同样,对于奎因主义者而言,这些观点看上去都非常奇怪。因为并不是一些不可阐述或偶然的偏见使得科学认识论相比于其他理论具有优先地位。毋宁说,鉴于该认识论迄今为止取得的巨大成就,人们选择它(至少最初如此)是自然而然的。将科学认识论完全弃之不顾就会向整个前启蒙时期的世界观敞开大门,而后者是我们似乎最好要避开的。

(二) 麦克道威尔和德沃金

无论其理论有何种不足,我希望现在可以很清楚地看到麦克
道威尔的讨论,以及自然主义和非自然主义客观性观念的区分,如 245
何呼应着前一部分中我们看到的德沃金试图表达的观点。事实上,在德沃金的著作中,甚至有许多地方他几乎就要指出我们正在讨论的区分。比如,在 1978 年的一篇论文中,他说我们应当“预设世界上除了硬事实外还有其他事实”(MP1,第 138 页),其中“硬事实”指的就是“物理事实和关于人们行为(包含思想和态度)的事实”(MP1,第 137 页),或者“原则上能够被通常科学方法证实的……那类事实”(MP1,第 139 页)。在德沃金看来,道德事实以及比如关于一个故事的最佳解释的事实,就属于非硬事实。最近,他写道,“道德是我们经验的独特和独立的维度,它行使着自身的权威”(OT,第 127 页)。同时,基于普遍的认知“宽容原则”(我的表述,而非德沃金的),德沃金支持如下观点:

> 对于任何领域内持有该领域信念的人来说,任何领域的认识论必须要充分内在于该领域的内容,以便为检验、修正或

> 放弃这些信念提供理由。(OT,第120页)

当然,作为一条总括性原则,这并不正确。试想一下持有奇怪的哈巴德式宇宙论的基督教科学组织派(Church of Scientology)信徒。即使(1)或许没有"内在于"该领域的理由使得其信徒放弃该宇宙论,并且(2)"外在于"该领域的理由,比如物理学、天文学和进化生物学提供的理由,无法撼动虔诚的科学派信徒的信念,认为该宇宙论**不是**对于宇宙的客观描述也是很自然的。

可是德沃金并没有打算让他的宽容原则适用于和科学主张彼此龃龉的领域。他明确指出,因为占星术和正统宗教"试图提出因果解释",所以它们应当服从最佳解释检验。但他补充说:

> 因为道德和其他评价性领域没有提出因果主张……这种检验就无法对它们构成任何有意义的检验。我们确实需要检验自己道德意见的可信性,但检验必须要适合于这些意见的内容。这就是仅仅主张道德属性不是物理属性的认识论挑战注定失败的原因。(OT,第120页)

所以宽容原则适用于这些没有提出因果主张的领域,因为在这些领域中我们需要一种非自然主义的客观性标准。

但为什么首先要假定这些领域是客观的呢?德沃金的关键直觉——我认为,该直觉强化了上文讨论过的对于外在怀疑论令人困惑的批评——可以表述如下:

> 所以，怀疑论先生，你已经证明道德属性并不在我们有关
> 世界的最佳解释理论中发挥作用，并且它们在合适的科学本
> 体论里没有资格占据一席之地——这都不错，都很好，但这对
> 我很难构成困扰。因为即使"道德错误"并非奴隶制客观（在
> 你对这个词的自然主义解读中）具有的属性，我对于"奴隶制
> 是错误的"论证依旧是强有力的，是有说服性的，并且你没有 246
> 向我提供论证来说明应当放弃相信奴隶制是错误的。（可以
> 说）没人介意道德事实的本体论状态：我想知道的就是你是否
> 有不错的（即内在的）论证来说明奴隶制不是错误的？

如果这是德沃金的观点的内容，那么重要的就是认识到他真正的立场不是外在怀疑论无法理解，而是它是不相关的。[47] 德沃金会说，你想就道德事实的本体论争论多少就争论多少，但其中没有任何一个观点能对我们支持或反对不同道德命题的能力有丝毫影响。可以说唯一"算数"的客观性就是该道德论证* 包含的潜力（potentialities）。

这一德沃金观点的核心在不同论文中都有所体现。比如，他说："我们确实有理由认为奴隶制是错的，希腊人因此生活于谬误之中，因为在有关此问题的道德争论中，我们拥有可以援引的一切道德理由。"（OT，第 122 页）在其他地方，他说道：

---

[47] 我承认这是德沃金做出的有些奇怪的抱怨，因为要想外在怀疑论能够"相关"，那它就是非中立的，而正如我们所见，德沃金认为它必然不可能是非中立的。

* 这个道德论证指的是"奴隶制是错误的"这个论证。——译者

> **我们**没有说(我们也无法理解任何人这么认为)……道德价值"就在那里",或能够被证明。出于不同的侧重点,我们只是认为……奴隶制是错误的。道德的……实践给予(这一)主张(它)所需要或能拥有的所有含义。(LE,第83页)

类似地,在讨论有关"解释性事实"这一争议的语境中——比如理解《大卫·科波菲尔》(*David Copperfield*)这本小说中的某些事件的最佳方法时——德沃金认为,在这种讨论中的参与者,

> 被训练得将自己的回应服从于反思与一致性的规训,进而做出某些他们的训练授权他们基于这些得到如此规训的回应的权威而做出的断言。受到如此训练的参与者的行为服务于某种目的——或许是休闲或文化目的——而非增进我们有关外部世界的集体知识……(参与者们)当然并不会认为叙述上的一致性和铁的重量是一回事,或者说叙述上的一致性就像铁的重量一样是外在世界的一部分……无论有关叙述一致性的陈述具有何种意义(即客观性),这些意义都是由训练参与者做出并回应这些陈述的事业所赋予的。(MP1,第140、141页)

我认为,德沃金实质上在如下文本中表达了麦克道威尔的观点:伦理学中的客观性事关"对理由的敏感性";批评一个伦理立场的客观性就是提出伦理理由(而非认识论或本体论论证)来反驳该立场;这种推理能力在特定的道德论证实践中得到培养,并且除却经

过如此培养的感知力(sensibilities)与能力外，我们完全没有其他什么根据来评价道德论证。简言之，德沃金应当会支持麦克道威尔的口号，即“伦理学的真理是靠内在于伦理学中的思考赢得的”(PTE， 247
第 10 页)，并且同样也会同意如下内容(并有一些明显的补充)：

> 对(伦理学中)真理的威胁源自如下(内在怀疑论式的)观点，即我们的理由观念缺乏足够的内容支持伦理学立场。当我们试图应对这一(内在怀疑论式的)威胁时，没有理由不使用我们所能支配的一切资源，包括我们可以获得的一切伦理概念，只要它们能够通过批判性考察(scrutiny)；并且没有理由只对一个伦理概念而不对其他概念展开批判性考察，所以必要的考察并不意味着走出我们伦理感知力所构成的视角。(PTE，第 9 页)

如果德沃金和麦克道威尔都是大体上同种类型的客观性的非自然主义者，那么或许除了上述勾勒的有关不相关性的论证，他们依旧没有提供反对自然主义观念的实质论证。接下来我们必须思考，他们的这一论证是否足以击败外在怀疑论。

三、反对非自然主义

在本节中，我会论证对于客观性甚至伦理学而言，非自然主义基于如下两个理由并非合适的观念。首先，在许多情形中(包括伦理学)，如果不潜在地依赖自然主义意义上的客观性，我们就无法理解一个话语是"客观的"(即使这意味着"对于理由的敏感性")这种说法:除非存在该话语必须要符合的自然主义意义上的客观事实,我们通常无法判断推理方式更好还是更糟。[48] 其次,就连怀疑论者也没有否认人们的道德观点"对于理由具有敏感性",他所否认的是如下立场:人们认为独具**道德性**的事物,有待理由充分的分析。德沃金和麦克道威尔没有表明道德观点在此强意义上易受理由影响,而该意义在区分他们与(比如说)非认知主义者的观点中是必不可少的。[49]

---

[48] 我在此没有正面作答,是因为数学的例子是一个典型的客观领域。至少数学中的部分内容(那些对于科学实践而言不可获取的部分)在理论上其客观性能够得到习惯中的自然主义语词的证明;但数学其他的部分就呈现出一种更为复杂的情形。有如下几种可能的回应思路:(1)我们可以假设数学(以及,比如说逻辑)的客观性不过是基于习惯的,因此数学与表面上不同,并不如自然科学所研究的对象那样具有强健的客观性;(2)我们可以认为存在某种休谟式的故事,来讨论为什么像我们这样的生命会体验到哲学和逻辑上"必然"或"应当"的强制("2 加 2 **必然**得 4")——其实,这样一种理论可能与(1)中提出的一种习惯主义相关联;(3)最后,我们可以承认说数学和逻辑是客观的,即使这一客观性无法在自然主义上得到解释,但问题在于,保证我们相信它们具有客观性的特征(数学与逻辑真理的跨文化且通常是永恒的性质)是否真的给予我们理由去认为道德也会以某种非自然主义方式是客观的。[我感谢斯坦(Ed Stein)与朱尔斯·科尔曼在我思考这一问题时给予的帮助。]

[49] "非认知主义",我指的是一种有关道德话语的**语义学**的立场,其大意是道德话语的意义就是在**表达**特定非认知性态度时它的角色。普遍的规范主义者(黑尔)、规范表现主义者(吉伯德)、朴素情感主义者[艾耶尔(Ayer)]和精致的情感主义者[史蒂文森(Stevenson)]对得到表达的态度都有不同理解,但却同意这一基本的语义学命题。他们也同意不存在道德事实这一怀疑论的本体论命题。麦基接受后一个命题,但拒绝语义学命题:他认为道德话语是**认知性的**,即适宜用真假这样的语词来评价,但在他的本体论影响下,他认为一切道德陈述都是错误的。麦基的错误理论(error theory)具有的缺点是,它使得如下现象令人困惑,即为什么任何人都应当参与道德话语:没有陈述任何事实的假设性事实陈述话语的目的是什么?非认知主义者同样受到下述本体论考量的推动,即通过提出一种修正的语义学来试图寻找保留道德话语意义的方法。

(一) 自然主义客观性是不相关的吗? 248

基于上文提出的解读,德沃金对自然主义客观性的核心挑战在于,他认为道德立场的(自然主义)客观状态基于如下两个原因而与道德论证无关:(1)它与伦理学客观性无关,因为后者事关是否存在支持伦理立场更好或更糟的理由;并且(2)不会挑战任何人的一阶道德观点。我试图证明德沃金的两个论述都错了。

想象出现这样一种实践,为冰激凌的不同口味——比如巧克力和香草——的优势提出论证。这一论争中的一部分人会以下述方式论证巧克力口味的优势:

> 巧克力的独特之处在于,它与香草味道的易消逝性相比,其口味具有丰富性和严肃性。巧克力紧紧抓住我们的味觉,占据了整个口腔,它消融掉先前所有味道。这与香草不同,是一种彻底和全面的味觉体验。巧克力的奶油——顶级冰激凌的精髓所在——与香草的十分不同,因为后者很难与单纯的牛乳区分开来。巧克力冰激凌就是如此醇厚(substantial),香草口味的从来无法如此。

同样假设存在一种(由先前这种标准推理形式保障的)共识,认为巧克力真的是更好的口味:换言之,我们有一种**占据支配地位的**理由惯习(称之为“巧克力惯习”),它总是支持着巧克力口味得到青睐这一结论。该惯习之所以“占支配地位”,不是因为不存在其他被听到或赞同的理由(假设争论中的参与者都对理由有**敏感性**),

而是因为每个人都发现青睐巧克力口味的理由具有说服力。

依据非自然主义，我们应该认为巧克力口味比香草口味更好是一种**客观**事实。毕竟，冰激凌口味在此情景中对理由具有敏感性。但因为存在着认为支持巧克力口味的论证是最有说服力的支配性惯习，就不存在对于客观性展开的不可反驳的**内在**怀疑论攻击。因此，基于非自然主义立场，巧克力口味客观上优于香草口味。

现在这一结论让我感到非常奇特。我的直觉认为，冰激凌口味的"味道"属于典型的主观属性（即对于品评者来说看上去是正确的，那就是正确的）。因此，无论人们认为偏好巧克力的"理由"
249 多么具有说服力，也无论他们的论证多么严格，我们还是想说，巧克力惯习参与者的讨论都是在乱讲：没有关于冰激凌口味"味道"的**客观**事实；巧克力或香草的"味道"仅仅是**主观的**。但是我们只能通过诉诸一种**外在的**客观性观念，通过诉诸如下观念来阐明这一直觉，即任何特定话语——无论它看上去多么有说服力——最终必须要符合自然主义所认定的事实。巧克力惯习完全无法满足这一要求，因为不存在有待符合的关于冰激凌口味"味道"的客观事实。

我们可以将此加以推广：恰恰是因为占支配地位的论证惯习（比如巧克力惯习）总是**有可能**在非事实事项中发展壮大，自然主义客观性与大部分话语领域中对客观性的评价有关。但非自然主义者缺乏对此可能性做出反应的资源，无法认为占支配地位的理由惯习实际上不是客观的。简言之，非自然主义使得有关非客观领域的占支配地位的理由惯习的存在在概念上变得不可能。但这种惯习似乎不仅在**概念上**是可能的，而且也是**实际存在的**（想象一下有关针尖儿上能够站多少天使的经院哲学争论）。当然，仅仅由于判断没有**成功**地受到挑战，仅仅由于它们是占支配地位的惯习(对于该惯习而言，并未发现有说服力的内在怀疑论者)的一部分，客观性就应当产生判断是没有道理的。因此，自然主义客观性观念确实会影响我们如何评价这些话语领域的客观性。

麦克道威尔似乎有两种可能的回应。首先，他可能会否认巧克力惯习真的属于人们**敏感于**理由的情形；而是认为它只属于我们在评价性话语中发现的那种敏感于理由的假象。[50] 但可惜的是，我认为麦克道威尔阐明该观点时是在循环论证。我们如何知晓我们"道德推理"本身不是像巧克力惯习这样占支配地位的惯习呢？它不正是我们在讨论的问题吗？至少就涉及自然主义意义上客观的事物的话语而言，我们有某种方法排除一种推理类型**仅仅**占支配地位的情形。但麦克道威尔无法以此方法来帮助自己。他需要却没有提供的是对于理由"敏感性"的有力论述，是在反驳怀疑论者对我们道德话语的怀疑时没有循环论证的论述。我不认为这样一种论述唾手可得。

接下来麦克道威尔可能采取第二种策略，就是完全"咬紧牙关"并拒绝冰激凌"味道"的直觉是主观属性。事实上，如果像巧克力惯习这样的推理实践确实是有道理的，那么麦克道威尔主义者会主张，我们**应当**将"味道"视为客观的。

然而，这样一种回应存在两个困难。首先，如前所述，我们一 250
定会试图超越这一情形而加以一般化，并做出更强的主张：概念上不可能出现有关主观事物的占支配地位的理由惯习；对于客观性

[50] 感谢 C. J. 萨默斯(C. J. Summers)促成(pressing)这一回应方式。

而言，即使在支配性惯习中，对于理由的敏感性就完全可以**满足**客观性。但这个一般性主张似乎太强了：当然，即使一个领域并不客观，认为它敏感于理由在概念意义上也是有道理的。麦克道威尔主义者的困难是在不诉诸"外在"视角的条件下来解释这一可能性。其次，相比于承认"外在"视角的相关性，咬紧牙关的回应似乎太极端了。除了对于非自然主义的独断论式认同，如果有关客观性的一个"外在"视角足以解释如下自然直觉，即客观性要求理由符合有关世界的事实，我们为什么应当"咬紧牙关"呢？

不过，现在来思考一个相当不同的味觉主张，即巧克力冰激凌要比粪便更美味。[51] 当然我们对此情形的直觉与之前情形相反：我们恰恰禁不住要说**这是**有关相关味道的**客观**事实。该直觉有助于证明麦克道威尔式观点吗？

答案取决于我们如何解释巧克力冰激凌在何种意义上要比粪便更美味是一种客观事实。对这种事实的解释似乎并不取决于在"敏感于理由"的巧克力和分辨之间做出选择。（相反，我们倾向于认为如果有人能够给出青睐粪便的**理由**，这就无异于改变了事实状态。）**在主体间意义上**，巧克力当然要好于粪便，即对此存在着近乎普遍的共识。或许这就是在此语境中"客观性"的全部含义，但如果是这样，这就不足以挽救麦克道威尔的观点。甚至在极端情形下，味道的属性如果实际上随附于或同一于我们所讨论的物质的微观及宏观构成的化学-物理事实以及它们与人类感官的化学-物理互动，那么巧克力可能最终客观上就是优于粪便。易言之，如

---

[51] 我将此挑战归于罗伯特·孔斯，他的表述稍微更富文采。

果巧克力尝起来比粪便好吃是一个客观的(与仅仅是主体间的状态相反)事实,这就是为人熟知的自然主义意义上的客观性。[52]

外在怀疑论也影响一个人的一阶道德信念吗?我认为是这样的,其理由与它会对人们评价占支配地位的话语惯习的客观性产生影响是大体一致的。"我们应当相信客观事实"当然是一个(可 251
反驳的)信念规范。根据非自然主义立场,巧克力惯习的例子中存在着有关巧克力优于香草的(非自然主义式)客观事实。因此,通过我们可反驳的认知规范,我们应当相信巧克力优于香草。

此时基于上述已经提到的理由,对我们占支配地位惯习的观点有所怀疑的外在怀疑论者便随之而来。可是一旦我们怀疑"巧克力优于香草"是否真的是**客观**事实时,这难道不会影响到我们认为"巧克力**要**优于香草"这个一阶观点吗?此时我们或许会转向一种内在不可知论立场,抑或我们若一直是香草党秘密信徒的话(仅仅被巧克力惯习表面具有的力量裹挟),我们现在可能会丝毫不难为情地公开宣称自己偏爱香草。

我们可以将这里的普遍问题用一句口号总结:"光说没有用。"我们可以谈论某些事物,就**好像它真的存在一样**,我们可以培育一种给予理由的实践,但这不足以支持任何领域的客观性。客观的领域必须大体上在某些方面与世界符合,因为只有这样我们才能

---

[52] 同样应该适用于,比如,酒的口味。因为确实存在涉及酒的品质的客观理由,当然也因为隐含着一个有关酒的微观构成,及其与人的感官之间物理化学反应的自然主义理论。当然,这需要基于个案式的分析。通常的结果是,口味的问题据说属于理由占据主导地位的领域,而且该问题通过揭露性的社会学语词确实得到了更好的阐明。比如参见:Pierre Bourdieu, *Distinction: A Social Critique of the Judgment of Taste*, trans. R. Nice, Cambridge, Mass.: Harvard University Press, 1984。

区分仅仅占支配地位的惯习与真正客观领域的论证实践。巧克力惯习的例子表明，我们深深怀有如下直觉，即真实的事物与仅仅谈论起来似乎是真实的事物之间存在差异。只有“外在”视角使得我们能够恰当地处理这一直觉。

现在如下命题为真，即自然主义意义上客观的领域**是**敏感于理由（即物理学）的。但正是外在视角的可能性（重复一遍，即使该视角是内在于纽拉特之船的），使得一种足以支持实在论的“对于理由的敏感性”能够区分于虚假的敏感性。

（二）对于理由的敏感性

我们已经看到对于理由的敏感性本身并不足以支持我们有关客观性的直觉；我们也需要“外在”视角，即某种有关世界中存在的、真正客观的话语必然要符合的事实的理论。但现在我试图论证，就连“对于理由的敏感性”这一概念都不足以将德沃金/麦克道威尔的观点同伦理学非认知主义者这样的怀疑论者区分开。其原因在于，就连非认知主义者也认为，由于道德观点典型地（在因果意义和/或逻辑意义上）依赖不同的**经验性**或**事实性**假设，道德立场敏感于理由。因为这些假设“敏感于理由”（甚至对自然主义者亦复如是），具有不同道德立场的人们就有展开争论的理由空间。[53]

---

[53] 有一次，德沃金确实做出如下相当令人震惊的（尼采式！）主张：“无论我们对于物理或精神世界所知多少，我们应当如何回应肯定依旧是一个未决的问题，并且是需要道德而非其他类别判断的问题”（OT，第127页）。不过表述该立场的这一方式完全混淆了**道德**价值与其他价值（特别是包括**认知**价值在内）。没有人需要反对**规范**存在于一切判断中，包括有关无争议的**事实性**问题的判断。但我认为德沃金的可能饶有意味的命题是——他大部分著作是关于这一问题的——**道德**规范总被蕴含在道德怀疑论中。这是德沃金支持而我一直反对的主张。

当然，德沃金和麦克道威尔想要主张的是，“伦理立场”**本身** 252
就是敏感于理由的，与任何事实性假设相去甚远。基于这种非自然主义观点，人们认为伦理学客观性的证据体现为向理由充分且具批判性的反思保持开放态度的道德争议中独具**道德属性**之物。然而非常令人惊讶的是，德沃金和麦克道威尔从未对此主张提出充分理由。比如，德沃金主张如下观点：“我们确实有理由认为奴隶制是错的，希腊人因此生活于谬误之中，因为在有关此问题的道德争论中我们拥有可以援引的一切道德理由。”（OT，第122页）除了指出希腊人的“谬误”在于一系列有关人类和人类潜能的错误经验假设之外，没有怀疑论者需要不赞同德沃金的这个看法。作为一个经验心理学和生物学问题，（像亚里士多德认为的那样）“一些人……天生是奴隶，他们都缺乏慎思的能力”最终被证明是完全错误的。[54] 德沃金需要证明的是希腊人的“谬误”**不**存在于他们错误的事实假设中，而存在于他们有关此问题的独特**伦理**立场中。

要想阐明我为什么认为这一论证不是那么容易，请允许我提

[54] C. C. W. Taylor，“Politics”，in J. Barnes（ed.），*The Cambridge Companion to Aristotle*，Cambridge：Cambridge University Press，1995，p. 255. 当然，一些人——比如那些罹患特定精神障碍的人——会缺乏慎思的能力是真的，并且我们知道一些正常的成年人易基于冲动和本能做事并因此看上去不是那么审慎，这也是真的。但这都**不是**亚里士多德心中所设想的特定情形。此外，这些经验性主张被包含在一个更宽泛的主张中，即“天然的奴隶”在主人的统领下成为奴隶，会使他们境况更好。但简单说来，这一问题尚未得到澄清。

出一个支持奴隶道德的虚假的尼采式论证。[55] 尼采著作中实际存在的一个段落暗示出该论证：

> 迄今为止，"人"这一物种的每一次改善都源自贵族社会的造就……它是这样的社会，它相信人与人之间存在着漫长的等级序列和价值差异，而且在某种意义上需要奴隶制。距离的激情（*pathos of distance*）源自阶级间根深蒂固的差别——当统治阶级在不断地远眺和俯视臣民与工具时，就是在不断地实践着命令与服从、镇压与防范。如果没有这种激情，其他更为神秘的激情——渴望灵魂内部距离的不断扩展，
> 253 渴望向更崇高、更珍贵、更遥远、更广阔、更全面状态的发展——也不会出现。简言之，用超道德意义上的道德话语表达就是，"人"这一物种的改善，"人类自我克服"的持续过程，不会再出现。[56]

上述论证逻辑在虚假的尼采主义者（"P-Nietzsche"）那里包含如下内容：

---

[55] 尽管尼采对奴隶制度的论述歧义重重，但我实际上并不认为有任何证据表明他有一个要求奴隶制度的政治纲领。在我看来，尼采是一位"秘传式"道德家，通过表达自己的论述来拣选出那些罹患"错误意识"——即认为主导道德真的**对他们有益**——的那些个体。有关这些问题的更多讨论，参见我的论文："Morality in the Pejorative Sense: On the Logic of Nietzsche's Critique of Morality", *British Journal for the History of Philosophy* 3(1995): 113-145; Leiter, "Nietzsche and the Morality Critics", *Ethics* 107(1997): 250-285。

[56] Friedrich Nietzsche, *Beyond Good and Evil*, ed. & trans. W. Kaufmann, New York: Vintage, 1966, Section 257.

(1) 任何最大化善好的社会经济组织形式本身都是有道德价值的。

(2) 最高的善好是人这一"物种"的改善,即像贝多芬和歌德这样真正伟大人类的哺育和创造。

(3) 奴隶制是最大化这一最高善好的一种社会经济组织形式。

因此,奴隶制具有道德价值。

引文中大部分内容都旨在为(3)提供经验支持。此处的论证取决于一个特定种类的思辨经验心理学,后者大意是说培育人类中的伟大品行要求这个人受到驱动而想要"克服"自己,将当下的自己视为不完美的,总要试图变成"更高等"的事物。但是人只有通过看到映现于社会世界中的、人与人之间"高等"和"低等"("伟大"和"渺小")之分的相似等级时,才能领会到这一驱动力。当社会教导说人类存在着"高等"和"低等"之分时,就在未来的伟大人物的头脑中播撒下如下观点,即他,他本人现在或许正是一个可鄙的"低等"人,这就带给他"克服"自己、实现其伟大的动力。

现在我们完全可以试想正与虚假的尼采主义者争辩支持(3)的经验假设。当然,这一争辩即使在外在怀疑论者看来,都既是可能的也与我们最终的道德立场相关。但非自然主义者观点若想是合理的,它就不得不满足如下条件,即前提(1)与(2)也同样敏感于合理的讨论。可他们会有何种合理的讨论呢?

可以推定德沃金大概会在两个问题上不同意虚假的尼采主义者:首先,一个行动的道德价值应当通过其最大化的某个价值加以评判；其次，即使基于后果主义形式的推理，“最高”价值也确实是人类伟大品行的产物（以至于人类伟大品行胜过了其他所有竞争的价值）。

对于第一个问题，一直以来确实有大量文献争论，比如义务论是非理性的（这个论证不会对德沃金有帮助），[57]抑或后果主义会导致对个人权利反直觉的侵犯。现在至少后一种反对在此没有任何帮助，因为它仅仅预设了有关价值的基本问题的一种答案。但
254 即便是前一种论证（反对义务论的）也并非**道德**论证，而是一种诉诸特定认知**价值**——即我们不应该持有非理性信念——的论证。[58]

但那些试图质疑“创造伟大人类的价值胜过其他所有考量”的人是否正确呢？其中的基本伦理立场——“最高的善好，就是伟大人类的存在”——敏感于理由吗？有何独特的**道德**论证来说明虚假尼采主义者的观点是错误的吗？难道是虚假的尼采主义者没有充分意识到大部分人类的幸福或福祉的重要性？可这并非论证：它如同对香草党人说他未能充分意识到巧克力乳脂的重要性一样。香草党人不会对巧克力的“乳脂”有所触动或有兴趣；虚假的尼采主义者一样也不会对大部分人的幸福有所触动或感兴趣。这意味着虚假的尼采主义者完全不敏感于他人福祉向我们提出的道德主张吗？可相较于**论证**，这听上去更像是在重复分歧。（香草党

---

[57] 比如，参见：Samuel Scheffler，“Agent-Centered Restrictions，Rationality，and the Virtues”，*Mind* 94（1985），409-419。

[58] 有关**道德**价值的怀疑论无须与有关一切价值的怀疑论相关，因为它取决于为了支持怀疑论所提出的论据类型。如前所述，我们这里分析的情形是，该道德怀疑论出于本质上是实用性的理由，通过首先接受某种**认知**价值而受到推动。

人完全不敏感于巧克力的醇厚向我们提出的“美味”主张吗?)我们能够以这种形式论述一段时间,但我不认为我们能够获得任何看上去像是让我们采纳这种而非另一种伦理立场的**道德**理由。

至少,德沃金同样承认这一点,但他或许没意识到这会如何毁掉他的整个立场。因为他有时承认,在面对道德分歧时我们可能就是不得不向我们的对手们说:

> 他们未能“看到”或展示出对于我们所“看到”或“感觉到”的事物的充分“敏感性”,并且这些譬喻没有任何更深层次的内容,只是表明我们的道德判断能力要优于他们这一直接(bare)而未经充实的信念。(OT,第121—122页)

可是,一旦我们认为这种表述是真切的回应,那么我们当然就已承认对于理由的敏感性不过是冥顽的直觉主义的遮羞布。[59] 这是斯特劳森50年前就已推翻的立场,[60]并且就连麦克道威尔也明确否定它是严肃的备选方案(对比PTE,第5—7页)。如果我们能够求助于我们优越的“敏感性”与“感觉”来证明我们判断的事实性,那么任何领域现在都可以是客观的。本体论的闸门现在就被放得太宽,以至于前启蒙时代的本体论都显得太过平常(unduly austere)。

---

[59] 一切形式的直觉主义都需要悔改吗?或许不是。比如,我们在亚里士多德与西季威克的作品中发现的那类直觉主义似乎并不需要依赖德沃金在此提出的但现在已不足采信的感知比喻。对这一宏大且困难的问题,我不敢冒昧发表观点。

[60] 参见:P. F. Strawson,“Ethical Intuitionism”,*Philosophy* 24(1949):23-33。

为了避免这一不合适的后果，我认为我们必须承认传统非认知主义观点的正确：没错，道德立场在如下为人熟知的意义上是敏
255 感于理由的，即人们一向对于逻辑的一致性与事实的准确性具有回应性；但一旦**这些**标准被穷尽，就只剩下了纯然的（brute）和彼此对立的评价性态度或“品味”。此时，我们已经丢弃了理由的空间。

四、结　　论

德沃金对于批评正确答案命题（所有或大部分案件都有法律上正确的答案这个主张）的辩护，使得他坚持认为他的批评者误解了在何种意义上道德考量需要是客观的——这些批评者认为，他的正确答案命题与他认为道德考量在决定诉讼人权利中发挥决定性作用的观点不相容。就其本质而言，德沃金的观点与麦克道威尔的类似：适合于比如自然科学的自然主义客观性观念与评价性领域无关。满足评价性领域的客观性意味着我们能够使我们的评价性立场受到合理讨论的检验。我经过论证指出，这种非自然主义的客观性观念即便在伦理学中也没有充分解释客观性。如果我是正确的，并且对于怀疑论者的自然主义道德实在论的回应都是不成功的，那么麦基大约在20年前对于德沃金的批评依旧站得住脚：德沃金的司法裁判理论“在有关法律是什么的论述中注入了相应的主观性因素”，结果就是法律问题并不存在“唯一正解”。

第九章 法律与客观性*

只有在手握某些合适的哲学工具时，我们方能讨论法律的客 257
观性问题。

关于客观性主要存在两类哲学问题：形而上学的与认识论的。**形而上学**客观性讨论在何种程度上某类实体的存在与特征依赖人类的心灵状态（比如，他们的知识、判断、信念、感知或回应）。**认识论**客观性关切在何种程度上我们能够获得形而上学意义上的客观事物的**知识**。很多在英美传统中工作的哲学家也思考**语义学**客观性，这指的是在某个话语领域（物理学、心理学、伦理学、法学等）中的命题，是否能够根据它们的真或假而得到评价。因为一种话语若想具有语义学客观性且该话语中的陈述若想为真，那么被该话语的词项所指称的事物（即夸克、欲望、正义、法律事实）必然具有形而上学客观性。

* 感谢野坂安治（Nosaka Yasuji）教授非常细致的提问，以及他在德克萨斯大学作为访问学者的这一年中（1999—2000 年）我们有关这些问题的丰硕讨论。同样感谢菲利普·佩蒂特（Philip Pettit）与斯科特·夏皮罗对本文部分内容早期版本的评论。

一、形而上学客观性

当一个实体(或一类实体)的存在和特征**独立于**人类心智时，它们就是形而上学客观的。这种“独立性要求”是形而上学客观性的核心，①不过对于它的妥当解释也引出了两个重要问题：其一，在形而上学意义上客观的事物**以何种方式**必然是“独立于”人类心智的；其二，这种客观性要求**多大程度**的独立性？

(一) 何种独立性？

在下述三种意义上，某种实体的存在和特征可能会**独立于**人类心智：因果性(causal)、构成性(constitutional)，以及认知性(cognitive)。只有后两种与形而上学客观性相关。

258 如果产生一个实体的因果链条不涉及人类心智，那么它就在**因果性上**独立于人类心智。比如，鞋子就是依赖于人类心智的，因为任何特定鞋子的存在和特征在因果性上**依赖**一个鞋匠具有的特定信念和欲望(比如，想要做特定种类的鞋子以及做出这样的鞋需要干什么的真正信念)。相反，地球的存在和其特征在因果性上**独立于人类心智**，因为人类的意图没有在构成地球存在或其特殊特征的过程中发挥作用。不过形而上学客观性**并不要求因果独立性**。即使在**因果性上依赖于**人类心智的实体，也可能在其他两种客观性之一的意义上是独立于心智的(下文将谈到)，并因此依旧

① B. Brower, “Dispositional Ethical Realism”, *Ethics* 103(1993): 221-249; E. Sober, “Realism and Independence”, *Noûs* 16(1982): 369-385.

是形而上学客观的。

如果一个实体的存在和特征并不由心智构成或不与之同一，那么它就**构成性地**独立于人类心智。哲学中“观念论”的特定历史形式(比如贝克莱主教和黑格尔的)认为，世界在构成意义上**依赖**心智(人类心智，或者有可能是上帝的心智)。** 反过来，认为某种实体具有形而上学客观性的主张几乎总会否认该实体构成性地依赖心智。不过心理学实体(比如，信念、欲望和情感)是唯一例外：这些事物无法构成性地独立于心智，因为它们就是心灵的不同方面。不过心理学事实当然也可能是形而上学客观的。如果是这样，它们必然在最终这种意义上“独立于”心智。

如果一个实体的存在和特征并不取决于人的任何**认知**状态，比如信念、感知、判断、回应等，那么它就在**认知意义上**独立于人类心智。(“认知”状态是对于世界特征的感知状态，并因此是有关世界的知识的可能来源。)相应地，形而上学客观的事物就是人们在相信它时，独立于人们**所相信**或能够**被证成的事物**(或在特定条件

** Idealism 在本书中被译为“观念论”而非传统的“唯心主义”。译者的考量是，此种译法可以提醒读者，关于“观念”(ideas)在人类认知活动中的作用，哲学史中有着丰富的讨论和悠久的传统。除了我们熟悉的以德国古典哲学为代表的观念论外，柏拉图主义也可被视为最早的观念论，英国经验主义者以及欧陆理性主义者笛卡尔的学说也可归于此列。在此译者参考了汤姆·洛克摩尔(Tom Rockmore)教授的研究成果。他认为，这三种观念论都承认“观念”是人类认知的条件，但各有差异。德国观念论以“建构主义”为代表，强调认知者心智对于认知对象的建构，即我们只能认识到依赖于人类心智的事物；洛克、笛卡尔的学说是一种“表象主义”，强调清晰、明确的观念(clear and distinct ideas)与其所表征的实在之间的相符是我们认知活动的条件；而柏拉图主义是一种“智性直观”学说，认为哲学王能够认识到抽象的理念(idea)。有关这一译法的讨论，参见：〔英〕A. C. 格雷林：《企鹅哲学史》，赵英男、张瀚天译，上海文艺出版社 2023 年版，第 329 页注释。——译者

下任何人所认为或会认为的状态等)。根据这一观点,一个人的心理事实是形而上学客观的,因为它们不依赖这个人的观察者相信什么,或有关此人心理学状态的信念中得到证成的内容。(这就假设了心理内容是“狭窄的”而非“宽泛的”,这是在此只好放在一边的心理学哲学中的一个技术性争论。)

具有形而上学客观性的任何类型的事实(除了心理学事实)一定必然**在构成意义上**独立于心智。一切形而上学客观的事实也必然是**在认知意义上**独立于心智。有关自然世界的常识理论预设了世界的内容在下述意义上是形而上学客观的:普通人认为原子、斑马和硫黄与心灵完全不一致,并且认为它们之所是独立于人们对它们可能具有或可证成具有的信念。因此,科学通过尽量精确地描述事物(客观的)样态来追求认识论上的客观性。

259 (二)何种程度的独立性?

可能存在不同程度的认知**独立性**,并因此存在可以被区分的不同程度的客观性;常识将自然世界的构成要素理解为客观的,但不是所有客观的事物都能被证明在这个意义上是客观的。(如我们将会简要讨论的,这一点对于理解法律客观性很重要。)认知独立性的核心含义是独立于人的**认知**过程,比如信念、感知、判断、回应等。因此,这种客观性观念预设了在某种事态“看起来正确”与实际“正确”的事物之间总存在差异。比如,对于约翰来说,面前有一张桌子(基于感知)似乎是正确的,但这里有一张桌子可能是不正确的,因为它可以是一种视觉幻觉。因此,桌子**在某种意义上**是客观的,因为它的存在**独立于**对于约翰来说“看起来正确”的事物。

因而可以区分出四种客观性主张：②

主观主义：认知者看起来正确的事物决定了什么是正确的。

最小客观主义：认知者共同体看起来正确的事物决定了什么是正确的。

温和客观主义：在合适或理想条件下认知者看起来正确的事物决定了什么是正确的。

强客观主义：认知者看起来正确的事物无法决定什么是正确的。

主观主义和强客观主义代表了古代两种经典且彼此对立的哲学立场：普罗泰戈拉认为"人是万物的尺度"（主观主义）（Plato, *Theaetetus* ＊152a，＊166a-＊168b），但柏拉图则主张一种强客观主义立场（Plato, *Phaedo* 741-75b, *Republic* ＊475-＊480，＊508d-e）。普罗泰戈拉的立场否认了世界及其中一切事物的客观性：每个个体认为是怎样的，事情（对于该个体来说）**就是**怎样的，因此任何特定事物的存在与特征都（在认识论上）取决于（个体的）人类心灵。相反，柏拉图主义者承认世界具有完全和绝对的客观性：世界实际上是怎样的，从来不取决于任何个人或所有人的信念，或有理由相信的事物，或能够有理由相信的事物。从最广义的角度来说，柏拉图主义者认为，即使是在理想的认知条件下，依旧有出错的可能。这后一种立场通常被称为"实在论"（或"形而上学实在论"）。

最小客观主义和温和客观主义的概念空间居于这两个为人熟

---

② B. Leiter, "Objectivity and the Problems of Jurisprudence", *Texas Law Review*(1993):187-209.

知、历史悠久的立场之间。最小客观主义认为，认知者共同体认为事物是怎样的，事物就是怎样的。这一立场，如同纯粹的普罗泰戈
260 拉式观点，导致了一种相对主义出现(事物的样态与特定认知者共同体有关)，但通过不考虑个体认知者的主体性，它引入了程度**最少**的客观性。该种客观性也有其有效的适用领域。比如，什么是时尚或者不时尚，可能就是最小限度客观的。对于约翰来说，有关“什么是时尚”的看起来正确的回答可能在客观上是错误的，因为约翰可能没与共同体风格保持一致，所以如下表述是正确的：“约翰认为格子衬衫搭配条纹裤不错的看法是错误的。”但整个共同体似乎不会搞错什么是时尚：在此客观性意义上，对于共同体而言看起来正确的事物，决定了什么是真正时尚的。

不过在大部分领域中，最小客观性会被认为与主观主义太过接近而引起不适。因此，温和客观性更加不考虑对**现实**认知者(无论个体或共同体)的依赖。如果某事物的存在和特征仅仅取决于**理想的**认知条件下(比如完全信息与证据、完全理性等这类条件)认知者会相信什么，那它就是温和客观的。(根据假设，在**理想的**条件下，所有认知者会对事物形成一致的信念。)地球上每个人在他或她有关温和客观实体的信念上都可能犯错；但在理想认知条件下形成的信念从不会出错。后者使得温和客观性与强客观性有所区别。

一些哲学家辩护如下立场，即真理至多是温和客观的(比如，希拉里·普特南所说的“内在实在论”学说[3])：任何领域中为真的

③ H. Putnam, *Reason, Truth and History*, Cambridge: Cambridge University Press, 1981.

事物，完全是在理想的认知条件下研究者达成共识的事物。这一观点的不同形态已经遭受到致命打击，[④]已没有多少追随者了。但温和客观性像其他客观性观念一样，可能特别适合特定领域。比如，试想有关颜色的事实。即使一个对象的颜色并不完全依赖于人类心智，但认为存在着有关颜色的（温和）客观事实似乎是自然而然的。比如，我们会说当且仅当正常的感知者在正常的视觉条件下认为某物是红色的，那么它就是红色的。在这一论述中，颜色依赖人类心智，依赖人类的回应或感知，但只是依赖**合适**条件下人类的回应。近来的一个重要观点认为，评价性事实可能与之相似也是温和客观的：[⑤]评价性事实依赖合适条件下人们对具有重要道德意义的情境所做出的回应。但在两个例子中，重要的是以非循环论证的方式特定化在何种条件下人们的回应确定了一个概念的指称。例如，显然不能够诉诸认知的正确结果（比如将所有真的红色事物且只将红色事物视为红色）来界定感知者以
及感知条件的“正常性”。一些哲学家质疑这些条件能够以非循 261
环论证的方式加以识别。[⑥] 接下来我们会讨论法律能否具有温和客观性。

---

④　M. Johnston, “Objectivity Refigured: Pragmatism without Verificationism”, in J. Haldane and C. Wright (eds.), *Reality, Representation and Projection*, Oxford: Oxford University Press, 1993.

⑤　比如：P. Pettit, “Realism and Response-Dependence”, *Mind* 100(1991)：587-626。

⑥　比如：C. Wright, *Truth and Objectivity*, Cambridge, Mass.: Harvard University Press, 1992。（莱特在此观点为，如果我们在情境 S 条件下认知颜色 C，那么我们在 S 未知时也无法认识 C。通过 C 来界定 S，即通过什么红色的事物来倒推认识红色的条件，就是一种循环论证。——译者）

二、认识论客观性

要求认识论客观性，就是要求摆脱会**扭曲**认知的、妨碍认识事物本身真实(形而上学)样态的**偏见**和其他因素。更准确地说，认识论客观性要求有关世界的信念得以形成的认知过程和机制应当以如下方式构成，即它们至少**有助于**精确表象事物是怎样的。需要注意的是认识论客观性并不要求认知过程总等同于真实表象，因为这会比其可达到的状态要求更多、期待更多。下述条件之一为真，认识论客观性就可以获得：(1)所讨论的认知过程**可靠地**获得精确的表象，或(2)认知过程免于众所周知的产生不精确表象的因素。

认识论客观性所面临的阻碍会由于所考虑的领域不同而有差异。在法律中，支持或反对诉讼一方的偏见，或对相关规则或事实的忽略，会成为认识论客观性的明显阻碍。在科学中，特别是社会科学中，"价值"通常被认为是形而上学客观性的独特阻碍，因为它们影响了研究主题的选择，并且更严重的是，影响了对证据的选择和评价。如当代一位学者所说，"价值被认为在认识论意义上破坏了研究，因为它们被视为主观的——它们源自于我们，而非世界。因此，允许价值影响有关世界性质的研究就是允许该研究服从于世界本身之外的控制"。[⑦] 当然，认知价值或规范(比如，有关证据

⑦ P. Railton, "Marx and the Objectivity of Science", in F. Suppe and P. Asquith (eds.), *PSA 1984* Vol. 2, Lansing, MI: Philosophy of Science Association, 1985, p. 818. Also reprinted in R. Boyd et al (eds.), *The Philosophy of Science*, Cambridge, Mass.: MIT Press, 1991.

何时证明信念的规范)肯定会在所有科学研究中发挥作用;担忧在于非认知价值或规范,比如研究者的政治意识形态或展开研究时的政治环境。

不过,我们"为了获得客观的研究,无需抛开所有价值和偏见",因为"还可能存在信念形成的机制,它包含着研究对象对于研究主体的反馈"。⑧ 这里谈到的机制是**因果机制**:无论我们的理论前见与价值是什么,形而上学客观的事物通过**因果机制**使得它们自身被感知。无论何种偏见使得我去否认我面前有一扇紧闭的大门,我试图穿过这扇门的努力会受到实在的(因果性地)阻碍,这扇门会让我停下。*

可是,实在的因果作用力仅仅给予我们客观性的**外在**标准,并 262
且没有证明研究者如何能够决定他们的研究是否在认识论意义上是客观的。不过,在此研究者可能会寻找认识论客观性的某些为人熟知的印记,像判断中存在主体间共识、证据和证明标准的公开性以及一个判断的依据能够由不同研究者做出的可重复性:"当这些条件得到满足,主观因素和偏见就会被尽可能地消除。"⑨物理

⑧ P. Railton, "Marx and the Objectivity of Science", in F. Suppe and P. Asquith (eds.), *PSA* 1984 Vol. 2, Lansing, MI: Philosophy of Science Association, 1985, p. 818. Also reprinted in R. Boyd et al (eds.), *The Philosophy of Science*, Cambridge, Mass.: MIT Press, 1991, p. 818.

* 这里莱特似乎预设了一种表象主义的因果关系:不可直接获知的"实在"(reality)通过因果机制作用于我们的感知器官,使得我们形成对于实在的"表象"(representation)。我们借助作为中介的表象来认知实在。表象和实在之间的符合关系是这一认知方式成败的关键。如果我们能够确定表象精确地描绘了实在,那么这一方法使得我们能够认识到形而上学客观的事物。但问题在于,由于我们无法直接获知实在,所以无法证明实在与表象的符合。因此,莱特会说这一方法只给我们判断客观性的"外在标准"。——译者

⑨ 同上注⑧。

学家构成一个跨文化的研究者全球共同体这个事实有力地说明物理学具有认识论客观性，因为如果不是这样，我们就会认为（在旨趣、意识形态等方面存在的）地方性差异会导致具有相当程度差异的物理学话语。当然，缺乏主体间共识**本身**并不说明不存在认识论客观性，问题总在于对于这一共识缺乏的最佳解释可能是什么。[10] 在社会科学意义上，客观真理可能会与根深蒂固的旨趣（interests）相冲突，因此对于某一社会科学问题缺乏共识也就不足为怪了。不过在其他情形中，这种怀疑会非常强烈，正是这种根深蒂固的旨趣和价值扭曲了对于社会世界的认知并且相应地遮蔽了科学研究。

三、语义学客观性

语义学客观性是陈述（statements）而非事物或认知机制的一个性质。20 世纪英美传统中的哲学家将大部分哲学问题首先视为语言及其与世界之间关系的问题。他们一直以来最关切语义学客观性问题。典型的情况是，哲学家关切一种特定话语分支（比如，物理学、心理学、伦理学或美学）的一类陈述特征。某个话语分支当其陈述适合于以真实、虚假这类词汇加以评价时，它就享有语

---

[10] 德沃金通常给他的正确答案命题的怀疑论者扣上一顶糟糕的证实主义论据的帽子，以至于有如下影响："如果不存在某种可以用来检验命题真值的大家都接受的检验，一个命题就不可能为真"。*Taking Rights Seriously*, Cambridge, Mass.: Harvard University Press, 1977, p. 282. 但解释疑难案件中存在正确答案的怀疑论立场的正确方法，是将其视为"最佳解释"挑战：有关正确答案的深刻而难以解决的分歧存在于何处，这一事实的最佳解释是什么？怀疑论者会说，在法律中最佳解释就是不存在正确答案。

义学客观性。(不是话语中每一个陈述都需要确定地为真或为假——“二值”属性——因为在纯粹数学之外几乎没有话语是二值的。)**认知主义**是这样一种学说,它认为某一话语分支具有语义学客观性。[11]

因此,比如,自然科学话语就被认为是认知性话语,因为有 263
关自然世界的科学陈述普遍被认为要么为真要么为假。但像伦理学中“资源的这种分配不公平”或“伤害无防备的动物就有道德过错”这类陈述属于什么呢?许多哲学家认为,**在形而上学意义上**,世界中不存在符合一种分配的“不正义”或一个行动“道德过错”的事实。[12] 大部分否认道德具有形而上学客观性的哲学家认为,伦理学陈述的语义学是非认知性的:依据**非认知主义**立场,伦理学陈述没有陈述事实(无论它是否能够陈述),而是表达了不同的态度或感受。[13] 因此,非认知主义者背负如下责任,即通过解释来消除使得伦理话语同日常经验话语无法区分的表面语法和逻辑结构(比较如下两个语句:“这种分配不公平”和“这个椅子是红色的”)。

但是,少数哲学家认同道德**并不**具有形而上学客观性的同时,

---

⑪ 赖特(上注⑥)争辩真值的适切性(truth-aptness)是否为界定语义学客观话语的相关标准;大部分话语满足了最小的句法要求,恰当地使用了真值谓述(truth-predicate)。在赖特看来,话语客观性的问题必须在其他领域中得到处理。

⑫ A. Gibbard, *Wise Choices, Apt Feelings: A Theory of Normative Judgment*, Cambridge, Mass.: Harvard University Press, 1990; J. Mackie, *Ethics: Inventing Right and Wrong*, London: Penguin, 1977; C. Stevenson, *Ethics and Language*, New Haven: Yale University Press, 1944.

⑬ 查尔斯·史蒂文森和艾伦·吉伯德(同上注)是这一观点最为复杂的版本。

却认为伦理话语的表面语法应当被认为具有表面价值:伦理话语试图陈述事实,并因此是认知性话语。只不过不幸的是,它是这样一种认知话语,即其陈述都是错误的(因为世界上不存在形而上学客观的道德事实)。(依此观点,唯一为真的伦理陈述就是对伦理判断的**否定**:“不,奴隶制并非真的具有道德错误。”)这一学说被称为“错误理论”(error theory)。[14] 不过,任何话语的错误理论反而使得该话语陷入令人困惑的境地:为什么这个话语应当存在,并且在人类生活中占据着伦理学话语这个核心地位?为什么人们还会参与一个从未能够成功陈述任何事实的假定的事实陈述话语?作为一种语义学学说,非认知主义至少发现了伦理话语的一个重要功能,这就是表达感受与态度,它们事关人类及其社会存在的真实瞬间(real moment)。

大多数接受伦理话语具有认知性的哲学家之所以这么做,是因为他们也相信(在某种意义上)道德具有形而上学客观性:[15]如果存在形而上学客观的道德事实,那么道德陈述就不会如错误理论所言在整体上是错误的。如何能够存在这样的事实?一条重要的论证线索(在法哲学中也颇具影响)就是预设克里普克-普特南
264 语义学为真。根据该理论,存在着只能通过**后天**发现的必然真理

---

⑭ Mackie(上注⑫).

⑮ D. Brink, *Moral Realism and the Foundations of Ethics*, New York: Cambridge University Press, 1989; Brower(上注①); Pettit(上注⑤); P. Railton, “Moral Realism”, *Philosophical Review* 95(1986):163-207.

（比如，“水是 H_2O”）。[16] 对于那些认为道德事实具有**强**客观性的人来说，[17]核心主张是道德事实完全等同于（或随附于）自然事实，因为就好像存在着有关水的属性同一性的**后天**必然陈述一样，也存在着这样有关道德事实的陈述。[18] 比如，或许“道德上正确”的属性就完全等同于“最大化人类福祉”的属性，后者可以纯粹基于心理学和生理学词汇得到理解。在此意义上，一个行为 X 是否具有道德正当性就涉及强客观性问题，因为它完全是一个有关行为 X 事实上是否会最大化这个世界中相关类别的心理学和生理学状

---

⑯ Kripke, *Naming and Necessity*, Cambridge, Mass.: Harvard University Press, 1980; Putnam, "The Meaning of 'Meaning'", *Mind, Language and Reality: Philosophical Papers*, Volume 2, Cambridge: Cambridge University Press, 1975. 布林克为与克里普克和普特南相关的“新”或“因果”指称理论提供了易理解的导论。[Brink, "Legal Theory, Legal Interpretation and Judicial Review", *Philosophy and Public Affairs* 17 (1988): 105-148; Brink, "Legal Interpretation, Objectivity, and Morality", in Leiter (ed.), *Objectivity in Law and Morals*, New York: Cambridge University Press, 2001.]哲学语义学中对此问题更详细的分析，同样有关法哲学的讨论，可以参见：Stavropoulos, *Objectivity in Law*, Oxford: Clarendon Press, 1996, pp. 17-34, 53-76。

⑰ Brink（上注⑯），P. Railton, "Moral Realism", *Philosophical Review* 95 (1986): 163-207.

⑱ 这就允许道德实在论者偏离 G. E. 摩尔（G. E. Moore）著名的“未决问题”（open question）论证。因为此处必然的同一性源自一种**后天**发现，所以“水当时是 H_2O”是否与同一关系的必然性无关，在 1400 年是一个“未决问题”。同样，因为什么构成善好可能也只能通过**后天**发现的，所以“令人愉悦的事物就是善好”是否与善好的真实性质无关，也可能是一个“未决问题”。

以内在主义的语词重新表述，摩尔式的论证会遭遇新的困境，即“X 是善好”的判断与感受到某种动力去做或拥有 X 之间存在必然关联。即使在道德事实和自然事实之间存在必然的**后天**关联，似乎也无法保证对于做出判断的主体来说，**后天**地发现“令人愉悦的事物就是善好”将必然会施加任何动机性影响。“所以愉悦就是善好。那又怎样？为什么我应当介意愉悦？”对于做出判断的行动者而言似乎是完全可理解的问题。大部分道德实在论者（比如，雷尔顿，同上注）通过完全拒绝内在主义为真而回应这一困境。

态的科学问题。[19] 显然,这里重要的主张是道德事实被认为同一于(或被认为随附于)某种自然事实。同样,许多哲学家质疑该主张能够成立。[20]

四、法律与客观性

在法律中,客观性议题在不同维度中浮现。[21] 比如(1)我们期待法律的内容是客观的:除非有“重大”不同,法律能够对人们一视
265 同仁。(2)我们期待法官是客观的:他不会对诉讼当事人中的任何一方存在偏见。(3)我们期待法律判决是客观的:判决结果是法律真正要求的而没有受到偏见和歧视的干扰。(4)在某些法律领域中,我们期待法律采纳“客观的”行为标准(比如“理性人”标准),不允许行为人基于行为发生时自己的主观感受而为自己的行为找借口。

近来出现了大量有关法律客观性的文献,主要围绕(3)中提到的议题。事实上,特别是在这一问题上,伦理客观性的问题和法律客观性问题彼此交织。我们或许可以以下述方式思考该核心争议。

法官必须要裁判案件。为了确定可用于裁判的法律原则和规

---

⑲ 大部分自然主义道德实在论者都以不同种类的功利主义为基础,这正是因为在功利主义框架中很容易看清道德属性的自然主义基础是什么。摩尔的道德实在论的一个独特特征[M. Moore,“Moral Reality Revisited”, *Michigan Law Review* 90 (1992):2424-2533]在于,它与一种义务论式的道德理论相关,但又在一个所谓的自然主义道德实在论框架内。

⑳ 比如,A. Gibbard(上注⑫)。

㉑ 比如,参见:K. Greenawalt, *Law and Objectivity*, New York: Oxford University Press,1992 中范围更广的研究,不过它在处理哲学问题上稍显单薄。

则，法官们必须探寻并解释相关法律渊源（制定法、先例与习惯等），进而决定它们如何适用于案件事实。让我们将“法律理由集合”视为法官在裁判法律问题时能够正当地加以考量的理由集合。[22] 如果法律在某些方面“是理性确定的”，就意味着在这些方面法律理由集合证成了一个独特的答案，那么就如通常所说，法律中存在唯一正解。

我们现在可以在两种可能维度上认为法律是客观的：

(1) 只要法律中存在正确答案，法律就是形而上学客观的；

(2) 只要发现正确答案的机制（比如，司法裁判、法律推理）能够不受遮蔽正确答案的扭曲性因素的影响，法律就是认识论客观的。

在法律具有形而上学客观性时，我们可以认为存在着一种“法律事实”：如果在法律中，“莱特在这些情形下因为疏忽而有责任”具有理性确定性，那么莱特存在疏忽就是一个法律事实。

这些有关法律客观性的主张的范围或许彼此不同。我们可以认为法律只在很小的范围内是形而上学客观的（如美国法律现实主义者所认为的那样），或者几乎在所有情形中都是客观的（如德沃金所说）。我们可以认为法律有时或几乎无法是认识论客观的。有关客观性的主张也会存在分歧。法律可能是形而上学客观的，

---

[22] 有关这种概念化不确定性的方法，参见：B. Leiter，“Legal Indeterminancy”，*Legal Theory* 1(1995)：481-492。

但却不是认识论客观的。此外，以上有关认识论客观性的刻画，将其合理性（intelligibility）建立在法律具有形而上学客观性的预设之上：如果不参考我们试图了解的“事物”，我们就没法把握“扭曲性因素”的含义。[23]

266 通常伦理学客观性蕴含于法律客观性之中。如我们所知，形而上学法律客观性就是法律具有理性确定性，即它事关证成一个特定结果的法律理由集合。然而，如果法律理由集合中包含**道德**理由，那么只有道德（和道德推理）是客观的，法律才会是客观的。法律理由集合能够以下述两种方式包含道德理由。

首先且最明显的是，为人熟知的法律渊源（像制定法、宪法条款）可能包含道德概念或考量。美国《宪法》提供了最为熟知的案例：它涉及“平等保护”“自由”还有其他本身是道德的概念。法庭若要适用这些条款，就必然要适用其所包含的道德概念。法律在这些情形中若是形而上学客观的，这些道德概念就有客观的内容。当然这种客观的内容不需要因道德是客观的而被确定：像“根据规定制定者原本的意图来解释每个规定”这样一条解释原则，无需预设任何有关“平等”的“客观”意义，就足以确定第十四修正案中平等保护条款的适用。然而在某些情形下并且根据一些解释理论，此时要求的恰恰是理解平等**真正**意味着什么。[24]

其次，道德理由可能成为法律理由集合的一部分，因为它们正

[23] 不是所有的学者都接受这一关联［比如：G. Postema，“Objectivity Fit for Law”，in *Objectivity in Law and Morals*（上注⑯）］。进一步讨论参见本章第六节。

[24] 这类方法的实例，包括：D. Brink（1988，2001）（上注⑯）；M. Moore，“A Natural Law Theory of Interpretation”，*Southern California Law Review* 58（1985）：277-398；N. Stavropoulos（上注⑯）。

是法律效力标准的一部分。自然法学家认为，一个规范要想成为法律规范，必须满足道德标准，[25]因此，一个法官若想知道一个（与特定案件相关的）特定规范是否是有效的法律规范，就必然涉及道德推理。一些法律实证主义者（“柔性”或“包容性”实证主义者）接受了类似的观点。他们认为，如果在某些社会中法律官员在实践中使用道德考量作为法律效力的标准，那么道德作为偶然因素能够成为法律效力的标准。对于这些实证主义者而言（包括该学说在上世纪最有力的捍卫者 H. L. A. 哈特），这些社会中的法律推理将会包括道德推理。

当然，即便那些否认道德会是合法性标准的实证主义者（“刚性”或“排他性”实证主义者）可能仍会认为，疑难案件中通过司法裁量获得道德上正确的结果是法官的责任。因此，对于这些实证主义者来说，尽管道德客观性不会影响法律客观性，但道德客观性在思考疑难案件中法官应当如何做时仍有所影响。

因此通过所有这些方式，道德客观性能够被包含在我们思考法律客观性（或司法裁判过程的客观性）的方式之中。

五、法律有多么客观？ 267

大部分思考过这一问题的学者都在前几部分勾勒的哲学框架

[25] 一个规范成为法律规范，满足道德标准可能是必要条件，或者是充要条件。最强版本的自然法理论持有后一种立场。

内展开了深入研究。[26] 比如,像布林克和摩尔这样的学者发展出法律具有强客观性的理论,将克里普克与普特南的实在论语义学(指称的“新”或“因果”理论)运用到法律解释问题中。就如斯塔夫劳波洛斯所说:

> 克里普克与普特南都批判他们称之为传统指称理论的学说。该种理论认为,一个表达指称了言说者将表达与之相连的、任何符合摹状词的事物。就像知道“单身汉是未结婚的男性”这个例子一样,相关摹状词……把握住了先天可知的指称对象的必然属性。克里普克与普特南认为,上述观点不可能为真,因为表达指称了只能将此表达与模糊或错误的摹状词相关联的言说者口中同样的对象。事实上,不仅个体言说者,就是作为整体的社群也可能在相关对象的真实属性上犯错……克里普克和普特南给出的重要建议是,指称是依赖于对象的。“亚里士多德”或“水”指称何种对象,并不由相关联的摹状词决定,而是一个事实问题,即该命名使用或词项使用实践指向何种对象。[27]

㉖ D. Brink(1988,2001)(上注⑯); J. L. Coleman,“Truth and Objectivity in Law”,*Legal Theory* 1(1995):33-68; J. L. Coleman and B. Leiter,“Determinancy, Objectivity and Authority”,*University of Pennsylvania Law Review* 142(1993):549-637. Also reprinted in A. Marmor(ed.),*Law and Interpretation*,Oxford: Clarendon Press,1995; M. Moore(1985)(上注㉔); M. Moore,“Law as a Functional Kind”,in R. George(ed.),*Natural Law Theory: Contemporary Essays*,Oxford: Clarendon Press, 1992; N. Stavropoulos(上注⑯).

㉗ Stavropoulos(上注⑯),p. 8. 在迈克尔·达米特(Michael Dummett)、克里斯潘·赖特的著作以及索尔·克里普克对维特根斯坦(Wittgenstein)的解读中,也存在对于语义学实在论更为一般的质疑。这些问题在 Coleman and Leiter(上注㉖),pp. 568-572, 605-607 中得到评述。

因此，如果按照旧的观点，一个表达的"意义"（即言说者关联于表达的摹状词）确定了该表达的指称，那么在新理论看来，是指称对象确定了表达的意义。"水"挑选出了我们恰好在"词项使用实践"伊始用"水"这个名称指称的任何物质。偶然的是，这个物质具有独特的微观构成，即 H_2O。因此，"水"指称是 H_2O 的物质，而且这就是（水）这个词项的含义：是 H_2O 的物质。如果我们能够将新的指称理论使用到法律规则的表达中，那么我们可以证明法律具有强客观性：规则的含义决定了它的适用，并且该含义具有强客观性，即法律规则中词项的**实际**指称对象决定了规则的含义，同时整个社群都有可能搞错指称对象。

这一法律客观性理论在不同层面上出现一些问题，不过它们都可追溯到对于新指称理论的依赖。首先，我们有理由怀疑新指称理论是否正确。[28] 不过，这一哲学语义学中的争论会把我们带 268
离主战场，但读者至少应当意识到，布林克、摩尔和其他学者提出的理论的正确性或许是缺乏证明的。

不过，即便这个新理论是正确的，它对于法律有何意义尚不明确。毕竟，新理论似乎总是对于有限类别的表达才是可能的：专名和自然类别词项（即挑选出科学已经做出合法概括的有关世界的自然特征的词项）。个中理由与该新理论所需的隐秘的本质主义有关，因为如果指称对象不具备**本质**特征（就如"水"具有独特和本质的分子构成一样），它们就无法确定语词含义。但什么是"正当

---

[28] 比如：G. Evans, "The Causal Theory of Names", (1973) reprinted in *The Varieties of Reference*, Oxford: Clarendon Press, 1982; T. Blackburn, "The Elusiveness of Reference", *Midwest Studies in Philosophy* 12(1988): 179-194。

程序”或“平等保护”的本质？在新指称理论发挥作用前，我们首先需要接受某种形态的道德实在论。[29]

最后，即使新指称理论正确论述了一些词项（比如自然类别词项）的含义，这依旧没有表明它为我们提供了对于法律解释目的的意义的正确论述。[30] 假设立法禁止在海岸线100英里内杀“鱼”是为了明确地（如立法史所体现的）保护鲸鱼，但没有意识到“鱼”是一个外延中不包括鲸鱼的自然类别词项。新指称理论告诉我们，制定法保护海鲈鱼而非鲸鱼，但将制定法解释为也保护鲸鱼的法院当然也不算犯错。其实，我们会认为反过来才是正确的：一个**没有**保护鲸鱼的法院将会违背立法的意志，并因此间接地违背人民的意志。这个例子告诉我们正确的法律解释理论不仅仅是一个哲学语义学问题，因为有关**政治合法性**的议题（涉及何种条件下法庭行使的强制力能够被证成）必然对法律解释理论有影响，并且这种考量甚至可能超过语义学考量。[31]

269 除了哲学语义学问题外，关于法律事实的强客观性提出了另

㉙ 戴维·布林克（上注⑯）和迈克尔·S.摩尔（上注⑲）确实都接受道德实在论。或许对于法律中的非道德语词而言，它们的本质特征是**功能性**的，而非**构成性**的：比如，因为汽车能够以各种材料制造，所以“车”的本质属性就不是其分子构成而是它独特的**功能**。比较Moore（上注㉖），pp. 207-208。

㉚ 这类观点的一个版本最早由S. Munzer，“Realistic Limits on Realist Interpretation”，*Southern California Law Review* 58（1985）：459-475在批评迈克尔·S.摩尔（上注㉔）中提出。

㉛ 我认为，正文中的观点与斯塔夫劳波洛斯的观察是不矛盾的：真正问题是制定法的保护中“没有从原则上排除鲸鱼”，并且这不仅仅是一个有关“什么是鱼”的语义学问题（上注⑯，第192页）。他进而认为：“盛行于起草制定法时错误的鱼理论，揭示了为什么‘鱼’这个词曾被错误地用来挑选海洋生物……（但）使得立法者认为鲸鱼不应当被排除在外的理论是证成该条款的原则”（上注⑯，第192页）。不过当然，这一证成性原则无法解救任何有关意义或指称的哲学理论。

外一系列问题。[32] 如果法律事实的存在和性质独立于律师和法官(即使在理想条件下)有关它们的信念,那么法官如何能够获知这些事实?换句话说,基于强客观主义立场,认为日常司法实践具有认识论客观性(即涉及发现具有强客观性的法律事实的可信赖机制)的理由是什么?[33] 在法律语境中,先前(第三节)讨论的认识论客观性的"外在主义"似乎不是一个令人满意的答案。回想一下,基于外在主义观点,一个人的信念**外在地**得到证成,即该信念独立于此人自己有关信念被证成的经验或意识。**即使**我们有理由认为,司法裁判曾是产生有关法律事实真实信念的**可信赖的**机制——但至今我们没有理由这么认为——持有如下观点也是很奇怪的:

(1) 一个法律裁判能够被证成,即使没有律师或法官知道它会被证成或可能知道它会被证成;或者

(2) 一个法律裁判没有被证成,即使所有律师和法官认为它被证成了。

然而,(1)与(2)源自法律事实的强客观性与证成的外在主义立场的结合。其实,法律事实的强客观性本身包含了如下反直觉的主张:

(A)"莱特对其疏忽负有责任"是一个法律事实,即使没

---

[32] 参见:J. L. Coleman and B. Leiter(上注㉖),pp. 612-616。

[33] 迈克尔·S. 摩尔(上注㉙)秉持一种融贯论认识论,虽然这与他对强客观性的认同不那么容易兼容。为什么一系列信念对一个法官而言是融贯的这个事实,应当成为认为这些信念描述了世界真实样貌的理由?

有律师或法官这么认为或将这么认为；以及

(B)"莱特对其疏忽负有责任"不是一个法律事实，即使所有律师和法官认为莱特负有责任，甚至在理想条件下所有律师和法官会认为莱特负有责任。

如果上述对于直觉的诉诸是正确的，这可能意味着法律仅仅具有**温和**客观性，抑或**最小**客观性。回想当如下条件满足时，法律具有温和客观性：

如果在理想条件下，律师和法官认为 X 是一个法律事实，那么它就是一个法律事实。

回想如下条件满足时，法律具有最小客观性：

如果律师和法官共同体认为 X 是一个法律事实，那么它就是一个法律事实。

基于这两种理论，"法律是什么"受到**认识论意义上的**约束。何种法律客观性观点（最小的还是温和的）是正确的，相应地取决于我们是否认为自己的法律概念具有如下特征，即它允许在给定时间内所有法律从业者会在法律"真正"是什么这个问题上犯错。因为如果我们认为这个观点是荒谬的，我们就认同了法律具有最小客观性；如果我们认为这个观点很有道理，我们就认同法律具有最低限度的客观性。[34]

当然，任何认为法律具有温和客观性的理论，必须以非循环论 270
证的方式特定化做出裁判的理想条件。在何种条件中做出的裁判可以确定法律事实？科尔曼与莱特对于理想的法官（即在理想认知条件下做出裁判的法官）做出如下描述：

> (1) 完全了解(a)一切相关事实信息，以及(b)一切权威性法律渊源（制定法、先前法庭判决）；
>
> (2) 完全理性，比如遵循逻辑法则；
>
> (3) 避免支持或反对诉讼当事人一方的个人偏见；
>
> (4) 比如，案件需要权衡相关利益时，最大程度的富有同情心和想象力；并且
>
> (5) 熟知并敏感于对类比推理具有本质意义的非正式文化与社会知识，因为类比推理必然涉及分辨差异以及区分什么是“相关”或“不相关”因素。[35]

不过，我们或许会担心“相关”事实［在(1)中］、“最大程度”同情和想象力［在(3)中］，以及判定“相关性”所必要的“非正式”知识［在

㉞ 在上注㉖中的科尔曼和莱特合著的文章（第616—632页）和该注中科尔曼的文章讨论了最小和温和客观性的可能性及问题。在将赫拉克勒斯认为似乎是正确的答案视为正确答案之所是这个意义上，德沃金的立场可以被解释为一种温和客观性，并且赫拉克勒斯只是一个理想中的法官，即他具有无限的时间、知识以及理性和哲学反思的能力［Dworkin 1977（上注⑩），p. 105］。有关对德沃金的这一解读，参见Coleman and Leiter（上注⑩），pp. 633-634。不过在下一节中我们会看到，德沃金质疑将他的观点加以如此解读时所涉及的表述客观性的整个方法。

㉟ J. L. Coleman and B. Leiter（上注㉖），p. 630.

(5)中]本身无法以非循环论证的方式加以具体化，即无法不预设作为法律问题的“法律中的正确答案是什么”。

此外，我们还面临着通往被认为具有温和客观性的法律事实的**认知**途径问题。让我们区分“**法律上的**(*de jure*)不可获得性”与“**事实上的**(*de facto*)不可获得性”。[36] 如果我们的事实概念意味着事实的存在与我们有关它的知识无关，那么该事实就是**在法律上**不可获得的。如果事实的存在与我们有关它的知识之间存在关联，但作为某些情形中的偶然状况，碰巧我们不知道该事实是什么，那么该事实就是**在事实上**不可获得的。根据强客观性立场，法律事实属于**法律上**不可获得的，因为我们在认知意义上可获得的事物**从未**决定事情是怎样的。(当然，法律事实可能最终**在事实上**是可获得的。)相反，如果被温和客观性理论特定化的理想条件本身**在法律上**(即在原则上或根据该理论的用语)无法被人类获得，那么温和客观的法律事实只是**在法律上**是不可获得的。因此，温和客观主义者必然会主张，法律裁判的理想认知条件(假设它们能够以非循环论证的方式得到特定化)能够被像我们这样的生物实现。当然，如果它们不能，法律事实也就**在事实上**是不可获得的了。

271 但这意味着有关强客观性和温和客观性的进一步担忧。[37] 法律的概念在一定程度上是**规范性的**或**给予理由的**。但如果法律**不**

---

[36] 同上注，第631页(*de facto* 指的是实然层面，基于人们的认可或接受，一种习俗或传统居于主导地位；*de jure* 意味着规范层面一个实践得到某种规则，比如法律的承认或认可，但在实际中未必会发生。——译者)

[37] 比较：B. Leiter(上注②)，pp. 207-208。

可知，它就无法具有规范性。这就是为什么对于认知获得性问题，我们需要一个答案，因为不可探知的法律事实无法**给予**理由，即无法具有规范性。只要**事实上**不可获得性的幽灵看上去生机勃勃，任何认为法律具有强或温和客观性的观念都孕育着导致法律无法实现规范性功能的这一幽灵。似乎只有认为法律具有最小客观性的观念才能与法律的规范性兼容，这正是因为(1)共同体共识对于法律事实而言具有构成性，以及(2)这样一种共识对于该共同体而言必然是可获得的。

六、通往法律客观性的其他路径

近来一些哲学家在争论表述客观性的传统方式是否合乎需要。[38] 特别是，这些哲学家对于先前客观性的表述提出两种质疑。首先，这些哲学家(特别是德沃金和麦克道威尔)质疑形而上学客观性观念(特别是**强**形而上学客观性)是否没有预设一种有关我们无法获知的事物"真正"样态如何的有利地位。但尚不明确的是，比如，对于道德客观性的质疑是否需要这样一种有利地位：即使"内在"于我们的实践，道德客观性的问题依然会出现，因为(比如)

㊳ 这些有关客观性的修正观点受到了广泛批评，参见：本书第八章；Svavarsdóttir，"Objective Values：Does Metaethics Rest on a Mistake?"，in B. Leiter(上注⑯)；C. Wright(上注⑥)；R. Dworkin，"Objectivity and Truth：You'd Better Believe It"，*Philosophy & Public Affairs* 25(1996)：87-139；J. McDowell，"Projection and Truth in Ethics"，in S. Darwall et al(eds.)，*Moral Discourse and Practice：Some Philosophical Approaches*，New York：Oxford University Press，1996；T. Nagel，*The Last Word*，New York：Oxford University Press，1997；G. Postema(上注㉓)；H. Putnam，"Replies to Brian Leiter and Jules Coleman"，*Legal Theory* 1(1995)：69-80。

道德观点的明显差异，抑或道德事实在有关经验的因果解释中似乎并不发挥作用。[39]

其次，这些哲学家中的一部分人想知道，独立于心智的形而上学客观性观念是否不算是同自然世界客观性理论关联密切的一种学说，并因此对于像伦理学或美学这些领域中的客观性来说没有道理或不应适用。在这些评价性领域，探寻世界中是否有“在那里”的评价性事实是毫无意义的。评价性话语的客观性不过是它对于理由的敏感性，是我们让伦理立场接受理性慎思与讨论的能力。

272 比如，在德沃金看来，当我们主张存在着一种客观事实来决定一种解释是否比另一种解释更好，或一个原则在道德上优于另一个原则时，我们并非在做出**外在于**产生这些主张的实质道德或解释论证实践的主张。“奴隶制客观上是错误的”就是一个**道德**主张，它内在于我们为“奴隶制是错误的”这一命题提供理由的论证实践。虽然形而上学有两千多年历史，可完全不存在有关价值的“外在的”、**形而上学**问题；只存在伦理学，只存在有关什么是正确、什么是公正、什么是善、什么是恶等的论证。如德沃金所说：“有关评价性命题既非真也非假的任何成功（事实上，任何合理的）论证，都必然内在于评价性领域而不是其阿基米德点（即外在于该领域）。”[40]内格尔虽然并不十分赞同德沃金，但将此立场表述地非常清晰：“回应道德怀疑论、相对主义和主观主义的唯一方式就是将

㊴ 一些和德沃金、麦克道威尔同样对客观性的概念表述持怀疑论立场的哲学家却承认最后这一点[比如，Postema（上注㉓）]。

㊵ R. Dworkin（上注㊳），p. 89.

之与一阶道德论证相比较。(德沃金)认为怀疑论立场本身必须被理解为道德主张——否则作为其他别的主张,它们就是无法理解的。"㊶

如果当我们在担忧"客观性"时,我们不是在讨论形而上学(或元伦理学),那么我们在做什么?在德沃金看来,比如讨论堕胎"客观上的"错误,实际上就是一种伪装的**道德**话语,"不过就是在澄清、强调、比喻性重述或阐明堕胎是错误的(这一内在道德主张)"。㊷

乍看之下,这些观点似乎极为明显是错误的。按照通常的理解,主张堕胎**在客观上**是错误的,不仅仅是在"重复"或"强调"堕胎是错误的,而是在主张一种特定的形而上学命题,即存在一种堕胎具有的有关道德错误的属性,并且堕胎具有该属性完全独立于我们碰巧如何看待堕胎这件事。㊸ 谈论"客观的"正确与错误,就是谈论形而上学或本体论问题,谈论除了我们偶然所知以外这个世界具有何种属性。然而,这恰恰是德沃金似乎拒绝的。德沃金的观点在其他地方一直广受批评;㊹在此让我们聚焦于其立场的**核心**。

德沃金承认,因为道德客观性不满足我们可能称为"科学认识论"的学说所施加的约束,否定道德客观性**就是**一个正当的**外在**论证。该学说——在某种程度上且非常概略地——认为:(1)只有对

㊶　T. Nagel(上注㊳),p. vii.

㊷　R. Dworkin(上注㊳),p. 97.

㊸　比较:Brink(上注⑯),p. 20["伦理学是客观的……(因为)它涉及的事实独立于人们有关对与错的信念"];Railton(上注⑲),p. 164(客观性的问题,就是"如果存在的话,道德属性的存在以何种方式取决于理性生命实际的或可能的心理状态?")。

㊹　参见本书第八章。

经验施加影响的事物才可以被获知；以及(2)只有对经验施加影响
273 的事物才是真实的。[45] 德沃金的回应是，这样一种对于道德的要求是在循环论证。德沃金反对外在怀疑论者的“层级性认识论……试图先天地建立可信赖信念的标准，忽视了不同信念领域在内容上的差异，并且没有考虑到我们已认为是可信赖的信念的范围”。[46] 如果一个科学认识论“对于物理世界而言确实看上去是适切的”，[47]那么它对于道德信念而言是没道理的，“因为道德和其他评价性领域没有提出因果性主张”。[48] 如果我们接受道德事实必然包含在有关经验的“最佳解释”之中这个要求，这就意味着“没有道德(或审美的、数学的、哲学的)信念是可信赖的。但我们可以反转这一判断：如果任何道德信念都是可信赖的，那么‘最佳解释’检验就不是普遍有效的。任何一个方向的论证……都在以同样方式循环论证”。[49]

但只有当德沃金的错误假设(服从科学认识论的要求确实是一个任意的、**先天的**要求)为真时，论证才是循环的。[50] 可是，这一假设显示出德沃金对道德“外在”实在论者和怀疑论者之间争论的

[45] 当然，一种科学认识论必然要比认同最佳解释的推断包含更多内容。比如，我们需要一种基本的经验主义学说——感官可以被称为知识的一种来源——也需要某些认知规范，它们既不符合经验主义，也不符合溯因(abductive)的标准。这些认知规范如在正文中所说，只允许一种**实用性的**辩护。

[46] R. Dworkin(上注㊳), pp. 118-119.

[47] 同上注，第 119 页。

[48] 同上注，第 120 页。

[49] 同上注，第 119 页。

[50] 此外，请允许我指出，一般意义上的**信念**与具体而言的**数学**(不同于**有关**数学的信念)是否能构成我们经验的最佳解释，是一个未决的问题——比如，后者取决于数学对科学而言是否是必不可少的。

推动力的彻底误解。推动“外在”实在论和怀疑论的恰恰是如下观念:在后启蒙时代中,区分真实与非真实事物**唯一**站得住脚的指引就是科学,以及我们从成功的科学实践中继承的认识论标准。科学(及其相关的认识论)通过**带来好处**(即通过将飞机送入天空、移植心脏、冷冻食物等)而赢得此荣誉地位。一种科学认识论——基于诸如“证据问题”(理论必须要符合经验,而绝非经验的权威)这样看似简单的观念——是启蒙运动最为珍贵的遗产之一,在糟糕哲学窃据高位的学术偏隅中这一遗产饱受攻击。

在科学认识论中安置道德事实这个要求既非任意也非**先天的**,而完全是在科学取得**后天**成功时自然而然被提出的一个问题。这不是说道德主张不涉及因果主张而与科学认识论完全无关;而是说(大体而言)因果力在过去几个世纪中已被证明是可知之物、真实之物当下最盛行的(best-going)印迹,因此用其来检验任何推动的事实是自然而然的事情。像布林克和雷尔顿这样的自然主义道德实在论者并非“糟糕的形而上学家”;[51]相反,他们认识到(如德沃金明显没有认识到那样)推崇科学认识论的经验研究的成功 274
带来了认识论上的压力。假定我们手中已有指向真理和真实的有益指引——即科学及其认知规范——这些道德实在论者实质上在问,那为什么不看看“道德事实”是否能够满足这些要求(而非遭受和巫婆、以太一样的命运)呢?

如果我们拒绝科学认识论的要求,现在没有人惊讶于我们会获得一种杂乱的本体论,它充满了道德事实、美学事实以及神学事

---

[51] R. Dworkin(上注㊳),p. 127.

实等类似事物。但除非有充分理由让我们拒绝这一认识论——而非安置我们(至今)青睐的可疑事实这一显然属于循环论证的理由——任何有关推定事实的真正问题在于,它们是否能够符合我们有关可知和真实之物的最盛行的标准。[52] 这是推动外在实在论和外在怀疑论者之间争论的动力。德沃金没有证明他们之间的争论是不合理的,反而完全暴露出他对于他们在争论**什么**以及**为什么**要争论的误解。但我们在德沃金这里需要找到的是将道德领域独立于在其他方面对我们颇有助益的科学认识论要求的**论证**。

近来波斯特玛基于如下理由为德沃金辩护。[53] 即使一种科学认识论在其领域中获得成功,这也没有让我们有任何理由期待将之适用于一切语境。他写道:

> 自然科学的"成功"至少部分上取决于如下事实,即自然科学有自我意识地排除人类经验(特别是该经验中的规范性维度)的大部分内容,并因此对之保持沉默。此外,规范性话语中并不流通自然科学的基础货币——因果解释;所以,我们为什么应该接受这一观点,即在描绘受因果范畴组织的世界

---

[52] 任何拒绝科学认识论的人,必须也提供某种新的、有条理的区分真实与非真实的理论,并证明虽然它容纳了(比如)道德事实,但它依旧从我们有关世界的最佳理论中排除了诸多虚假事实。

[53] 波斯特玛(上注㉓)捍卫了一种特定于法律的客观性观念——他称之为"作为公开性的客观性"——并且如果法律判断源自于公开的实践性推理,那么它们就是客观的。比较在上注㉖中的科尔曼和莱特合著的文章(第 595—597 页)中讨论的"程序性客观性"的概念,以及在 Putnam,"Are Moral and Legal Values Made or Discovered?", *Legal Theory* 1(1995): 5-19 中"民主的"概念。

> 方面的成功可以决定实践世界中推理我们行为方式的工具?[54]

不幸的是,乐观地说这两种主张具有误导性,最坏情况下这两种主张则是错误的。20世纪以来科学发展的独特性**不在于**它具有“排除”人类经验领域的倾向,而在于扩展自身范围将经验纳入其中。在规范领域中,我们只需要考虑在20世纪初有关道德和道德动机的精神分析理论,抑或在21世纪初现在支配着有关规范性经验的科学研究的进化论学说。事实上,科学以及科学认识论的扩展是在其原初适用领域获得实践性成功后可预见的结果。

如果在某种意义上,现在科学的“基础货币”就是“因果解释”, 275
那么认为“规范话语”并不流通这一货币就是没有道理的。道德解释的文献中[55]充满了因果主张在日常规范性话语中发挥作用的例子(比如,“无疑他背叛了他们,所以他是一个邪恶的人”)。因此,即便基于规范性话语本身建立起来的语词,探究这些解释是否是**好的**解释也是非常合理的,探究它们是不是所讨论现象的**最佳**解释就更不用说了。[56] 但是,任何话语领域分支是否提出**因果**主张与科学认识论的可适用性无关:目前重要的恰恰是,**因果力是我们在本体论中必然坚持下去的因素**。

这就将我们引到波斯特玛所说的“潘多拉盒子论证”,它指的

---

[54] G. Postema(上注㉓),p.134.

[55] 比如:N. Sturgeon,“Moral Explanations”,(1985) reprinted in G. Sayre-McCord(ed.),*Essays on Moral Realism*,Ithaca: Cornell University Press,1988。

[56] 对此问题的新解答,参见本书第七章。

是“对任何(有关客观性的)方法论(即非形而上学)论述提出挑战”。以便提出一种足以区分客观与非客观事物的替代因果力的方案。[57] 令人惊讶的是,波斯特玛承认,“我无法提供独特的检验”。[58] 相反,他指出,一个自我指涉的矛盾折磨着对于科学认识论的认同:这种认识论根据它自身的标准是不客观的。[59] 然而,接受科学认识论的真正论据不在于它本身是认知性的,而在于它具有实用性:如前所述,这样一种认识论能够**带来好处**。我们已经看到波斯特玛否认这一实用主张的努力失败了。因此,由于手头没有关于客观性的替代标准,潘多拉盒子确实已然被打开。因此,最终波斯特玛的立场如同德沃金一样是脆弱的:他们都未能成功证明,在我们讨论客观性时,我们如何能够**不**涉及形而上学,如何能够避免依赖科学认识论来充实这一形而上学。[60]

---

[57] G. Postema(上注㉓),p. 135.

[58] 同上注,第 136 页。

[59] 同上注,第 135 页。比较:Putnam(上注㊳),p. 71。相关的反驳论证,参见:Brian Leiter,“The Middle Way”,*Legal Theory* 1(1995):21-31。

[60] 想象我们有关法律事实的形而上学是温和或最小客观的:这如何能够与科学认识论一致呢?当然,这样的事实是独立于心智的,**只不过不到强客观性事实那种程度**。并且它们是具有因果效力的,因为它们(或者是它们等同于或随附于的心理学事实)构成了(比如)对于司法裁判的解释。显然,我们无法证明事情就是这样,但也没法证明事情就不是如此。这一问题需要进一步分析。

索　　引

（页码为英文原书页码，请参照本书边码使用）

译 后 记

从未想过一本书的翻译会持续6年之久。最早有意引进本书是在2017年。当时我正在北京大学法学院读书，申请了国家留学基金管理委员会的奖学金，远赴美国圣路易斯华盛顿大学跟随布莱恩·Z.塔玛纳哈教授访学一年。在他的影响下，我逐渐认识到法律现实主义（Legal Realism）虽然不过是美国法学发展史中的一种“历史现象”，但对今时今日的美国法学乃至世界法学思潮与司法制度运作发挥着不可忽视的作用。通过阅读他的著作，我开始留意与他同时代的学者及其前辈有关法律现实主义的论述。布莱恩·莱特教授的《自然化法学》自然成为我的重要参考。通读此书两遍后，我便联系当时刚刚进入中国政法大学比较法学研究院工作的师兄孙海波，希望一同翻译引进这部著作。

当然，说是“一同翻译”，我实际上是希望依靠着师兄的经验与能力“在大树底下好乘凉”。不过后来我们的学习与工作计划几经变动，翻译进度与安排也随之调整、延宕，原本联系好的出版社又难免出现变数。我甚至一度以为，自己完成的本书第四章到第九章的译稿或许只能静静地待在电脑硬盘里，成为我可能发表又可能“敝帚自珍”的一篇篇论文的灵感来源或注释说明。但幸运的是，吴彦老师伸出援手，不仅慷慨应允纳入译丛，还向商务印书馆大力举荐。当我在2022年11月底得到消息，可以整理译稿准备提交时，一瞬间我想到的竟然不是感谢，而是马克斯·韦伯在《以政治为业》结尾所说的一句话：政治是件用力而缓慢穿透硬木板的工作，它同时需要激情和眼光。这句话中的“政治”改换成“学术”或任何一件事，都是成立的。我们的世界的确如韦伯所说，除非我们执着地寻觅这个世界上的不可能之事，否则可能之事皆不可得。

既然有了好消息，那就行动起来！将近6年的时间过去了，海波师兄从讲师成为副教授，但无疑仍属高校体制下的一枚“青椒”。我则一如既往地时间暂有余裕。经过一番权衡商量，我打算独自完成本书翻译。充分利用年来长达二十多日的可以静心修养、安心工作的“假期”，我完成了本书剩余部分的译文。在统稿时我本来自信满满，但通读一遍译文后，发现自己多年前的工作确实还有诸多疏漏——对许多原文一知半解，对许多长句拆解有误，就连很多中文表述也是歧义丛生、行文滞涩。这样我就又用了一些时间对照原文，一字一句修理这些“少作”，最终大概有七成左右的内容是经过重新调整、修改以及润色的。这时我才明白“事缓则圆”意味着什么。不过，我在心底仍愿意相信，这本书的主体内容是我在每个天刚蒙蒙亮的早上匆匆吃一口早饭来到圣路易斯华盛顿大学法学院图书馆，又在天色逐渐灰暗法学院内暖人的橘色灯光亮起时心惊胆战地步行回家这样平平无奇的日子里翻译完成的。

最后简单介绍一下本书的作者与术语翻译。布莱恩·莱特教授1963年出生于纽约曼哈顿的一个犹太人家庭，在1984年毕业于普林斯顿大学哲学系并获得文学学士学位，在1987年于密歇根大学获得法律博士（J. D.）学位，继而在1995年获得密歇根大学哲学博士学位。他的博士导师是本书中一再出现的一位重要哲学家——彼得·雷尔顿。在1995年至2008年,莱特任教于德克萨斯大学法学院,是该校“法律与哲学”项目的创始人与负责人,也是当时该校历史上最年轻的讲席教授。本书收录的所有文章都是莱特这一时期的工作,这也是其法理学立场发展、成熟的时期。自2008年后,莱特任教于芝加哥大学法学院,执掌卡尔·卢埃林法理学讲席,并创立“法律、哲学与人文价值”中心。

尽管莱特本人并不认同以“地域”划分哲学风格的观点,但我们仍可以认为他是一位受到英美分析哲学训练并以欧陆哲学研究见长的学者。他不仅是重要的法理学家,还是国际知名的尼采研究与马克思研究专家。这一哲学风格使得他对与欧陆哲学关系密切的逻辑实证主义以及奎因等人的学说抱有浓厚兴趣,并深刻影响了他对法理学或法哲学的看法。本书就是他在该领域的代表作。虽然只是一部文集,但其收录的每篇文章都在法理学讨论中具有举足轻重的地位,特别是他对法律现实主义的自然主义重构以及对“哈特-德沃金之争”的再评价,可以说影响了今时今日人们对于法理学思想资源、理论性质以及方法定位等根本问题的看法。

在这个意义上,本书标题译为“自然化法理学”同样是合适的,毕竟书中大部分内容都与法理学直接相关。不过仔细体会莱特的论述就可以发现,本书以法理学为主却不局限于法理学中有关法律概念、司法裁判、法律确定性以及法律客观性等议题的探讨。更准确地说,莱特的构想是系统论述哲学中的自然主义为何以及如何对法学研究有所启发,而法理学不过是他最为熟悉且可用作典型例证的一个领域。基于这个考虑,我利用英语中jurisprudence

这个词的多义性，将本书标题译为“自然化法学”，试图提醒读者本书不过是一个“论纲”：在本书之外，莱特还有大量运用自然主义立场讨论证据法、先例、真理论以及诸多元伦理学议题的作品；同时他对这些议题的看法也值得进一步加以阐述与批判，无论是否从自然主义出发。

对于一部译作的推出，内心总是激动又忐忑。感谢商务印书馆学术中心的编辑以及为之付出心血的诸位工作人员。我热切地渴望来自诸位读者贤达的反馈与指正！

赵英男

2023 年 1 月 24 日

作者简介

布莱恩·莱特(Brian Leiter),芝加哥大学法学院卡尔·N.卢埃林法理学讲席教授,法律、哲学与人文价值中心主任,国际知名法理学家、哲学家,当代重要的尼采与马克思学说研究者,美国法律现实主义代表人物之一。曾任教于美国奥斯汀德克萨斯大学,并担任耶鲁大学、牛津大学、伦敦大学学院以及巴黎高等社科学院客座教授,是"劳特里奇哲学家"丛书以及《牛津法哲学研究》刊物主编。其研究兴趣涵盖分析传统与欧陆传统中的道德哲学、政治哲学与法哲学,以及证据法。著有《尼采论道德》《自然化法学》《为何容忍宗教》《道德心理学与尼采》等代表作,作品共以12种文字在全世界发行。

译者简介

赵英男,同济大学法学院助理教授,中国政法大学法学博士后,北京大学法学博士、学士,美国圣路易斯华盛顿大学人文访问学者。研究方向为比较法与西方法哲学。

图书在版编目(CIP)数据

自然化法学:美国法律现实主义和法哲学中的自然主义文集/(美)布莱恩·莱特著;赵英男译.—北京:商务印书馆,2024
(法哲学名著译丛)
ISBN 978-7-100-23512-9

Ⅰ.①自… Ⅱ.①布… ②赵… Ⅲ.①法哲学—研究 Ⅳ.①D90

中国国家版本馆CIP数据核字(2024)第072322号

法哲学名著译丛
自然化法学
美国法律现实主义和法哲学中的自然主义文集
〔美〕布莱恩·莱特 著
赵英男 译

商 务 印 书 馆 出 版
(北京王府井大街36号 邮政编码100710)
商 务 印 书 馆 发 行
北京市艺辉印刷有限公司印刷
ISBN 978-7-100-23512-9

2024年11月第1版　　开本 880×1230 1/32
2024年11月北京第1次印刷　　印张 15¾
定价:78.00元